Edgar E. Schaetzing
Management
in Hotellerie und
Gastronomie

Edgar E. Schaetzing

Management in Hotellerie und Gastronomie

Deutscher Fachverlag

Die Deutsche Bibliothek – CIP-Einheitsaufnahme

Schaetzing, Edgar E.:
Management in Hotellerie und Gastronomie/Edgar E.
Schaetzing. – 5., überarb. Aufl. – Frankfurt am Main: Dt.
Fachverl., 1996
ISBN 3-87150-526-9

ISBN 3-87150-526-9

Umschlag: Friederike Simmel, Frankfurt a. M.
Umschlagfoto: Comstock, Berlin
Satz: Frohberg GmbH, Freigericht und Druckerei Kempkes, Gladenbach
Druck und buchbinderische Verarbeitung: Wiener Verlag, A-Himberg

Inhalt

B. Management der Beherbergungsabteilung

Organisation

Preispolitik im Beherbergungsbereich

Hotelempfang und Hausdamenabteilung

Information

C. Verwaltungsbereich

Organisation

Marketing-Technik in Hotellerie & Gastronomie

Budget und Kostenrechnung

Rationalisierung und Produktivität

Aus- und Weiterbildung

Literaturhinweise
Verwaltungsbereich, Management der Beherbergungsabteilung

Stichwortverzeichnis

Vorwort zur fünften Auflage

Stoffauswahl und Stoffdarbietung haben sich so bewährt, daß nicht nur Fachhochschulen, Hotelfachschulen und unterschiedlichste Fort- und Weiterbildungsinstitute „ihr Managementbuch" nutzen, sondern auch vermehrt Praktiker aktuelles Managementwissen nachschlagen.
Dank des Verlages ist eine ständige Aktualisierung möglich. So bringt die Neubearbeitung der fünften Auflage zwei Beiträge zu Management-Problemkreisen jüngster Zeit: *Change Management mit Internet* und *Reengineering in Hotellerie und Gastronomie*. Themenkreise, die das Gastgewerbe sicherlich noch für das kommende Jahrzehnt beschäftigen werden. Hier soll der Leser Anregungen bekommen, betriebswirtschaftliche Problemstellungen – immer auch aus der Sicht des Gastes – kritisch zu überdenken.
Für die zahlreichen Kommentare und anerkennenden Zuschriften, die mir aus Fachkreisen zugegangen sind, möchte ich an dieser Stelle danken. Nicht zuletzt gilt mein Dank auch den vielen Seminarteilnehmern bei Fortbildungsveranstaltungen zum Hotelmanagement, die mit ihren kritischen Stellungnahmen und Verbesserungsvorschlägen Korrektur und Überarbeitung der vorliegenden Auflage erleichterten.

München, im Mai 1996

Edgar E. Schaetzing

A.
Food und Beverage Management

Muster-Stellenbeschreibung: Food und Beverage Manager

Stellenbezeichnung

Wirtschaftsdirektor (Food und Beverage Manager)

Abteilung:

Food und Beverage/Verwaltung

Überstellungsverhältnis/Unterstellungsverhältnis:

Der Wirtschaftsdirektor untersteht als Abteilungsleiter direkt dem Generaldirektor. Ihm unterstehen die Abteilungsleiter der folgenden Abteilungen:

- Restaurants
- Bars
- Küche
- Etagenservice
- Stewardingabteilung
- Bankettabteilung

Aufgaben und Verantwortung:

Der Wirtschaftsdirektor ist für die Koordination der gesamten Wirtschaftsabteilung verantwortlich. Er hat für die Durchführung und Befolgung der geschäftspolitischen Richtlinien des Hotels für seinen Bereich zu sorgen. Er unterstützt die Direktion in der Ausarbeitung dieser Leitlinien mit Berücksichtigung der örtlichen Konkurrenz. Sehr eng verbunden ist er in seiner Arbeit mit den folgenden Abteilungen:

- Buchhaltung
- Einkaufsabteilung
- Verkaufsabteilung
- Public Relations Abteilung
- Operations Analysis
- Personalbüro

Diese Schlüsselposition trägt die Verantwortung für vernünftigen Einkauf für die Wirtschaftsabteilung, sorgsame Lagerung, beste Zubereitung, zuvorkommenden Service und Verkauf von „Food und Beverage“ in unseren Restaurants, Bars, Gästezimmern, Night Clubs, Veranstaltungsräumen, privaten Speiseräumen und Swimming Pools.
Er erstellt in Zusammenarbeit mit dem Operations Analyst Geschäftsprognosen, Budgets, überwacht seine Lohn- und Gehaltskosten und hält sich über sämtliche

Neuentwicklungen von Produkten und technischen Geräten auf dem Markt, die seine Abteilung betreffen, auf dem laufenden.
Der Food und Beverage Manager ist verantwortlich für die Erstellung von „Standards" (Qualität und Quantität) und deren Überwachung.
Er leitet die Trainingsprogramme für sein Personal, um die Ausbildung und damit auch die Produktivität zu verbessern.
Für die „Food und Beverage"-Kosten ist er direkt verantwortlich und muß in Zusammenarbeit mit dem Food und Beverage Controller die notwendigen Kontrollen auswerten.
Der Food und Beverage Manager hat mit seinem persönlichen Beispiel und seinen Entscheidungen für eine umsichtige und wirksame Leitung seiner Abteilung zu sorgen.

Stellenanforderungen

Erforderliche Qualifikationen:
durchsetzende Persönlichkeit, phantasiereich, aber auch praktisch veranlagt; gutes Urteilsvermögen, Kenntnisse der Betriebspsychologie und Weitsichtigkeit

Detaillierte Qualifikationen:

Einstellungsalter:	28–35 Jahre
Schulausbildung:	Lehre im Hotel- und Gaststättengewerbe, Hotelfachschule oder Fachhochschule (Diplom-Betriebswirt FH) und Management Training Kursus
Sprachliche Erfordernisse:	Deutsch, Englisch, Französisch } in Wort und Schrift
Erscheinung:	ausgezeichnete Gesundheit gute Erscheinung (Gastkontakt)
Praktische Erfahrungen:	mehrjährige Restaurant-, Bankett- und Stewardingerfahrung, sollte vorher als Asst. F & B Manager gearbeitet haben
Spezialerfordernisse:	sollte in einem Trainingsprogramm mit den geschäftspolitischen Richtlinien vertraut gemacht werden
Arbeitsbedingungen:	muß bereit sein, in unregelmäßiger Arbeitszeit zu arbeiten

Food und Beverage Abteilung

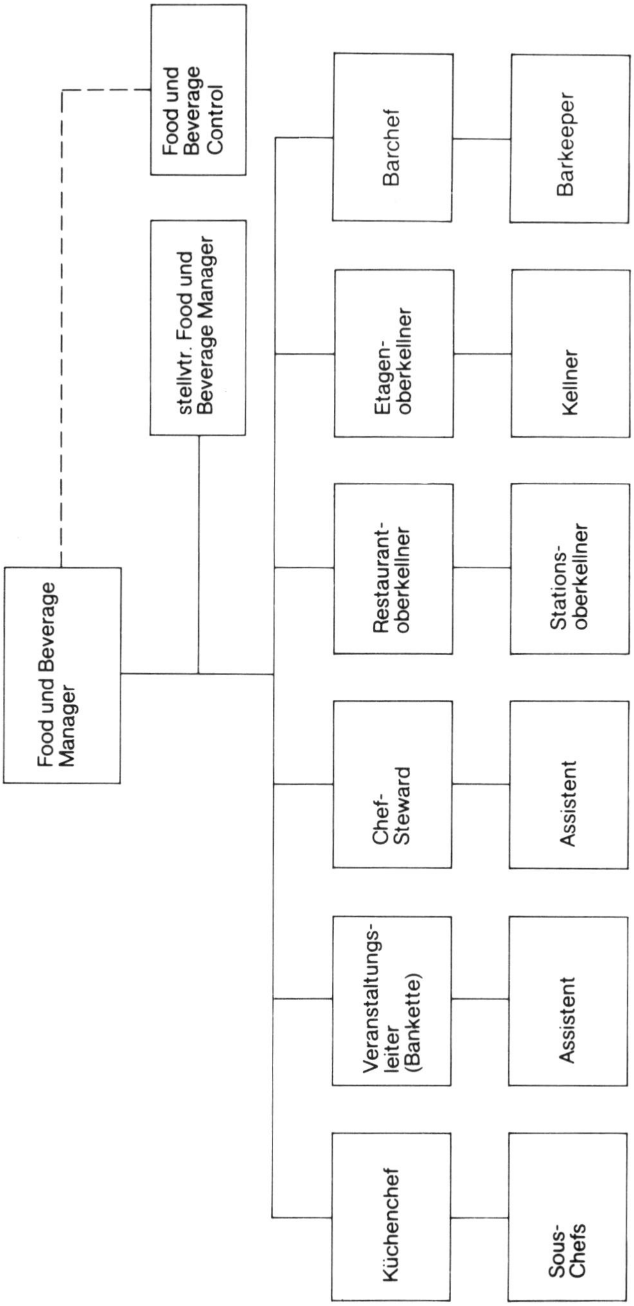

Koordination im Food und Beverage

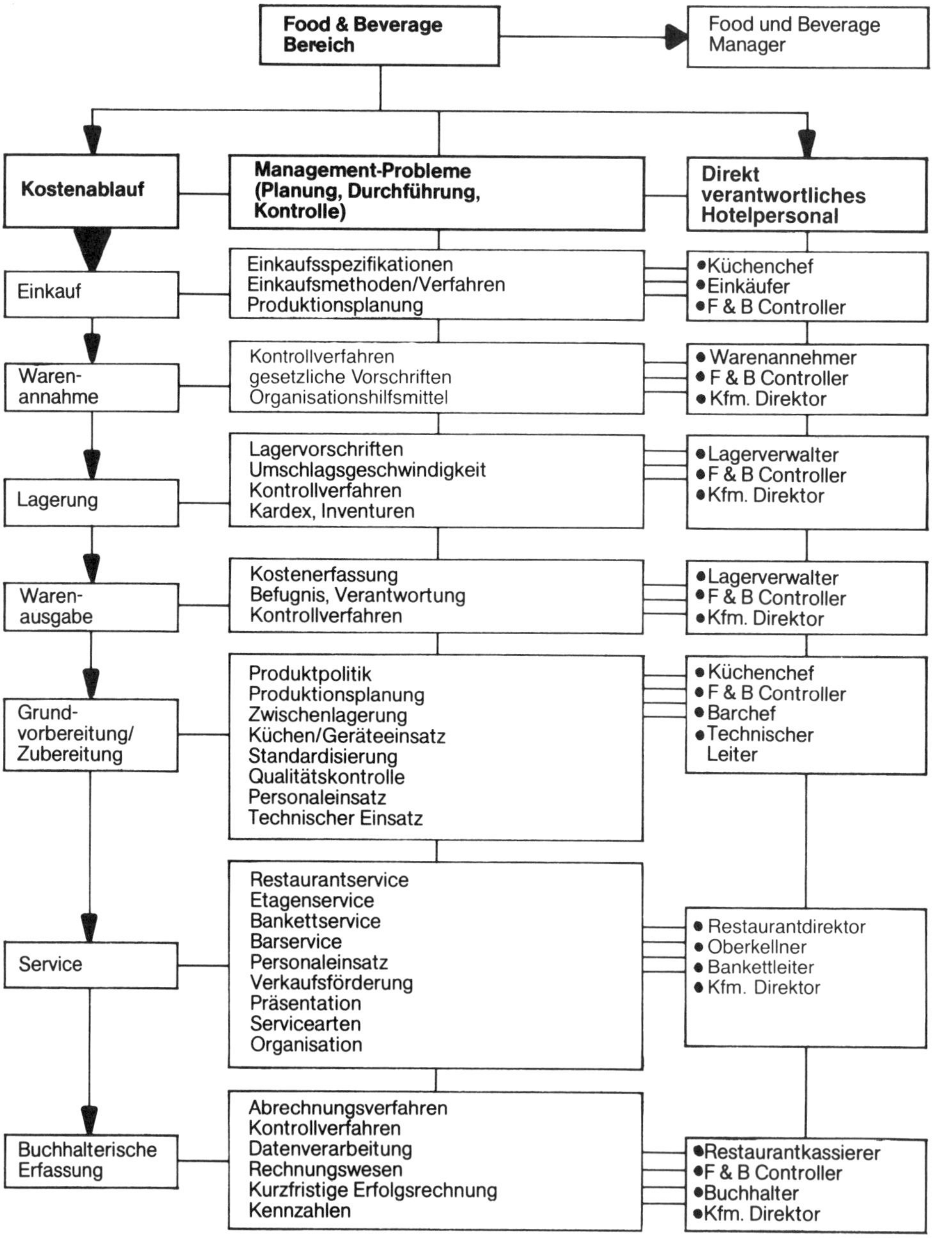

Organisation der Food und Beverage Control (Wareneinsatzkontrolle)

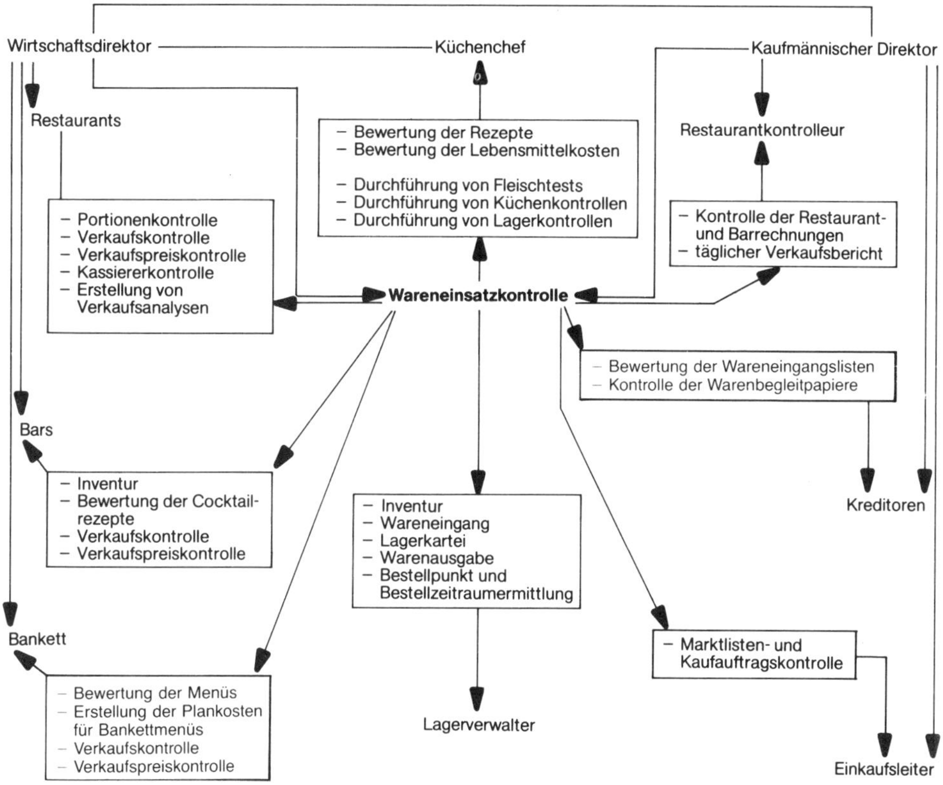

Produktionsplanungsverfahren für den Küchenbereich

Zielsetzung

Längst hat die Hotelindustrie erkannt, daß auch der Verpflegungsbereich Gewinne bringen kann und muß. Qualifiziertes „Food und Beverage Management" wird verlangt. Für den kostenintensiven Produktionsbereich in der Hotellerie mit konventionellen Küchen, wie auch im „Zeitalter der Convenience Food" (Fertiggerichtesysteme), muß gezielte Produktionsplanung eingesetzt werden.
Grundsätzlich kann das Hotel seine Leistungen nicht speichern – also keine langfristige Vorratswirtschaft betreiben. Das gilt besonders auch für den Verpflegungsbereich, in dem es sich um die Erstellung von verderblichen Produkten handelt und in dem heute trotz modernster Küchentechnik mit „Convenience Food" (Fertiggerichtesysteme) eine nur verhältnismäßig geringe Speicher- und Lagerfähigkeit gegeben ist.
Um so mehr ist gerade in jenem Bereich gezielte Planung erforderlich, um stabile Küchenrentabilität auf Dauer gewährleisten zu können.
Das Produktionsplanungsverfahren für den Verpflegungsbereich soll die für die Produktion erforderliche Quantität der Lebensmittel von vornherein so festlegen, daß nur eine minimale Überproduktion eintreten kann. Arbeitet der Hotelier nach dem Fertiggerichtesystem, so ist es unbedingt notwendig, mit einem Produktionsplanungsverfahren die Verpflegungsleistungen für den Gast zu steuern. Das Verfahren kann in zwei Teile untergliedert werden:

1. Die Vorausberechnung der zu verkaufenden Anzahl von Speisen.
2. Die Quantitätsbestimmung des Rohmaterials, das für die vorausberechneten Portionen benötigt wird.

Gedankenflußplan

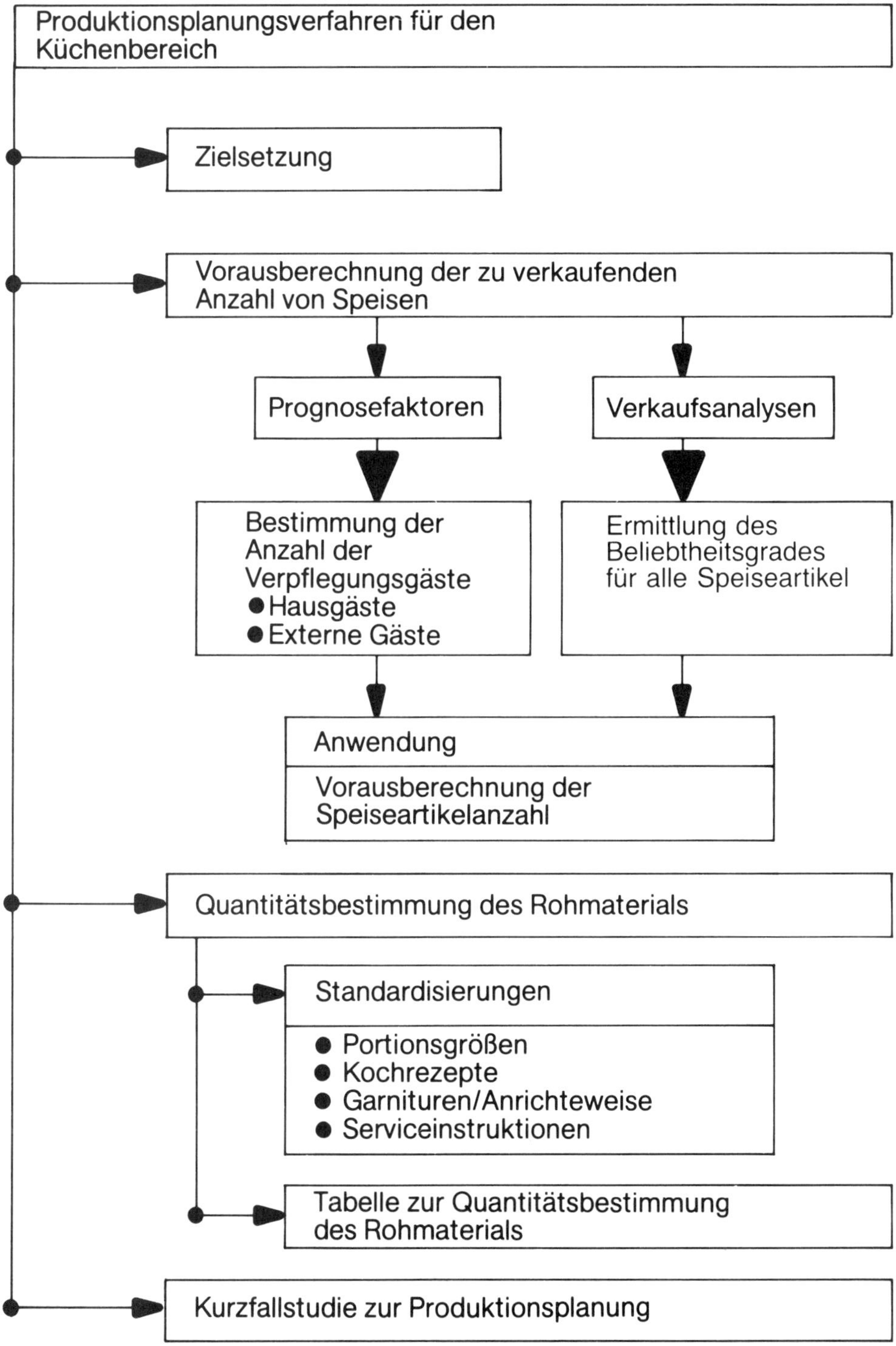

Vorausberechnung der zu verkaufenden Anzahl von Speisen

Zwar kann heute eine modern arbeitende Küche versuchen, mit geschickter Resteverwertung den Verlust bei Überproduktion zu vermindern, aber vernünftige Produktionsplanung läßt nur geringfügige Überproduktion aufkommen, um Resteverwertung zur Notlösung werden zu lassen.
Aufgrund von Buchungen, Erfahrungswerten, Berücksichtigung der einzelnen Wochentage, Monate, Beachtung der Veranstaltungen am Standort und in der Umgebung sollte die Hotelleitung in der Lage sein, zu 90–95 Prozent genau die zu erwartende Anzahl von Gästen je Tag für die kommenden Wochen vorherzubestimmen. So erstellen Hotelkonzerne jährliche, sogar halbjährliche und monatliche Prognosen des zu erwartenden Geschäftsvolumens, die auf wöchentlicher Basis im voraus mit den örtlichen und zeitlichen Gegebenheiten korrigiert und verfeinert werden. Die Prognose der täglich zu erwartenden Gäste dient als Grundlage für die Produktionsplanung.

Beispiel:

	Verpflegungsbereich	Bestimmung der Anzahl der Verpflegungsgäste (Hausgäste und externe Gäste)
	Bestimmung der Verpflegungsgästeanzahl (Hausgäste und externe Gäste)	Gäste-anzahl
HAUSGÄSTE	Gesamtanzahl der Hausgäste	
	_____ % der Hausgäste frühstücken im Hotel:	
	_____ % auf der Etage	
	_____ % im Restaurant (A)	
	_____ % der Hausgäste nehmen eine Mahlzeit ein (Mittag oder Abend):	
	_____ % im Restaurant (A)	
	_____ % im Restaurant (B)	
	_____ % auf der Etage	
EXTERNE GÄSTE	Externe Gäste (Passanten)	
	_____ Gedecke pro Tag im Restaurant (A)	
	_____ Gedecke pro Tag im Restaurant (B)	
	Bankette / Veranstaltungen	
	_____ Gedecke pro Tag Veranstaltungen	
	Gesamtanzahl der Verpflegungsgäste	

Prognosefaktoren:

- Vorhandene Reservierungen, Buchungen, Zimmerbelegung.
- Durchschnittliche Doppelbelegung des Hotels.
- Durchschnittliche Aufenthaltsdauer der Hotelgäste.
- Prozentsatz der kurzfristigen Abbestellungen.
- Prozentsatz der kurzfristigen Buchungen.
- Allgemeine Wirtschaftslage, politisches Klima.
- Anzahl der Gäste in den letzten Tagen (Trendbestimmung).
- Anzahl der Gäste in dem letzten Jahr zur gleichen Zeit.
- Berücksichtigung der einzelnen Wochen-Feiertage.
- Berücksichtigung der unterschiedlichen Monatsauslastung (Ferienmonate).
- Auswirkung der zu erwartenden Wetterlage.
- Sonderveranstaltungen in Stadt, Umgebung, Land.
- Prozentsatz der Hotelgäste für Frühstück, Mittag und Abend.
- Zu erwartende externe Gäste (Passanten) für Mittag und Abend.
- Erwartete Auswirkung kurzfristiger Verkaufsförderungsmaßnahmen, Werbeaktionen.

Verkaufsanalysen

Vermag der Hotelier oder das Management die Gästeanzahl mit einer akzeptablen Ungenauigkeit von 5–10 Prozent vorherzubestimmen, kann dann mit der Prognose des Speiseartikelverkaufs begonnen werden. Benötigt wird eine detaillierte Verkaufsanalyse – eine Analyse über sämtliche verkauften Speiseartikel für einen repräsentativen Mindestzeitraum von 60 Tagen –, um so genau wie möglich die Portionenanzahl, die verkauft werden wird, vorausberechnen zu können. Eine derartige Verkaufsanalyse kann wie in der Abbildung auf S. 20 oben aufgebaut sein.

Erklärung der Verkaufsanalyse:

(1.) Unter „Artikel lt. Speisekarte" werden nach den einzelnen Gruppierungen, wie Vorspeisen, Hauptgänge, Beilagen/Salate, Nachspeisen, die angebotenen Gerichte eingetragen.

(2.) Die Anzahl der verkauften Portionen ergibt sich aufgrund einer Analyse der Rechnungsdoppel, Bestellorders, Bons oder sonstiger Abrechnungsunterlagen (Computerkassen).

(3.) Der *Beliebtheitsgrad* der Speisen (% zur Gesamtanzahl der bedienten Gäste) resultiert aus folgender Kalkulation:

$$\text{Beliebtheitsgrad (in \%)} = \frac{\text{Anzahl der verkauften Portionen} \times 100}{\text{Gesamtanzahl der Gäste}}$$

Verkaufsanalyse Zeitraum 60 Tage	Restaurant:	
	☐ Frühstück ☒ Mittagessen ☒ Abendessen	
Artikel lt. Speisekarte (1)	Anzahl der verkauften Portionen (2)	Beliebtheitsgrad (% zur Gesamtzahl der Gäste (3))
Vorspeisen (z.B. Melonencocktail) Total	1200	25,0
Hauptgänge (z.B. Mastkalbsteak) Total	2400	50,0
Beilagen/Salate (z.B. Bohnen) Total	480	10,0
Nachspeisen (z.B. Erdbeeren) Total	240	5,0
Gesamtzahl der Gäste: 4800 (= 100 %)		

In dem Zahlenbeispiel der Verkaufsanalyse ist der Beliebtheitsgrad für „Mastkalbsteak" 50 Prozent, das heißt, in dem repräsentativen Zeitraum von 60 Tagen haben sich 50 Prozent der bedienten Gäste beim Hauptgang für Mastkalbsteak entschieden. Dieser Beliebtheitsgrad der einzelnen Gerichte, der aufgrund der detaillierten Verkaufsanalyse der Speisekarte ermittelt wurde, wird folgendermaßen angewendet:

Anwendung:

Vorausberechnung der zu verkaufenden Anzahl von Speisen
Datum: Montag

Artikel lt. Speisekarte	Erwartete Gäste ×	Beliebtheitsgrad =	Vorausberechnete Artikelanzahl
Vorspeisen Melonencocktail	200	25 %	50 Portionen
Hauptgänge Mastkalbsteak	200	50 %	100 Portionen
Beilagen Bohnen	200	10 %	20 Portionen
Nachspeisen Erdbeeren	200	5 %	10 Portionen

$$\text{Formel: Vorausberechnete Artikelanzahl} = \frac{\text{erwartete Gäste} \times \text{Beliebtheitsgrad}}{100}$$

Die erwartete Gästeanzahl wird mit dem ermittelten Beliebtheitsgrad der in der Speisekarte verzeichneten Gerichte multipliziert, um somit die jeweilige Portionenanzahl vorherbestimmen zu können. Trifft in dem Beispiel die für Montag erwartete Gästeanzahl von 200 zu, darf man aufgrund des Beliebtheitsgrades mit etwa 100 Portionen Mastkalbsteak rechnen und kann die notwendigen Vorbereitungen treffen. Selbstverständlich sind alle Extraessen, Gruppen und Veranstaltungen separat zu halten und zu berücksichtigen.

Quantitätsbestimmung des Rohmaterials

Für den gezielten Einkauf heißt es nun, die erforderliche Quantität zu bestimmen, um die vorausberechnete Artikelanzahl bereithalten zu können. Man wird aber nur einige Frischartikel täglich einkaufen und im übrigen für den Einkauf einen wöchentlichen oder sogar vierzehntägigen Produktionsplan erstellen. Um die erforderliche Quantität des Rohmaterials für die jeweiligen Speisekarten leicht bestimmen zu können, sollten folgende Standardisierungen angewendet werden:

- standardisierte Portionsgrößen
- standardisierte Kochrezepte
- standardisierte Garnituren und Anrichteweise
- standardisierte Serviceinstruktionen

Außerdem müssen Fleischtests mit der Ermittlung des Rohertrags (verkaufbares Rohgewicht) und des Ertrags nach dem Kochen/Braten (verkaufbares Nettogewicht) von allen in Frage kommenden Speiseartikeln ausgewertet sein.

Die Quantitätsbestimmung des Rohmaterials, das für die vorausberechneten Portionen erforderlich ist, wird in der Praxis zweckmäßigerweise nach vorgefertigen Tabellen vorgenommen. Die Tabellen geben immer für 10 Portionen das erforderliche Rohmaterial an, das aufgrund der festgelegten Portionsgrößen und Ertragstests für die verschiedenen Gerichte erforderlich ist. So übersetzt man sehr einfach und schnell die vorausberechnete Artikelanzahl in Rohmaterialien.

Tabelle zur Quantitätsbestimmung des Rohmaterials

Artikel	Portionsgröße Netto	Brutto-Menge für 10 Portionen
Krevettencocktail	60 g	1 Paket 0,8 kg gefroren
Schildkrötensuppe	1/5 Dose	2 Dosen
Melone	1/6 Stück	2 Stück
Hummercocktail	1/2 Stück	5 Stück
Mastkalbsteak	180 g	2,5 kg
Gebratene Ente	1/4 Stück	2 1/2 Stück
„Minute-Steak"	160 g	2,0 kg
Hähnchen	1/2 Stück	5 Stück
Filetsteak	180 g	2,5 kg
Gemüsebouquet	200 g (gemischt)	nach Saison (Markt)
Erbsen	120 g (1/6 Dose)	2 Dosen
Bohnen	80 g gefroren	1 kg
Gemischter Salat	–	nach Saison (Markt)
Erdbeeren	200 g	2 kg
Maronenpurée	1/10 Dose	1 Dose (kg)
Eis	170 g (2 Kugeln)	2 kg

Arbeitet die Küche nach dem modernen Fertiggerichtesystem (Convenience Food), so ist ein Produktionsplanungsverfahren unerläßlich, um kurzfristig die schon fertiggestellten Speisen auch in ausreichender Menge gemäß der Kundenpräsenz abrufen zu können.

Als Endphase des Produktionsplanungsverfahrens sollten immer die tatsächlich servierten Gerichte der Vorausberechnung (Prognose) gegenübergestellt werden, um etwaige Fehlerquellen und Ungenauigkeiten für die Zukunft ausschließen zu können.

Kurzfallstudie zur Produktionsplanung

I. Fallangaben

Das Stadthotel „Elite“ ist mit seinen 250 Zimmern vollklimatisiert. Neben dem 24-Stunden-Zimmerservice steht für die Hotelgäste auch ein Restaurant mit einer Sitzkapazität von 200 Plätzen für Frühstück, Mittag und Abend zur Verfügung. Dieses Restaurant, wo mittags und abends die gleiche Speisekarte aufgelegt wird, ist auch wegen der günstigen Lage und guten Küche für viele „Externe Gäste“ (Passanten) ein beliebtes Speiselokal. Die günstige Lage des Hotels macht es zum idealen „Hauptquartier“ für internationale Tagungen und Kongresse. Dafür steht ein Ballsaal mit einer Kapazität von 450 Personen für Tagungen und 380 Personen bei Bällen zur Verfügung.
Neben der Hauptküche, die für den Etagenservice und für das Restaurant wirtschaftet, gibt es eine extra gehaltene Bankettküche, die für Veranstaltungen zuständig ist.

Monatlicher Food- und Beverage-Report

	Couverts	Speise-Erlöse	Durchschnittserlös pro Couvert	Getränke-Erlöse	Wareneinsatz (Speisen)	DM	%
Restaurant							
Frühstück	3.800	22.800,–	6,00	1.823,–	Gesamt-		
Mittag	4.240	63.724,–	15,03	23.867,–	wareneinsatz	216.300,–	49,75%
Abend	5.750	86.276,–	15,00	50.310,–	Angestelltenessen	29.860,–	6,87%
Total	13.790	172.800,–	12,53	76.000,–			
Etage					Hauptküche	105.640,–	44,99%
Frühstück	5.700	34.000,–	5,96	300,–	Bankettküche	80.800,–	40,40%
Mittag	700	10.700,–	15,29	3.280,–			
Abend	1.100	17.300,–	15,73	4.920,–	Gesamtkosten der		
Total	7.500	62.000,–	8,27	8.500,–	verkauften Waren	186.440,–	42,88%
Bankette							
Mittag	3.200	43.200,–	13,50	11.800,–			
Abend	8.300	132.800.–	16,00	62.200,–			
Sonstiges	3.000	24.000,–	8,00	1.500,–			
Total	14.500	200.000	13,79	75.500,–			
Total Hotel	35.790	434.800,–	12,15	160.000,–			

Da das Hotel trotz guter Belegung und hoher Umsätze immer noch Verluste zeigt, wird von der Hotelgesellschaft ein Spezialist eingesetzt, der den Verpflegungsbereich des Hauses analysieren soll, um zu einer besseren Produktionsplanung im Hotel „Elite" zu kommen.
Dieser Spezialist erstellt zusammen mit der kaufmännischen Abteilung des Hotels folgende Unterlagen:
- Monatlicher Food- und Beverage-Report – März
- Verkaufsanalyse für den Zeitraum von 60 Tagen (Die Wareneinsatzkosten wurden hierbei auf der Basis der standardisierten Portionsgrößen und durchgeführten Fleischtests ermittelt)
- Prognosefaktoren für den Monat April (1. Woche)

Verkaufsanalyse Restaurant: Mittag und Abend

Periode: 60 Tage

Durchschnitt pro Tag Artikel	Anzahl der verkauften Portionen	Beliebtheitsgrad (% zur Gesamtanzahl der Gäste)	Materialpreis	Total	Netto-Verkaufspreis	Total	Soll-Wareneinsatz (%)
Vorspeisen:							
Krevettencocktail	30	15,0%	3,79	113,70	13,5	405,00	
Schildkrötensuppe	22	11,0%	1,01	22,22	4,–	88,00	
Melone	14	7,0%	0,98	13,72	4,–	56,00	
Hummercocktail	11	5,5%	9,30	102,30	19,–	209,00	
Total	77	38,5%		251,94		758,00	33,2%
Hauptgänge:							
Mastkalbsteak	28	14,0%	4,81	134,68	14,–	392,00	
Gebratene Ente	16	8,0%	4,86	77,76	13,–	208,00	
„Minute-Steak"	112	56,0%	7,30	817,60	18,50	2072,00	
Hähnchen	30	15,0%	3,40	102,00	9,–	270,00	
Filetsteak	14	7,0%	8,75	122,50	19,–	266,00	
Total	200	100,0%		1254,54		3208,00	39,1%
Beilagen / Salate:							
Gemüsebouquet	76	38,0%	1,80	136,80	5,50	418,00	
Erbsen	34	17,0%	0,98	33,32	3,50	119,00	
Bohnen	4	2,0%	1,15	4,60	5,25	21,00	
Gemischter Salat	10	5,0%	0,56	5,60	3,–	30,00	
Total	124	62,0%		180,32		588,00	30,7%
Nachspeisen:							
Erdbeeren	40	20,0%	2,00	80,00	6,25	250,00	
Maronenpurée	34	17,0%	0,98	33,32	4,–	136,00	
Eis	20	10,0%	0,47	9,40	3,–	60,00	
Total	94	47,0%		122,72		446,00	27,5%
Gesamtzahl der Gäste	200	100,0%	Gesamt	1809,52	Gesamt	5000,00	36,2%

Prognosefaktoren Monat: April (1. Woche)

April	1.	2.	3.	4.	5.	6.	7.
Belegung	30 %	100 %	50 %	30 %	50 %	80 %	100 %
Doppelbelegung	20 %	20 %	20 %	40 %	20 %	20 %	10 %

Hausgäste %-Anteil					
Frühstück	80 %	Mittag	50 %	Abend	60 %
Etage	60 %	Etage	10 %	Etage	20 %
Restaurant	40 %	Restaurant	90 %	Restaurant	80 %

Externe Gäste	Prozentuale Auslastung der Sitzkapazität						
Restaurant	So.	Mo.	Di.	Mi.	Do.	Fr.	Sa.
Mittag	40 %	30 %	20 %	20 %	30 %	30 %	35 %
Abend	45 %	35 %	20 %	30 %	30 %	35 %	40 %

II. Fallaufgaben

a) Erstellen Sie aufgrund der angegebenen Prognosefaktoren und der Verkaufsanalyse für die 1. Woche im April (Sonntag = 1. April) die Prognose für die zu verkaufende Anzahl von *Hauptgängen* im Restaurant (ein Total für die gesamte Woche – Mittag und Abend zusammen).

b) Mit welcher Frühstücksanzahl muß der Food- und Beverage-Manager am Mittwoch, den 4. April, rechnen? Geben Sie die Aufteilung – Etage – Restaurant – an. Welchen Frühstücksumsatz (DM) darf man an diesem Tag im Restaurant erwarten, wenn der Durchschnittserlös pro Couvert des Monats März als Prognosefaktor gilt?

c) Welche Quantität würden Sie für die erste Woche im Monat April von folgenden Artikeln frisch einkaufen lassen, um die von Ihnen veranschlagte Artikelanzahl für das Restaurant zubereiten zu können?

Artikel: Mastkalbsteak
Gebratene Ente
Hähnchen

Lösung Fallstudie

Lösung a) Kapazität = 250 Zimmer

	So.	Mo.	Di.	Mi.	Do.	Fr.	Sa.
Belegte Zimmer	75 (120 %)	250 (120 %)	125 (120 %)	75 (140 %)	125 (120 %)	200 (120 %)	250 (110 %)
Anzahl der Hausgäste	90	300	150	105	150	240	275
Hausgäste 50 % Mittag	45	150	75	53	75	120	138
60 % Abend	54	180	90	63	90	144	165
Restaurant 90 % H.G.	41	135	68	48	68	108	124
Mittag E.G.	80	60	40	40	60	60	70
80 % H.G.	43	144	72	50	72	115	132
Abend E.G.	90	70	40	60	60	70	80
Total	254	409	220	198	260	353	406
							Gesamt 2.100

(Externe Gäste: Sitzkapazität = 200)

Artikel	zu erwartende Gäste (Woche)	% zur Gesamtanzahl der Gäste	Prognose der zu verkaufenden Anzahl von Gerichten
Hauptgänge:			
Mastkalbsteak	2.100	14 %	294
Gebratene Ente	2.100	8 %	168
„Minute-Steak“	2.100	56 %	1.176
Hähnchen	2.100	15 %	315
Filetsteak	2.100	7 %	147

Lösung b) Mittwoch 4. April

Belegung (Dienstag)	50 % = 125 Zimmer
Doppelbelegung	20 % = 150 Gäste
Frühstück (Mittwoch)	80% = 120 Couverts
Etage	60 % = 72 Couverts
Restaurant	40 % = 48 Couverts
	48 Couverts × 6.00 = 288 DM

Lösung c) (siehe Tabelle zur Quantitätsbestimmung des Rohmaterials)

Artikel	Prognose der zu verkaufenden Anzahl von Gerichten	Quantitätsbestimmung (1 Woche – Einkauf)
Mastkalbsteak	294 × 2,5 (: 10)	= 73,5 kg
Gebratene Ente	168 × 2,5 (: 4)	= 42 Stück
Hähnchen	315 × 5 (: 2)	= 158 Stück

Hoteleinkauf, Warenannahme, Lagerung, Ausgabe und deren Kontrollmethoden

Zielsetzung

Die Leistungsfähigkeit der Hotels und Gaststätten hängt zum überwiegenden Teil vom qualifizierten Einkauf ab. Den Einkauf darf heute niemand lediglich als Bestellvorgang ansehen; längst ist seine Schlüsselstellung im Profitbild der Hotellerie erkannt. Was man im Einkauf einspart, braucht nicht erst verdient zu werden. Dabei sind niedrige Preise kein Ersatz für Qualität. Außer Handelsgesetzen, örtlichen Handelsgebräuchen, einschlägigen Waren- und Marktkenntnissen muß ein Einkäufer moderne Einkaufsmethoden und Verfahren kennen und auch anwenden.

Ziel des Einkaufs

Beste und geeignete Qualität der Waren in Übereinstimmung mit den Einkaufsspezifikationen zu bestmöglichen Preisen erwerben.

Ziel der Warenannahme

Bestellte Qualität und Quantität zum vereinbarten Preis annehmen.

Ziel der Lagerung

Angemessenen Warenvorrat in sachgemäßer Pflege fachmännlich lagern.

Ziel der Warenausgabe

Ordnungsgemäße Befugnis für die Warenausgabe sicherstellen, mit Hilfe der Bestandsüberwachung und Verbrauchsfeststellung Rechenschaft über die täglichen Warenausgaben ablegen.
Mit diesen vier Leistungen – Einkaufen, Annehmen, Lagern und Ausgeben – sollte eine zuverlässige Grundlage geschaffen werden, um auch im Food- und Beverage-Bereich qualitativ erstklassige Lebensmittelprodukte preiswürdig anbieten zu können.

Gedankenflußplan

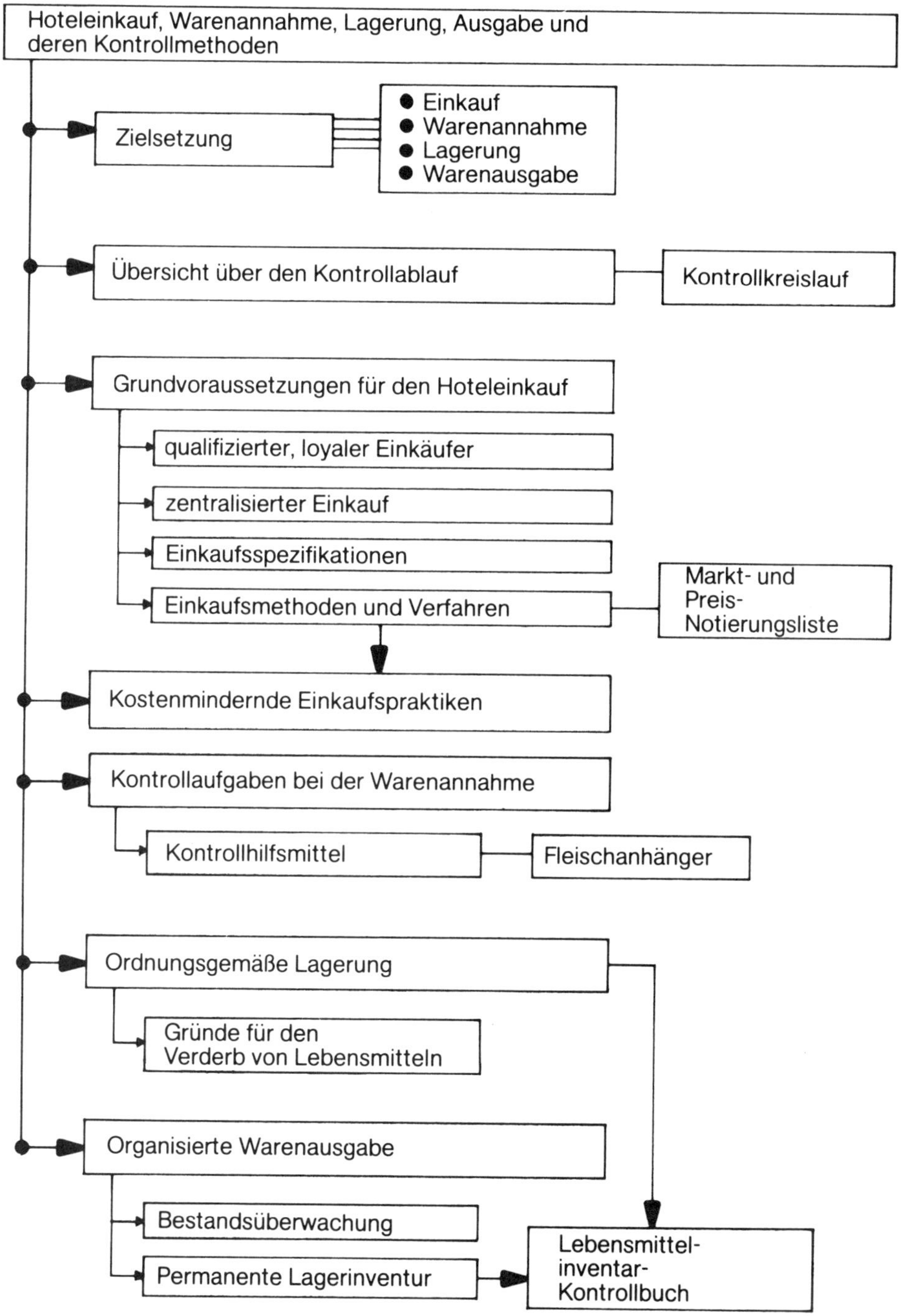

Übersicht über den Kostenablauf - Kontrollkreislauf

Alle wirksamen Kontrollsysteme und Verfahren beinhalten drei Phasen:

1. die Planungsphase,
2. die Vergleichsphase,
3. die Korrekturphase.

Man spricht auch vom nicht endenden Kontrollkreislauf. Um die Lebensmittelkosten vom Einkauf bis zum Verkauf wirksam kontrollieren zu können, sollte der Kontrollkreislauf, nämlich: Planen – Vergleichen – Korrigieren bei den folgenden acht Stufen des Kostenablaufs angewendet werden:

Übersicht über den Kostenablauf

1. Einkauf
2. Warenannahme
3. Lagerung
4. Warenausgabe
5. Grundvorbereitung
6. Zubereitung
7. Service
8. buchhalterische Erfassung

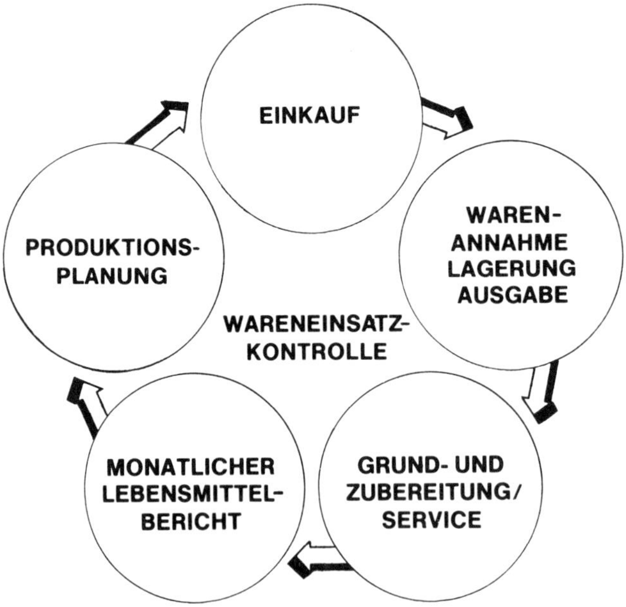

Kontrollkreislauf für die Wareneinsatzkosten

Als Voraussetzung für stabile Küchenrentabilität gilt die Wareneinsatzkontrolle im Verpflegungsbereich. Gezielte Produktionsplanung, qualifizierter Einkauf, sorgsame Warenannahme, Lagerung und Ausgabe, optimale Grund- und Zubereitung, Verkauf und Service schließen den Kontrollkreislauf der Wareneinsatzkosten in der buchhalterischen Erfassung.

Grundvoraussetzungen für den Hoteleinkauf

Um den Einkauf zum „profit center" des Hotelbetriebes machen zu können, müssen folgende Basisvoraussetzungen gegeben sein:

a) Ein qualifizierter und loyaler Einkäufer.
b) Festgelegte und wohlausgearbeitete Einkaufsspezifikationen.
c) Einsatzfähige und wirksame Einkaufsmethoden und Verfahren.
d) Zentralisierter Einkauf – der gesamte Hoteleinkauf (Food, Beverage, Allgemein) liegt in einer Hand.

In Mittel- und Großbetrieben sollte ein unabhängiger, dem Management direkt unterstellter Einkäufer eingesetzt werden. Kauft in kleineren Betrieben der Küchenchef selbst die Lebensmittel ein, so geschieht das meist mit der Beschönigung: Hier muß der Fachmann direkt einkaufen. Leider wird oft übersehen, daß der Küchenchef zeitlich gar nicht in der Lage ist, qualifiziert einzukaufen, wenn er seine Aufgaben in der Produktion und nicht auch noch in der Beschaffung gewissenhaft erfüllen will. Selbstverständlich müssen gerade die Lebensmittel in qualitativer Hinsicht fachmännisch eingekauft werden. Zwar kann schlechte Zubereitung die Qualität eines Produktes vermindern, gute Zubereitung aber dort, wo keine Qualität vorhanden ist, auch keine erzeugen. Menüplanung, gute Verkaufstechnik, beste Zubereitung und hervorragender Service sind dann erfolglos, wenn man beim Einkauf nicht auf Qualität, Güte und Eignung geachtet hat.
So sollten dann auch zusammen mit dem Küchenchef Einkaufsspezifikationen und Standard-Einkaufsrichtlinien festgelegt werden, in welcher Qualität, Art, Größe, Anzahl, Mengeneinheit je Verpackung ein gewünschter Artikel eingekauft werden soll. Dabei werden Ertragstests, Fleischtests und Vergleichskalkulationen eher den Ausschlag geben als reine Preisvergleiche zwischen Lieferanten. Einkaufsspezifikationen basieren auf genauester Auswertung der Marktstudien, des Speisenangebots, der Verkaufspreisstruktur und der Ertragstests.
Mit den Standard-Einkaufsrichtlinien arbeiten der Einkäufer, der Food und Beverage Manager, der Food und Beverage Controller, der Warenannehmer und sogar einige Großlieferanten, die einen Auszug von ihren spezifizierten Artikeln bekommen, so wie der Hotelbetrieb die Warenlieferungen erhalten möchte. Als Grundvoraussetzung für standardisierte Portionsgrößen, standardisierte Speiseartikel dienen Ein-

kaufsspezifikationen als notwendiger Kalkulationsansatz zur kostenorientierten Preispolitik.

Der Einkauf im Hotel muß eine zweifache Leistung erbringen:

1. Den besten Gegenwert für jede im Einkauf ausgegebene Mark zu erhalten, wobei der Gegenwert eine Kombination von Preis, Lieferzeit und Qualität darstellt.
2. Laufende Information des Hotelmanagements über neue Märkte, Produkte und Materialen, die für den Hotelbetrieb interessant sein können.

Gerade die zweite Aufgabe ist von ausschlaggebender Wichtigkeit, will man mit kostenminderndem Einkauf qualitativ hochstehende Produkte „up to date" vermarkten. Ein Grund mehr, auch in kleineren Betrieben nicht dem Küchenchef den Einkauf aufzubürden; ratsamer wäre es dort, wenn sich der Hoteldirektor selbst um die so weitreichende Beschaffungsfunktion bemüht.
Zu den modernen Einkaufstechniken und Verfahren im Hotel gehört die Handhabung der *Markt- und Preisnotierungsliste*. Für die täglich benötigten Frischwaren kann damit der vorteilhafte Einkauf erleichtert werden. Mehrere Preisangebote für den gleichen Artikel sollten vorliegen, bevor man sich für einen Lieferanten entscheidet. Voraussetzung dafür sind selbstverständlich die Standard-Einkaufsrichtlinien – die Einkaufsspezifikationen, die für die in Frage kommenden Artikel auch mehreren Großlieferanten ausgehändigt sein sollten. Dadurch wird gewährleistet, daß sich der hier angestellte Preisvergleich auf gleiche Qualität, Art, Größe, Anzahl der täglich zu bestellenden Artikel bezieht.

Markt- und Preisnotierungsliste

Datum: ______________________
Tag: ______________________

Artikel	Spezifikation/Gewicht		Letzter Preis	Mengen Stück im Lager	Bestellt	Lieferanten A	B	C	D
Hummer	lebend	950g	19,–	1	3	21,50	22,–	19,50	22,50
Rinder-filet	ohne Kopf/ frisch	1,3 – 1,5 kg	18,–	5	10	18,50	19,20	19,–	19,80

Der sonst so fragwürdige Telefoneinkauf kann dann erfolgen, nachdem zuerst Preisangebote von mehreren Lieferanten telefonisch eingeholt wurden. Normalerweise bekommt der niedrigst Anbietende den Auftrag. Einen weiteren Vorteil bietet die Markt- und Preisnotierungsliste in der täglichen direkten Bestandskontrolle für Frischwarenartikel.
Dennoch ist bei allen Preisvergleichen daran zu denken, daß ein Produkt nur dann eingekauft werden darf, wenn es auch Chancen hat, mit Gewinn verkauft zu werden.

Kostenmindernde Einkaufspraktiken

1. Produktionsplanung im Verpflegungsbereich befolgen.
2. Erforderliche Qualität dem Verwendungszweck anpassen.
3. Saisonale Angebote ausnutzen.
4. Artikelgröße nach dem geringsten Zubereitungsverlust ausrichten.
5. Grundsätzlich nicht nur von einem Lieferanten kaufen (kein Abhängigkeitsverhältnis schaffen).
6. Einkauf unter Zeitdruck vermeiden, auf Lieferzeiten achten.
7. Für Konservenartikel immer die Nettoeinwaage bewerten.
8. Bei größeren Quantitäten auf Lagerdauer und Lagerräumlichkeiten achten.
9. Schwundverluste, Lagerkosten, Kapitalbildung miteinkalkulieren.
10. Bei Lebensmitteln an vernünftige Lagerumschlagsgeschwindigkeit denken.
11. Befristete Sonderangebote ausschöpfen.
12. Mit Karteien und Katalogen Übersicht über die Preisentwicklung am Markt schaffen.
13. Gute Kontakte mit allen einschlägigen Lieferanten aufrechterhalten.
14. Ständig über Zollbestimmungen, Transportkosten und Einfuhrbestimmungen aus dem Ausland informiert sein.
15. Mit neuen Märkten und neuen Produkten „up to date" bleiben.
16. Daueraufträge beim Einkauf unterlassen.
17. Regelmäßige Besuche der Großmärkte zusammen mit dem Küchenchef vornehmen.
18. Prinzipiell zwischen Eigenproduktion und Fertigproduktkauf abwägen.
19. Naturalrabatte, Zahlungsbedingungen, buchhalterische Abwicklung berücksichtigen.
20. Kooperation im Einkauf mit anderen Hotels im Rahmen der gesetzlichen Bestimmungen erweitern.

Kontrollaufgaben bei der Warenannahme

Nur ein qualifizierter Angestellter wird die Warenannahme gemäß den festgelegten Standard-Einkaufsrichtlinien vornehmen können. Auch bei Eröffnungen von Hotels gehört an diesen Platz eine gewissenhafte, gutbezahlte und loyale Fachkraft. Welche Routineüberprüfungen sollte der Hotelmanager bei der Warenannahme vornehmen?

- Werden nur Waren angenommen, die vorher ausdrücklich bestellt wurden?
- Werden alle Artikel überprüft, ob sie den festgelegten Standard-Einkaufsrichtlinien entsprechen?

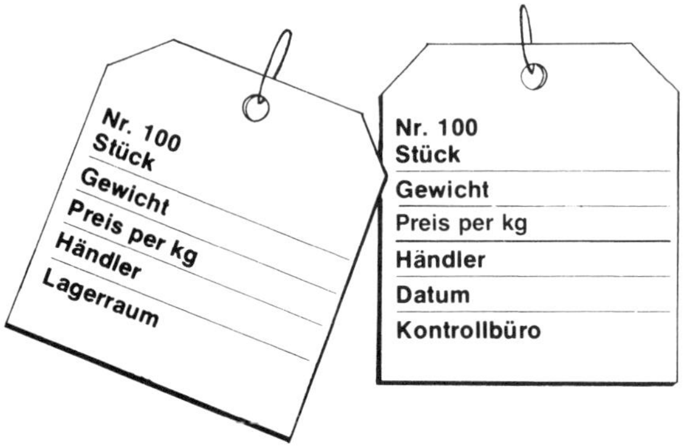

Muster Fleischanhänger

- Wird jeder Artikel, der nach Gewicht gekauft wird, extra gewogen?
- Werden Artikel in Kisten geöffnet und stichprobenartig überprüft?
- Werden Gewicht und Anzahl mit den Rechnungen oder den Lieferscheinen verglichen?
- Wird sofort eine Gutschrift beantragt, wo Gewicht oder Anzahl nicht stimmen?
- Wird bei der Annahme von Fleischlieferungen der Küchenchef hinzugezogen?

Für den teuersten Artikel bei den Lebensmitteln – das Fleisch – kann aus Kontrollhilfsmittel der Fleischanhänger verwendet werden.
Grundsätzlich ist es ratsam, daß der Küchenchef oder sein Sous-Chef die Warenannahme von Fleisch selbst vornimmt. Der Fachmann sollte gleich zu Beginn entscheiden, ob das Fleisch genügend abgehangen ist und den qualifizierten Erfordernissen des Betriebes entspricht. Das ist besonders in Deutschland vonnöten, wo man noch weit von einer einheitlichen Standardisierung in Schnitt und Qualität von Fleischprodukten entfernt ist.
Für jedes größere Fleischstück werden beide Fleischanhänger ausgestellt. Der obere Teil wird am Fleisch befestigt, das gelagert wird; der untere Abschnitt geht zusammen mit der Rechnung in das Kontrollbüro. Dieses Organisationshilfsmittel hat folgende Vorteile:

1. Das Fleisch muß nicht noch einmal gewogen werden, wenn es an die Küche ausgegeben wird.
2. Schwundverluste durch Lagerung werden der Küche direkt belastet.
3. Für die Erstellung von Fleischtests/Rezepten ist immer das Originalgewicht ersichtlich.
4. Erleichterte Kontrolle für Lagerinventuren; das Kontrollbüro hat die Kontroll-Fleischanhänger für das Fleisch, das am Inventurtag noch im Lager sein muß.
5. Vorteil der Datumskontrolle. Das ältere und abgehangene Fleisch wird zuerst an die Küche ausgegeben.

Ordnungsgemäße Lagerung

Der reibungslose und erfolgversprechende Betriebsablauf erfordert, daß die notwendigen Handelswaren, Roh-, Hilfs- und Betriebsstoffe, bei Bedarf jederzeit in quantitativer und qualitativer Hinsicht abrufbar vorhanden sind. Will man Güte und Qualität der Küchenleistungen durch stets frische Lebensmittel gewährleisten, so muß das Lager klein gehalten werden. Zwar wird dadurch der verbilligte Großeinkauf verhindert, andererseits aber werden die Lagerkosten durch verminderte Lagerdauer und vermindertes Risiko der Lagerhaltung gesenkt. Der Betriebsgröße und dem Warenumschlag entsprechende Lagerräume mit Magazin, Materiallager, Kühlräumen und Keller müssen so eingerichtet sein, daß Schwund und Verderb durch sachlich und fachlich richtige Warenlagerpflege verhindert werden. Zu den Gründen, die zum Verderb von Lebensmitteln führen, sind folgende zu nennen:

- falsche Lagertemperaturen
- unangemessene Lagerzeiten
- Mangel an ausreichender Ventilation
- Unterlassung, Lebensmittel richtig zu trennen
- Mangel an ordnungsgemäßen sanitären Einrichtungen
- übermäßige Verzögerung zwischen Warenannahme und fachgerechter Lagerung

Organisierte Warenausgabe

Außer der sachgemäßen Pflege der lagernden Waren gehören zum Aufgabengebiet der Lagerverwaltung auch die Bestandsüberwachung und Verbrauchsfeststellung. Lagerkarteien müssen geführt und die täglichen Warenausgänge genau belegt werden.
Einige Schlüsselpunkte zur geregelten Bestandsüberwachung sind:

1. Das Lagerverwaltungspersonal sollte dem kaufmännischen Betrieb unterstehen.
2. Klar geregelte Lageröffnungszeiten müssen angeordnet sein.
3. Waren dürfen nur von dazu berechtigten Personen ausgegeben werden; Lageranforderungen müssen unterschrieben sein.
4. Ausreichende Sicherheitsvorkehrungen mit Regelung der Schlüsselübergabe müssen eingeführt sein.
5. Mindest- und Höchstbestände der jeweiligen Artikel sind festzulegen.
6. Fleischanhänger-Kontrolle sollte eingeführt sein.
7. Aus den Lagerkarteien muß der Sollbestand der einzelnen Artikel jederzeit ersichtlich sein.

8. Die Markt- und Preisnotierungsliste zeigt täglich den Warenbestand der Frischwarenartikel an.
9. Monatlich sind die Artikel mit dem geringsten Lagerumschlag dem Management mitzuteilen.
10. Routinemäßige Inspektionen der Lagerung und Warenausgabe durch das Management.

Permanente Lagerinventur

Lebensmittelinventar-Kontrollbuch

Datum	Eröffnungs-Inventar Bestand	Einkäufe Lager	Einkäufe Direkt	Gesamt Einkäufe	Verfügbarer Bestandswert
1.	30000	2000	500	2500	32500
2.	24000				
3.					
4.					
31.					

Warenausgaben

Datum	Hauptküche	Nebenküche	Total	Bars	Sonstige Kredite	Gesamt-ausgaben	Soll-Inventar Bestand
1.	5000	2500	7500	500	500	8500	24000
2.							
3.							
4.							
31.							

Anhand von wertmäßigen „Permanenten Lagerinventuren" (= Anfangsbestand + Zugang ./. Verbrauch = Endbestand) und der tatsächlichen Inventarauspreisung sind Soll- und Istbestände zu vergleichen.
Es ist unverkennbar, daß im fachkundigen, sorgfältigen Einkauf, in genauer Überwachung und Kontrolle, bei bester Behandlung und Verarbeitung der Waren ein wesentlicher Faktor für die Gewinnsituation im Hotel- und Gaststättengewerbe liegt.

Der Soll-Wareneinsatz als Kontrollinstrument im Verpflegungsbereich

Problematik der Wirtschaftlichkeit im Verpflegungsbereich

Man spricht von wirtschaftlicher Küchenführung – von Wirtschaftlichkeit im Verpflegungsbereich. Was heißt eigentlich Wirtschaftlichkeit? In der Literatur wird Wirtschaftlichkeit oft folgendermaßen definiert:

$$\text{„Wirtschaftlichkeit liegt vor, wenn } \frac{\text{Ertrag} \times 100}{\text{Aufwand}} \text{ größer als 100\% ist".}$$

Gegen eine so definierte Kennzahl „Wirtschaftlichkeit" kann man folgende zwei Einwände geltend machen: Erstens wird die Wirtschaftlichkeit durch nicht neutralisierte Marktvorgänge beeinflußt. Zweitens sind beide in die Wirtschaftlichkeitskennzahl eingehende Größen – Mitteleinsatz (Aufwand) und Zielerreichung (Ertrag) – variabel; es fehlt die feste Bezugsbasis.
Betrachtet man Wirtschaftlichkeit als Maß für die Einhaltung des ökonomischen Prinzips, so kann sie in zweifacher Weise definiert werden:

$$\begin{array}{c}\text{I Wirtschaftlichkeit}\\ \text{(Sparsamkeitsgrad)}\end{array} = \frac{\text{Solleinsatz (Sollkosten)}}{\text{Isteinsatz (Istkosten)}}$$

Der Sparsamkeitsgrad wird durch die Gegenüberstellung des tatsächlichen Einsatzes und des geringstmöglichen Einsatzes gemessen und kann nur die Werte zwischen 0 und 1 annehmen. Vollkommene Unwirtschaftlichkeit wird durch den Extremwert 0, vollkommene Wirtschaftlichkeit durch den Extremwert 1 ausgedrückt.
Fragt man, inwieweit es gelungen ist, mit einem Mitteleinsatz die höchstmögliche Leistung zu erbringen, so mißt man die Wirtschaftlichkeit durch Gegenüberstellung von Ist-Leistung (Istertrag) und Soll-Leistung (Sollertrag).

$$\begin{array}{c}\text{II Wirtschaftlichkeit}\\ \text{(Ergiebigkeitsgrad)}\end{array} = \frac{\text{Ist-Leistung (Istertrag)}}{\text{Soll-Leistung (Sollertrag)}}$$

Die Kennzahl Wirtschaftlichkeit läßt sich also als Verhältnis zwischen einem Istwert und einem Sollwert definieren. Die Erfassung des Istwertes für einen Küchenbetrieb ist leicht und rationell zu bewerkstelligen.
Schwierigkeiten bereitet die „Soll-Kostenberechnung" für den Küchenbereich; ein Kontrollsystem, das in der Lage sein muß, auf einfache Art Aussagen über Überpro-

duktion, Diebstahl, falsche Portionsgrößen, falsche Rezepte (Zubereitung), Mißachtung der Einkaufsspezifikationen und Standard-Service-Instruktionen, Warenannahme-, Lagerungs- und Ausgabefehler für den Verpflegungsbereich zu machen. Bestehende Kontrollsysteme in der Praxis für den Küchenbereich können meist nur Ist-Wareneinsätze erfassen und prozentual zum Umsatz auswerten. Nur die Ermittlung des „Soll-Wareneinsatzes“ aber ermöglicht eine echte Kontrolle über die Wirtschaftlichkeit der Küchenführung. Dem Wirtschaftsdirektor (Food- und Beverage-Manager) muß zuverlässiges Zahlenmaterial in die Hand gegeben werden, um die erbrachten Leistungen seines Küchenchefs gerade in bezug auf den Warenverbrauch klar beurteilen zu können.

Übersicht zur Problematik der Wirtschaftlichkeit im Verpflegungsbereich:

Betriebswirtschaftliche Bedeutung der Wareneinsatzkosten

- absatzproportionale Kosten
- Mise-en-place – Kosten = Dienstleistungsbereitschaft
- Serienfertigung bei Banketten, Kantinen
- Hotel à la carte Restaurant = ungünstige Kostenstruktur
- „convenience food“ – Verlängerung der Lagerfähigkeit
- Auswirkung der Personaleinsparung auf Wareneinsatzkosten = Halbfertig-, Fertigprodukte
- Beschränkung des Angebots = Spezialisierung
- Kennziffer = Wareneinsatz %

Kontrollkreislauf

- Produktionsplanung = (Aufgabe des Küchenchefs)
- Einkauf
- Warenannahme
- Warenlagerung
- Warenausgabe
- Grund- und Zubereitung
- Service
- Erfassung = Monatlicher Lebensmittelbericht
- Produktionsplanung

Anforderungen an Kontrollsysteme

- Kontrollen der fortschreitenden Entwicklung anpassen
- Kontrollen sollen in einem wirtschaftlichen Verhältnis zum Kontrollergebnis stehen

- Begrenzte Aussagefähigkeit der Ist-Wareneinsatzkontrolle
- Lebensmittelkosten sind neben den Personalkosten die höchsten Kosten im Verpflegungsbereich
- Kontrollen sollen auf einfache, unkomplizierte Art und Weise Möglichkeiten zur Leistungsüberwachung, Resultate zur Einsparung und Leistungsverbesserung bewirken.

Größenbestimmung der Wareneinsatzkosten)*

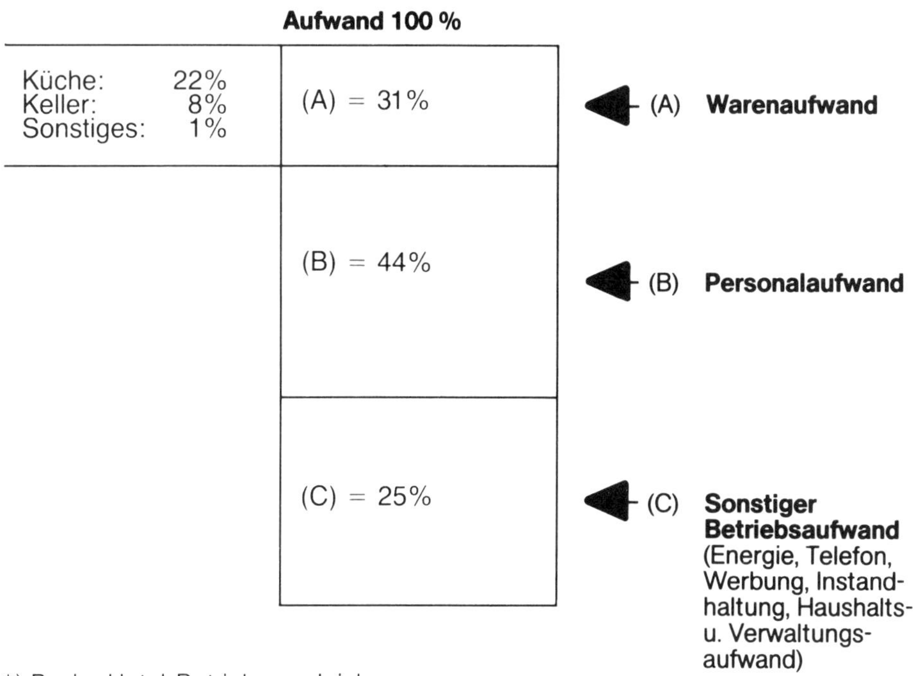

*) Basis: Hotel-Betriebsvergleiche 1988–1991, Stadthotels 80–180 Betten

Gedankenflußplan

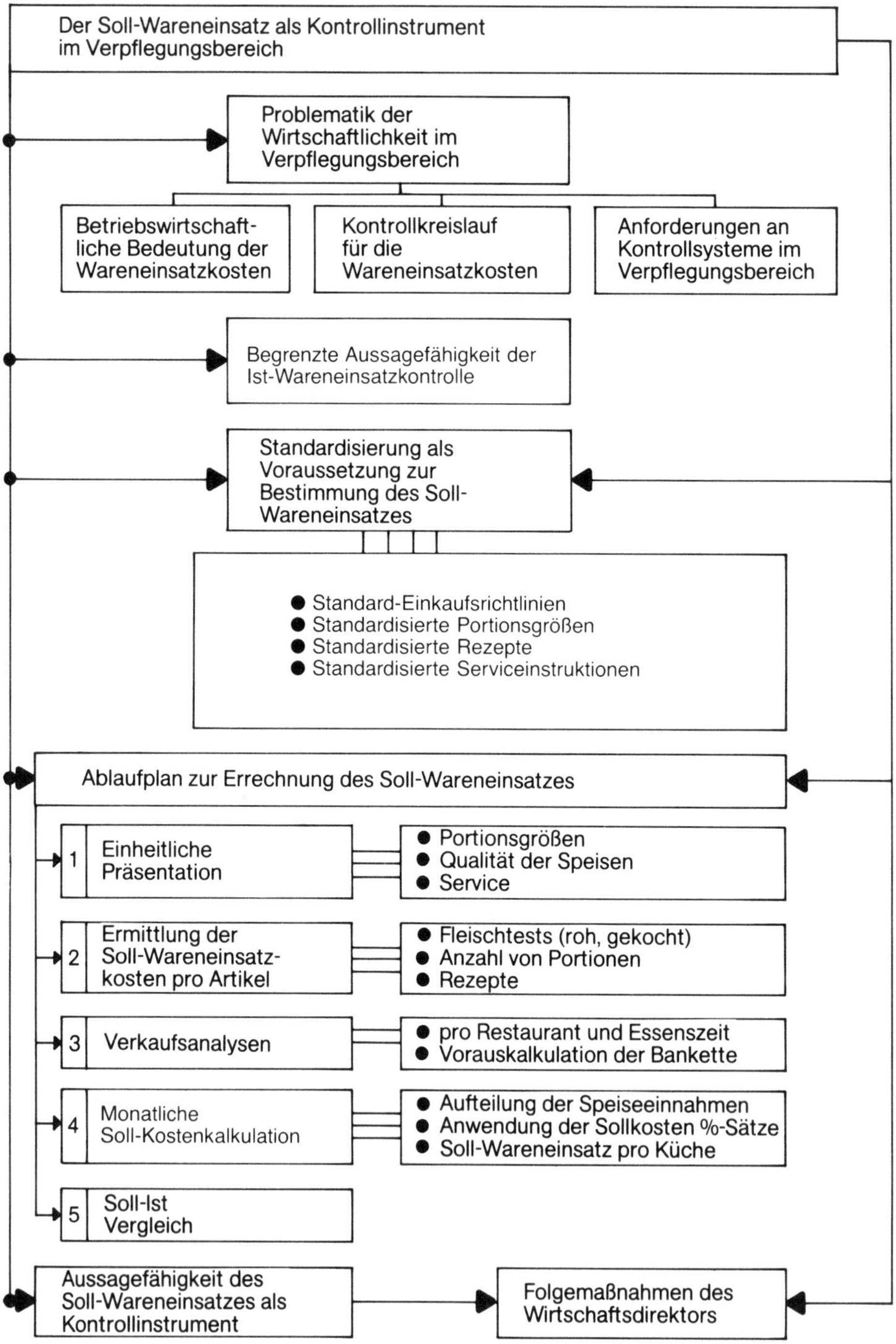

Begrenzte Aussagefähigkeit der Ist-Wareneinsatzkontrolle

Tägliche Erfassung der Wareneinsatzkosten

Monat: ____________________

Datum	Lager-anforderungen	Getränke-überweisungen	Küchen-überweisungen	Verfügbarer Wert	Kredite				Gesamt-waren-einsatz
					Angest. Entnahmen	Kunden-bewirtungen	Sonstige	Total	
1.	1000,–	50,–	(300,–)	750,–	–	50,–	–	50,–	700,–
2.	1500,–	–	(300,–)	1200,–	100,–	–	20,–	120,–	1080,–
	(1)	(2)	(3)	(4)				(5)	(6)

Küche: ____________________

Datum	Angestelltenessen				Gesamtkosten der verkauften Lebensmittel		Lebensmittel-einnahmen		Waren-einsatz %	
	Cafeteria	Köche	Abteilungsleiter	Total	Heute	(kumuliert) Zum Datum	Heute	(kumuliert) Zum Datum	Heute	(kumuliert) Zum Datum
1.	200,–	80,–	40,–	320,–	380,–	380,–	1000,–	1000,–	38,0 %	38,0 %
2.	220,–	80,–	60,–	360,–	720,–	1100,–	1800,–	2800,–	40,0 %	39,3 %
				(7)	(8)	(9)	(10)	(11)	(12)	(13)

A) Erklärung zur „Erfassung der Wareneinsatzkosten"

(1.)	Lageranforderungen
(2.) plus	Getränkeüberweisungen
(3.) minus	Küchenüberweisungen (zu einer zweiten Küche zum Beispiel)
(4.) =	verfügbarer Wert
(5.) minus	Total Kredite
(6.) =	Gesamtwareneinsatz
(7.) minus	Total Angestelltenessen
(8.) + (9.) =	Gesamtkosten der verkauften Lebensmittel
(12.) + (13.)	

$$\text{Wareneinsatz \%} = \frac{\text{Gesamtkosten der verkauften Lebensmittel} \times 100}{\text{Lebensmitteleinnahmen}}$$

Zu (1): Alle Lebensmittel für die Küche dürfen aus dem Lagerraum nur mit einer vom Küchenchef unterschriebenen Lageranforderung herausgegeben werden.
Zu (2): Mit Weinen und Spirituosen zum Kochen muß die Küche kostenmäßig belastet werden.
Zu (3): Eventuelle Überweisungen an eine zweite Küche müssen erfaßt werden.
Zu (5): Kredite, wie Angestellten-Entnahmen, Kundenbewirtungen usw., werden der Küche „gutgeschrieben" (kreditiert).
Zu (7): Angestelltenessen, für die keine Einnahmen erzielt werden, sind vom Gesamtwareneinsatz abzuziehen.
Zu (8) + (9): Die Gesamtkosten der verkauften Lebensmittel stellen die Kosten dar, für die auch entsprechende Einnahmen erzielt worden sind.
Zu (10) + (11): Die Lebensmitteleinnahmen sind hier netto zu berücksichtigen, das heißt: ohne Mehrwertsteuer und ohne Bedienungsgeld.
Zu (12) + (13): Dieser Wareneinsatz % ist eine wichtige Kennzahl zur Beurteilung der Küchenrentabilität.

Aussagefähigkeit

Die so wichtige Kennzahl des Wareneinsatzes im Verhältnis zum Umsatz wird in der Praxis meist in einem reinen Zeitvergleich mit früheren Perioden verglichen (z. B. Höhe des Wareneinsatz % des letzten Monats oder im gleichen Monat des letzten Jahres).
Es ist auch oft üblich, einzig die Differenz zwischen Erlösen und Wareneinsatzkosten den *„Bruttoüberschuß"* zu überwachen. Durch Konstanthalten dieses *Bruttoüberschusses* soll erreicht werden, daß bei den Küchenleistungen nicht weniger verdient, respektive nicht mehr verloren werden soll als in früheren Perioden.
Hier wird die begrenzte Aussagefähigkeit der Ist-Wareneinsatzkontrolle deutlich.

Der Betriebswirtschaftler Schmalenbach nannte das Verfahren beim Namen: „Schlendrian mit Schlendrian vergleichen“!
Bei der Ist-Wareneinsatzkontrolle hat man noch keine Gewähr, daß die Waren auch wirklich optimal eingesetzt werden, weil die Erlöse mit der Zusammensetzung der Leistung nicht in direkter Beziehung stehen.
Erhöht man beispielsweise die Verkaufspreise auf der Speisekarte wird bei gleichbleibenden Wareneinsatzkosten diese Kennzahl – *Wareneinsatz %* geringer oder der *Bruttoüberschuß* größer. Beides sind keine Anzeichen dafür, daß der Küchenchef etwa besser gewirtschaftet hätte. Eine Norm für angemessenen Warenverbrauch bei einer gegebenen Leistung können nur die kalkulierten Soll-Wareneinsatzkosten geben.

Standardisierung als Voraussetzung zur Bestimmung des Soll-Wareneinsatzes

Die Soll-Wareneinsatzkontrolle setzt Maßstäbe für den Küchenbereich fest. Hier sind gewisse Standardisierungen unbedingt erforderlich, will man auch im kleinsten gastronomischen Betrieb *„standardisierte Qualität“* erreichen:

- Standard-Einkaufsrichtlinien*
- Standardisierte Portionsgrößen
- Standardisierte Rezepte
- Standardisierte Serviceinstruktionen

*) vgl. Kapitel Grundvoraussetzungen für den Hoteleinkauf

Beispiel: Standardisierte Portionsgrößen

Gewichtstabelle									
Speisen	**Restaurant (A)**			**Restaurant (B)**			**Etagenservice**		
Fische Vorspeisen									
Dungeness Crabben	Dungeness Crabben	St.	3/4						
Hummerkrabben gegrillt	Hummerkrabben gegrillt	St. 4 Gr.	240	Riesenhummer-krabben gegrillt	St.	3			
Bay Crevetten	Bay Crevetten	Gr.	50						
Imperial Austern	Imperial Austern	St.	5						
Austern Kirkpatrick	Austern Kirkpatrick	St.	3						
Königskrabben Cocktail	Königskrabben Cocktail	Gr.	70						
Shrimp Cocktail	Shrimp Cocktail	Gr.	70	Shrimp Cocktail	Gr.	50	Shrimp Cocktail	Gr.	50
Matjes Hering	Matjes Hering	Filets	2	Matjes Hering	Filets	3/2	Matjes Hering	Filets	3/2
Geräucherte Forelle	Geräucherte Forelle	Filets	2	Geräucherte Forelle	St.	1	Geräucherte Forelle	Filets	2
Geräucherter Lachs	Geräucherter Lachs	Gr.	150						
Schnecken	Schnecken	St.	8						
Fische Hauptspeisen									
Seezungenfilets	Seezungenfilets	4 Filets Gr.	400						
Seezunge vom Grill	Seezunge vom Grill	St. 1 Gr.	500	Seezunge vom Grill	St. 1 Gr.	350	Seezunge vom Grill	St. 1 Gr.	350
Crab Cioppino	Crab Cioppino	6 Claims	2 Shrimps 1/3 Dungeness						
Steinbutt pochiert	Steinbutt gekocht	St. 1 Gr.	250	Steinbutt gekocht	St. 1 Gr.	250	Steinbutt gekocht	St. 1 Gr.	250
Austern Omelette	Austern Omelette	St.	3						
Salm gekocht	Salm gekocht	1 Scheibe Gr.	280						
Forelle	Forelle blau	St. 1 Gr.	250	Forelle gebraten	St. 1 Gr.	250	Forelle gebraten	St. 1 Gr.	250
Hummer + Krabben „Newbourg"	Hummer + Krabben „Newbourg"	H: St. 1 Gr.	120						
		K: Gr.	70						
Krabben Curry	Krabben Curry Kanton	Gr.	150						
Grüner Aal				Grüner Aal	St. 3 Gr.	180	Grüner Aal	St. 3 Gr.	180

Beispiel: Standardisierte Rezepte

Rezept für: Rotweinkraut **Restaurant:**

Rezept Nr. ____ **Portionsgröße:** ____ Ballsaal

Berechnungsgrundlage für: 300 **Portionen** **Portionsgröße:** ____

Einheit	Material	Datum		Datum		Datum		Datum	
		Preis	Betrag	Preis	Betrag	Preis	Betrag	Preis	Betrag
60 kg	Rotkraut								
3 kg	Zwiebeln								
1 kg	Gänseschmalz								
1 kg	Schweineschmalz								
5 kg	Äpfel								
1,5 kg	Johannisbeergelee								
2 Fl.	Rotwein								
	5% Zubereitung								
	Gesamtkosten:								
	Kosten pro Portion:								

Zubereitung und Service:

Gänse- und Schweineschmalz zergehen lassen, fein geschnittene Zwiebeln und Äpfel darin anschwitzen. Rotkohl beigeben, etwas Wasser zusetzen und weichdünsten. Nach dem Salzen Johannisbeergelee und Rotwein verrühren, mit dem Rotkraut vermengen und noch etwa ½ Stunde kochen lassen.

Beispiel: Standardisierte Serviceinstruktionen (Speiseartikel)

Restaurant: "KRONE" Nr. 1001

Name des Artikels: PIN-LO (für 2 Personen)

Zusammensetzung	Wareneinsatz			
Artikel	Datum:	Datum:	Datum:	Datum:
60 g Schweinefilet				
60 g Kalbskarree				
100 g Glasnudeln				
60 g Rinderfilet				
30 g Chinesische Morcheln				
160 g Seezungenfilet				
4 Stck. Hummerkrabbenschwänze				
2 Stck. Eier				
Sojasauce				
Austernsauce				
2 P. Reis (gebraten)				
2 l Hühnerbrühe				
Gesamt Wareneinsatz				
Netto-Verkaufspreis				
Wareneinsatz %				

Service-Instruktionen: Serviert auf ovalen chinesischen Porzellanplatten. "PIN-LO"-Topf mit kräftiger Brühe wird vor dem Gast auf den großen Tisch gestellt.

Große Teller mit Stäbchen, chinesische Reisschüssel servieren

Ausgabestelle: Warme Küche für Brühe - Kalte Küche für Beilagen

Fotografie:

Ablaufplan zur Errechnung des „Soll-Wareneinsatzes“

Übersicht zur Errechnung des „Soll-Wareneinsatzes“ Küchen

1. Schritt

Festlegung der „Standardisierten Portionsgrößen“ und einheitlichen Präsentation sämtlicher Speiseartikel:
a) Standardisierte Portionsgrößen/Tabellen
b) Standardisierte Speiseartikel (Beschreibung, Fotografien, Service-Instruktionen, Errechnung der Wareneinsatzkosten)

2. Schritt

Genaueste Ermittlung der Soll-Wareneinsatzkosten für alle Speiseartikel mit Hilfe von:
a) Fleischtests (roh, gekocht)
b) Detailanalysen über sämtliche verwendeten Artikel
c) Erfassung und Berechnung der Rezepte

3. Schritt

Verkaufsanalyse sämtlicher Speiseartikel für einen Mindestzeitraum von 80 Tagen pro Saison:
a) Verkaufsanalyse pro Restaurant (Frühstück, Mittag, Abend, Zuschlag von 5% zu den Total-Materialkosten und Ermittlung der Soll-Kostenprozentsätze pro Essenszeit)
b) Tägliche Vorauskalkulation sämtlicher Bankette, Extraessen (monatlicher Zuschlag von 5% zu den Gesamt-Wareneinsatzkosten)

4. Schritt

Erstellung der „Monatlichen Soll-Kostenkalkulation“
– „Monatliche Soll-Kostenkalkulation“ (Aufteilung der Lebensmitteleinnahmen pro Küche, Anwendung der ermittelten Soll-Kostenprozentsätze, Errechnung des „Soll-Wareneinsatzes“ pro Küche)

5. Schritt

Vergleich zwischen tatsächlichen Gesamtkosten der verkauften Waren und dem ermittelten „Soll-Wareneinsatz“ pro Küche (Soll-Ist-Vergleich)

Erklärung zum Ablaufplan

1. Schritt: Einheitliche Präsentation

Festlegung der „Standardisierten Portionsgrößen" und einheitlichen Präsentation sämtlicher Speiseartikel:
Als Voraussetzung für die Soll-Wareneinsatzkontrolle dienen Standard-Einkaufsrichtlinien (festgelegte Einkaufsspezifikationen), standardisierte Portionsgrößen und eine standardisierte Präsentation der einzelnen Speiseartikel. Dazu gehören einheitliche Rezepte und festgelegte Serviceinstruktionen. Derartige Standardisierungen sind nicht nur aus Kostengründen erforderlich, sondern dienen vor allen Dingen der gleichbleibenden Qualität der Speisen. Wenn die Köche wechseln, darf sich die Qualität der Speisen nicht ändern. Eine genaue Beschreibung der Rezepte, Farbfotografien von der Präsentation des Speiseartikels, genaue Serviceinstruktionen helfen, einen festgelegten Standard in der Qualität zu halten.

2. Schritt: Ermittlung der Soll-Wareneinsatzkosten pro Artikel

Genaueste Ermittlung der Soll-Wareneinsatzkosten für alle Speiseartikel: Zusammen mit der Standardisierung muß die Erfassung der Soll-Wareneinsatzkosten für alle Speiseartikel auf detaillierten *Fleischtests (roh, gekocht)* und Ertragsanalysen der eingesetzten Materialien basieren. Hierbei spielt auch die Festlegung der Portionenanzahl für die Zubereitung und Kosten eine entscheidende Rolle. Die Erfassung und Berechnung der Rezepte sollten wenigstens vierteljährlich überprüft und bei schwankenden Lebensmitteleinkaufspreisen korrigiert werden. Vor jeder Speisekartenänderung (Preise oder Artikelprogramm) dienen die Rezepte als Grundlage zur kostenorientierten Preispolitik.

Der Fleischtest – Voraussetzung zur Küchenrentabilität

Jeder kostenbewußte Hotelfachmann hat erkannt, daß das Fleisch als teuerster Artikel der Wareneinsatzkosten im Verpflegungsbereich eine Schlüsselrolle einnimmt. Das gilt sowohl für Klein-, Mittel- und Großhotels als auch für die Restaurationsbetriebe. So entscheidet die fachgerechte Verwertung verbunden mit genauer Kostenkontrolle des Fleisches oft über Gewinn oder Verlust im Food-Bereich.

Bedeutung des Fleischtests

1. Grundlage zur Ermittlung der Wareneinsatzkosten für sämtliche Speiseartikel (Erfassung und Berechnung der Rezepte).
2. Kostengemäßige Gegenüberstellung zwischen „Eigenzubereitung" und „Fertigkauf" von Fleischstücken.

3. Erfassung der Lager-, Schnitt-, Koch- und Bratverluste.
4. Überprüfung der qualitativen Ertragskraft.
5. Basis zur Standardisierung und Portionsgrößenkontrolle.
6. Marktgerechte Bewertung der Fleischschnitte als Grundlage zur kostenorientierten Preispolitik.
7. Entscheidungsfaktor und Auswahlkriterium für den Einkauf von Fleischschnitten unter Berücksichtigung festgelegter Einkaufsspezifikationen.
8. Ermittlung von Portionskostenfaktoren zur schnellen Kalkulationsbasis bei schwankenden Einkaufspreisen.

Musterbeispiel für den Fleischtest

Angaben

1. Die Hochrippe (Rind) kostet je kg im Einkauf 18 DM.
2. Das Originalgewicht der Hochrippe ist auf dem Fleischanhänger mit 10 kg angegeben (Anfangsrohgewicht).
3. Nach der Rohzubereitung wiegt die Hochrippe 9 kg (verkaufbares Rohgewicht).
4. Nach dem Braten stellt der Küchenchef einen Bratverlust von 3 kg fest.
5. Die portionsfertige Hochrippe wiegt nach dem Braten 4,8 kg, gleichzeitig werden 1,2 kg für Salatfleisch gewogen.
6. Der Marktpreis (Lieferant) für Salatfleisch beträgt zur Zeit 15 DM je kg.
7. Die Soll-Portionsgröße für Hochrippe beträgt 480 g.

Aufgaben und Auswertung:

a) Ermittlung der Wareneinsatzkosten-Fleisch für eine Portion Hochrippe.
b) Berechnung des Kostenfaktors je Portion Hochrippe.
c) Anwendung des Kostenfaktors bei folgenden Einkaufspreisänderungen:
   1. 20 DM je kg Hochrippe
   2. 22 DM je kg Hochrippe

Lösung der Aufgaben und Auswertung (siehe Arbeitsablauf zum Fleischtest)

a) Wareneinsatzkosten – Fleisch
   Portion Hochrippe 16,20 DM
b) Kostenfaktor 0,9
   je Portion Hochrippe
c) Anwendung des Kostenfaktors:

Änderung des Einkaufspreises	Kostenfaktor	Kosten je Portion
1. 20 DM	× 0,9	= 18,00 DM
2. 22 DM	× 0,9	= 19,80 DM

Arbeitsablauf zum Fleischtest (Formular für den Fleischtest)

I. Teil:

Angaben Nr. 1 und Nr. 2
Die Information von dem Fleischanhänger wird auf das Formular für den Fleischtest übertragen.

Formular für den Fleischtest										
Fleischsorte	**Hochrippe (Rind)**									
Stücke	**1**	**Gewicht**	**10**	**kg**	**000**	**g**	**zu**	**18,–**	**Total**	**180**
Datum	**1. 1. 19..**				**Lieferant**			**Mair**		

II. Teil:

Angaben Nr. 1, Nr. 2 und Nr. 3
Das Originalgewicht (Fleischanhänger) ist das Anfangsrohgewicht des Rohertrages. Die Differenz (1 kg) zwischen Anfangsrohgewicht (10 kg) und verkaufbarem Rohgewicht (9 kg) stellt den Lager- und Grundzubereitungsverlust dar. Den kg-Preis (20 DM) für das verkaufbare Rohgewicht ermittelt man durch Division. Totalkosten (180 DM) geteilt durch verkaufbares Rohgewicht (9 kg).

Artikel	**Gewicht**		**%**	**Kosten**	
	kg	**g**		**kg**	**total**
Rohertrag					
Anfangs-Rohgewicht	**10**	**000**	**100**	**18,–**	**180,–**
Minus Schnittverlust (Fett, Knochen)	**1**	**000**	**10**		
Verkaufbares Rohgewicht	**9**	**000**	**90**	**20,–**	**180,–**
Aufteilung					

III. Teil:

Angaben Nr. 4, Nr. 5 und Nr. 6
Das verkaufbare Nettogewicht (6 kg) resultiert aus der Subtraktion: verkaufbares Rohgewicht (9 kg) minus Koch-Brat-Verlust (3 kg). Den kg-Preis (30 DM) für das verkaufbare Nettogewicht ermittelt man durch Division: Totalkosten (180 DM) geteilt durch verkaufbares Nettogewicht (6 kg).
Für das minderwertige Salatfleisch trägt man den gültigen Marktpreis (15 DM) ein und errechnet das Total (1,2 kg × 15 DM = 18 DM) für dieses Nebenprodukt.
Die Differenz (162 DM) zwischen Totalkosten (180 DM) und Nebenprodukt Salatfleisch (18 DM) ist der Wert für die portionsfertige Hochrippe.
Den kg-Preis (33,75 DM) für die portionsfertige Hochrippe ermittelt man durch Division: Totalkosten Hochrippe (162 DM) geteilt durch portionsfertige Hochrippe (4,8 kg).

	Gewicht		%	Kosten	
	kg	**g**		**kg**	**total**
Verkaufbares Rohgewicht	**9**	**000**	**90**	**20,–**	**180,–**
Koch-Brat-Verlust	**3**	**000**	**30**		
Verkaufbares Nettogewicht	**6**	**000**	**60**	**30,–**	**180,–**
Aufteilung					
Hochrippe, portionsfertig	**4**	**800**	**48**	**33,75**	**162,–**
Salatfleisch	**1**	**200**	**12**	**15,–**	**18,–**
Total	**6**	**000**	**60**	**30,–**	**180,–**

IV. Teil:

Angabe Nr. 7
Die Überprüfung der Soll-Portionsgröße (480 g) muß mit dem tatsächlichen Aufschneiden der portionsfertigen Hochrippe (4,8 kg) in 10 Portionen erfolgen. Die Kosten je Portion (16,20 DM) Hochrippe ermittelt man durch Division: Totalkosten für die portionsfertige Hochrippe (162 DM) geteilt durch die tatsächliche Anzahl der Portionen (10).
Der Kostenfaktor (0,9) stellt die Relation zwischen Kosten je Portion (16,20 DM) und dem Einkaufspreis je kg (18 DM) dar: Kosten je Portion (16,20 DM) geteilt durch den Einkaufspreis je kg (18 DM).
Ändert sich nur der Einkaufspreis je kg, muß der Fleischtest nicht erneut berechnet werden, sondern man wendet den Kostenfaktor als Multiplikator an.

Portionskosten und Portionskostenfaktor					
Name des Gerichtes	Portions-größe	Anzahl der Portionen	Kosten pro Portion	Total-kosten	Kosten-faktor
Hochrippe	480 g	10	16,20	162,–	0,9
Total					
Unterschrift					

3. Schritt: Verkaufsanalysen

Verkaufsanalyse sämtlicher Speiseartikel für einen Mindestzeitraum von 80 Tagen pro Saison:
Zu den verschiedenen Service-Zeiten Frühstück, Mittag und Abend muß eine Verkaufsanalyse für alle Speiseartikel erstellt werden. In Mittel- und Großbetrieben wird hier die Auswertung der Computer-Restaurantkassen verwendet. Wo keine Datenverarbeitung eingesetzt wird, stellt die Verkaufsstatistik eine Analyse der Bons oder Rechnungsdoppel dar.
Die Anzahl der verkauften Portionen wird mit dem Materialpreis (Soll-Wareneinsatzkosten laut Rezept) multipliziert und 5% Zuschlag zu den Gesamtkosten gewährt. Dieser Zuschlag von 5% der Gesamtkosten soll Schnittverlust, Brot und Butterkosten, geringe Ungenauigkeiten beim Portionieren, Kosten für eventuelle Schaustücke, Display-Artikel, für die keine Einnahmen erzielt werden, abdecken.
Teilt man nun die Total-Materialkosten (Beispiel 21 000 DM) multipliziert mit 100 durch die Total-Netto-Einnahmen (Beispiel 52 500 DM), so erhält man den „Sollkostenprozentsatz pro Essenszeit" (Beispiel. 40,0% – Abend). Für jedes Restaurant und Etagenservice, getrennt nach den Essenszeiten: Frühstück, Mittag, Abend, werden die verschiedenen „Sollkostenprozentsätze" auf der Basis einer repräsentativen 80tägigen Verkaufsanalyse ermittelt.
Die Wareneinsatzkosten für Extraessen und Bankettveranstaltungen werden immer im vorhinein kalkuliert, vor dem Zeitpunkt nämlich, wenn die Preisverhandlungen mit dem Gast stattfinden.
Am Monatsende addiert man zu den Materialkosten aller Veranstaltungen, Extraessen wiederum den Zuschlag von 5%.

Verkaufsanalyse (Muster)

Zeitraum: 80 Tage
Artikel lt. Speisekarte:

Restaurant: ____________
Tageszeit: Abend

Hauptgänge:	Anzahl der verkauften Portionen	Materialpreis	DM Total	Nettoverkaufspreis	DM Total	Wareneinsatzkosten %
Filetsteak	1 000	7,00	7 000,–	19,50	19 500	35,9 %
Hamburger	500	2,00	1 000,–	6,00	3 000,–	33,3 %
Wiener Schnitzel	2 000	6,00	12 000,–	15,00	30 000,–	40,0 %
Gesamt			20 000,–		52 500,–	38,1 %
plus 5 % Zuschlag			1 000,–			
Total			21 000,–	Sollkosten % (Wareneinsatz – Abend)		40,0 %

Ausführliches Beispiel zur Verkaufsanalyse:

Verkaufsanalyse: Muster **Restaurant: Muster (Mittag/Abend)**

Artikel-Nummer	Jahr: ...... Artikel laut Speisekarte	Soll-Wareneinsatz	Netto-verkaufspreis	Kartenpreis	Anzahl der verkauften Portionen	Ø verkauft pro Öffnungstag	Gesamt Soll-Wareneinsatz	Gesamt Nettoumsatz	Gesamt Bruttoumsatz	Soll-Wareneinsatz %
		1	2	3	4	5	6	7	8	9
A	**Vorspeisen**									
1	Matjes-Filet	1,50	4,70	6,00	900	3	1 350	4 230	5 400	31,9 %
2	Krabben-Cocktail	2,67	6,66	8,50	300	1	801	1 998	2 550	40,1 %
	usw.						27 913	79 669	101 697	35,0 %
B	**Suppen**									
1	Kraftbrühe	0,58	1,96	2,50	1 200	4	696	2 352	3 000	29,6 %
2	Tomatencreme	0,47	1,57	2,00	900	3	423	1 413	1 800	29,9 %
	usw.						18 378	61 225	78 153	30,0 %
C	**Fisch**									
1	Seezungenfilet	4,54	11,36	14,50	450	1,5	2,043	5 112	6 525	40,0 %
2	Forelle	3,97	10,18	13,00	450	1,5	1 787	4 581	5 850	39,0 %
	usw.						10 499	27 048	34 526	38,8 %
D	**Rind, Schwein, Kalb**									
1	Filetsteak	7,63	16,45	21,00	1 200	4	9 156	19 740	25 200	46,4 %
2	Rumpsteak	6,53	10,97	14,00	9 600	32	62 688	105 312	134 400	59,5 %
3	Zwiebelfleisch	5,16	10,18	13,00	1 200	4	6 192	12 216	15 600	50,7 %
4	Schweinesteak	4,17	8,62	11,00	600	2	2 502	5 172	6 600	48,4 %
5	Wiener Schnitzel	6,14	10,18	13,00	8 100	27	49 734	82 458	105 300	60,3 %
	usw.						30 262	61 180	78 068	49,5 %
E	**Dessert**									
1	Gemischtes Eis	0,59	1,96	2,50	1 200	4	708	2 352	3 000	30,1 %
2	Apfelstrudel	0,83	2,35	3,00	600	2	498	1 410	1 800	35,3 %
	usw.						11 574	33 364	42 589	34,7 %
F	**Tagesmenüs**									
	Menü I	3,12	5,48	7,00	2 100	7	6 552	11 508	14 700	56,9 %
	Menü II	4,06	9,40	12,00	2 400	8	9 744	22 560	28 800	43,2 %
					Gesamt		253 500	544 900	695 558	46,5 %

Legende: 1 = Wareneinsatz lt. Rezept; 2 = exklusive Bedienung, MwSt.; 3 = Inklusivpreis; 6 = 4 × 1; 7 = 4 × 2; 8 = 4 × 3; 9 = $\frac{6 \times 100}{7}$

4. Schritt: Monatliche Soll-Kostenkalkulation

Bei der monatlichen Soll-Kostenkalkulation für den Küchenbereich erfolgt zunächst einmal die Aufteilung der Netto-Speiseneinnahmen für die betreffende Küche. Die im Schritt 3 erklärten Soll-Kostenprozentsätze pro Essenszeit (Frühstück, Mittag, Abend) werden mit den entsprechenden Netto-Speiseneinnahmen multipliziert, und man erhält den Küchen-Soll-Wareneinsatz.
(Beispiel: Speiseneinnahmen 22 8000 DM × Soll-Kosten-% 40,0% = Küchen-Soll-Wareneinsatz 9 120 DM für Restaurant (Frühstück)
Das Total der jeweiligen Küchen-Soll-Wareneinsätze pro Essenszeit ergibt den „Soll-Wareneinsatz pro Küche".

Erstellung der „Monatlichen Soll-Kostenkalkulation"

Monat: ______________________

„Monatliche Soll-Kostenkalkulation"

Hauptküche	Netto-Speisen Einnahmen	Sollkosten %	Küchen-Soll-Wareneinsatz	%
Restaurant				
Frühstück	22 800	40,0	9 120	
Mittag	150 000	38,0	57 000	
Abend				
Total	172 800		66 120	
Etage				
Frühstück	34 000	40,0	13 600	
Mittag	28 000	39,0	10 920	
Abend				
Total	62 000		24 520	
Total Hauptküche	234 800		90 640	38,60
Bankettküche				
Mittag				
Abend	200 000	× 38 % = 76 000		
Sonstiges				
		+ 5 % = 3 800	79 800	39,90
	434 800			
Gesamt-Soll-Wareneinsatz des Hotels			170 440	39,20

5. Schritt: Soll-Ist-Vergleich

Vergleich zwischen tatsächlichen Gesamtkosten der verkauften Waren und dem ermittelten „Soll-Wareneinsatz" pro Küche.

Muster: „Soll-Ist-Vergleich (Küchenbereich)"

	DM	%
Hauptküche Ist-Wareneinsatz	105640	44,99
Hauptküche Soll-Wareneinsatz	90640	38,60
Differenz	15000	6,39
Bankettküche Ist-Wareneinsatz	80800	40,40
Bankettküche Soll-Wareneinsatz	79800	39,90
Differenz	1000	0,50
Total Hotel-Differenz	16000	3,68

Als Ergebnis dieser Soll-Wareneinsatz-Küchenkontrolle steht der Soll-Ist-Vergleich. Der tatsächlich angefallene Warenverbrauch (Ist-Wareneinsatz) wird dem errechneten Soll-Wareneinsatz gegenübergestellt.

Aussagefähigkeit des Soll-Wareneinsatzes als Kontrollinstrument

Mögliche Gründe für die Differenz zwischen Soll-Wareneinsatz und Ist-Wareneinsatz (s. Beispiel DM 16000)

Verlustquellen:	Aktion:
(1) Überproduktion:	– Produktionsplanungsverfahren für den Küchenbereich überprüfen – Küchenbestände
(2) Diebstahl:	– Interne Personalausgangskontrollen – Umkleideräume – Personalportiers
(3) Falsche Portionsgrößen/	– Tägliche Gewichts-Überprüfung des Mise-en-place, – Standardisierte Rezepte
(4) Mißachtung der Einkaufsrichtlinien	– Überprüfung der Einkaufsspezifikationen – Einkaufsverfahren – Warenannahme

(5) Mißachtung der Standard-Serviceinstruktionen	– Überwachung der Anrichteweise – Präsentation im Restaurant – Desserttrolleys, Hors d'euvre Wagen etc.
(6) Waren, Annahme,-Lagerungs- und Ausgabefehler:	– Tägliche Routineüberprüfung

In der Berechnungsgrundlage für die Soll-Wareneinsatzkosten geht man davon aus, daß der Küchenchef sich mit einer akzeptablen Ungenauigkeit (5% Zuschlag zu den Gesamtkosten) an die im vorhinein abgesprochenen Rezepte und standardisierte Präsentation der Speiseartikel hält, rationell wirtschaftet, das heißt Überproduktion vermeidet, den entsprechenden Verwendungszweck der eingekauften Waren einhält und nicht teure Produkte aufgrund der Überproduktion in billige Produkte umfunktioniert.
In dem Muster „Soll-Ist-Vergleich" (Küchenbereich) hätte man bei vorgegebenen Rezepten und basierend auf der Verkaufsanalyse in der Hauptküche mit einem Wareneinsatz von 90640 DM den tatsächlich vereinnahmten Speisenumsatz (234800 DM) erwirtschaften sollen. Tatsächlich aber wurden 105640 DM (Ist-Wareneinsatz) zur Erreichung dieses Umsatzes benötigt; das heißt: eine Differenz von 15000 DM Wareneinsatzkosten, die zuviel verbraucht wurden.
Der Sparsamkeitsgrad (Wirtschaftlichkeit) liegt in der Hauptküche bei 0,86 (Sollkosten/Istkosten), wobei 1,0 die vollkommene Wirtschaftlichkeit ausdrückt.

Getränkekontrollsysteme

Zielsetzung

Die Erwartungen, die man an ein Getränkekontrollsystem – besonders an eine Barkontrolle – stellen darf, lassen sich folgendermaßen zusammenfassen:

1. Getränkewareneinsatz und Getränkeeinnahmen müssen kontrolliert und überwacht werden.
2. Festgelegte Verkaufspreise und vorgeschriebene Drinkeinheiten sind einzuhalten.
3. Jeder Gast soll den gleichen Preis für gleiche Qualität bezahlen (Standard-Cocktailrezepte).
4. Das Getränkekontrollsystem soll verhindern, daß das Barpersonal
   - Ware selbst trinkt, verschenkt oder tauscht,
   - billigere Ware für teure verkauft,
   - Getränke streckt, billige Qualität mit teurer vermischt,
   - eigene Ware kauft und verkauft,
   - Einnahmen veruntreut, versucht, mehr einzukassieren, als vom Gast konsumiert wurde,
   - unterschiedliche Drinkeinheiten und Cocktailrezepte verwendet.

Aus der Zielsetzung wird deutlich, daß ein Getränkekontrollsystem nicht allein auf „historischer Basis" in der Buchhaltung durchgeführt werden kann. Hier muß der Gastronom selbst mit gezielter Stichprobenkontrolle einige Kontrollelemente wahrnehmen.

Gedankenflußplan

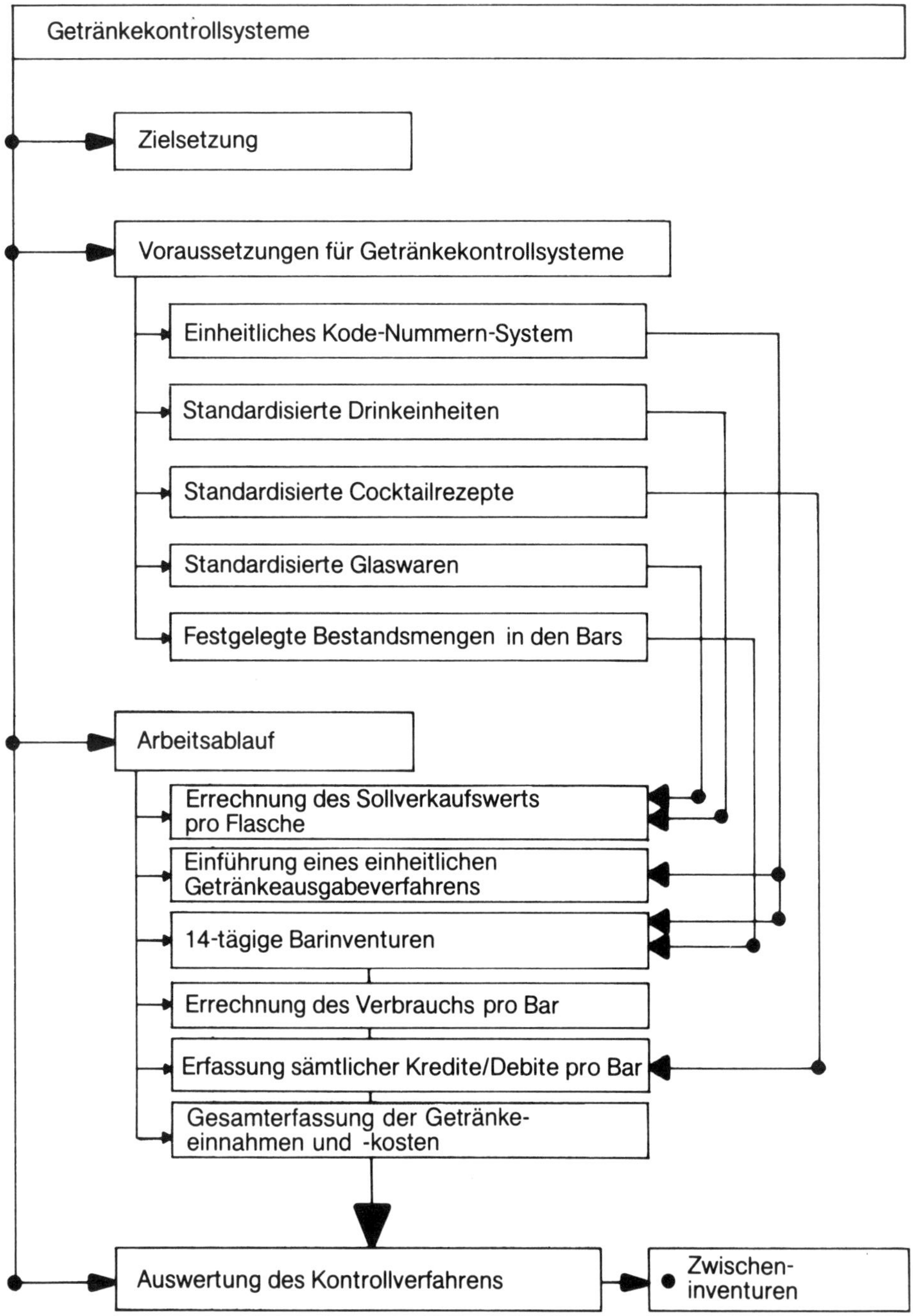

Voraussetzungen für Getränkekontrollsysteme

Im Vergleich zur Wareneinsatzkontrolle „Speisen“ ist die Kontrolle des Getränkewareneinsatzes grundsätzlich einfacher. Es handelt sich bei den Getränken um länger haltbare Produkte, die mit Ausnahmen der Cocktails nicht erst hergestellt werden müssen, sondern als Fertigprodukte in quantifizierbaren Einheiten gekauft und verkauft werden.
Schon im Einkauf beginnt die Kontrolle:
Festgelegte Bestandsmengen an den Bars zusammen mit einer permanenten Getränkeinventur im Getränkelager, wo aus Lagerfachkarten oder der Kartei jederzeit der Sollbestand für die einzelnen Artikel ersichtlich ist, dienen als Grundlage für die Getränkebestellung. Einkauf auf Abruf, Mengenrabatte, Lager- und Kapitalbindung sollten zusätzlich beim Getränkeeinkauf berücksichtigt werden. Sind Getränke einmal geliefert und angenommen worden, dürfen sie nicht mehr ohne Aufsicht oder Verschluß gelassen werden. Lagerräumlichkeiten müssen darauf abgestimmt sein:

- die Lagermenge für jeden Artikel,
- die unterschiedlichen Temperaturerfordernisse der Getränke,
- die Lagerungsart der Getränke,
- die Anordnung der gelagerten Waren,
- die optimale Lager- und Ausgabearbeit

fachmännisch gewährleisten zu können.
Als Voraussetzung für alle Getränkekontrollsysteme darf man folgende Standardisierungen ansehen:

1. ein einheitliches Kode-Nummern-System,
2. standardisierte Drinkeinheiten,
3. standardisierte Cocktailrezepte,
4. standardisierte Glaswaren,
5. festgelegte Bestandsmengen in den Bars (sogenannte „par stocks“).

a) Einheitliches Kode-Nummern-System

Alle Flaschen und Getränke müssen numeriert sein. Eine Numerierung bringt nicht nur den allgemeinen Vorteil der Standardisierung, nämlich den Überblick mit sich, sondern erleichtert die monatliche Inventur, schafft Übersicht durch nummernmäßige Lagerung im Getränkelager, vereinfacht Getränkebestellung und Getränkeausgabe und hilft dem Gast bei der Auswahl seiner Getränkewünsche. Ein einheitliches Kode-Nummern-System gilt als Voraussetzung für jegliche Getränkekontrollformulare und -verfahren.

Voraussetzungen für Getränkekontrollsysteme

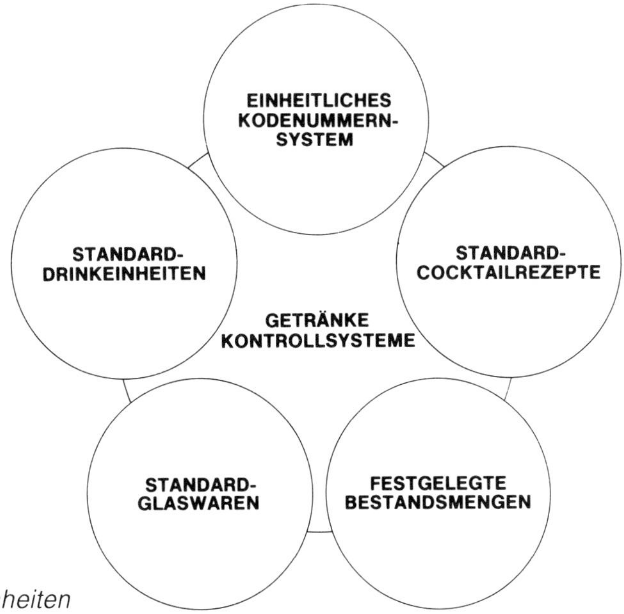

b) Standardisierte Drinkeinheiten

Standardisierte „Portionsgrößen" – Drinkeinheiten – sind für alle Bars und Getränkeausgabestellen festzulegen. Jeder Barmann sollte ein Verzeichnis sämtlicher in Frage kommender Drinkeinheiten in cl (= „Centiliter") erhalten und über die notwendigen geeichten Meßgläser verfügen. Selbstverständlich müssen sämtliche Drinks mit einem Meßbecher-Meßglas ausgeschenkt werden. Gerade in Deutschland erscheint dieses korrekte „Ausschenken" oft als „unelegant" und der „erfahrene" Barkeeper gießt die bestellten Drinks „aus dem Handgelenk". Diese Praxis verhindert aber nicht nur jedes Getränkekontrollsystem, sondern gilt auch in verschiedenen Ländern als ungesetzlich. Bei der Festlegung der standardisierten Drinkeinheiten sind die gesetzlichen „Schankgefäße zum Trinken", die Gläserarten, die Kundengewohnheiten und die anfallenden Wareneinsatzkosten zu berücksichtigen.

c) Standardisierte Cocktailrezepte

Will man gleichbleibende Qualität der Cocktails für die Gläser erreichen, so gelten standardisierte, einheitliche Rezepte der Cocktails als Grundvoraussetzung. Dabei sollten nicht nur genaue Angaben über die Zusammensetzung der Cocktails erfaßt werden, sondern auch die Zubereitungsart und die passenden Gläser sind festzulegen.

d) Standardisierte Glaswaren

Die Qualität, Quantität, Art und Größe der zu verwendenden Glaswaren für Getränke hängen in der Hauptsache von folgenden Faktoren ab:

1. vom Dekor und der Art des Restaurants oder der Bar,
2. von dem Preisniveau und dem zu erwartenden Gästekreis,
3. von dem Geschäftsvolumen je Getränkeart (Bruch),
4. von der festgelegten Drinkeinheit (Portionsgröße),
5. von den Stückkosten und dem möglichen Abwaschverfahren (Maschinen) für Gläser.

Die standardisierten Glaswaren müssen auf den speziellen Drink abgestimmt, einladend und ansprechend wirken.

e) Festgelegte Bestandsmengen in den Bars („par stocks")

Aufgrund von Verkaufsanalysen wird der durchschnittliche Verbrauch der einzelnen Artikelsorten für die Bar festgestellt und in Zusammenarbeit mit dem Barkeeper ein bestimmter Bestand jeder Getränkemarke festgelegt. Der Vorteil liegt darin, daß

1. der tägliche Durchschnittsverbrauch besser kontrolliert werden kann,
2. keine Überbestellungen aus dem Getränkelager erfolgen, da immer nur der Soll-Flaschenbestand angefordert wird. Einrichtung und Ausstattung einer Bar richten sich grundsätzlich nach Funktion und schneller Servicemöglichkeit für den Gast. Dabei müssen nicht nur die Arbeitsgeräte zweckmäßig mit kürzesten Arbeitswegen angeordnet sein, sondern auch übersichtlich geordnete, festgelegte Bestandsmengen griffbereit zur Verfügung stehen.

Arbeitsablauf – Vereinfachtes Getränkekontrollsystem

Kontrollsysteme sind immer für den einzelnen Betrieb maßzuschneidern. Man muß auch nach Art der Barführung einen entsprechenden Kontrollaufwand planen. So wird sich das Kontrollverfahren bei der „Führung der Bar auf eigene Rechnung des Barmanns" von der „Führung der Bar auf Rechnung des Hotels" erheblich unterscheiden.
Dennoch sei im folgenden ein vereinfachtes – wertmäßiges – Getränke-Kontrollverfahren aufgezeigt, das auf jede Betriebsgröße entsprechend erweitert oder gekürzt werden kann.

Getränkekontrollsystem

Voraussetzung:

Standardisierungen

1. Einheitliches Kode-Nummern-System
2. Standard-Drinkeinheiten
3. Standard-Cocktailrezepte
4. Standard-Glaswaren
5. Festgelegte Bestandsmengen

1. Schritt Errechnung des „Sollverkaufswerts pro Flasche"
2. Schritt Einführung eines einheitlichen Getränkeausgabeverfahrens
3. Schritt 14tägige Bar-Inventuren
4. Schritt Errechnung des Verbrauchs pro Bar
   a) Getränkekosten
   b) Sollverkaufswerte
5. Schritt Erfassung sämtlicher Kredite/Debite pro Bar
6. Schritt Gesamterfassung der Getränkeeinnahmen und -kosten
   a) Soll-Ist-Vergleich pro Bar
   b) Direktkosten % (Wareneinsatz)

Erklärung zum Ablaufplan – Getränkekontrollsystem

1. Schritt

Errechnung des „Sollverkaufswerts pro Flasche"

Ziel dieses Getränkekontrollsystems ist die Feststellung, inwieweit eine Bar in einem Zeitraum von 14 Tagen wertmäßig ein „Plus" oder ein „Minus" erwirtschaftet hat. Dabei sind zunächst sämtliche „Sollverkaufswerte" für die einzelnen Getränkeartikel festzulegen. Beispiel:

Sollverkaufswert für 1 Flasche J. Walker Whisky
Festgelegter Verkaufspreis pro Drink = 9,– DM
× Anzahl der Drinkeinheiten
= 18,5 Drinks à 4 cl
= Sollverkaufswert pro Flasche
= 18,5 × 9,– = 166,50 DM

Mit 166,50 DM pro Flasche J. Walker Whisky wird die Bar verkaufsmäßig belastet, das heißt, die Bar muß 166,50 DM für eine verkaufte Flasche einnehmen.

2. Schritt

Einführung eines einheitlichen Getränkeausgabeverfahrens

Verschiedene Möglichkeiten können zur Anwendung kommen; ein sehr einfaches und wirkungsvolles Verfahren ist:

1. Bei größeren Betrieben mit mehreren Bars werden sämtliche Spirituosen bei der Anforderung aus dem Getränkelager mit einem Stempel der entsprechenden Bar markiert.
2. Die leeren Flaschen müssen zurückgegeben werden, und nur für eine leere, gestempelte Flasche darf der Barmann eine volle, gestempelte Flasche anfordern.
3. Grundsätzlich dürfen nur Getränke zur Auffüllung der festgelegten Bestandsmenge vom Getränkelager angefordert werden. Bankettveranstaltungen, Gruppen und sonstiges „Extrageschäft" werden separat gehalten.

3. Schritt

14tägige Barinventuren

Alle zwei Wochen werden sämtliche Getränkebestände der Bars inventarmäßig aufgenommen und wertmäßig ausgewiesen (siehe Muster: „Bar-Inventurbuch"). Die Erfassung angebrochener Flaschen kann man mit Hilfe von Inventurschablonen, Meßstreifen oder auch aufgrund einer Schätzung in 10er-Einheiten vornehmen. Außerdem sind bei Inventuren stichprobenartig Alkoholvolumentests und die Überprüfung der Barstempel bei Spirituosen zweckmäßig. Die Inventurergebnisse werden in das „Bar-Inventarbuch" eingetragen und vom verantwortlichen Barkeeper gegengezeichnet.

Bar__________ Bar-Inventarbuch__________ Zeit-Periode__________

Artikel	Größe	Kode-Nr.	Anfangsbestand	Überweisungen	Tägl. Anforderungen				Endbest.	Verbrauch	Kosten		Sollverkaufswert	
					1.	2.	31.	Total			Einzel	Total	Einzel	Total
J. Walker	0,74	101	10,7	(3)	4.	7.		23	10,2	20,5	20,–	410,–	166,60	3.413,25
			↑ Inventur	↑ Überweisungsschein			↑ Lageranforderungen		↑ Inventur				↑ Sollverkaufswert pro Flasche	

4. Schritt

Errechnung des Verbrauchs pro Bar

Mit der Erfassung des tatsächlichen Inventarbestandes der Bar werden im „Bar-Inventarbuch" nach der Formel:

Anfangsbestand + Zugang − Endbestand = Verbrauch

die Getränkekosten und der Total-Sollverkaufswert pro Bar für die betreffende Zeitperiode ermittelt (siehe Musterbeispiel: „Bar-Inventarbuch").

5. Schritt

Erfassung sämtlicher Kredite/Debite pro Bar

Da die Bar mit dem Inventarbestand einschließlich der Lageranforderungen „kostenmäßig" wie auch „soll-verkaufsmäßig" belastet wurde, müssen Kredite der Bar gutgeschrieben werden, wenn die Bar unverschuldet keine Einnahmen erzielen kann. Das ist zum Beispiel der Fall bei

- Kundenbewirtungen „gratis"
- Angestelltengetränken (genehmigt)
- Bruch- oder Verlustmeldungen.

Sollte die Bar mehr Einnahmen erzielen, als sie „soll-verkaufsmäßig" belastet wurde (zum Beispiel Cocktails, Preisausgleich für Bankettveranstaltungen), dann müssen entsprechende „Debite" (Belastungen) berücksichtigt werden. Die Erfassung der Kredite und Debite für jede einzelne Bar dient also dazu, einerseits die tatsächlich verbrauchten Wareneinsatzkosten (Direktkosten) zu ermitteln, andererseits den effektiven „Sollverkaufswert" pro Bar feststellen zu können.

6. Schritt

Gesamterfassung der Getränkeeinnahmen und -kosten

Es werden die tatsächlich vereinnahmten Nettoeinnahmen der Bar dem Sollverkaufswert gegenübergestellt und ein „Plus" oder ein „Minus" wertmäßig ermittelt (siehe Musterbeispiel: Gesamterfassung der Getränkeeinnahmen und -kosten). Die Direktkostenprozentsätze (Wareneinsatz) werden folgendermaßen ermittelt:

$$\text{Ist \%} = \frac{(\text{Wareneinsatz} \times 100)}{\text{Nettoeinnahmen}}$$

$$\text{Soll \%} = \frac{(\text{Wareneinsatz} \times 100)}{\text{Sollverkaufswert}}$$

Gesamterfassung der Getränkeeinnahmen und -kosten

	BAR A			BAR B			Total
	I. Periode	II. Periode	Total	I. Periode	II. Periode	Total	BARS
Nettoeinnahmen	10 500						
Sollverkaufswert	11 500						
Plus + / oder Minus (–)	(1000)						
Total-Kosten (Wareneinsatz)	2 310						
Direktkosten IST %	22 %						
Prozentsatz Soll %	20 %						

Auswertung des Kontrollverfahrens

Sowohl ein „Plus“ als auch ein „Minus“ laut „Gesamterfassung der Getränkeeinnahmen und -kosten“ zeigt an, daß sich das Barpersonal nicht an die festgelegten und standardisierten Bestimmungen für den Getränkeausschank hält.
Bei einem „Minus“ sind folgende Schritte zu unternehmen:

1. Berechnung der Bar nachprüfen (Kalkulationsfehler);
2. Zwischeninventuren von den gängigsten Getränkeartikeln vornehmen und mengenmäßigen Verlust feststellen;
3. Durch Schicht-Dienstkontrolle mit Überraschungsinventuren Fehlerquellen ermitteln;
4. Bei mehreren Bars das Barpersonal untereinander austauschen und überwachen.

Ein erwirtschaftetes hohes „Plus“ zeigt an, daß der Gast übervorteilt wird und nicht mehr die festgesetzte Qualität oder Quantität serviert bekommt. Die stichprobenartige Überprüfung der Qualität der Cocktails sowie der Drinkeinheiten (Portionsgrößen) muß dann Abhilfe schaffen.
Der Aufwand für Getränkekontrollen muß in wirtschaftlicher Relation zum Kontrollergebnis stehen. Je detaillierter, je kostenaufwendiger die Kontrolle auch ist, eine hundertprozentige Kontrolle gibt es beim Getränkeausschank an der Bar nicht. Will man beispielsweise durch Abstempelung der Waren verhindern, daß Getränke von außen her in den Barbetrieb gebracht werden, so ist es ohne weiteres möglich, eine selbst gekaufte Flasche in eine leere abgestempelte Flasche umzufüllen. Ein

gutes Vertrauensverhältnis zwischen Barpersonal und Hotelier oder Gastronom kann nur dann bestehen, wenn der Hotelier oder Gastronom ständige, persönliche Kontrolle und Aufsicht über den Barbetrieb durchführt.

Angebotsgestaltung für den Food und Beverage Bereich

Zielsetzung

Die Angebotsgestaltung für den Food und Beverage Bereich ist eine der interessantesten, aber auch eine der schwierigsten Managementaufgaben in der Gastronomie. Von der Konkurrenzanalyse, der darauf folgenden Planung und Erstellung des Speise- und Getränkeangebots, den davon abhängigen Servicesystemen bis zur Preispolitik und zu gezielten Verkaufsförderungsmaßnahmen reicht hier der Aufgabenkatalog. Die gesamte Angebotsgestaltung im Gastronomiebereich gehört zum „kreativen Management" und prägt entscheidend das Image und den Ruf des gesamten Betriebes. Die Angebotspolitik muß überwacht werden, denn Standard und Qualität im Food und Beverage Bereich hängen von ihr ab.
Anhand der folgenden Übersicht wird deutlich, wie groß allein der Einflußbereich der Speisekarte in der Praxis ist und sein sollte.

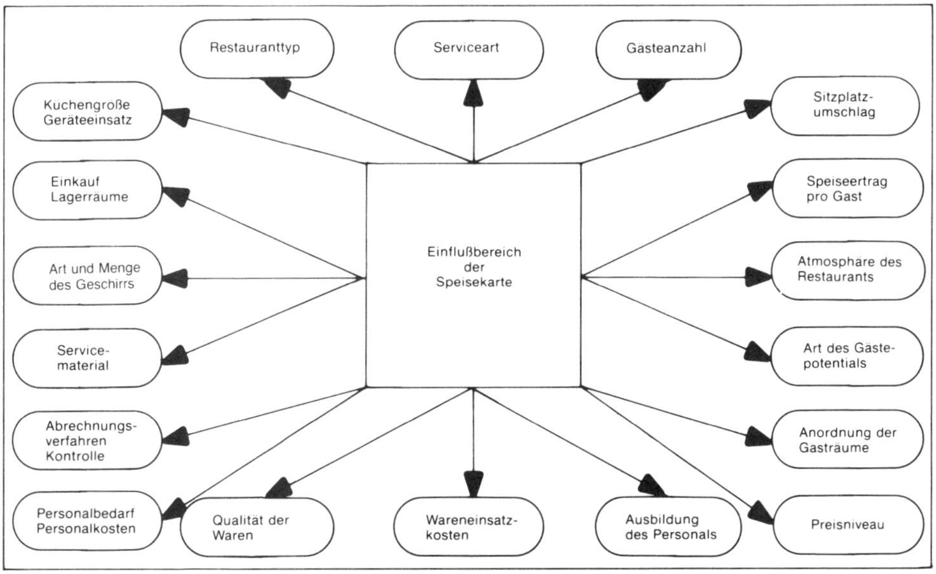

In dieser „zeitarmen" gastronomischen Welt ist die jährliche Revision der Speisekarte oft zu einer rein preispolitischen Frage geworden. Der trockene „Börsenbericht Speisekarte" wird dann preislich etwas angehoben, vielleicht werden auf Anraten des Küchenchefs ein oder zwei Artikel ersatzlos gestrichen und die Tageskarte dafür etwas umfangreicher gestaltet. Viele Hoteliers unterschätzen die bedeutende Rolle, die ihre Speisekarte im Rahmen der Marketingkonzeption auf der Angebotsseite spielt.

Gedankenflußplan

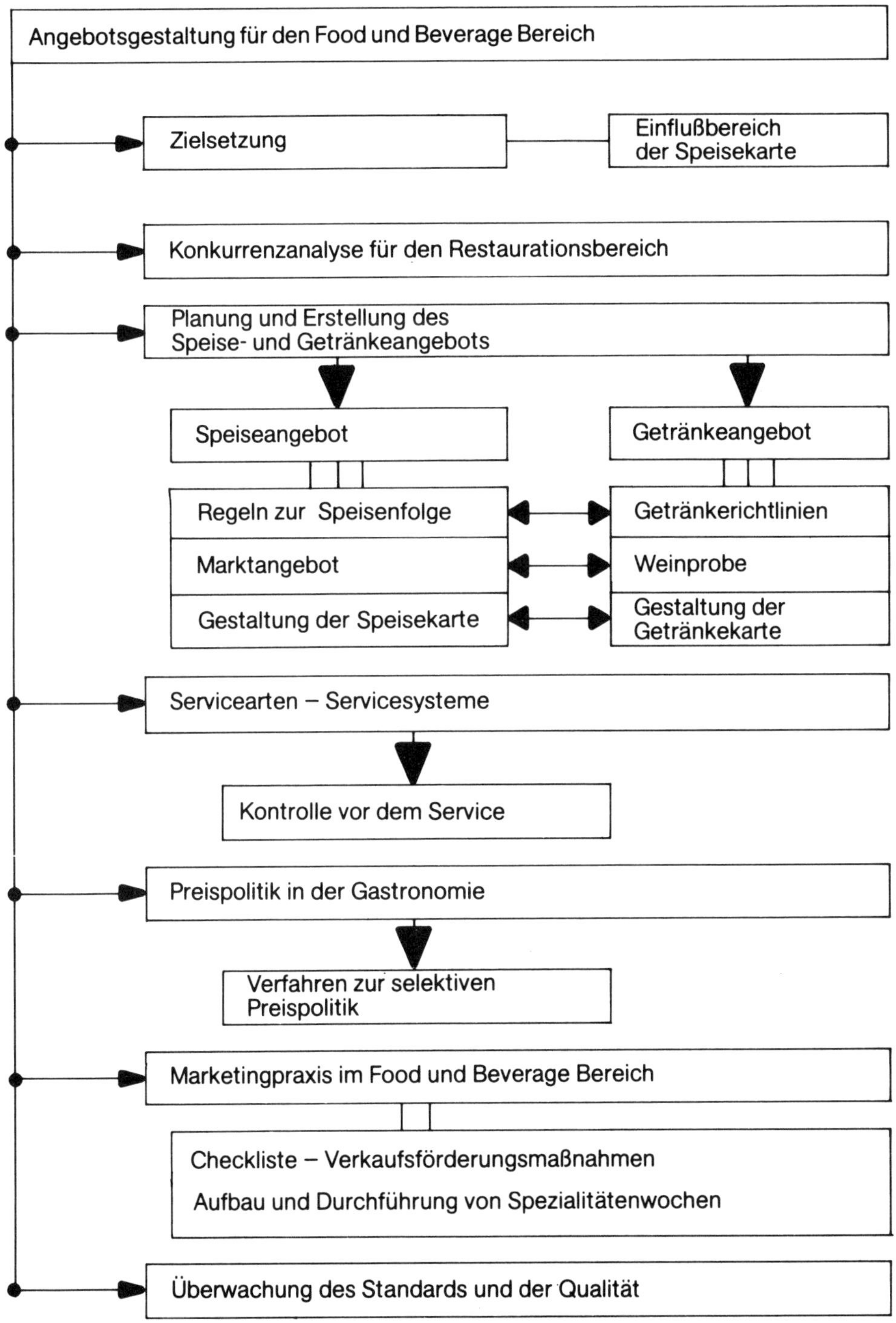

Konkurrenzanalyse für den Restaurationsbereich

Es ist heute eine Selbstverständlichkeit, daß Sie Ihre Konkurrenten, deren Produkt, Serviceleistungen und Verkaufsmethoden kennen. Man muß wissen, „was die Konkurrenz macht", denn dieses Wissen ist eine wichtige Voraussetzung für die Entwicklung und Taktik Ihrer eigenen Verkaufsmaßnahmen auf dem Markt.
Die Kunst der Verkaufstaktik besteht zum großen Teil darin, es anders zu machen – anders als die Konkurrenz, anders und besser als der Gast es erwartet. Bei dem oft vorzufindenden gastronomischen „Einheitsangebot" fällt es bei steigender Anzahl von Mitbewerbern schwer, seinen Marktanteil zu behaupten oder zu erweitern.
Es ist leicht verständlich, daß durch die Betonung gleicher Verkaufsargumente, die auch für das Angebot des unmittelbaren Konkurrenten zutreffen, nicht nur das eigene Angebot ins rechte Licht gesetzt wird, sondern man auch indirekt für seinen Konkurrenten arbeitet. Es geht um Produktdifferenzierung, stetige Verbesserung der Serviceleistungen für den Gast, das Erkennen und Auswerten der eigenen Marktchancen.
Im Rahmen der Marktforschung, der Marktanalyse (Bestandsaufnahme) und Marktbeobachtung (laufende Beobachtung) soll die Konkurrenzanalyse die grundsätzlichen Marktverhältnisse erarbeiten, kurz- und langfristige Veränderungen sichtbar werden lassen, Hinweise für die Gestaltung der Angebotspalette geben und Grundlagen für den wirkungsvollen Einsatz absatzwirtschaftlicher Instrumente schaffen.
Folgender Fragenkatalog dient zur systematischen Aufzeichnung der Tatsachen und Bedingungen, um mit einem dynamischen Angebot auf dem Gastronomiemarkt den vielfältigen Interessen der Gäste entgegenzukommen.

Fragenkatalog zur Konkurrenzanalyse:

(A) Produktbeschreibung

Angabe von Name und Standort des Gastronomiebetriebes

1. Welcher Betriebsart, welcher Betriebskategorie gehört der untersuchte Betrieb an?
2. Angabe der Betriebsöffnungszeiten
3. Welches Grundkonzept, Thema, verfolgt der Gastronomiebetrieb?
4. Welche Eigentums- und Führungsverhältnisse (Eigentümer, Pächter, Rechtsform) treffen für den Betrieb zu?

5. Für welchen Marktanteil ist der Gastronomiebetrieb konzipiert, welche Zielsetzung wird verfolgt?
6. Welche Vorteile hat die Lage des Konkurrenzbetriebes? (Lagebeschreibung, Beschreibung der unmittelbaren Umgebung, Verkehrsverbindungen)
7. Über welche Betriebsgrößenstruktur verfügt der untersuchte Betrieb (Anzahl der Restaurationsräume, Veranstaltungsräume mit Sitzplätzen, Arten der Tische – 2er-, 4er-Tische)
8. Beschreibung von Ausstattung und Stil (Möbelinventar, Dekoration).
9. Welche Besonderheiten kennzeichnen den Gastronomiebetrieb in bezug auf Ausstattung und Dekoration?
10. Welche Verkaufsbesonderheiten fallen Ihnen für das Restaurant auf? (Schaustücke, Displays, Büffets)
11. Entspricht das Unterhaltungs- oder Musikprogramm dem zuvor beschriebenen Thema?
12. Wie sind die sonstigen Einrichtungen beschaffen? (Garagen, Pkw-Abstellplätze, Ausstattung mit Garten, Terrassen)
13. Was unternimmt die Konkurrenz für die Werbung? (Sammlung des Werbematerials der Konkurrenz)
14. Welche Verkaufsargumente setzt die Konkurrenz ein?
15. Welche Vor- und Nachteile hat der Konkurrenzbetrieb im Hinblick auf seine Lage, bauliche Struktur, Innenausstattung und Grundkonzeption?
16. Wie beurteilen Sie die Gestaltung der Speise- und Getränkekarten? (Beschreibung der Kartengestaltung, Papier, Format, Farben, Aufmachung)
17. Wie viele Speiseartikel werden je Kategorie angeboten? (Wie ist die Tages- und Standardkarte gegliedert, welche Verkaufsbesonderheiten fallen auf?)
18. Welchen Eindruck haben Sie von der Präsentation der Speiseartikel, der Standardisation und der Qualität?
19. Entspricht das Getränkeangebot dem Thema des Restaurants?
20. Ist das Servicepersonal geschult, Verkaufs- und Werbegespräche zu führen?
21. Wie beurteilen Sie das Servicematerial? (Tischwäsche, Porzellan, Aschenbecher, Sektkühler, Gläser, Bestecke, Brotkörbe, Pfeffer und Salz, Zucker, Senf, Zahnstocher, Tranchierbesteck)
22. Welche technische Ausstattung beim Service hat der Gastronomiebetrieb? (Flambierwagen, Mokkawagen, Salatwagen, Dessertwagen)

(B) Geschäftspotential

23. Welcher Kundenkreis besucht die Konkurrenz? (Alter, Nationalität, Familien, Kaufkraft, gesellschaftlicher Stand)
24. Mit welcher Sitzplatzfrequenz (durchschnittlicher Sitzplatzumschlag) arbeitet in etwa der Betrieb je Servicezeit?

25. Wie variiert die Auslastung des Betriebs innerhalb der verschiedenen Wochentage? (Hauptgeschäftstage, Hauptgeschäftszeit)
26. Was schätzen Ihrer Meinung nach die Gäste an dem Konkurrenzangebot (welche Erwartungen werden erfüllt)?
27. Welche Werbeargumente und welche Werbemittel setzt die Konkurrenz ein?
28. Welche Beziehungen hat der Gastronomiebetrieb zur Öffentlichkeit (Public Relations), zur Presse, zu Berufsverbänden, zu Lieferanten, zur Konkurrenz?
29. Mit wie vielen Stammgästen kann der Konkurrenzbetrieb rechnen?
30. Welche Personenzahl kann der Gastronomiebetrieb für Gesellschaften, Gruppen aufnehmen? (Betriebsfeiern, Hochzeiten)
31. Welche Verkaufspreisstruktur hat der Konkurrenzbetrieb? (Durchschnittsverkaufspreise je Kategorie, wie Suppen, Fleischgerichte, Fischgerichte, Salate)

(C) Betriebskostenkontrolle

32. Wieviel Personal wird mindestens und höchstens im Service eingesetzt? (Anzahl der Gäste je Bedienung, Serviceart, Extrapersonal)
33. Mit welchem Wareneinsatz für Speisen und Getränke (in Prozent) arbeitet in etwa der Konkurrenzbetrieb? (Zugrundelegung der eigenen Einkaufspreise)
34. Mit welchem Personalaufwand wird der Konkurrenzbetrieb arbeiten? (Küche, Service, Verwaltung – unter Berücksichtigung der eigenen Gehaltsstruktur)
35. Mit welchem Durchschnittserlös je Gast für Speisen und Getränke arbeitet das Restaurant? (Wie hoch war Ihre eigene Rechnung?)
36. Welchen Speisenumsatz und welchen Getränkeumsatz kann der Betrieb bei maximaler Auslastung und bestehender Preisstruktur je Tag erzielen?
37. Entspricht die Personaleinteilung und Überwachung (Servicestationen, Servicewege) dem angebotenen Qualitätsstandard?
38. Welches Kontrollverfahren wird für dieses Restaurant eingesetzt? (Restaurantkassierer, elektronische Registrierkassen, Computerkassen, Bonbücher)
39. Mit welchem Bruttobetriebsgewinn (Überschlagsrechnung) kann der Betrieb bei der jetzigen Auslastung rechnen? (Berechnung anhand von Betriebsvergleichen und geschätzter Auslastung)

(D) Auswertung

40. Welche Arbeitsabläufe sind im untersuchten Konkurrenzbetrieb besser organisiert als im eigenen?
41. Welche Serviceleistungen für den Gast sind besser?
42. In welchen Punkten unterscheidet sich der eigene Betrieb vom Konkurrenzbetrieb?
43. Wo ist die Geschäfts- und Angebotspolitik des Konkurrenzbetriebes besser?

44. Sind die Preisunterschiede für das gleiche Angebot gerechtfertigt? Wie stehen die Verkaufspreise im eigenen Betrieb im Verhältnis zur Konkurrenz?
45. Entspricht der Service der Konkurrenz auch den Wünschen Ihrer Gäste?
46. Mit welchen Werbeargumenten können neue Gäste erreicht werden?
47. Kann sich das Personal mit der Geschäftspolitik und dem eigenen Angebot des Betriebes identifizieren?
48. Inwieweit ist der Konkurrenzbetrieb besser rationalisiert und standardisiert?
49. Mit welchen Verkaufsbesonderheiten und Serviceleistungen können Sie sich vom Angebot der Konkurrenzbetriebe differenzieren (Produktdifferenzierung)?
50. Welchen Markt (Gästekreis) hat die Konkurrenz noch nicht erfaßt?
51. Welche Maßnahmen zur Verkaufsförderung werden Ihren eigenen Betrieb am besten herausstellen?
52. Welches kulinarische Niveau (Qualität, Sortimentsbreite und Sortimentstiefe) streben Sie bei welchem Preisniveau für das nächste Geschäftsjahr an?
53. Welche Servicezeit gilt es zu fördern? (Vormittagsgeschäft, Mittagsgeschäft, Nachmittagsgeschäft, Abendgeschäft, Nachtgeschäft, Wochentagsgeschäft, Wochenendgeschäft)
54. Welche Gästegruppen, Gästeschichten und Anlässe können Sie in Ihrem eigenen Betrieb noch erweitern? (Vereine, Stammtische, Hochzeiten, Seminare)
55. Welche Kooperationsmöglichkeiten sehen Sie mit den Konkurrenzbetrieben im Einzugsgebiet (gemeinsamer Einkauf, Verbund, Werbung)?

Planung und Erstellung des Speise- und Getränkeangebots

Gestaltung der Speisekarte

Als „Visitenkarte" des Gastronomen ist die Speisekarte ein wirksames Instrument der Verkaufsförderung, wenn es gelingt, die Angebotspalette „dramatisch-phantasievoll" und abwechslungsreich auf den zu erwartenden Gästekreis hin abzustimmen. Dabei ist der Einflußbereich der Speisekarte weit größer als man annimmt. Eine Speisekarte soll Kaufimpulse wecken und verstärken, das Angebot von Speisen transparent gestalten, die Zeit bis zum Service überbrücken, Qualität und Atmosphäre dokumentieren, den Gast emotional ansprechen und ihm bei der Auswahl helfen, Sonderangebote herausstellen und allgemein das Image des Hauses heben.
Eine Herausforderung für den engagierten Gastronomen: Als Instrumentarium zur Revision der Speisekarte gehören neben der einfallsreichen grafischen Gestaltung die Gästestrukturanalyse, die Sortimentsanalyse, die Preisanalyse, die Umsatz- und Verkaufsanalyse, Befragungen und Beliebtheitstests des bisherigen Speiseartikelprogramms.
Folgende Zusammenstellung soll Anregungen vermitteln, die bei der Revision von Speisekarten berücksichtigt werden sollten.

Revision der Speisekarte:

1. Vor der Revision der Speisekarte wird eine detaillierte Verkaufsanalyse erstellt und die Anzahl der durchschnittlich verkauften Portionen pro Öffnungstag ermittelt.
2. Aufgrund der Verkaufsanalyse und des ermittelten Beliebtheitsgrades:

$$\frac{\text{Anzahl der verkauften Portionen}}{\text{Gesamtzahl der bedienten Gäste}}$$

   sind die am häufigsten und die am wenigsten verlangten Speisen bekannt.
3. Für sämtliche Speiseartikel sind zur Standardisierung der Qualität und als Grundlage für die Soll-Wareneinsatzberechnung Rezepte erstellt und überprüft worden.
4. Das Zahlenverhältnis der einzelnen Gruppierungen, wie Kalte Vorspeisen, Suppen, Warme Vorspeisen, Fischgerichte der Standardkarte ist in sich ausgeglichen und harmonisch.

5. Aufgrund der Artikelanzahl gibt es keine Schwierigkeiten beim Service, in der Küchenproduktion und in der Lagerhaltung.
6. Die Tageskarte mit den Menüs und den saisonalen Artikeln wird im vorhinein auch auf die Preise hin von der Direktion überprüft, entspricht der Nachfrage und dient nicht nur als „Restverwertungskarte" für die Fehlplanung und Überproduktion des Küchenchefs.
7. Ein Sprachengemisch bei den bezeichneten Speisen wird vermieden, internationale Garnituren sind mit verständlichen Erläuterungen versehen.
8. Die Speisekarte ist nach internationalem Standard gegliedert und „leseappetitlich" für den Gast.
9. Dem zu erwartenden Gästekreis entsprechend sind anderssprachige Speisekarten verfügbar.
10. Die stets sauberen Karten sind, dem Geschäftsvolumen angepaßt, in ausreichender Anzahl vorhanden.
11. Die verschiedenen Angebotskarten (Speisekarte, Getränkekarte, Dessertkarte, Weinkarte) sind in Angebot, Preisen, Format und grafischer Gestaltung aufeinander abgestimmt.
12. Die einwandfreien und korrigierten Speisekarten bringen Art und Klasse des Betriebes zum Ausdruck.
13. Die auf den Angebotskarten betriebene Werbung für fremde Firmen (zur Kostensenkung) ist nicht das Hauptthema der Speisekarte.
14. Für die Anzahl, Reinigung und Sauberkeit aller Angebotskarten ist ein Servicemitarbeiter verantwortlich.
15. Das Artikelprogramm der Speisekarte ist dem vorhandenen Restauranttyp, den Servicemöglichkeiten, dem Servicematerial, dem vorhandenen Geschirr, der Küchenkapazität, der Ausbildung des Personals und dem zu erwartenden Gästekreis angepaßt.
16. Ähnliche und vergleichbare Angebote in der Umgebung (Konkurrenz) werden ständig beobachtet und überprüft; klare Maßnahmen zur Produktdifferenzierung gegenüber der Konkurrenz werden ergriffen.
17. Die Speisekarte ist durch eine besonders originelle Gestaltung mit Illustrationen, Fotos, durch eine Geschichte des Hauses, durch Legenden zu den Speisen auch grafisch so attraktiv aufgemacht, daß sie gerne von den Gästen als Souvenir mitgenommen wird.
18. Speisekarten als Souvenir werden zum Selbstkostenpreis an die Gäste abgegeben, ein entsprechender Hinweis steht auf der Karte.
19. Die Angebotskarten sind der Jahreszeit mit den saisonalen Gerichten angepaßt.
20. In Abständen werden die Portionsgrößen anhand des Rücklaufs der servierten Gerichte zur Abwaschküche überprüft.
21. Gerichte mit einer längeren Zubereitungsdauer sind auf der Speisekarte mit Zeitangabe versehen.

22. Im Rahmen der betriebsinternen Mitarbeiterausbildung hat das Bedienungspersonal Gelegenheit, zusammen mit den Erläuterungen des Küchenchefs sämtliche Speiseartikel kennenzulernen. Vor jeder Servicezeit werden Verkaufsargumente besprochen.
23. Das Bedienungspersonal wird sofort informiert, wenn von einem Gericht nur noch wenige Portionen vorhanden sind.
24. Sollten von der vorgedruckten Speisekarte einige Gerichte ausgegangen sein, so wird der Gast vor seiner Bestellung darüber informiert.
25. Gerade die nicht standardisierten Tagesspezialitäten werden von der Direktion vor dem Service auf Präsentation und Preisgestaltung hin überprüft.
26. Besonders preiswerte Tellergerichte für den eiligen Gast werden angeboten.
27. Das Angebot der Speisen ist unter Berücksichtigung der täglichen Mise-en-place-Kosten optimal zusammengestellt.
28. Bei der Kreation von neuen Speiseartikeln werden neben dem Warenaufwand auch die Kosten für den Geschirrabwasch und der Personalaufwand berücksichtigt.
29. Wo immer passend (am Eingang des Betriebes, im Gästefahrstuhl, auf den Gästezimmern) sind Speisekarten gut sichtbar und leicht lesbar angebracht.
30. Die Verkaufsräumlichkeiten, die Einrichtung, die Dekoration, Tischwäsche und Tischdekoration, Servicegeräte und Beleuchtung des Restaurants entsprechen dem Angebot.
31. Hausspezialitäten, saisonale Tagesspezialitäten und regionale Spezialitäten werden besonders hervorgehoben.
32. Unaufgefordert werden den Gästen vor Entgegennahme der Bestellung die Angebotskarten überreicht (beim Überreichen der Gästerechnung sind die Karten in Reichweite).
33. Die angebotenen Gerichte werden ständig auf die mit dem Küchenchef vereinbarte Präsentation, Qualität und Portionsgrößen hin überprüft.
34. Das Artikelprogramm mit dem Service-Arbeitsablauf ist insbesondere in bezug auf Kontrollsysteme organisiert.
35. Wo passend werden zu den Gerichten besondere Getränke empfohlen.
36. Beim Nachdruck von Speisekarten ist es möglich, ohne Mehrkosten einzelne Angebote und Preise auszuwechseln.
37. Die festgelegten Preise sind konkurrenzfähig, dem Nachfragekreis angepaßt und werden periodisch kostenorientiert überprüft.
38. Die Verkaufspreise der verschiedenen Gerichte sind im Vergleich zueinander und gemessen an deren Art, Qualität und Präsentation aufeinander abgestimmt.
39. Die zu erwirtschaftenden Roherträge für sämtliche verzeichnete Gerichte sind bekannt.
40. Für den Gast besteht die Möglichkeit, die Rezepte der Spezialitäten des Hauses zu erwerben.

41. Kalorienarme Gerichte und Speisen für Vegetarier werden angeboten (Diät-, Kalorien-, Fitneß-Menüs).
42. Verkaufsförderungsmaßnahmen, wie Verkauf am Tisch, Hors d'oevre-Wagen, Salatwagen, Dessertwagen, Kaffee- und Mokkawagen, Getränkewagen, Köche im Restaurant, effektvolle Darbietung der Speisen, farbenprächtige Verkaufsbuffets und attraktive Displays sind mit den Speisekarten aufeinander abgestimmt und werden abwechslungsreich und für die Gäste interessant gestaltet.
43. Auf Außer-Haus-Verkaufsangebote (Pralinen, Kuchen, Weine, Bankettarrangements) wird auf den Speisekarten hingewiesen.
44. Preiswerte Kindermenüs auf bunten Menükarten gehören zum Angebotsprogramm.
45. Spezialitätenwochen aus anderen Regionen und kulinarische Wochen wie Wild-, Spargel-, Fisch-, Fitneß-Wochen sorgen für ein abwechslungsreiches Speiseangebot.
46. Tischaufsteller mit Sonderangeboten (z. B. spezielle Eiscreme-Kreationen) entsprechen der Aufmachung der verwendeten Speisekarten.
47. In den Gästeaufzügen wird attraktiv das Tagesmenü (auswechselbar) ausgehängt.
48. Das Format der Speisekarte ist handlich, lager- und stapelfähig; das Papier ausreichend stark, abwaschbar, strapazierfähig und der Einband der Karte funktionstüchtig und haltbar. Das Schriftbild des Speiseangebots wirkt „lese-appetitlich", das Emblem des Betriebes als Erkennungs- und Gütezeichen ist gut sichtbar und einheitlich auf allen Angebotslisten plaziert.
49. Mit geschickter Text- und Raumgestaltung ist das übersichtliche Speiseangebot so attraktiv und abwechslungsreich mit Illustrationen und Fotos gestaltet, daß der Gast animiert wird, sich mit der Speisekarte zu beschäftigen.
50. Zu Vergleichszwecken werden Angebotskarten von anderen Hotels und Gaststätten gesammelt, Aufmachung und Inhalt der eigenen Speisekarte mit der anderer, entsprechender Betriebe verglichen, um Erfahrungen zu sammeln und Verbesserungen zu übernehmen.

Gestaltung der Getränkekarte

Getränke als Halbfertig- oder Fertigprodukte erwirtschaften einen höheren Dekkungsbeitrag pro Artikel als Speisen. Die Getränkekarte ist für den Gast die Visitenkarte des Gastwirtes. Ein gutsortiertes Getränkeangebot, das in fachlicher wie in grafischer Hinsicht die Ware in den engeren Begehrkreis des Verbrauchers zu rükken weiß, Kaufimpulse erzeugen und verstärken kann, dabei die Qualität und Atmosphäre des Betriebes dokumentiert, dient als unentbehrlicher „Verkaufsförderer" im Gaststättengewerbe.

Getränkekarte als Verkaufsförderer

Folgende Hinweise dienen zur Anregung für den Aufbau und die Gestaltung eines verkaufsfördernden Getränkeangebots.

Getränkekarten – Gestaltung

Äußere Gestaltung des Getränkeangebots

1. Die Getränkekarte wird von der Speisekarte getrennt als „Verkaufsförderungsmittel" eingesetzt.
2. Das Format der Getränkekarte ist handgerecht, praktisch und lagerfähig.
3. Einband und Papier der Karte sind stabil, strapazierfähig und abwaschbar.
4. Die einzelnen Seiten der Getränkekarte lassen sich unkompliziert auswechseln. Der Nachdruck der Angebotskarten mit veränderten einzelnen Artikeln und Preisen ist ohne Mehrkosten möglich.

5. Druck und Schriftbild sind sauber, lese-appetitlich, stilgerecht und farblich passend.
6. Die Umschlagseite ist mit gut durchdachten Farbaufnahmen als „eye-catcher“ (Blickfang) attraktiv und stimulierend für den Gast aufgemacht.
7. Dabei ist das Dekor originell auf die Atmosphäre des Restaurants oder der Gaststätte abgestimmt und erregt Aufmerksamkeit.
8. Die Kartenbezeichnung „Getränkekarte“ und das Emblem des Betriebes als Erkennungs- und Gütezeichen sind deutlich und augenfällig gut plaziert.
9. Alle Getränkekarten und deren Umhüllungen sind sauber und stets in genügender Menge vorhanden.
10. Die Getränkekarte ist zusammen mit der Speisekarte neben dem Eingang zu Ihrem Betrieb gut sichtbar, beleuchtet angebracht.
11. Die internen Werbemöglichkeiten, mit Postern und Tischaufstellern auf das vorhandene Getränkeangebot aufmerksam zu machen, sind voll ausgeschöpft.
12. Attraktive „beverage displays“ am Eingang des Restaurants weisen auf besonders günstige oder saisonale Getränkeangebote hin.
13. Auf „Außer-Haus“-Verkaufsangebote (z. B. Weine) wird auf der Rückseite der Getränkekarte hingewiesen.
14. Der Verkauf am Tisch mit „Getränkewagen“ für den Apéritif und Digestif wird zusätzlich zur Getränkekarte als Verkaufsförderung forciert.
15. Auf den Gästezimmern sind Mini-Bar-Eisschränke mit einem gut sortierten Getränkeangebot vorhanden.

Innere Gestaltung der Getränkekarte

16. Die Gliederung des Getränkeangebots ist übersichtlich, systematisch und in der jeweiligen Getränkegruppierung anzahlmäßig wirtschaftlich gestaltet.
17. Eine listenhafte, nüchtern-sachliche Aufzählung der Getränke kann den Gast nicht emotional ansprechen; eine geschickte, grafische Text- und Raumgestaltung muß hier ineinandergreifen.
18. Werbezuschüsse von Getränkefirmen, Brauereien sind zwar kostenmindernd für den Pächter (Besitzer, Geschäftsführer) eines Restaurants oder einer Gaststätte, sollten aber nicht das Hauptthema einer Getränkekarte beeinflussen.
19. Informationen zu den Getränken (wie z. B. bei Weinen: Geschmacksangaben, Anbaugebiete, Herkunft, Rebsorten, Jahrgänge, Güteklasse, Lagerung und andere Charakeristika) mit der jeweiligen Ausschankform erleichtern das Getränkeverkaufsgespräch.
20. Aufgrund der Artikelanzahl gibt es keine Schwierigkeiten in der Lagerhaltung. Die am häufigsten und am wenigsten verlangten Getränke sind bekannt.
21. Eine verkaufsfördernde, originelle Getränkekarte wird von Gästen gern als Souvenir mitgenommen. Der Verkauf der Karte zum Selbstkostenpreis wird durch eine entsprechende Notiz angezeigt.

22. Bei der Festlegung der Getränkepreise wird eine kosten-, konkurrenz- und nachfrageorientierte Preispolitik betrieben.
23. Das Servicepersonal kennt die Getränkekarte genau genug und wird rechtzeitig informiert, wenn von einem Getränkeartikel nur noch wenige Flaschen zur Servicezeit vorhanden sind.
24. Die Getränkekarten werden periodisch auf Angebot, Preise, Inhalt und Aussehen überprüft.
25. Regelmäßig werden Aufmachung und Inhalt der Getränkekarte mit der anderer, vergleichbarer Betriebe verglichen.
26. Getränkespezialitäten, wie „offene Weine", „Diabetikerweine", alkoholfreie Getränke für den Autofahrer", „Lieblingsgetränke der Kinder", werden optisch hervorgehoben und herausgestellt.
27. Kombinationen von Speisen und Getränken, Hinweise zu passenden Gerichten sind bei der Getränkeangebotsgestaltung berücksichtigt.
28. Das Getränkeangebot ist so attraktiv und abwechslungsreich mit Illustrationen und Fotos gestaltet, daß der Gast animiert wird, sich mit der Getränkekarte zu beschäftigen.
29. Extra farblich gestaltete Tischaufsteller weisen auf besonders preisgünstige Getränke des Monats, der Saison hin (neben der regulären Getränkekarte).
30. Die in dem Betrieb angebotene Getränkeauswahl ist mit viel Sorgfalt und Sachkenntnis verkaufsfördernd gestaltet und spiegelt das Image des Hauses wider.

Speisekartenoptimierung

Jede Speisekarte hat ein gewisses „Stärken- und Schwächenprofil". Einige Artikel verkaufen Sie als Gastronom lieber als andere. Sie erwirtschaften einfach mehr Rohertrag und lohnen sich. Andere Speisenartikel dagegen sind kaum der Mühe wert und bedeuten oft nur Arbeit.
Praktiker und Betriebswirtschaftler haben versucht, mit differenzierten Verfahren wie „Speisekartendiagnose" (menu engineering), „ABC-Analyse" (Paretoanalyse) „Ziel-Wert-Index-Analyse" (goal value index analysis) die optimalen Speisenartikel herauszufinden. Ohne diese Analysen arbeitet jeder Gastronom mehr oder weniger im Dunkeln. Schon der Restauranttyp und das Marketingkonzept eines gastronomischen Betriebes diktieren Artikel, die man einfach haben muß. Sicherlich vermarktet der Küchenchef auch manchmal Artikel, die er einfach „loswerden" will. Werbewirksam zeigt sich eine Angebotskarte erst dann, wenn bestimmte Artikel mit einer einmaligen Attraktivität profilieren helfen. Aus den Augen lassen darf man bei allen Artikeln aber nicht den Arbeitsaufwand, den Wareneinsatz, den Beliebtheitsgrad bei den Gästen und nicht zuletzt den erwirtschafteten Rohertrag.

- Welche Artikel beeinflussen positiv die Gewinnsituation des Restaurants?
- Wie reagieren die Gäste auf Preisänderungen?
- Welche Umsatzstruktur (Umsatzmix) wirkt optimal?
- Wie hoch ist der Anteil der einzelnen Speisekartengruppen am gesamten Rohertrag?
- Wo sind Preiserhöhungen ratsam und wo nicht?
- Welche Artikel müssen mehr Verkaufsförderung erfahren?
- Wo fängt man mit standardisierten Qualität an?
- Welche Artikel müssen ersetzt oder neu formuliert werden?

Welchen Weg soll man gehen?

Die Prozentsatz-Verfechter (Wareneinsatz in %) halten es für die beste Methode, die Artikel mit einem niedrigen Wareneinsatz (in %) im Verkauf zu fördern. Die Unzulänglichkeit dieses Denkens liegt auf der Hand. Hier werden meist Niedrigpreisartikel (mit einem niedrigen Wareneinsatz) gefördert, und nie wird ein Optimum des Umsatzvolumens erreicht. Ein günstiger Wareneinsatz-Prozentsatz allein hilft keine Fixkosten zu decken.

Aber auch die einseitige Beachtung des Rohertrages der Speisenartikel ohne Rücksicht auf den Wareneinsatz-Prozentsatz bedeutet in der Praxis Hochpreispolitik. Nur bei einem Markt mit geringer Preiselastizität der Nachfrage kann die einseitige Maximierung der Roherträge erfolgreich sein. Sonst könnte mit steigendem durchschnittlichem Speisenerlös auch die Gästeanzahl sinken.
Beide Methoden wirken einseitig. Wareneinsatz und Rohertrag dürfen sich als Bewertungsmaßstäbe nicht ausschließen, sie müssen sich vielmehr ergänzen und beide gleichzeitig berücksichtigt werden. Die nachstehend beschriebene *Angebotsanalyse* (abgeänderte Form von Pavesics „cost-margin analysis") geht dreidimensional vor: Die Faktoren „Wareneinsatz-Prozentsatz", „Rohertrag pro Artikel", gewichtet mit der „verkauften Anzahl von Portionen" (Gästenachfrage), werden gleichzeitig als Maßstab eingesetzt.
Der optimale Umsatzmix Speisen optimiert gleichzeitig den gesamten Rohertrag (und damit auch das Umsatzoptimum) und soll den niedrigstmöglichen Wareneinsatz (in %) einhalten. Damit gelten das günstigste Wareneinsatz-Umsatz-Verhältnis und die simultane Erzielung des optimalen gesamten Rohertrages als Richtgrößen, an denen die einzelnen Speiseartikel gemessen werden.

Erforderliche Basisinformationen

Zur Durchführung der Angebotsanalyse müssen folgende Informationen erfaßt werden:

(1) Anzahl der verkauften Portionen pro Artikel und Artikelgruppe (repräsentativer Abrechnungszeitraum)
(2) Soll-Wareneinsatzkosten pro Speiseartikel (Rezepte, standardisierter Speiseartikel)
(3) Netto-Verkaufspreis (Kartenpreis minus Mehrwertsteuer)

Arbeitsablauf: Angebotsanalyse

1. Schritt
Erfassung der konkurrierenden Speiseartikel
In der Spalte **„A"** werden die auf der Standardkarte angebotenen Speiseartikel der jeweiligen Artikelgruppe (Vorspeisen etc.) namentlich aufgeführt.

Beispiel: Spalte **„A"**
(1) Rostbraten

Angebotsanalyse – Artikelgruppe: Hauptartikel – Zeitraum: 1 Monat

Restaurant:

A	**B**	(DM pro Artikel)			(DM-Gesamtbetrag)				Kategorie		
Name des Artikels	Anzahl der verkauften Portionen	**C** Soll-Wareneinsatz	**D** Netto-Verkaufspreis	**E=D−C** Rohertrag	**F=B×D** Soll-Wareneinsatz	**G=B×D** Netto-Umsatz	**H=G−F** Rohertrag	**I=F:G** Soll-Wareneinsatz %	**P** gewichteter Rohertrag	**R** Soll-Wareneinsatz %	**S** Klassifikation Speiseartikel
(1) Rostbraten	187	7,70	19,–	11,30	1439,90	3553,–	2113,10	40,5	**H**	**H**	gut
(2) Entrecôte	108	9,05	21,50	12,45	977,40	2322,–	1344,60	42,1	**N**	**H**	ungenügend
(3) Filetspitzen	186	8,85	23,–	14,15	1646,10	4278,–	2631,90	38,5	**H**	**N**	optimal
(4) Filetsteak	134	12,25	28,50	16,25	1641,50	3819,–	2177,50	43,0	**H**	**H**	gut
(5) Rumpsteak	83	9,50	23,–	13,50	788,50	1909,–	1120,50	41,3	**N**	**H**	ungenügend
(6) Tournedos	41	12,10	27,–	14,90	496,10	1107,–	610,90	44,8	**N**	**H**	ungenügend
(7) Wiener Schnitzel	362	7,75	19,50	11,75	2805,50	7059,–	4253,50	39,7	**H**	**N**	optimal
(8) Cordon Bleu	148	6,95	20,–	13,05	1028,60	2960,–	1931,40	34,8	**N**	**N**	mangelhaft
(9) Schweinefilet	139	7,70	19,–	11,30	1070,30	2641,–	1570,70	40,5	**N**	**H**	ungenügend
(10) Schweinemedaillons	241	9,–	20,–	11,–	2169,–	4820,–	2651,–	45,0	**H**	**H**	gut
(11) Schweinerückensteak	180	5,60	16,50	10,90	1008,–	2970,–	1962,–	33,9	**N**	**N**	mangelhaft
Gesamt	1809				15070,90	37438,–	22367,10				
	M				**J**	**K**	**L**				

N = J : K – Soll-Wareneinsatz % = 40,3%

O = L : Artikelanzahl = Durchschnittlicher gewichteter Rohertrag DM 2033,37

2. Schritt
Feststellung der Anzahl der verkauften Portionen
Für einen repräsentativen Zeitraum wird in der Spalte **„B"** für jeden Speiseartikel die tatsächliche Anzahl der verkauften Portionen festgestellt (Verkaufsstatistik). Die Gesamtzahl der verkauften Portionen wird in der Spalte **„M"** addiert.

Beispiel: Spalte **„B"**
(1) Rostbraten 187 verkaufte Portionen

3. Schritt
Erfassung der Soll-Wareneinsatzkosten pro Artikel
Aufgrund detaillierter Fleischtests, Rezepte und standardisierter Speiseartikel werden die Soll-Wareneinsatzkosten je Artikel erfaßt und in der Spalte **„C"** aufgeführt.

Beispiel: Spalte **„C"**
(1) Rostbraten = DM 7,70 Soll-Wareneinsatzkosten

4. Schritt
Eintrag der Netto-Verkaufspreise
In der Spalte **„D"** werden die zur Zeit gültigen Netto-Verkaufspreise (Kartenpreise exklusive Mehrwertsteuer) aufgeführt.

Beispiel: Spalte **„D"**
(1) Rostbraten = DM 19,– Netto-Verkaufspreis

5. Schritt
Berechnung des Rohertrags pro Artikel
Der Rohertrag je Speiseartikel ist die Differenz zwischen dem Netto-Verkaufspreis (Spalte **„D"**) und dem Soll-Wareneinsatz (Spalte **„C"**). Die Roherträge werden in der Spalte **„E"** eingetragen.

Beispiel: Spalte **„E"**
(1) Rostbraten = DM 19,– minus DM 7,70 = DM 11,30 Rohertrag

6. Schritt
Kalkulation der gesamten Soll-Wareneinsatzkosten
Für alle aufgeführten Speiseartikel werden die gesamten Soll-Wareneinsatzkosten durch Multiplikation der Spalte **„B"** (Anzahl der verkauften Portionen) mit der Spalte **„C"** (Soll-Wareneinsatz pro Artikel) berechnet und in der Spalte **„J"** addiert.

Beispiel: Spalte **„F"**
(1) Rostbraten = 187 × DM 7,70 = DM 1439,90 Soll-Wareneinsatz

7. Schritt
Kalkulation des gesamten Netto-Speiseumsatzes
Durch Multiplikation der Spalte **„B“** (Anzahl der verkauften Portionen) mit der Spalte **„D“** (Netto-Verkaufspreis) wird der gesamte Netto-Speiseumsatz für jeden Artikel in der Spalte **„G“** und für das gesamte Artikelprogramm in der Spalte **„K“** erfaßt.

Beispiel: Spalte **„G“**
(1) Rostbraten = 187 × 19,– DM = DM 3553,– Netto-Umsatz

8. Schritt
Kalkulation des gesamten Rohertrages – Speisen pro Artikelgruppe
Die Differenz zwischen der Spalte **„G“** (Netto-Umsatz) und der Spalte **„F“** (gesamter Soll-Wareneinsatz) stellt für jeden Artikel den gesamten Rohertrag (Spalte **„H“**) dar. Die Addition der Roherträge erfolgt in der Spalte **„L“**.

Beispiel: Spalte **„H“**
(1) Rostbraten = DM 3553,– minus DM 1439,90 = DM 2113,10 Rohertrag

9. Schritt
Kalkulation des Soll-Wareneinsatzes % je Artikel
Um den Soll-Wareneinsatz % je Artikel berechnen zu können, werden die entsprechenden gesamten Soll-Wareneinsatzkosten (Spalte **„F“**) durch die erzielten Netto-Umsätze (Spalte **„G“**) geteilt.

Beispiel: Spalte **„I“**
(1) Rostbraten =

$$\frac{\text{DM } 1439{,}90 \times 100}{\text{DM } 3553{,}-} = 40{,}5\%\ \text{Soll-Wareneinsatz}$$

10. Schritt
Berechnung der Kennzahl: Soll-Wareneinsatz % der gesamten Artikelgruppe
Der gesamte Soll-Wareneinsatz der Artikelgruppe (Spalte **„J“**) wird durch den gesamt erzielten Netto-Speisenumsatz (Spalte **„K“**) geteilt. Der so ermittelte Soll-Wareneinsatz % der untersuchten Artikelgruppe wird als Maßstab eingesetzt, um die Speiseartikel in Kategorien einzuteilen.

Beispiel: Spalte **„N“**
Soll-Wareneinsatz % =

$$\frac{\text{DM } 15\,070{,}- \times 100}{\text{DM } 37438{,}-} = 40{,}3\%$$

11. Schritt

Berechnung der Kennzahl: Durchschnittlicher gewichteter Rohertrag

Den durchschnittlichen gewichteten Rohertrag (Spalte **„O"**) erhält man durch Division des gesamten Rohertrages (Spalte **„L"**) durch die Artikelanzahl der angebotenen Artikelgruppe (Spalte **„A"**). Als Richtgröße dient diese Schlüsselzahl zur Bewertung der einzelnen Speiseartikel.

Beispiel: Spalte **„O"**

Durchschnittlicher gewichteter Rohertrag =

$$\frac{\text{DM } 22367{,}10}{\text{Artikelanzahl } 11} = \text{DM } 2033{,}37$$

12. Schritt

Einteilung der Speisenartikel nach der Kategorie: „Gewichteter Rohertrag"

Jeder Speisenartikel wird unter dem Gesichtspunkt seines gesamt erzielten Rohertrages (Spalte **„H") entweder als hoch** (**H**) oder als niedrig (**N**) eingestuft. Als Richtgröße und Maßstab dient hierbei der berechnete durchschnittliche gewichtete Rohertrag der Artikelgruppe (Spalte **„O"**). Liegt der individuelle gesamte Rohertrag des Artikels unter dem durchschnittlichen gewichteten Rohertrag der Artikelgruppe wird er als niedrig (**N**), liegt er darüber, so wird er als hoch (**H**) kategorisiert.

Beispiel: Spalte **„P"**

Gewichteter Rohertrag

(1) Rostbraten =

DM 2113,10 > DM 2033,37 = hoch (**H**)

(2) Entrecôte =

DM 1344,60 < DM 2033,37 = niedrig (**N**)

13. Schritt

Einteilung der Speiseartikel nach der Kategorie: „Soll-Wareneinsatz %"

Als zweites Einteilungskriterium dient der gesamte Soll-Wareneinsatz % der Artikelgruppe. Liegt der einzelne Speisenartikel mit seinem Soll-Wareneinsatz % (Spalte **„I"**) über dem gesamten Soll-Wareneinsatz % der Artikelgruppe (Spalte **„N"**), wird er als hoch (**H**), liegt er darunter, als niedrig (**N**) eingestuft.

Beispiel: Spalte **„R"**

Soll-Wareneinsatz %

(2) Entrecôte =

42,1% > 40,3% = hoch (**H**)

(3) Filetspitzen =

38,5% < 40,3% = niedrig (**N**)

14. Schritt
Klassifikation der Speisenartikel
Mit Hilfe der Einstufung in die Kategorie „gewichteter Rohertrag“ (Spalte **„P“**) und Soll-Wareneinsatz % “ (Spalte **„R“**) lassen sich alle Speisenartikel einer Artikelgruppe in vier verschiedene Klassifikationen gruppieren:

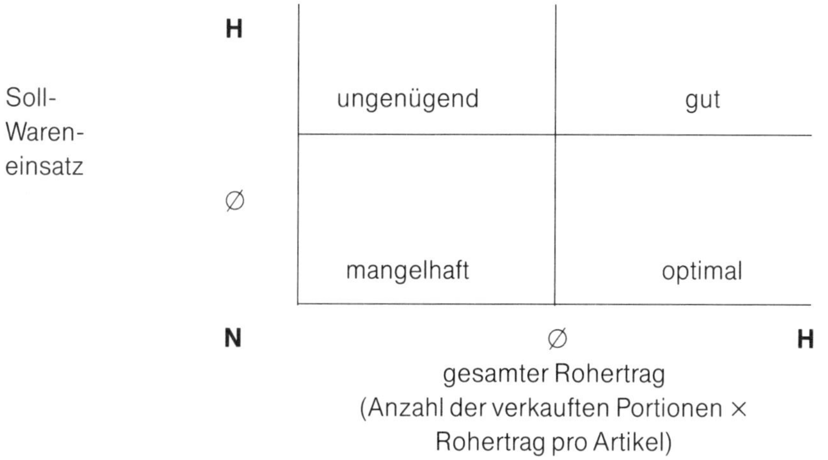

Stärken- und Schwächenprofil der Speisekarte

	Kategorie		Klassifikation
	gewichteter Rohertrag	Soll-Wareneinsatz %	
1	hoch **(H)**	niedrig **(N)**	optimal
2	hoch **(H)**	hoch **(H)**	gut
3	niedrig **(N)**	niedrig **(N)**	mangelhaft
4	niedrig **(N)**	hoch **(H)**	ungenügend

Beispiel: Spalte **„S“**
(1) Rostbraten

gewichteter Rohertrag	Soll-Wareneinsatz %	Klassifikation
hoch **(H)**	hoch **(H)**	gut

Die hier gezeigte *„Angebotsanalyse"* in Anlehnung an Pavesics „cost-margin analysis" erscheint auf den ersten Blick der von Smith und Kasavana entwickelten „menu engineering" (Speisekartendiagnose) sehr ähnlich. Dennoch gibt es fundamentale Unterschiede. Die Speisekartendiagnose mit den beiden Einteilungskriterien „Verkaufsmix" und „durchschnittlicher Deckungsbeitrag pro Artikel" ist nur zweidimensional. Die *„Angebotsanalyse"* dagegen verbindet in dem gewichteten Rohertrag einerseits die Gästenachfrage und andererseits den individuellen Rohertrag pro Artikel. Als dritte Variable (dreidimensional) kommt dann als Einteilungskriterium der Soll-Wareneinsatz % hinzu.

Klassifikation: *optimal*

Zielsetzung wird es sein, möglichst viele „optimale" Speisenartikel innerhalb einer Artikelgruppe zu haben. Der gesamt erzielte gewichtete Rohertrag dieser Artikel zeigt nicht nur, daß der einzelne Rohertrag pro Artikel stimmt, sondern diese Artikel auch bei den Gästen beliebt sind.
Darüber hinaus haben diese Speisenartikel noch einen günstigen Soll-Wareneinsatz %. Optimale Artikel sind die Eckpfeiler, die „Stärken", einer Speisekarte und sind in jeder Hinsicht zu fördern.

Klassifikation: *gut*

Auch die „guten" Artikel sind bei den Gästen nachgefragt und erwirtschaften einen akzeptablen Rohertrag insgesamt. Nur das Wareneinsatzverhältnis erscheint ungünstig. Meist handelt es sich bei den Hauptartikeln um Steaks und andere teure Fleischartikel. Diese Hochpreisartikel müssen im Angebot konkurrenzfähig bleiben.

Klassifikation: *mangelhaft*

Hier verbinden sich niedriger Soll-Wareneinsatz % mit niedrigem gewichtetem Rohertrag. Der Gast hat diese Artikel noch nicht akzeptiert – die Nachfrage ist zu gering. Vielleicht lassen sich diese Artikel mit gezielten Verkaufsförderungsmaßnahmen auf die „optimale Seite" ziehen.

Klassifikation: *ungenügend*

Hoher Soll-Wareneinsatz, gepaart mit niedrigem gesamten Rohertrag, deuten auf die Schwächen der Speisekarte hin. Hier wird man sicherlich daran denken, einige „ungenügende Artikel" von der Karte zu streichen. Andere hingegen sind eventuell im Wareneinsatz oder im Verkauf positiv zu beeinflussen.
Die Interpretation des Stärken- und Schwächenprofils einer Speisekarte muß jeder Gastronom selbst vornehmen. Hier spielen auch nicht mathematisch quantifizierbare Faktoren wie Tradition, Gästeverhalten, Konkurrenz u.a. eine entscheidende Rolle. Alle vier Klassifikationen werden auf jeder Speisekarte immer vertreten sein. Stärken und Schwächen müssen aber bekannt sein, und zukünftige Speisekartenänderungen zielen auf eine Optimierung hin.

Kontrolle vor dem Service

Viele Hotel- und Restaurantketten neigen heute dazu, ihre Restaurationsmöglichkeiten systematisch und kontinuierlich mit Hilfe von Checklisten zu überprüfen. Wie ein Pilot routinemäßig sein Flugzeug vor jedem Start überprüfen muß, soll der Gastronom sein Produkt, seine Servicebereitschaft für den Gast bestmöglich absichern. Auch im „Franchising-System“ spielt das Testverfahren – die Überprüfung des geforderten Standards und der Qualität – eine beachtliche Rolle.
Qualitätschecklisten müssen für den individuellen Betrieb maßgeschneidert werden. Folgende Zusammenstellung von Checklistpunkten „Kontrolle vor dem Service“ dient als Anregung für den Restaurationsbereich.

Checkliste	**Bemerkungen**
Sauberkeit (Räumlichkeit)	
☐ Türen (Eingang)	______
☐ Fenster	______
☐ Teppich	______
☐ Boden	______
☐ Tische	______
☐ Stühle	______
☐ Polsterbänke	______
☐ Wände	______
☐ Lampen	______
☐ Vorhänge	______
☐ Bilder, Dekoration	______
☐ Toiletten	______
☐ Spiegel, Waschbecken	______
☐ Garderobe	______
☐ Service-Türen (Küche)	______
☐ Gläser	______
☐ Porzellan	______
☐ Aschenbecher	______
☐ Bestecke	______
☐ Zuckerschale	______

- ☐ Salz, Pfeffer, Senf
- ☐ Ketchup
- ☐ Öl und Essig
- ☐ Tischdecken
- ☐ Serviceservietten
- ☐ Brotkörbe
- ☐ Anrichteschrank
- ☐ Speisekarten
- ☐ Getränkekarten

Beleuchtung, Musik, Technik

- ☐ Eingang
- ☐ Beleuchtung der Tageszeit entsprechend
- ☐ Lampen
- ☐ Kerzen
- ☐ Punktstrahler
- ☐ Hintergrundmusik
- ☐ Lautstärke
- ☐ Kapelle
- ☐ Klimaanlage

Präsentation und Auswahl

- ☐ Buffet – Auswahl
- ☐ Salatwagen
- ☐ Dessertwagen
- ☐ Getränkewagen (Apéritiv, Digestif)
- ☐ Mokkawagen
- ☐ Display-Material
- ☐ Blumenschmuck
- ☐ Tagesspezialitäten

Personal

- ☐ Pünktlichkeit
- ☐ Erscheinung
- ☐ Uniformen
- ☐ Verkaufstraining
- ☐ Stand der Restaurant-Reservierungen

Preispolitik in Hotellerie und Gastronomie

Die Preisgestaltung in der Gastronomie wird oft lediglich als ein kalkulatorisches Problem angesehen. Nur so ist es zu verstehen, daß namhafte Betriebswirtschaftler und manche renommierte Beratungsgesellschaften ihrem Abnehmerkreis ein vorgefertigtes „Preiskalkulationsrezept" empfehlen. Hierbei fällt die kostenorientierte Preisfestsetzung schon im Verpflegungsbereich recht unterschiedlich aus; wohl je nach Vorbildung variieren die „einzig richtigen Methoden" von der kumulativen und selektiven Zuschlagskalkulation über das stets neuentwickelte Faktorverfahren zu den Feinheiten der Deckungsbeitragsrechnung auf der Basis detaillierter Kostenstellenrechnung. Demgegenüber hat sich der reine Marketingfachmann aus jener buchhalterischen Mentalität gelöst und stellt zunächst einmal fest, daß nicht die Kosten, sondern der Markt die Preise bestimmen muß.
Unter dem Motto „Der Preis bestimmt die Kosten" spricht man dann von Produktrationalisierung und meint damit, Produkt- und Servicegestaltung von allen nebensächlichen Bestandteilen befreien zu müssen, die der Gast nicht zu zahlen bereit ist. Unter dem Deckmantel der Preisdifferenzierung nach zeitlichen Kriterien, nach Umsatzvolumen, nach verschiedenen Käuferschichten und nach der Stufe des Absatzweges werden für den Beherbergungsbereich oft die „vom Markt bestimmten Preise" in einem nur kurzfristig erfolgreichen „Dumping Verfahren" festgesetzt. Zusätzlich hört und liest man von unzulässigen Preisunterbietungen, Rabattgewährungen, die nicht mit den gesetzlichen Bestimmungen des Rabattgesetzes, der Zugabeverordnung und dem Gesetz gegen unlauteren Wettbewerb zu vereinbaren wären.
So manchem bildungshungrigen Gastronomen fällt die Auswahl von der hier aufgezeigten „preispolitischen Speisekarte" schwer. Folgende Ausführungen zur Preispolitik sollen Übersicht schaffen, keinesfalls aber Werturteile in der Preisgestaltung zum Ausdruck bringen.
In der Fachliteratur wird meist unabhängig voneinander zwischen der

- nachfrageorientierten } marktorientierten
- konkurrenzorientierten }
- kostenorientierten

Preispolitik unterschieden.

Nachfrageorientierte Preispolitik

Hierbei handelt es sich um eine Preispolitik, die sich an der Ausgabebereitschaft der Käuferzielgruppen orientiert. Man möchte herausfinden, wieviel der potentielle Gast für eine bestimmte Produktqualität auszugeben bereit ist. Die Kosten sollen dann dementsprechend angepaßt werden. Diese Preisfindung am Markt erscheint schon deshalb sehr schwierig, weil die subjektive Wertschätzung der Gäste für ein

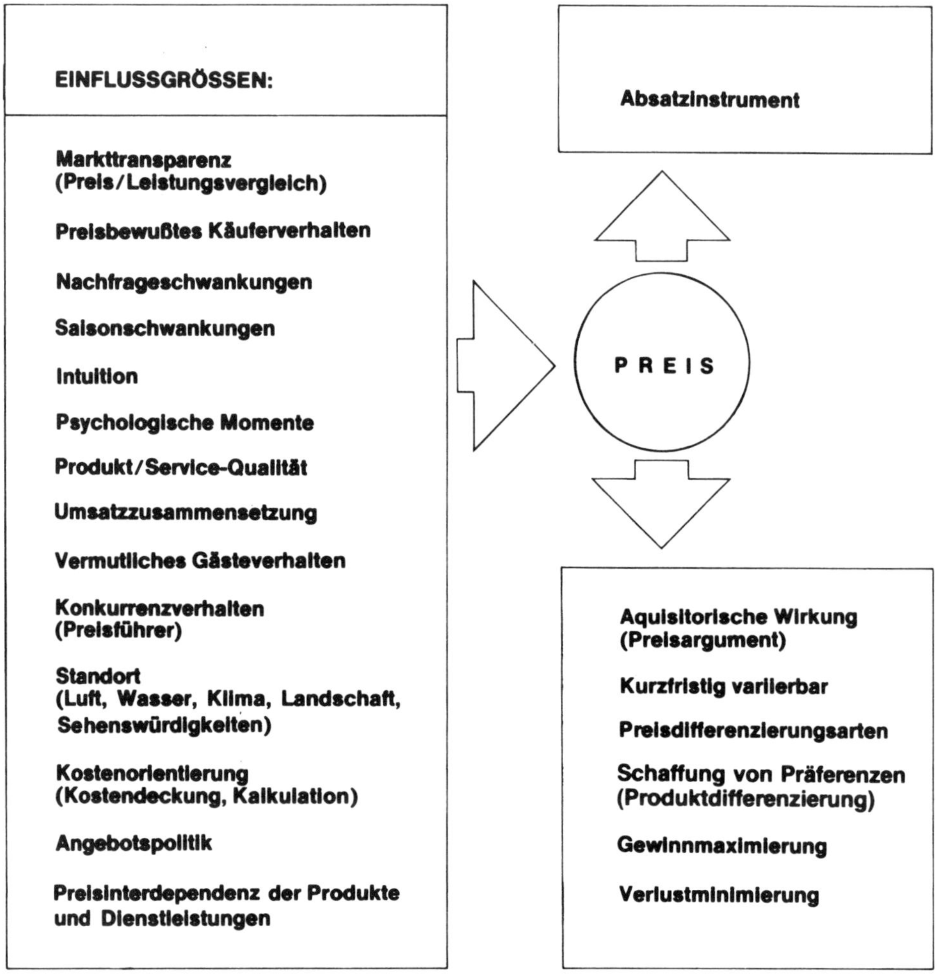

und dieselbe Produktqualität sehr unterschiedlich ausfallen und die von Haus aus hohe Fixkostenbelastung nur bedingt dem Verkaufspreis entsprechend abgebaut werden kann. Dazu verhalten sich die Käuferzielgruppen keineswegs homogen, wenn es um das Thema „Produktrationalisierung" geht.

Die erhöhte Markttransparenz (Durchschaubarkeit des Marktes) ermöglicht mehr denn je gezielte Preis- und Leistungsvergleiche für den Gast. Gerade hier versuchen viele Gastronomen, durch eine Politik der Produktdifferenzierung Präferenzen für ihre Leistungsangebote zu erzeugen, um dann ein wenig autonomer in der Preisgestaltung vorgehen zu können. Mit einem bestimmten differenzierten Angebot versucht man, innerhalb gewisser Grenzen, die Preise zu erhöhen, ohne eine negative Reaktion der Nachfrage befürchten zu müssen. Allerdings erfolgt die Reaktion der Käufer auf Preisvariationen häufig schneller als auf Produktdifferenzierungen. Von der saisonalen Preisdifferenzierung einmal abgesehen, bringt die Niedrigpreispolitik als Preiskampfmaßnahme am Markt mit Überkapazitäten langfristig gesehen erhebliche Nachteile mit sich:

- Bei den Zimmerpreisen kann man keine allzu großen Preisunterschiede im Hinblick auf das Volumen vornehmen, sondern sollte einen einheitlichen Preis für Gruppen und Tours zur Anwendung bringen.
- Der Einzelgast ist nicht dazu da, die Gruppenpreise zu subventionieren.
- Hat man einmal ein niedriges Preisniveau erreicht, erscheint es fast unmöglich, die Preise rechtzeitig und gewinnorientiert anzuheben.
- Ist das Preisgefüge einmal ins Wanken geraten, werden Hoteliers von den Veranstaltern untereinander ausgespielt.
- Durch die Tiefpreispolitik wird das Niveau der zu erwartenden Gäste erheblich beeinträchtigt. (Das Niveau eines Hotels ist auf Dauer nie höher als das Niveau seiner Gäste.)
- Eine Niedrigpreispolitik hat betriebswirtschaftlich nur einen kurzfristigen Erfolg, wenn sie nicht von mehreren Marktteilnehmern gleichzeitig ausgeübt wird.
- „Umsatz um jeden Preis" kann zwar mehr Arbeit, keinesfalls aber mehr Gewinn bedeuten.

Konkurrenzorientierte Preispolitik

In der Gastronomie ist häufig ein konkurrenzorientiertes Verhalten zu beobachten. Die preispolitischen Probleme erscheinen hier vereinfacht, man übernimmt das Preiskonzept der Konkurrenz in der Hoffnung, mit dem gleichen Kostenapparat zu arbeiten und marktgerecht anbieten zu können. Grundsätzlich kann diese Politik nicht optimal sein, weil man ja nie in der Lage sein wird, weder einen Vorsprung auf die Konkurrenz zu erreichen, noch zu einer präferenzbildenden Differenzierung der eigenen Leistung gegenüber der Konkurrenz zu kommen. Man wird am Markt erst reagieren, wenn Gewißheit darüber herrscht, ob das Preisverhalten der Konkurrenz einen Erfolg oder Mißerfolg gebracht hat. Natürlich erhöht eine dauernde Preisanpassung an die Konkurrenz die Preisunglaubwürdigkeit des eigenen Unternehmens.
Die soziale Marktwirtschaft kennt als bestimmendes Ordnungsprinzip den freien Wettbewerb. Dabei sind Preisunterbietungen grundsätzlich ein erlaubtes Mittel im Wettbewerb, denn darauf beruht die Leistungsauslese und die Erträglichkeit des freien Wettbewerbs für die Allgemeinheit. Allerdings, wenn der ständige Verkauf zu Verlustpreisen (unter den Selbstkosten) und örtliche Preisdifferenzierungen planmäßig gegen bestimmte Mitbewerber erfolgen, dann verstößt dieser Vernichtungswettbewerb gegen den § 1 des Gesetzes gegen den unlauteren Wettbewerb (UWG).

Kostenorientierte Preispolitik

Neben all den verschiedenartigen Kalkulationsansätzen, die in der Praxis doch meist auf das tatsächlich vorhandene Zahlenmaterial und auf bestehende Abrechnungsverfahren aufbauen müssen, ist eine kostenmäßige Ermittlung der wirtschaftlichen Konsequenzen einer selbst rein marktorientierten Preisbildung unerläßlich. Die Kostenrechnung wirkt hier zumindest als Kontrollmittel und ist sicherlich jeder rein gefühlsmäßigen Preisfestsetzung vorzuziehen. Vor- und Nachkalkulationen bilden eine Basis, auf die jeder Gastronom gerne aufbaut. Daß das betriebliche Kostendenken keineswegs allein den Preis bestimmen kann, hat auch Professor Walterspiel treffend unter der Überschrift „Kommerzialisierung freier Güter" herausgestellt. Luft, Wasser, Klima, Landschaft, Sehenswürdigkeiten – der besondere Standort des gastronomischen Betriebes – lassen in ihrer Attraktivität oft ein überhöhtes Preisniveau zu, das in keinem Kalkulationsschema nachprüfbar erfaßt wird.
Um auch einen Beitrag zur kostenorientierten Preispolitik zu leisten, soll im folgenden versucht werden, eine Antwort auf die Frage zu finden:
„Wie und welche Artikel der Speisekarte müssen um wieviel erhöht werden, wenn der Warenaufwand, der Personalaufwand und der übrige Gesamtaufwand voraussichtlich ansteigen werden?"
Die meisten Kalkulationsverfahren geben zwar eine Anleitung, wie man Preise kostenorientiert festsetzen sollte, sagen aber nichts darüber aus, wie das Artikelprogramm auf halbjährlicher oder jährlicher Basis an veränderte Kostensituationen angepaßt werden kann. Hierbei muß gelten: Preiserhöhungen dürfen nur auf selektiver Basis und nicht für alle Artikel gemeinsam vorgenommen werden.

Verfahren zur selektiven Preiserhöhung im Verpflegungsbereich

Ablaufplan: Umsatzbereich Speisen

1. Schritt
Ermittlung der zu erwartenden Kostenerhöhung in %

	Beispiel: für 1992
a) Warenaufwand	5%
b) Personalaufwand	10%
c) Übriger Gesamtaufwand	7%

2. Schritt
Feststellung der tatsächlichen Kosten pro Couvert (pro bedienter Gast) für den vorangegangenen Abrechnungszeitraum

	Beispiel: für 1991
a) Warenaufwand pro Couvert	DM 5,20
b) Personalaufwand pro Couvert	DM 6,10
c) Übriger Gesamtaufwand pro Couvert	DM 3,20
d) Total-Aufwand pro Couvert	DM 14,50

3. Schritt
Ermittlung der zu erwartenden Kostenerhöhung pro Couvert (Schritte 1 und 2)

Tatsächliche Kosten pro Couvert (Beispiel 1991)		Zu erwartende Kostenerhöhung in % (Beispiel 7,5%)	Kostenerhöhung pro Couvert
a) Warenaufwand	DM 5,20	5 %	DM 0,26
b) Personalaufwand	DM 6,10	10 %	DM 0,61
c) Übriger Gesamtaufwand	DM 3,20	7 %	DM 0,22
d) Total-Aufwand	DM 14,50	7,5%	DM 1,09

4. Schritt

Feststellung des tatsächlichen durchschnittlichen Speiseumsatzes pro Couvert (pro bedienter Gast) für den vorangegangenen Abrechnungszeitraum

Beispiel: für 1991

Speisenumsatz (netto)	DM 52500,–
Couvertanzahl	3500
= durchschnittlicher Speisenumsatz pro Couvert (Ist)	DM 15,–

5. Schritt

Vorausberechnung des durchschnittlichen Speiseumsatzes pro Couvert für den zu planenden Abrechnungszeitraum (Schritte 3 und 4)

Tatsächlicher durchschnittlicher Speisenumsatz pro Couvert (Ist)	Beispiel für 1991	= DM 15,00
zu erwartende Kostenerhöhung in % Total-Aufwand	Beispiel für 1992	= + 7,5%
vorausberechneter durchschnittlicher Speisenumsatz pro Couvert (Soll) Beipiel für 1992		= DM 16,13

6. Schritt

Erstellung einer Verkaufsanalyse (Leistungsbericht) für den vorausgegangenen Abrechnungszeitraum oder für einen repräsentativen Zeitraum

Beispiel: für 1991

Restaurant ____________

Tageszeit ____________

Auszug aus der Verkaufsanalyse

Artikel lt. Speisekarte

Hauptgänge:	Anzahl der verkauften Portionen	Material-preis	DM Total	Netto-Verkaufs-preis	DM Total	Warenein-satzkosten %
Filetsteak	1000	7,00	7000,–	19,50	19500,–	35,9 %
Hamburger	500	2,00	1000,–	6,00	3000,–	33,3 %
Wiener Schnitzel	2000	6,00	12000,–	15,00	30000,–	40,0 %
Gesamt			20000,–		52500,–	38,1 %

Couvertanzahl: 3500

Durchschnittlicher Speisenumsatz pro Couvert (Ist): DM 15,00

7. Schritt

Anwendung der selektiven Preiserhöhung zur Erreichung des vorausberechneten durchschnittlichen Speiseumsatzes pro Couvert (Schritte 5 und 6)

Beispiel: für 1992
(Schritt 5)

Vorausberechneter durchschnittlicher Speisenumsatz pro Couvert =
DM 16,13

Restaurant ___________
Tageszeit ___________

Auszug aus der Verkaufsanalyse

Artikel lt. Speisekarte

Hauptgänge:	Anzahl der verkauften Portionen	Material-preis	DM Total	Netto-Verkaufs-preis	DM Total	Warenein-satzkosten %
Filetsteak	1000			19,50	19500,–	
Hamburger	500			6,00	3000,–	
Wiener Schnitzel	2000			16,98	33955,– (Differenz)	
Gesamt	3500				56455,–	
Couvertanzahl: 3500 (× 16,13 = 56455)						
Vorausberechneter durchschnittlicher Speisenumsatz pro Couvert (Soll): DM 16,13				→	selektive Preiserhöhung ~ DM 17,00	

Aus dem Verfahren zur selektiven Preiserhöhung wird deutlich, wie wichtig die genaue Kenntnis der Umsatzzusammensetzung und der Preisinterdependenz der einzelnen Produkte vor jeglicher Preisfestsetzung ist.

Es steht außer Frage, daß das Problem der Preisfindung recht unterschiedlich beurteilt wird. Bedenklich erscheint es hier, einen einseitigen Standpunkt einzunehmen. Nur in der Kombination von kostenorientierter, nachfrageorientierter und konkurrenzorientierter Preispolitik mit dem Schwergewicht auf der Marktseite kann die Lösung des Problems liegen.

Marketing-Praxis im Food und Beverage Bereich

Definition: „Marketing ist Planung, Koordination und Kontrolle aller auf die aktuellen und potentiellen Märkte ausgerichteten Unternehmensaktivitäten im Food- und Beverage-Bereich mit dem Zweck einer dauerhaften Befriedigung der Kundenbedürfnisse einerseits und der Erfüllung der Unternehmerziele andererseits." *)

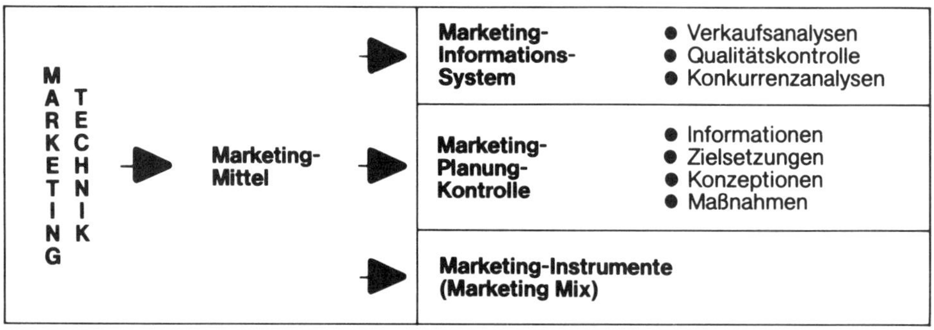

*) (Quelle: Deutsche Marketing Vereinigung)

Was heißt Verkaufsförderung im Verpflegungsbereich?

- Verkaufsförderung hat die Aufgabe, durch spezielle Maßnahmen und Methoden am Ort des Angebots den Kaufentscheid auszulösen –
- Verkaufsförderung soll allen Beteiligten helfen, mehr, leichter und besser zu verkaufen –
- Verkaufsförderung hilft, mit einwandfreier und fachlich richtiger Präsentation von Speisen und Getränken den Erwartungen der Gäste zu entsprechen, dem Gast das Gefühl zu vermitteln, für eine echte Dienstleistung den richtigen Ort gewählt zu haben –
- Verkaufsförderung heißt, nicht auf Gäste warten, sondern durch persönliche und individuelle Betreuung, durch Qualität und erstklassigen Service, durch gastliche Atmosphäre und Imageverbesserung für neue Gäste werben!

Beliebtheitsgrad der Speisen als Grundlage zur Produktionsplanung und Verkaufsförderung

Nur der Verkäufer, der sein Produkt genau kennt und analysiert hat, wird auch in der Lage sein, dieses Produkt wie gewünscht „an den Mann zu bringen". Der Beliebtheitsgrad der Speisen ist der Prozentsatz der servierten Gerichte zur Gesamtanzahl der bedienten Gäste. (siehe Musterbeispiel zur Produktionsplanung)
Der Beliebtheitsgrad hat folgende Aussagefähigkeit und Bedeutung:

- wie beliebt sind die einzelnen Speiseartikel?
- wie gut werden Vorspeisen, Salate, Nachspeisen von dem Servierpersonal verkauft?
- welche Artikel sind die „Bestseller" des Restaurants?
- welche Artikel verkaufen sich schlecht und erhöhen nur die Mise-en-place-Kosten der Küche?
- welche Preisstruktur akzeptieren die Nachfrager/Gäste?
- welches Artikelprogramm muß von der Küche in welcher Menge vorbereitet werden?
- welche Artikel müssen bei der nächsten Überarbeitung der Speisekarte gestrichen werden?

Gäste als „Betriebsberater"

Die Markt- und Meinungsanalyse ist eine der wesentlichen Voraussetzungen für die Verkaufsanstrengungen eines Betriebes.
Der Gastronom muß wissen:

- was der Gast will (was der Gast nicht will)
- was der Gast von diesem Betrieb erwartet
- was der Gast für gut oder schlecht hält
- was der Gast in diesem Betrieb vermißt

Der Gast ist ein „preiswerter Betriebsberater". Viele Betriebe befragen ihre Gäste in den Restaurants, wobei solche Umfragen in entsprechenden Abständen mehrmals wiederholt werden sollten, um Trends zum Positiven oder zum Negativen hin feststellen und eine entsprechende Verkaufspolitik daraus ableiten zu können. Zur praktischen Durchführung der Gästebefragung haben sich

- Checklisten für Testgäste
- Qualitätsfragen (Stempel) auf der Gästerechnung (siehe Musterbeispiel)

bewährt.

Muster zur Gästebefragung (Stempel auf der Gästerechnung)

Waren Sie zufrieden?	Ja	Nein
Wartezeit	☐	☐
Bedienung	☐	☐
Qualität der Speisen/Getränke	☐	☐
Atmosphäre	☐	☐
Verbesserungsvorschläge: ______________		
______________________________		
______________________________		

Möglichkeiten der Produktpräsentation:

Checkliste für Verkaufsförderungsmaßnahmen im Restaurationsbereich

Wie kaum eine Branche benötigt die Gastronomie neben den branchenspezifischen Kenntnissen auch Ideenreichtum, um das sich stets wandelnde Produkt „gastronomische Dienstleistungen" zu vermarkten. Folgende Checkliste dient zur Anregung und als Basis für ein gezieltes Verkaufsförderungsprogramm.

Allgemeine Produkt- und Angebotspolitik

1. Konkurrenzanalysen am Standort mit Vergleich zum eigenen Produktangebot (Speisen, Getränke und Nebenleistungen) werden halbjährlich durchgeführt.
2. Eine kontinuierliche, seriöse Preis- und Angebotspolitik prägt die Stellung des Betriebes am örtlichen Markt.

3. Angebotsentwicklung, Angebotsgestaltung und Absatzplanung sollen die Fragen beantworten:
   - was kann man anbieten?
   - was will man anbieten?
   - wem will man es anbieten?
   - wie will man es anbieten?
4. Wo Gäste sind, ist auch Umsatz! Es wird alles unternommen, um Gäste möglichst lange „im Haus" zu halten, (zum Beispiel bequeme Sitzmöglichkeiten, angenehme Atmosphäre des Restaurants, ansprechende Dekoration).
5. Verkaufen heißt: Überzeugen durch Leistung! – Serviceleistungen im Gaststättenbetrieb müssen mit den Dienstleistungserwartungen des Gastes übereinstimmen.
6. Produktdifferenzierung ist eines der wesentlichsten Elemente in der Angebotspolitik. Es gilt, Präferenzen zu schaffen: (zum Beispiel: Fitneßraum – „Trimm-Dich-Raum" – für Autofahrer – „Trimm-Dich bis zum Essen", Auto-Service, Entspannungs- und Erholungsmöglichkeiten in Verbindung zur Natur – Wald, Park – „Trimm-Dich-Pfad")
7. Besondere Verkaufsbemühungen für die Zielgruppe „Kinder" werden unternommen, (zum Beispiel: eigenes kleines Kinderrestaurant mit entsprechendem Mobiliar, spezielle Kindermenüs, Kinderspielplatz etc).
8. Zum Verkauf gehört auch die jährliche „Produktplanung". Gestützt auf Marktbeobachtungen und laufender Gästebefragung wird überprüft, inwieweit bestehende Serviceleistungen mit den detaillierten Angebotsträgern vom „Markt" tatsächlich honoriert werden, welche Serviceleistungen verstärkt oder geändert werden müssen.
9. Die Restaurant-/Gaststättenräumlichkeiten werden optimal platzmäßig, verkaufsfördernd ausgenützt.
10. Eine räumliche Trennung zwischen „Selbstbedienung-Schnellservice" und gemütlichem Restaurantteil ist entsprechend dekorativ und werbewirksam gestaltet.
11. Möglichkeiten der Zusammenarbeit mit an der Autobahn gelegenen Ausflugzielen sind werbemäßig ausgeschöpft.
12. Eine zweckmäßige und stilvolle Beleuchtung mit entsprechender Lichtfarbe betont vorteilhaft mit allen optischen Effekten die vorhandene Atmosphäre.
13. Boden-, Wand- und Deckengestaltung, Dekors, Farben, Einrichtungsgegenstände und technische Hilfsmittel sind harmonisch aufeinander abgestimmt und schaffen Geborgenheit und Behaglichkeit. Atmosphäre wird durch das Raumklima, dem „Geruchs-, Hör-, Temperatur- und Sichtklima" geprägt.
14. Wo immer passend werden die Bereitstellung von Display-Material, verkaufsfördernde Werbemittel (zum Beispiel Tablettendeckchen, Anhänger für die Tasse, Tischaufsteller, Aufkleber für die Getränkekarte) als direkte Maßnahme zur Verkaufsförderung eingesetzt.

Mitarbeiter – als „aktive Verkäufer"

15. Jeder Mitarbeiter im Betrieb, der Gastkontakt hat, ist als Verkäufer motiviert.
16. Lächeln schafft Gäste! – Bei der Ausbildung von Service-Verkaufspersonal wird neben den Kenntnissen und Fertigkeiten (Produkt) besonders die Einstellung der Mitarbeiter (Motivation) berücksichtigt.
17. Reklamationen sind Chancen zur Gastgewinnung. Die richtige Handhabung von Reklamationen hilft, Gäste zu erhalten.
18. Jeder Mitarbeiter ist ein Imagebildner. Durch sein Äußeres, sein Verhalten, sein Fachwissen, seine Liebe zum Beruf wird der direkte Verkauf am Gast entscheidend beeinflußt.
19. „Brainstorming"-Meetings (Ideenwirbel) mit Mitarbeitern werden regelmäßig durchgeführt, um in der Produkt- und Angebotspolitik mit den entsprechenden Verkaufsförderungsmaßnahmen am Markt einen Schritt voraus zu sein.
20. Verkaufsgespräche sind Problemlösungen für den Gast. Motivierend wird dem Gast gezeigt, was er will und damit vertrauenswürdig das Dienstleistungsangebot aufgezeigt.
21. Täglich wird mit dem Küchenchef der zu empfehlende Verkauf von Speisen besprochen und festgelegt.
22. Verkaufsargumente sind Kaufargumente für den Kunden. Verkaufsargumente müssen sachlich, beweiskräftig und für den Gast glaubwürdig aus der inneren Überzeugung des Servicepersonals dargestellt werden.

Interne Verkaufsförderungsmaßnahmen

23. Verkauf am Tisch (zum Beispiel Vorspeisenwagen, Tagesgerichtwagen, Salatwagen, Dessertwagen, Kaffee- und Mokkawagen, Getränkewagen) zum schnellen, ansprechenden Service.
24. Effektvolle Darbietung der Speisen (zum Beispiel Selbstbedienungsbuffets für eilige Gäste zum festen Preis, Frühstücksbuffets, Salatbuffets, Dessertbuffets etc.).
25. Spezialitätenwochen im Restaurant, um auch den Gast im nahen Einzugsbereich anzusprechen.
26. Sonderangebote mit saisonalen Spezialitäten (zum Beispiel Spargel-Spezialitäten, Erdbeerzeit, Wildwochen).
27. Verkaufsbesonderheiten „gimmicks" (zum Beispiel bedruckte Schachteln für Knochen zum Mitnehmen für Hundebesitzer).
28. Alkoholfreie Spezialcocktails für Autofahrer in besonderen Getränkegefäßen.
29. Preiswerte Kindermenüs auf bunten Menükarten.
30. Hervorhebung lokaler Hausspezialitäten (zum Beispiel Sauerbraten, Rumtopf etc.).
31. Angebot von kalorienarmen Gerichten, leichte Kost („weight watchers", „Autobahnfahrer-Menüs").

32. Ansprechende Werbung für das „Tagesmenü" wird auswechselbar ausgehängt.
33. Tagesspezialitäten für eilige Gäste in 5 Minuten.
34. Attraktive „Food displays" am Eingang des Restaurants (mit Schaustücken, Früchten, Salaten, Wild in Saison etc.).
35. Tischaufsteller mit Sonderangeboten (zum Beispiel spezielle Eiscreme-Kreationen, offene Weine, etc.).
36. Einladende, ansprechende Speisekarten mit Farbfotos von Spezialgerichten.
37. Separate, verkaufsfördernde Getränkekarten, dem Standard und der Qualität des Restaurants entsprechend.
38. Streichhölzer mit dem Emblem und der Werbung des Gaststättenbetriebes bedruckt.
39. Zum Frühstück im Restaurant weisen bedruckte Tischmatten auf das reichhaltige Angebot hin.
40. „Außer-Haus"-Verkaufsangebote (zum Beispiel „Lunch box" mit Sandwiches, Früchten, Getränken etc.) gehören zum gesamten Restaurationsangebot.
41. „Give-aways" (zum Beispiel Salzgebäck, rohes Gemüse als Appetitanreger) werden gratis im Restaurant angeboten.
42. Automatenservice – (Selbstbedienung) ist vom Restaurantbetrieb räumlich getrennt und stört nicht die Atmosphäre des Gaststättenbetriebes (Automatenstraßen).
43. Kleinkinderstühle stehen in ausreichender Menge als Serviceleistung zur Verfügung.
44. Ausgewählte „Hintergrundmusik" schafft eine entspannende, angenehme Atmosphäre.
45. Fertiggerichtesysteme (convenience food) mit Mikrowellengeräten und Convektomaten sorgen für eine schnelle Serviceleistung.
46. Eine separate Verkaufsstelle für Getränke, Süßigkeiten, Tabakwaren, Geschenke etc. ist vorhanden.

Überwachung des Standards und der Qualität im Food und Beverage Bereich

Monat: ____________________________________
Restaurant: __________________________________
Ausgefüllt von: _______________________________

Reklame

1. Wurde für alle Restaurants und Bars genügend in den Aufzügen, Zimmern und sonstigen Räumen geworben?

Einrichtung

1. War der Gesamteindruck des Raumes gemütlich?
2. Waren Stühle und Polsterbänke komfortabel?
3. War die Beleuchtung der Tageszeit entsprechend?

Musikalische Unterhaltung

1. Gab es Tonbandmusik?
2. War die Lautstärke ausreichend?
3. Hat Ihnen die Kapelle gefallen?
4. War die Lautstärke richtig?

Sauberkeit und Ordnung

1. Waren das Restaurant und die Bar im allgemeinen sauber?
2. War die Klimaanlage angenehm und ohne Zug?
3. Waren Teppich und Mobiliar in gutem Zustand?
4. Waren Wände und Lampen gut gepflegt?
5. Haben alle Lampen ordnungsgemäß gebrannt?

Annahme der Bestellung

1. Wurde Ihnen ein Apéritif angeboten?
2. Wurden Ihnen prompt die Speisekarte gebracht?
3. War man Ihnen bei der Menüauswahl behilflich, zum Beispiel bei einem bestimmten Gericht, Tagessuppe oder Tagesmenü?

4. Waren alle bestellten Speisen und Getränke vorhanden?
5. Wurde Ihnen die Weinkarte präsentiert?
6. Wurde Ihnen bei der Weinauswahl geholfen?
7. Wurden die Speisen- und Getränkebestellungen so aufgenommen, daß ohne nochmaliges Fragen das Richtige serviert wurde?
8. Wurde Ihnen ein Dessert angeboten?
9. Wurde Ihnen ein Digestif angeboten?

Eindecken des Tisches

1. War der Tisch sauber und ordentlich eingedeckt?
2. Waren die Servietten gut gebügelt und gefaltet?
3. War das Buffet dekorativ gestaltet?

Besteck und Gedeck

1. War das Porzellan sauber und nicht angeschlagen?
2. Waren die Gläser sauber und heil?
3. Waren die Bestecke poliert und in gutem Zustand?
4. Waren Salz, Pfeffer und Senftopf sauber und aufgefüllt?
5. War die Zuckerschale sauber und aufgefüllt?
6. War der Anrichteschrank sauber und aufgeräumt? – Auch während der Hauptservicezeiten?
7. Waren Ihrer Meinung nach Gedecke und Bestecke im Dekor und in der Farbe zutreffend für das Restaurant?

Extras

1. Waren Streichhölzer erhältlich?
2. Waren Zahnstocher erhältlich?

Serviceleistung

1. War die Bedienung Ihnen bei der Placierung behilflich?
2. Wurden Ihnen die Getränke (Bier, Schnaps, Wein) richtig temperiert serviert?
3. Wurde Eiswasser serviert?
4. Wurde Ihnen Kaffee angeboten?
5. Wurden Getränke im richtigen Glas serviert?
6. Wurden leere Gläser abgeräumt bevor das Essen begann?
7. Wurde der Wein vor dem Hauptgang serviert?
8. Wurde der Wein Ihnen bzw. Ihrem Gastgeber (dem Bestellenden) zum Probieren gereicht?

9. Wurde eine zweite Flasche Wein angeboten?
10. Wurden Brot und Butter gereicht?
11. Wurden Brot und Butter nachgereicht?
12. Wurde die Dame oder der Ehrengast zuerst bedient?
13. War das Bedienungspersonal höflich und zuvorkommend?
14. War der Service fachlich gut?
15. Wurde der Tisch gesäubert und wieder neu eingedeckt?
16. Waren die Teller zum Hauptgang warm?
17. Wurde an Ihrem Tisch das Tranchieren und Flambieren ordentlich durchgeführt?
18. Wurde Ihnen der Hauptgang präsentiert?
19. Wurden Ihnen die richtigen Saucen ohne zu fragen serviert? (zum Beispiel Sc. Bernaise zum Filetsteak?)
20. Bekamen Sie zu Ihrem Steak ein Steakmesser?
21. Hatten Sie zum amerikanischen Fleisch auch englischen Senf?
22. Wurden Salz und Pfeffer vor dem Dessert abgeräumt?
23. Wurde der (oder die) Aschenbecher wiederholt gesäubert?
24. Wurden die leeren Weingläser abgeräumt?
25. Bekamen Sie Milch und Zucker sowie Petits Fours zu Ihrem Kaffee?
26. Hatten Sie das Gefühl, daß der Service zuvorkommend, prompt und ohne viel Aufhebens vonstatten ging?

Benehmen des Restaurantpersonals

1. War die Bedienung aufmerksam?
2. Hat das Personal in Gruppen herumgestanden und sich unterhalten?

Reservierung

1. Wurde das Telefongespräch relativ prompt beantwortet?
2. Entsprach Ihre Reservierung auch Ihren Angaben?

Erscheinung des Personals

1. War die Bedienung ordentlich frisiert?
2. Waren die Dienstkleidungen korrekt?
3. War das allgemeine Äußere gepflegt?

Begrüßung

1. Wurden Sie vom Oberkellner begrüßt?
2. Wurde Ihnen aus der Garderobe geholfen?
3. Wurde Ihnen ein Platz angewiesen und wurden Sie dort hinbegleitet?

4. Erschien Ihnen das Restaurantpersonal höflich?
5. Wurden Stuhl und Tisch beim Placieren gerückt?
6. Wurden Sie höflich verabschiedet?

Qualität der Speisen

1. Waren Brot und Butter frisch?
2. War Ihre Vorspeise gut im Aussehen, akzeptabel im Geschmack und gut gewürzt?
3. War die Suppe gut im Geschmack und heiß?
4. War der Hauptgang appetitlich angerichtet und akzeptabel im Geschmack?
5. Waren die Beilagen frisch gekocht?
6. War der Salat frisch und wurden mehrere Sorten angeboten?
7. War die Salatsauce schmackhaft?
8. War der Brotkorb frisch und die Auswahl reichhaltig?
9. War das Dessert gut im Geschmack – in der Anrichteweise und Qualität?
10. War der Kaffee frisch und heiß?
11. Wurde Ihnen gute Kaffeesahne serviert?
12. Haben Sie lange auf Ihre Rechnung gewartet?

Sonstiges

1. Wurde Ihre Rechnung ordnungsgemäß ausgestellt?
2. Wurde auf Ihre Beschwerde prompt und zufriedenstellend eingegangen?
3. Waren Speise- und Getränkekarten in gutem Zustand?

Sanitäre Anlagen

1. Waren die Toiletten sauber?
2. Waren Seife und Handtuch vorhanden?
3. Waren Spiegel und Waschbecken sauber?

Das Bankettgeschäft – vom Verkauf zur Organisation

Zielsetzung

Als „Volumenbringer" bietet das Bankettgeschäft eine entscheidende Einflußgröße auf die Gewinnsituation im Verpflegungsbereich. Während sich der Gast im Restaurant meist an das feststehende Angebot hält, müssen Veranstaltungen auf den speziellen Kundenkreis maßgeschneidert werden. Fachwissen, Verkaufsargumente, Kosten-, Preis- und Umsatzbewußtsein sowie Organisationstalent wirken gleichgewichtig zusammen.

Heißt es, die beste Werbung sei die „Mund-zu-Mund-Werbung", so ist jede Veranstaltung im Hotel ein nicht zu unterschätzendes Werbemedium. Restaurants sind heute in vielen Hotels nicht einmal mehr kostendeckend; das sorgfältig geplante und durchgeführte „Extraessen" läßt auch den Food und Beverage Bereich gewinnorientiert arbeiten.

Grundsätzlich kann man das Bankettgeschäft in der Hotellerie besser planen und kostengünstiger gestalten als das normale à la carte-Geschäft. Gezielter Einkauf, erleichterte Produktion im Küchenbereich („Massenfabrikation – Serienfertigung") müssen jedoch auf sorgfältiger Organisation und detaillierter Vorauskalkulation der geplanten Veranstaltung basieren. Zufriedene Veranstaltungsgäste sind auch zukünftige Gäste für das Hotel-Restaurant. Fachmännisch organisierte und durchgeführte Veranstaltungen geben oft den Ausschlag für ein positives Umsatzbereichsergebnis im Verpflegungsbereich.

Gedankenflußplan

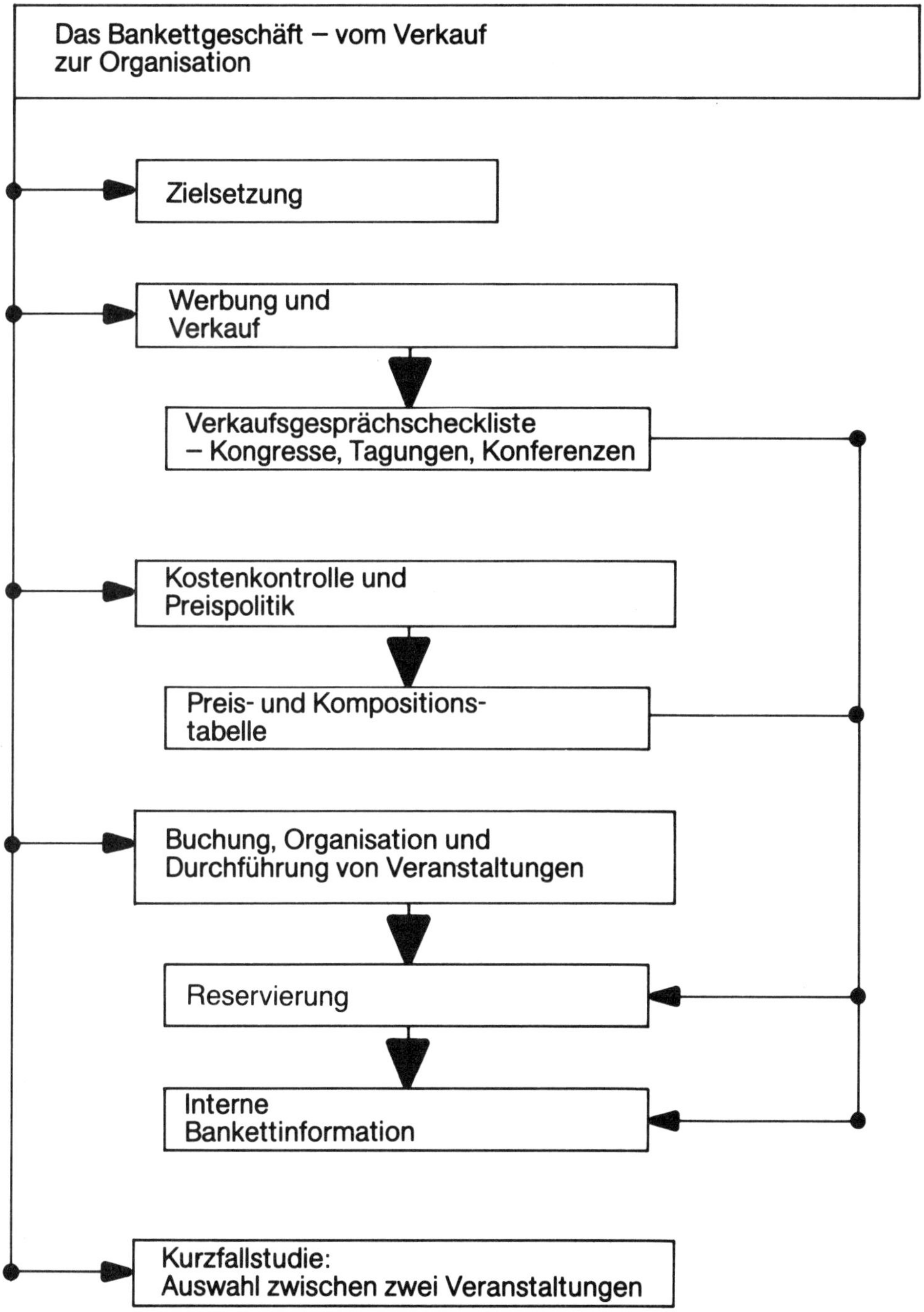

Werbung und Verkauf

Folgende Schlüsselpunkte sind zu beachten:

- Das Bankettverkaufsbüro im Hotel ist mit dem Mobiliar und der Ausstattung für den Kunden ansprechend und dem Niveau des Hotels entsprechend.
- Grundsätzlich werden alle Verkaufsbesuche seitens des Hotels vorher beim Verkaufsleiter koordiniert und geplant.
- Das Verkaufspersonal verfügt über geeignete Verkaufsunterlagen und technische Hilfsmittel wie:
  a) Farbdias/Photos für die verschiedenartigsten Bankettveranstaltungen in der Dekoration
  b) Farbdias/Photos für die preislich unterschiedlichen Bufetts, kalten Teller
  c) Möglichkeiten der Tischanordnungen und Bestuhlung von Veranstaltungsräumen
  d) standardisierte und frei wählbare Menüvorschläge mit passenden Getränkevorschlägen
  e) Möglichkeiten der technischen Details wie Simultanübersetzungsanlagen, Hebebühnen, Tanzflächen, Beleuchtung, Mikrophone, Musikanlagen, Raumausmessungen
  f) Preis- und Kompositionstabelle für sämtliche Menüartikel
  g) speziell organisierte Festabende wie „Bayerischer Abend", „Straßenbahnparty", „Berliner Abend", „Schiffsparty"
  h) Verkaufsgespräch-Checkliste für Kongresse, Tagungen, Konferenzen.
- Eine gedruckte Bankettbroschüre zeigt alle Möglichkeiten der vorhandenen Veranstaltungsräume mit Varianten der Bestuhlung und Tischanordnung auf.
- Für spezielle Anlässe wie Hochzeiten, Jubiläen, Geburtstagsfeiern sind konkurrenzfähige Programme zusammengestellt.
- Bei Zusendungen von Menüvorschlägen wird der Name der Person oder Organisation mit einer speziellen Gravierungsmaschine eingedruckt.
- Der Küchenchef wird oft bei der Menübesprechung mit dem Gast hinzugezogen.
- Bei Großveranstaltungen findet vorher ein Probeessen mit dem Veranstalter statt.
- Laufen mehrere Veranstaltungen an einem Tag, versucht der Bankettleiter das gleiche Menü zu verkaufen, um besser einkaufen und die Produktion planen zu können.
- Beim Verkauf von Konferenzen, Abendveranstaltungen und Tagungen versucht der Bankettleiter zusammen mit dem Food und Beverage-Programm auch Zimmer zu verkaufen.
- Veranstaltungen, die bei der Konkurrenz stattfinden, werden erfaßt; die wichtigsten Bankette in der Stadt wird der Bankettleiter selbst besuchen; Anzeigen in der Zeitung über Veranstaltungen sammelt die Sekretärin.

- Es besteht eine Kundenkartei, die es ermöglicht, die Gäste durch direkte Briefe über besondere Anlässe im Hotel wie kulinarische Sonderveranstaltungen, Spezialitätenwochen, Modewochen zu informieren.
- Geeignete Werbemedien wie Presse, Fernsehen, Kino, Hotelführer, Rundfunk werden gezielt eingesetzt, um ergänzend zum täglichen Verkaufsprogramm potentielle Gäste anzusprechen.
- Bei einer Absage oder Abbestellung dient die Adresse der Person oder Organisation als Grundlage für ein zukünftiges Verkaufsgespräch.

Kostenkontrolle und Preispolitik

- Das Bankettgeschäft ist ein „Volumengeschäft", das heißt, preiswürdiger Verkauf mit geschickter Koordination der Extraessen am gleichen Tag beeinflußt positiv die Kostenstruktur und hilft, Fixkosten zu senken.
- Menüvorschläge werden auf die spezielle Veranstaltung unter Berücksichtigung der saisonalen Lebensmittelangebote zugeschnitten.

Muster: Preis- und Kompositionstabelle

Monat: ________

Artikel:	Maximale Personen-anzahl:	Waren-einsatz-kosten:	Soll-verkaufs-preis:	% Waren-einsatz:
Kalte/Warme Vorspeisen z. B. Königin-pastetchen				
Suppen:				
Eiergerichte:				
Fische:				
Geflügel:				
Wild:				
Kalte Platten:				
Gemüse:				
Beilagen:				
Salate:				
Dessert:				

- Monatlich erhält der Bankettleiter eine Liste der Lebensmittelprodukte und Getränke mit dem geringsten Lagerumschlag und versucht, sie bei seinen Verkaufsgesprächen mit zu berücksichtigen.

- Bankette werden nicht allein nach Wareneinsatzkosten (Food & Beverage) beurteilt, sondern eine detaillierte Brutto-Gewinn- oder Verlustrechnung wird bei größeren Veranstaltungen den Ausschlag geben.
- Bei Veranstaltungen und Extraessen an Feiertagen bemüht man sich, Menüs mit dem jeweiligen Anlaß zu kombinieren (Weihnachts-, Oster-, Pfingstfeiertage), um die Küche während der Festtage nicht zusätzlich mit Extrawünschen zu belasten.
- Das auf Großveranstaltungen am nächsten Tag folgende „Tagesmenü" im Restaurant ist auf die oft nicht zu vermeidende Überproduktion in der Küche abgestimmt.
- Bei der Preispolitik wird einerseits an die optimale Nutzung der vorhandenen Kapazität (Konferenzräume, Festsäle, Nebenräume, Zimmer) gedacht, andererseits wird das „Dumping" durch einheitliche, stabile Preisgestaltung am Markt vermieden.
- Gäste sind über schlechte Qualität des Essens oder des Service eher verärgert als über einen relativ hohen Preis.

Buchung, Organisation und Durchführung von Veranstaltungen

- Bei vorläufigen Buchungen wird ein Termin für die endgültige Zu- oder Absage gesetzt.
- Ein klares Reservierungssystem der Veranstaltungen mit numerierten Buchungsunterlagen, Angaben ob „definitiv" oder „tentativ", Eintragungen im Bankettbuchungsbuch, datenmäßiger Ablage und ein geregeltes „Wiedervorlagesystem" schließt Buchungsfehler aus.
- Bei Großveranstaltungen dient ein schriftlich geschlossener Vertrag als Grundlage für die spätere Rechnungsstellung (siehe S. 113).
- Wo immer möglich, wird eine Minimum-Garantie (Personenzahl, Getränkeumsatz) vereinbart.
- Bei Großveranstaltungen wird ein bestimmter Prozentsatz als Vorauszahlung gefordert.
- Wünscht der Gast keine gemeinsame Speisenfolge, so wird eine in der Anzahl der Artikel reduzierte, spezielle Bankett-à-la-carte-Auswahl angeboten, die küchen- und servicetechnisch leicht und reibungslos organisiert werden kann.
- Ein monatlicher und wöchentlich erneuerter Veranstaltungsplan faßt in geraffter Form das Veranstaltungsprogramm der zukünftigen Wochen zusammen und dient als Grundlage für die Dienstplaneinteilung der Mitarbeiter.
- Alle betroffenen Abteilungen bekommen rechtzeitig „Bankettinformationen" mit allen notwendigen Details für jede Veranstaltung (siehe S. 114).

RESERVIERUNG *Ablage-Nr.* ______________

– BANKETTE, VERANSTALTUNGEN –

Muster

Bestellung — Datum:

Telefon ☐ ______________
Brief ☐ ______________
Besprechung ☐ ______________

Name der
Organisation oder Person:

Verhandelt mit:

Art der Veranstaltung:

Tag und Datum:

Anzahl Personen: Garantie:

Raum:

Zeit:

Buchung:

Definitiv ☐
Tentativ ☐ Definitive Meldung bis: ______________

Preis pro Gedeck:

Miete:

Rechnungsadresse:

Telefon:

Gebucht von: ______________

Wiedervorlage: ______________

- Bei dem wöchentlichen „Bankett-Meeting", an dem Küchenchef, Bankettoberkellner, Steward, Hausdame, Buchhalter und F & B-Manager teilnehmen, bespricht und erläutert der Bankettleiter sämtliche Veranstaltungen für die kommende Woche.
- Nach jeder Veranstaltung bedankt sich der Bankettleiter schriftlich bei dem Gastgeber oder Organisator.

INFORMATION

Muster

– BANKETTE UND VERANSTALTUNGEN –

Name der Organisation/Person:		Akten-Nr.	
		Wochentag	
Vereinbarungen getroffen mit:		Datum	
Rechnungsadresse:			
Art der Veranstaltung:		Raum:	
Personenzahl:	Einlaß:	Beginn:	Ende:
Garderobe geöffnet:		Preis:	
Miete:		Zusatzkosten:	
Coupons/Verzehrgutscheine:			
Menükarten:	Blumen:	Kerzen:	
Tabakwaren			
Musik/Unterhaltung/Tanzfläche:			
Tischanordnung:			
Fotograf:	Presse:	Fernsehen:	
Technische Anlagen:		Mikrophon:	Rednerpult:
Menü	Gedeckpreis	*Getränkeanweisung* Cocktails Kaffee: Likör/Cognac:	
Serviceanweisungen:			
Besondere Wünsche:			

– Ein Großteil der Veranstaltungen werden im nächsten Jahr wiederholt („Repeat Business"). Jede einzelne Veranstaltung hat eine separate Akte, in der auch nach der Veranstaltung Notizen über Verbesserungsvorschläge für das nächste Mal eingetragen werden.

Kurzfallstudie: Auswahl zwischen zwei Veranstaltungen:

Der Veranstaltungsleiter hat die Wahl zwischen zwei Banketten am gleichen Tag. Die Firma A will ein Abendessen für 600 Personen mit einem Nettoverkaufspreis pro Menü von DM 20,– und einem voraussichtlichen Getränkeumsatz pro Person von DM 8,– buchen.
Für die gleiche Zeit erhält der Veranstaltungsleiter ein Angebot der Firma B, ein Buffet für 550 Personen zum Nettopreis von DM 20,– pro Person und einem voraussichtlichen Getränkeumsatz von DM 10,– pro Person.
Der Veranstaltungsleiter läßt das Menü der Firma A und das Buffet der Firma B von der Food und Beverage Control auskosten und erfährt folgende Direktkosten %:

	Essen	Getränke
Firma A	30%	20%
Firma B	35%	20%

Die Servicezeit ist bei beiden Veranstaltungen mit 5 Stunden einschließlich 1 Stunde Mise-en-place veranschlagt. Die Veranstaltungen können nur mit *Extra*-Kellnern bedient werden. *Mise-en-place* wird vom Hauspersonal übernommen. Nach folgenden Leistungsmaßstäben werden die Extrakellner pro Stunde mit DM 8,– bezahlt.

	Mittag	15 Couverts
Extrakellner	Abend	15 Couverts
	Buffet	50 Couverts

Welche der beiden Veranstaltungen würden Sie für das Hotel buchen?

Lösung:

I. Schritt: Berechnung der Lohnkosten – Extra-Kellner

	Firma A	Firma B
Couverts	600	550
Leistungsmaßstab	15	50
Erforderliche Extra-Kellner	40	11
Stundenanzahl	4	4
Stundenlohn	8,–	8,–
Lohnkosten	160 × 8 = 1280 DM	44 × 8 = 352 DM

II. Schritt	Firma A	Firma B
Lebensmittelumsatz	12.000 DM	11.000 DM
Getränkeumsatz	4.800 DM	5.500 DM
Total	16.800 DM	16.500 DM
./. *Wareneinsatzkosten*		
Lebensmitel	3.600 DM	3.850 DM
Getränke	960 DM	1.100 DM
Total	4.560 DM	4.950 DM
./. *Lohnkosten* (Extra-Kellner)	1.280 DM	352 DM
Brutto-Gewinn	10.960 DM	11.198 DM

- Aufgrund des Bruttogewinns ist die Veranstaltung der Firma B für das Hotel zu buchen.

Überprüfungsprogramm für Hotel – Gastronomieküchen

Folgender Fragenkatalog dient zur Überprüfung der Planung und Ausstattung von Küchen, der Warenannahme und Lebensmittellagerung, Planung und Zubereitung von Speisen:

A. Planung und Ausstattung von Küchen

1. Ist in den Arbeitsräumen der Küche für ausreichende Be- und Entlüftung gesorgt? (keine Küchengerüche im Restaurant?)
2. Entspricht der Bestand und das Leistungsvermögen der Arbeitsgeräte und Küchenmaschinen dem Arbeitsvolumen der Küche?
3. Stehen in der Küche vorwiegend moderne und funktionale Geräte, die helfen, Arbeitszeit einzusparen?
4. Stehen für jede Küchenkraft ca. 2 qm Arbeitsfläche zur Verfügung, so daß auch ein reibungsloses Arbeiten im Stoßbetrieb möglich ist?
5. Ist die Küche rutschfest gefliest?
6. Sind die verschiedenen Küchenposten zweckmäßig und gut beleuchtet?
7. Sind die Transportwege vom Lebensmittellager zur Küche rationell gestaltet?
8. Sind die Küchentemperaturen auf die einzelnen Küchenbereiche fachgerecht abgestimmt? (z.B. entsprechende Temperatur für die „kalte Küche")
9. Ist der Ablauf des Geschirr-Materialflusses organisatorisch gut gelöst?
10. Sind moderne Fischbehälter für diverse Fischgattungen vorhanden?
11. Sind sämtliche Kühlschränke mit Außenkontrollampen versehen?
12. Sind Toiletten, Umkleideräume, Duschen für das Küchenpersonal zweckmäßig in der Nähe der Küche eingerichtet?
13. Sind in der Produktionsabteilung der Küche große Tischflächen, Unterschränke, Oberschränke und genügend Kühlaggregate vorhanden?
14. Sind die Küchenräumen hell, sauber und leicht zu reinigen?
15. Sind kalte Küche, warme Küche, Bäckerei und Patisserie, Kaffee- und Frühstücksküche optimal, auch in servicemäßiger Hinsicht, angeordnet?
16. Sind Topfspüle, Abwaschmaschinen, das Büro des Küchenchefs, Tageslager der Küchenkapazität entsprechend angeordnet?
17. Sind die technischen Anlagen für die Versorgung: Kaltwasser, Warmwasser, Trinkwasser, Abwasser, Energien wie Elektrizität, Gas, Öl, Kohle, Kälteerzeugung für Kühlräume und Klimaanlagen der Küchenkapazität entsprechend geplant und eingerichtet?

B. Warenannahme und Lebensmittellagerung

18. Werden Fleischlieferungen vom Küchenchef selbst oder seinem Sous-Chef angenommen?
19. Sind für sämtliche einzukaufenden Lebensmittel Einkaufsspezifikationen festgelegt?
20. Wird auf eine kurze Lagerdauer bei Lebensmitteln geachtet (hohe Lagerumschlagsgeschwindigkeit)?
21. Werden die Lebensmittel nach Warengruppen getrennt (Fleisch, Gemüse, Tiefkühlwaren, Konserven) gelagert?
22. Werden bei großen Lieferungen von Konserven Stichproben durchgeführt?
23. Werden stets die älteren Vorräte vor den neugelieferten Waren aufgebraucht? (first in – first out)
24. Werden die gelieferten Waren mit Lieferschein oder Rechnung übernommen und auf Gewicht und Preis kontrolliert?
25. Wird die Überproduktion (Speisereste) fachgerecht gelagert und optimal entsorgt?

C. Planung und Zubereitung von Speisen

26. Werden bei der Erstellung des Tagesmenüs saisonale Angebote berücksichtigt?
27. Sind standardisierte Rezepte für sämtliche à-la-carte-Gerichte eingeführt und dienen sie als echte Arbeitsunterlage?
28. Wird Schonkost/Diätkost angeboten?
29. Werden Halbfertig- oder Fertigprodukte, die zur Arbeitserleichterung und Arbeitsvereinfachung beitragen, verwendet?
30. Ist die Warenqualität dem späteren Verwendungszweck angepaßt?
31. Werden Spezialmahlzeiten angeboten, wie z. B. Kinderteller, Gerichte für Vegetarier?
32. Werden schonende und nährwerterhaltende Zubereitungsarten angewendet?
33. Wird bei der Speisenproduktion auf möglichst geringe Zubereitungsverluste geachtet?
34. Wird grundsätzlich der Kostenvergleich zwischen Eigenfertigung und Fremdbezug bei Halb- und Fertigprodukten angestellt?
35. Werden die produzierten Speisen regelmäßig untersucht im Hinblick auf Qualität, Farbe, Geschmack, Geruch und Präsentation?
36. Werden die Portionsgrößen regelmäßig überprüft?
37. Wird die Personalverpflegung extra erfaßt und berechnet?
38. Sind für die Küche Bestandsmengen (tägliches Mise-en-place) festgelegt?
39. Werden Küchen-Warenverbrauchskontrollen durchgeführt, Preissteigerungen der Lebensmittel erfaßt und bei der nächsten Revision der Speisekarte mit berücksichtigt?

40. Basiert die Wareneinstandserfassung pro Artikel auf detaillierten Fleischtests (roh, gekocht) und Detailanalysen der verwendeten Kolonialwaren?
41. Sind die Unfallschutzbestimmungen dem Küchenpersonal bekannt?
42. Werden die Bestimmungen der Lebensmittelgesetze und Lebensmittelverordnungen eingehalten?
43. Sind sämtliche Transportwege, Arbeits- und Diensteinteilungen so gestaltet, daß lange Arbeitswege und Leerlauf vermieden werden?
44. Ist die Speisenzusammenstellung abwechslungsreich, vielseitig und nach modernen, ernährungsphysiologischen Gesichtspunkten abgestimmt?
45. Werden moderne Fertiggerichtesysteme (convenience food) unter Verwendung von Mikrowellengeräten und Convectomaten eingesetzt?
46. Werden die Waren, wo immer möglich, vorausproduziert und mit Vakuumverpackungsmethoden frisch gehalten?
47. Basiert das Artikelprogramm auf detaillierten Verkaufsanalysen und wird es auf den entsprechenden Kundenkreis abgestimmt?
48. Wird bei Veranstaltungen, Extraessen und Banketten eine kostengünstigere Serienproduktion eingesetzt?
49. Sind Warenfluß (Wareneingang – Warenkontrolle – Warenlagerung – Warenausgabe) und Servicekreislauf (Restaurant, Ausgabestellen der Küche für warme und kalte Speisen, Schmutzgeschirr-Rückgabe, Restaurantabrechnung) optimal gestaltet?
50. Werden Küchenabfälle sortiert und z. B. als Schweinefutter abgegeben?
51. Wird regelmäßig überprüft, ob die Beilagen zu reichlich oder zu knapp serviert werden (Rücklauf zur Abwaschküche)?
52. Lassen Sie zur Qualitätsüberprüfung von unparteiischen Testgästen in regelmäßigen Abständen Probeessen durchführen?
53. Steht bei der ganzen Küchenproduktion und Küchenplanung der Gast im Mittelpunkt und wird die Auswahl des Verkaufsprogramms in Übereinstimmung mit dem Servicesystem nachfragegerecht vermarktet?

Hygienebestimmungen und Lebensmittelgesetz

„Mehr Hygiene bedeutet mehr Gesundheit!“ – Unter diesem Slogan häufen sich Vorschläge und Vorstellungen zu den hygienischen Erfordernissen in der Hotellerie und Gastronomie. Außer mit den Hygieneverordnungen der einzelnen Lebensmittelhygieneverordnung, muß heute der Gastronom mit dem Lebensmittelgesetz (LMG), den zahlreichen Hygienebestimmungen in den lebensmittelrechtlichen Verordnungen, mit der Arbeitsstättenverordnung, der Gaststättenverordnung sowie mit den Auflagen des Bundesseuchengesetzes vertraut sein.
In der Servicewelt gibt es zwei Hauptarten von Hygiene: die betriebsinterne und die Service-Hygiene. Die erste betrifft sämtliche im Betrieb tätigen Personen, außerdem Lebensmittel, Arbeitsräume und die zu verwendenden Geräte, Maschinen und Utensilien. Sie umfaßt alles das, was der Gast nicht sieht, was „hinter den Kulissen“ geschieht. Die Service-Hygiene dagegen sieht und erlebt der Gast oder Kunde.
Einerseits warnt man vor Übertreibungen – vor einem Hygieneperfektionismus, andererseits ist die Zielsetzung der scharfen, hygienischen Bestimmungen unbestreitbar: „Der Verbraucher soll vor gesundheitlichen Schäden geschützt werden und der Verkehr von verdorbenen, nachgemachten oder irreführend bezeichneten Lebensmitteln ist zu unterbinden.“
Zu Recht verlangt der Deutsche Industrie- und Handelstag (DIHT) Musterpläne für hygienisch bedeutsame Betriebsräume zur Vorlage für Architekten und Bauherren, die hygienegerechte Planung und Gestaltung von Küchen, Fabrikations- und Lagerräumen als wesentliche Voraussetzung für saubere Lebensmittelbehandlung.
Die Erfahrung hat gezeigt, daß es oft schwierig ist, sich in der Fülle der Detailvorschriften der Hygienebestimmungen zurecht zu finden, besonders, wenn das durch eine häufig verwirrende Gesetzessprache erschwert wird.
Folgende Checkliste soll in verständlicher Form auf Hygienebestimmungen und -anforderungen aufmerksam machen. Sie ersetzt nicht das gründliche Studium der jeweils zutreffenden gesetzlichen Verordnungen.

Checkliste

1. Für die strenge und konsequente Einhaltung der Hygienevorschriften ist zur Überwachung eine betriebsinterne Checkliste erstellt worden.
2. Leicht verderbliche Lebensmittel werden kühl gehalten, jederzeit sind die Temperaturen der Kühleinrichtungen im Betrieb kontrollierbar.

3. Frischer Fisch wird außerhalb der Kühl- und Gefrierräume in Eis oder in Kühltruhen aufbewahrt.
4. Das Küchenpersonal benutzt die vorgeschriebene Schutzkleidung (Einmal-Haube oder waschbare Kopfbedeckung).
5. Sämtliche Geräte und Behälter für Lebensmittel sind nicht aus Zink oder unter Verwendung von Zink hergestellt, rost- und korrosionsfrei und werden ausschließlich zum Behandeln von Lebensmitteln verwendet.
6. Angebrochene Konservendosen werden stets ganz entleert und die Lebensmittel in anderen Gefäßen aufbewahrt.
7. Es wird darauf geachtet, daß alle Küchengeräte nach Betriebsschluß gründlich gesäubert werden und frei von Reinigungsmitteln sind.
8. Eßgeschirr wird niemals zum Füttern oder Tränken von Tieren verwendet.
9. Zurückgelassene Speisen und Getränke von den Gästen werden in keiner Form weiterverwendet.
10. Verarbeitungsräume, besonders jene, in denen frisches Fleisch, frischer Fisch, Milch oder Eier verwendet werden, müssen mindestens einmal täglich nach Betriebsschluß gereinigt, gelüftet und, soweit dies erforderlich ist, auch desinfiziert werden.
11. Arbeitsplatten, Schneidebretter, Zubereitungstische sind aus riß- und spaltenfreiem, leicht abwaschbarem Material und täglich in einwandfrei hygienischem Zustand.
12. Lebensmittel, die sich gegenseitig nachteilig beeinflussen können (frischer Fisch und frisches Fleisch), werden nicht in demselben Kühlschrank aufbewahrt.
13. Selbstbedienungsbuffets im Restaurant sind so angeordnet, daß die Gäste unverpackte Lebensmittel nach dem Berühren nicht wieder auf das Buffet zurückstellen können.
14. Eßbestecke werden so angeboten, daß diejenigen Teile, die mit Lebensmitteln in Berührung kommen, nicht angefaßt werden.
15. Beim Einkauf von Ton- und Steingutgeschirren sowie Zinngefäßen als Eß-, Koch- und Trinkgeschirre wird darauf geachtet, daß sie für Lebensmittel unbedenklich sind.
16. Sämtliche in der Küche oder am Buffet mit der Zubereitung von Speisen oder Getränken beschäftigten Personen haben ein Gesundheitszeugnis des Gesundheitsamtes vorgelegt, das nicht älter als 1 Jahr ist (auch Aushilfskräfte und mithelfende Familienangehörige).
17. Bedarfsgegenstände werden laufend kontrolliert, wie Eß-, Trink- und Kochgeschirre, Küchengeräte, Verpackungsmaterial und Beförderungsmittel für Lebensmittel, Reinigungsmittel für Besteck und Geschirr, Mittel und Gegenstände zur Geruchsverbesserung oder zur Insektenvertilgung.
18. Als Gastronom trägt man die Verantwortung dafür, daß dem Gast keine Lebensmittel unter irreführender Bezeichnung serviert werden (falsche Bezeichnun-

gen, Angaben, Aufmachungen, Aussagen über die Herkunft der Lebensmittel, Zeitpunkt der Herstellung, Abpackung, Haltbarkeit).

19. Die Bezeichnungsehrlichkeit erstreckt sich besonders auf die genaue Weitergabe von Qualitätsangaben und Herkunftshinweisen.
20. Zu lange oder zu hoch erhitzte Fritierfette gelten als verdorben; ihre Weiterverwendung ist strafbar.
21. Die elektrisch beheizten Friteusen sind mit einstellbarer Temperaturregelung versehen und werden regelmäßig mit einem Fett-Thermometer überprüft (Fritiertemperatur höchstens 180°C).
22. Täglich wird das Fett abgelassen und filtriert, die Friteuse und besonders die Heizschlangen mit einem Spezialreinigungsmittel gereinigt.
23. Im Betrieb werden verpackte Lebensmittel unabhängig von der aufgedruckten Haltbarkeitsdauer auf ihre einwandfreie Beschaffenheit überprüft.
24. Speisen und Getränke, die Farbstoffzusätze oder einige spezielle Essenzen (Aromastoffe) enthalten, werden auf der Speise- und Getränkekarte unmißverständlich kenntlich gemacht.
25. Für Lebensmittel, denen zugelassene Konservierungsstoffe zugesetzt sind, besteht grundsätzlich Kennzeichnungspflicht.
26. Wurstfüllmaschinen, Cutter, Hackklötze, Messer, Aufschnittmaschinen, Waagen, Sägen und sonstige Maschinen und Arbeitsgeräte werden täglich nach jeder Hauptabsatzzeit gereinigt.
27. Sämtliche Räume, in denen Lebensmittel vor- und zubereitet werden, sind trocken, gut be- und entlüftbar und leicht zu reinigen.
28. Die Geschirrreinigung erfolgt in der Küche in 3 Arbeitsphasen: 1. Vorreinigung zur Abfallbeseitigung, 2. Chemische Reinigung zur Schmutzentfernung, 3. Nachspülung zur Entfernung von Restschmutz und Reinigungsmitteln.
29. Saubere Waschgelegenheiten und hygienisch einwandfreie Aborte mit Seifenspendern, möglichst Einmalhandtüchern oder Trockenvorrichtungen sind von den Arbeits- und Lagerräumen nicht unmittelbar zugänglich.
30. In Räumen, in denen Lebensmittel be- oder verarbeitet werden, sind die Fußböden rutschfest, wasserundurchlässig und leicht zu reinigen.
31. Die Wände der Arbeitsräume sind mindestens bis zu einer Höhe von 2 m mit glattem, abwaschbarem und hellem Anstrich versehen.
32. Dampfabzugs- oder Entnebelungsvorrichtungen sind in allen Räumen vorhanden, in denen mit Koch- oder Brühkesseln gearbeitet wird.
33. Abfälle werden in den Küchenräumen bis zur Entfernung in entsprechend gekennzeichneten und dichtschließenden Behältern aufbewahrt.
34. Beim Einkauf tiefgefrorener Waren werden diese vor der Verwendung auf eventuelle Qualitätsminderung überprüft.
35. Bei dem Einsatz von Buffets wird darauf geachtet, daß der Gast die ausgelegte Ware weder berühren noch anhauchen oder anhusten kann.
36. Die Fleischhaken oder Hakenrahmen in den Kühlräumen sind so an der Wand

befestigt, daß das aufgehängte Fleisch weder die Wand noch den Fußboden berühren kann.

37. Zur Beförderung von frischem Fleisch, Fischen und unverpackten anderen Lebensmitteln werden Fahrzeuge, Einrichtungen oder Behälter verwendet, die die Lebensmittel vor Verunreinigungen schützen.
38. Für Tranchier- und Schneidebretter, sind Bretter aus dem Kunststoff Hostalen zweckmäßig (unzerbrechlich, beständig gegen kochendes Wasser und spülmaschinenfest, beständig gegen Säuren und Laugen).
39. Die Qualität der Tiefkühlkost ist nur dann gesichert, wenn die Ware ununterbrochen bei −18 °C oder kälter gelagert bleibt.
40. Die besonderen Bestimmungen für die Herstellung von Speiseeis werden eingehalten und überprüft.
41. Werden Lebensmittel mit Wasser behandelt, so wird nur Trinkwasser verwendet.
42. Mehl wird vor der Verarbeitung gesiebt.
43. Etwaiges Verpackungsmaterial, das mit Lebensmitteln in Berührung kommt, ist hygienisch einwandfrei, besonders sauber, unbenutzt und farbfest.
44. Umkleideräume und Schränke für das Personal sind sauber und werden gelüftet.
45. Der Abfallsortierraum ist klimatisiert, sauber und frei von Nagetieren.
46. Eiscrèmeportionierer werden unter fließendem Wasser aufbewahrt.
47. Trockenes Kehren von Fußböden (Staubgefahr) ist verboten.
48. Die Hackfleischbe- und verarbeitung erfolgt gemäß den Richtlinien aus der „Hackfleischverordnung".
49. Lebensmittel werden geschützt vor direktem Kontakt mit Chemikalien, Ungeziefervertilgungsmitteln, Kondenswassertropfen von Rohrleitungen.
50. Im Rahmen der betriebsinternen Unterweisung wird ständig dafür gesorgt, daß sämtliche Mitarbeiter über Hygienebestimmungen und Lebensmittelgesetz informiert sind.

Kontrolliste

A) Lebensmittel, Lagerung und Verarbeitung	Überprüft
1. Verderbliche Lebensmittel bei 7 °C lagern. Außenthermostate vorhanden	☐
2. Heiße Soßen, Suppen etc. höher als 60 °C warmhalten	☐
3. Pudding, dicke Soßen und Suppen rasch abkühlen nach Fertigstellung	☐
4. Schweinefleischprodukte gut durchbraten gegen Trichinengefahr	☐
5. a) Regelmäßig erneuernder Lebensmittelbestand nach dem FIFO-System (First in – First out)	☐
b) Keine Lagerung direkt auf dem Fußboden	☐
6. Anlagen frei von Ungeziefer und Insekten	☐

7. Keine lebenden Tiere ☐
8. Eiscrèmeportionierer unter fließendem Wasser aufbewahren ☐
9. Trockenes Kehren von Fußböden verboten ☐
10. Aufschnittmaschinen, Fruchtsaftpressen etc. täglich waschen ☐
11. Fleischwolf im Kühlhaus aufbewahren und täglich waschen ☐
12. Sämtliche Messer und Maschinen rostfrei ☐
13. Lebensmittel schützen vor direktem Kontakt
    mit Chemikalien, ☐
    Ungeziefervertilgungsmitteln, ☐
    Kondenswassertropfen von Rohrleitungen ☐
14. Abstand zwischen Tischen, Regalen etc. und Wand ☐
15. Festgelegtes tägliches Reinigungsprogramm ☐
16. Besen, Schrubber, Bürsten, Seife vorhanden und richtig aufbewahrt ☐
17. Lebensmittelkontrollen täglich ☐

B) Geschirrspülmaschine und Stewarding

1. Kontrolle der richtigen Temperaturen, ca. 70–80 °C für Wasser zum Sterilisieren ☐
2. Genauer Waschvorgang ☐
3. Genügend Gläserracks vorhanden für Hauptgeschäftszeiten ☐
4. Maschine frei von Korrosion und in gutem Zustand ☐
5. Genügend Porzellan, Glas und Besteck vorhanden für Hauptgeschäftszeiten ☐
6. Druckdüsen müssen frei von Verstopfung sein ☐
7. Waschzeit und Sterilisierung genügend ☐
8. Waschwasser wechseln – Waschmittel genügend beigeben ☐
9. Abfallschächte in sauberem Zustand ☐
10. Angeschlagenes Geschirr aus dem Verkehr ziehen ☐
11. Gesamte Anlage leicht zum Sauberhalten ☐
12. Wände und Decken sauber und frei von Löchern und Rissen ☐
13. Boden sauber und frei von Löchern, ☐
    Abflüsse sauber und in gutem Zustand ☐

C) Personal-Hygiene

1. Saubere Hände und Fingernägel ☐
2. Kopfbedeckung für längere Haare, ☐
   „Rauchen verboten", wo Lebensmittel verarbeitet werden ☐
3. Hände weg von Haaren, Nase, Mund etc. ☐
4. Befeuchten der Finger durch den Mund beim Aufnehmen von Servietten verboten ☐

5. Gebrauchte Arbeitskleidung in verschlossenem Behälter aufbewahren ☐
6. „Hände waschen", Hinweisschilder angebracht ☐
7. Waschbecken, Seife und Handtuch vorhanden ☐

D) Allgemein

1. Umkleideräume und Schränke sauber und gelüftet ☐
2. Abfalltonnen sauber ☐
   und mit Deckel ☐
   jeden Tag geleert ☐
3. Abfallsortierraum klimatisiert, ☐
   sauber, ☐
   frei von Ungeziefer ☐
4. Lieferanteneingang frei von Abfall und stehendem Wasser ☐
5. Toiletten sauber, ☐
   Seife und sauberes Handtuch vorhanden, ☐
   keine tropfenden Wasserhähne ☐

E) Zusätzliche Bemerkungen

____

____

____

____

Datum der nächsten Inspektion: ______________________

____

(Unterschrift)

Informationsdaten für den Food und Beverage Manager (Wirtschaftsdirektor)

Zielsetzung

Die dynamische Entwicklung am „Käufermarkt" der Hotel- und Gaststättenindustrie zwingt jede kostenbewußte Führungskraft in Klein-, Mittel- und Großbetrieben, kurzfristige Entscheidungen zu treffen, um die Leistungsfähigkeit, die Ertrag- und Aufwandsituation und nicht zuletzt die Kostenbelastung des Betriebes rechtzeitig und marktorientiert steuern und anpassen zu können. Hierzu kann ein Kennzahlenkatalog als „Barometer des Rationalisierungsgrades" Richtgrößen schaffen, die dem Unternehmer als eine aussagefähige Hilfestellung bei seinen Managementaufgaben zur Seite stehen. Ein Food und Beverage Manager muß in der Lage sein, seinen Informationsbedarf selbst bestimmen zu können. Dabei müssen Kenntnisse über den Einsatz der Datenverarbeitung im Verpflegungsbereich und über die Auswahl eines für den Betrieb passenden Kassensystems vorhanden sein.
Als monatliches Steuerungsmittel sollte jeder Gastronom dann seinen eigenen Management-Kennzahlenkatalog auf die betriebsspezifischen Belange des Food und Beverage Bereichs maßschneidern.
Ein permanent zu verbesserndes Informationssystem wird ein organisationsbewußter Food und Beverage Manager in der Food und Beverage Policy (der „geschäftspolitischen Richtlinie") erfassen und auf dem laufenden zu halten suchen. In dieser „Policy" sind die verschiedenen Restaurants, Bars in ihrem Funktionsablauf beschrieben, Qualitätsstandards festgehalten und Kontrollverfahren zur Erreichung der angestrebten Ziele aufgestellt. Diese festzulegende „geschäftspolitische Richtlinie" dient ebenfalls als Informationsgrundlage bei Hoteleröffnungen.

Gedankenflußplan

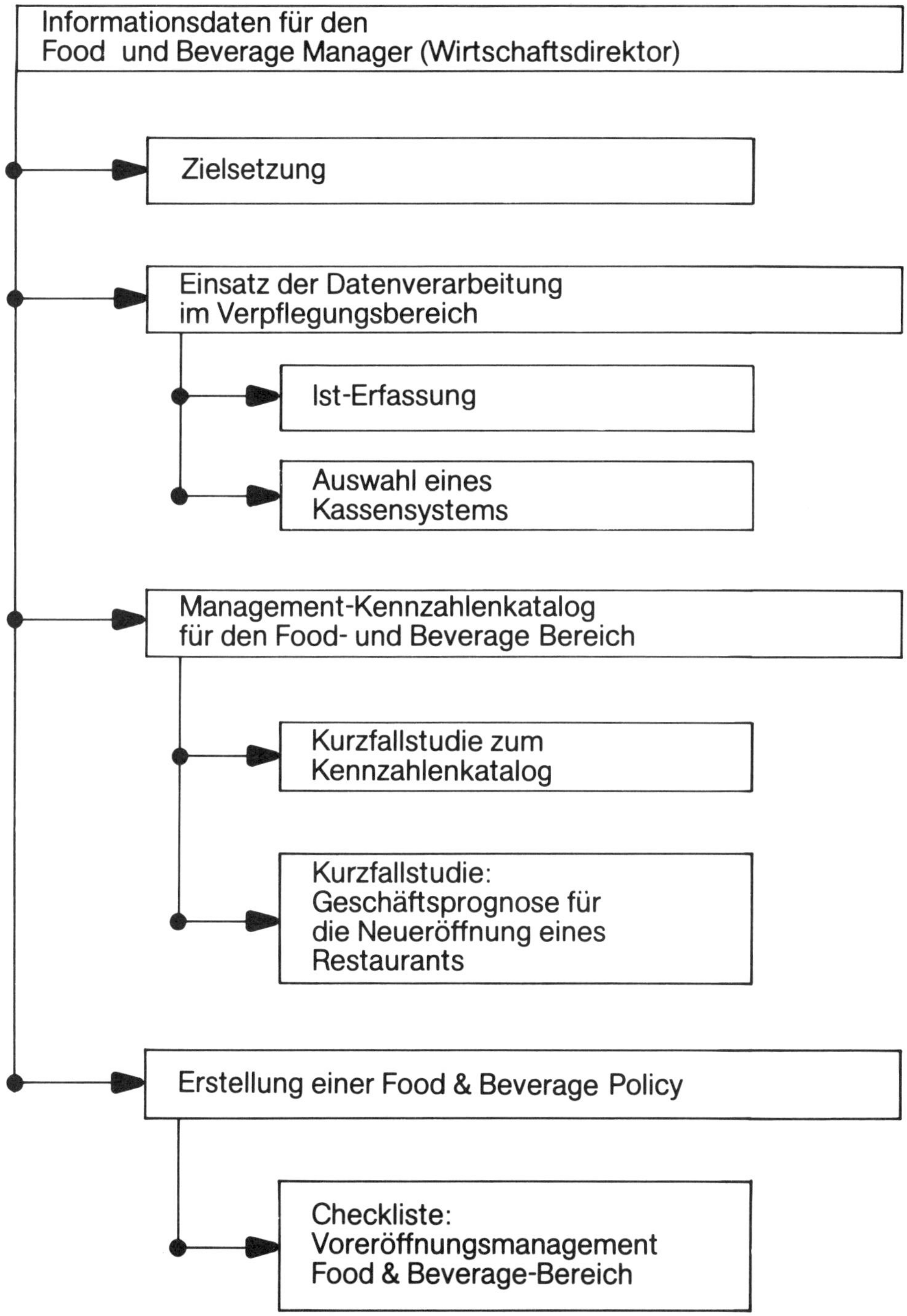

Einsatz der Datenverarbeitung im Verpflegungsbereich

Oft mit Unbehagen verfolgt der Hotelier und Gastronom die Entwicklung auf dem Registrierkassensektor im Verpflegungsbereich. Elektronische Kassen, Voll-Computer, Mini-Computer sollen dort erhebliche Vorteile und Erleichterungen bringen. Ein Gefühl der Unsicherheit macht sich breit. Bemüht sich der Gastronom um diese fortschreitende Entwicklung, so steigt die Verwirrung proportional. Die Vertreter der renommierten Anbieter von Datenverarbeitungsanlagen preisen die Vorzüge ihrer „Software" und „Hardware" an; grundsätzlich läßt sich „alles" mit der angebotenen Registrierkasse machen, dennoch gibt es wie in der Autobranche fast jedes Jahr ein neues Modell, das alles Bisherige in den Schatten stellt. Soll man jetzt kaufen, soll man noch warten – welches Kassensystem ist am besten? Nur eines ist klar: Es gibt wenige Gastronomen, die sich auf dem „Computer-Sektor" zu Hause fühlen. Es gibt wohl aber noch weniger EDV-Fachleute, die sich ausreichend auf dem Gastronomie-Sektor auskennen, um die dort tatsächlich anfallenden Probleme maßgerecht „datenverarbeiten" zu können. Folgende Aufstellung soll für den Laien den Fragenkatalog erfassen, der vor der Auswahl eines Kassensystems beantwortet werden sollte.

Fragenkatalog zur Ist-Erfassung:

1. Vor der Angebotseinholung für eine moderne Registrierkasse wird der jetzige Ist-Zustand genau festgehalten.
2. Wieviele Kellner arbeiten maximal an wie vielen Registrierkassen?
3. Wieviele Artikel enthält die Standard-Speisekarte, die Tageskarte, und wieviele Saisonartikel fallen durchschnittlich an?
4. Wieviele Getränkeartikel sind verzeichnet?
5. Wieviele Sparten können mit der bisherigen Kasse gebildet werden?
6. Werden unterschiedliche Preise zu den verschiedenen Servicezeiten, eventuell auch Außer-Haus-Verkauf eingesetzt?
7. Wieviele Kellnernummern, wieviele Platznummern für die einzelnen Tische werden benötigt?
8. Sind die einzelnen Speiseartikel standardisiert, Rezepte erstellt, Wareneinsatzkosten erfaßt?
9. Kann die bediente Gästezahl zu den verschiedenen Servicezeiten (Frühstück, Mittag, Abend) mit dem bisherigen Kassensystem abgelesen werden?
10. Wieviel Personal, wieviel Zeit wird bisher bei der Umsatzkontrolle eingesetzt?

11. Ist der von Gästen gewünschte Beilagenwechsel abrechnungsmäßig problemlos möglich?
12. Wie erfolgt bisher die Rechnungserstellung, manuell oder mit der Registrierkasse?
13. Kann die Mehrwertsteuer mit der Kasse automatisch extra ausgewiesen werden?
14. Sind sämtliche Speise- und Getränkeartikel numeriert?
15. Können auf einer Rechnung mehrere Gäste getrennt abgerechnet werden?
16. Wie erfolgt die Preiskontrolle bei den Tagesmenüs, den verschiedenen saisonalen Artikeln?
17. Wie verläuft die „Stornobonierung", wie werden Bedienungsfehler der Kasse berichtigt?
18. Kann das Bedienungsgeld extra ausgewiesen werden?
19. Wie verläuft zur Zeit die Kontrolle des Lebensmittelagers, der Küche, des Buffets und der Bar?
20. Wie detailliert wird das Wareneingangsbuch für Lebensmittel geführt?
21. Wird zur besseren Planung für den Küchenchef eine Verkaufsstatistik regelmäßig erstellt?
22. Wird die Verkaufsstatistik als Grundlage für die Neugestaltung von Speise- und Getränkekarten verwendet?
23. Wird zur Zeit der Soll-Wareneinsatz der Küche mit dem Ist-Wareneinsatz verglichen?
24. Werden die bisherigen Ergebnisse des Kassensystems monatlich ausgewertet und in einem Kennzahlenkatalog fortgeschrieben?
25. Kann der Umsatz pro Bedienung kumuliert und ausgewertet werden?
26. Ist der Umsatz anzahl- und wertmäßig für jeden Speise- und Getränkeartikel abrufbar verfügbar? (Fehler beim Bonieren, Manipulationen)
27. Können sämtliche Steuerarten (umsatzbezogene) für den Restaurationsbereich bei Bedarf leicht zusammengestellt werden?

Fragen zur Auswahl eines Kassensystems

28. Welche Geräte können an der angebotenen Registrierkasse angeschlossen werden? (Ausbaufähigkeit des Speichers, Anschluß weiterer Kassen)
29. Entspricht die angebotene Programmierung dem gewünschten Informationsbedarf? (Kostenvoranschlag zusätzlicher Programme)
30. Werden erforderliche Programmänderungen vom Hersteller ohne großen Kostenaufwand durchgeführt?
31. Wie unterscheiden sich die Garantiezeiten der verschiedenen Hersteller und Anbieter?
32. Wie ist der Service, die Wartung des Kassensystems auch an Sonn- und Feiertagen, geregelt?

33. Werden Bedienungslehrgänge, Programmierungslehrgänge, ausführliche Programmbeschreibungen und Bedienungsanleitungen kostenlos von dem Hersteller angeboten?
34. Wie viele Einarbeitungstage werden bei der Einführung der Anlage garantiert?
35. Wieviel Zeit und Personal könnte durch den Einsatz des Kassensystems eingespart werden?
36. Wie unterscheiden sich die Preise bei Kauf, Miete, Mischung zwischen Kauf und Miete einer Datenverarbeitungsanlage?
37. Können die Registrierkassen des angebotenen Typs in vergleichbaren gastronomischen Betrieben besichtigt werden?
38. Wie lange dauert die Schulung des Servicepersonals zur Bedienung der neuen Registrierkassen?
39. Steht das angebotene Kassensystem in seiner Leistung, seiner Kapazität und den Kosten in einem gesunden Verhältnis zu dem tatsächlichen Umsatzvolumen?
40. Besteht ein Rückgaberecht des angebotenen Kassensystems, wenn innerhalb der nächsten zwei Jahre ein besseres, vielseitigeres System von der Firma auf den Markt kommt?

Management-Kennzahlen-katalog für den Food und Beverage Bereich

Kennzahlen können eine Betriebsanalyse nicht ersetzen; der hier ausgewählte Rahmen bezieht sich auch nicht auf Bilanz und Gewinn- und Verlustrechnung, die oft nur auf jährlicher Basis erstellt werden. Als monatliches Steuerungsinstrumentarium soll ein betriebsinterner Kennzahlenkatalog dem Food und Beverage Manager bei seinen täglich zu treffenden Entscheidungen zur Seite stehen.

Management-Kennzahlenkatalog

Nr.	Abteilung/Bereich: Food und Beverage	Aussagefähigkeit
1	*Effektive Öffnungszeit* = Jahrestage (365) ./. Ruhetage ./. Ferien-(Feier-)Tage ./. sonstige Stillegungstage	– Auskunft über Betriebsbereitschaft des gastronomischen Betriebes – Zusammenhang des betrieblichen Leistungsvermögens während der Betriebsbereitschaft
2	*Beschäftigungsgrad* $= \frac{\text{Anzahl der ausgegebenen Hauptmahlzeiten}}{\text{Anzahl der Plätze x eff. Öffnungszeit}}$	– Kapazitätsausnutzung der Restaurantplätze mit Hauptmahlzeiten – Vergleich mit optimalem Planungsbeschäftigungsgrad
3	*Umsatz pro Beschäftigter* (in DM) $= \frac{\text{Gesamtumsatz F + B}}{\text{Anzahl der F + B Beschäftigten}}$	– Umsatzmäßige Leistung je Vollbeschäftigter (Teilzeitbeschäftigte werden entsprechend umgerechnet)
4	*Umsatz pro Sitzplatz* (oder qm Verkaufsfläche) $= \frac{\text{Umsatz Restaurants, Bars}}{\text{Anzahl der belegten Sitzplätze Restaurants, Bars}}$	– Auslastung und Ausnutzung des Restaurationsbereichs – Preisniveau des Betriebes
5	*Restaurantplätze pro Bedienungsperson* $= \frac{\text{Anzahl der Restaurantplätze}}{\text{Anzahl der Bedienungspersonen}}$	– Personenbezogener Leistungsmaßstab für Bedienungspersonal im Restaurant – Serviceniveau des Restaurants
6	*Sitzplatzfrequenz* $= \frac{\text{belegte Plätze x 100}}{\text{Sitzkapazität x eff. Öffnungszeit}}$	– Aufenthaltsdauer der Restaurantgäste – Servicestandard

Nr.	Abteilung/Bereich: Food und Beverage	Aussagefähigkeit
7	*Wechsel der Gäste pro Essenszeit* $= \frac{\text{Zahl der Gäste pro Essenszeit}}{\text{Sitzkapazität}}$	– Servicetyp der verschiedenen Essenszeiten (Frühstück, Mittag, Abend)
8	*Beliebtheitsgrad der Speisen* (in %) $= \frac{\text{Anzahl der verkauften Portionen} \times 100}{\text{Gesamtanzahl der bedienten Gäste}}$	– Zur Revision der Speisekarte (Verkaufsanalyse) – Zur Produktionsplanung, Vermeidung von Überproduktion (Mise en place) – Beurteilung der Verkaufsfähigkeit des Bedienungspersonals
9	*Durchschnittlicher Speisenumsatz pro Gedeck* (Essenszeit) (in DM) $= \frac{\text{Speisenumsatz (Frühstück, Mittag, Abend)}}{\text{Anzahl der Gedecke (Frühst., Mittag, Abend)}}$	– Ausgabebereitschaft der Gäste und Auswahl der Speisen – Preisniveau der verschiedenen Essenszeiten (Frühstück, Mittag, Abend)
10	*Verhältnis: Speisen- u. Getränkeumsatz* (in %) $= \frac{\text{Getränkeumsatz} \times 100}{\text{Speisenumsatz}}$	– In welcher Relation wird der Getränkeumsatz forciert? – Auswirkung der Verkaufsförderungsmaßnahmen für Getränke
11	*Soll-Lebensmittelbestand* = Eröffnungsbestand + Warenzugänge ./. Warenausgänge	– Kontrollgröße für Lagerinventuren – Soll-/Ist-Vergleich – Lagerverwaltungskontrolle
12	*Durchschnittsinventarbestand pro Monat* $= \frac{\text{(Eröffnungsbestand + Endbestand)}}{2}$ *Lagerumschlagsgeschwindigkeit pro Monat* $= \frac{\text{Gesamte Warenausgänge}}{\text{Durchschnittsinventarbestand}}$	– Umfang und Lagerdauer der Warenvorräte – Kapitalbindung – Umsatzhäufigkeit des Lebensmittellagers – „frische" Lagerhaltung – Bestandsüberwachung – Produktionsangepaßte Einkaufsverfahren
13	*Wareneinsatz % Speisen/Getränke* $= \frac{\text{Gesamtkosten der verkauften Speisen/Getränke} \times 100}{\text{Nettoeinnahmen Speisen/Getränke}}$	– Materialanteil am betreffenden Warenumsatz – Kalkulation der Verkaufspreise – Kostanauswirkung der Einkaufs- und der Küchenproduktionsverfahren

Nr.	Abteilung/Bereich: Food und Beverage	Aussagefähigkeit
14	*Selbstkosten der Küche* = Küchenverbrauch + Gemeinkostenzuschlag *Küchenreingewinn* = Küchenerlös (Netto) – Selbstkosten *Küchenrentabilität* $= \frac{\text{Reingewinn x 100}}{\text{Warenverbrauch}}$	– Kontrolle der Kostenentwicklung – Erstellung der Vor- und Nachkalkulation – Abteilungsbezogenes Erfolgsergebnis
15	*Leistungseinheiten im Restaurationsbereich* – *Restaurantservice pro Essenszeit* $= \frac{\text{Anzahl der servierten Couverts (Frühstück, Mittag, Abend)}}{\text{Oberkellner, Chefs, Commis im Dienst}}$ – *Küchenproduktion* $= \frac{\text{Anzahl der servierten Couverts}}{\text{Köche im Dienst}}$ – *Stewarding* $= \frac{\text{Couvertanzahl}}{\text{Abwaschmaschinenstunde}}$ – *Bars* $= \frac{\text{Getränkeumsatz}}{\text{Barpersonal im Dienst}}$ – *Etagenservice* $= \frac{\text{Anzahl der Rechnungen}}{\text{Etagenkellner im Dienst}}$ (jede Rechnung = 1 Weg) – *Bankettservice* $= \frac{\text{Anzahl der bedienten Gäste pro Veranstaltung}}{\text{Bedienungspersonal im Dienst}}$	– Preisunabhängige erreichte Leistungseinheiten in den verschiedenen Unterabteilungen des Verpflegungsbereichs – Personalanpassung an das schwankende Geschäftsvolumen – Wirtschaftlicher Personaleinsatz – Leistungsbezogene Personalkontrolle – Verkaufseinsatz der Beschäftigten – Planungs- und Rationalisierungsgrad in der Dienstplangestaltung

Kurzfallstudie zum Kennzahlenkatalog

I. Fallangaben

Das Saisonhotel XY hatte 1992 neben den sonst regulären 115 Ruhe- und Ferientagen noch weitere 50 Tage wegen Renovierungsarbeiten geschlossen. Dennoch war die Anzahl der ausgegebenen Hauptmahlzeiten (Mittag und Abend) im Vergleich zum Vorjahr gestiegen:

1991 = 60 000
1992 = 72 000 Hauptmahlzeiten

Der Gesamtumsatz für das Restaurant (120 Sitzplätze) setzte sich einschließlich Bedienungsgeld, ohne Mehrwertsteuer, folgendermaßen zusammen:

	1991	1992
Food (Speisen)	DM 800 000,–	DM 900 000,–
Beverage (Getränke)	DM 400 000,–	DM 540 000,–
Gesamt	DM 1 200 000,–	DM 1 440 000,–

Im Service konnte die Anzahl der Vollbeschäftigten (einschließlich der eingerechneten Teilzeitbeschäftigten) in beiden Jahren mit 8 Personen beibehalten werden. Im Küchenbereich allerdings brauchte man 1991 nur 4 Köche, 1992 aber 8 Köche für die Anzahl der servierten Mittag- und Abendcouverts. Durchschnittlich verkaufte man:

	1991	1992	
pro Tag	160	180	Mittagcouverts
	80	180	Abendcouverts;

dabei zählten laut Verkaufsstatistik folgende drei Speiseartikel zu den „bestverkauften" pro Tag (Mittag und Abend):

	1991	1992	
Filetsteak	48	90	Anzahl
Wiener Schnitzel	60	90	der verkauften
Hamburger	72	72	Portionen

Der Speisenumsatz für das Mittagsgeschäft ist im Vergleich zum Vorjahr etwas zurückgegangen.

	1991	1992
Food (Speisen) mittags	DM 480 000,–	DM 396 000,–

Die gesamten Warenausgänge (Lager)

	1991	1992
von	DM 304 000,–	DM 378 000,–

entsprachen den Gesamtkosten der verkauften Speisen. Als Eröffnungsbestände waren für

1991	1992
DM 88 000,–	DM 138 000,–

für das Lebensmittellager bewertet worden.
Die jeweiligen Warenendbestände des Lagers betrugen für 12 Monate

1991	1992
DM 900 000,–	DM 1 500 000,–

II. Fallaufgaben

1. Erstellen Sie den Kennzahlenvergleich 1991 – 1992
2. Beantworten und begründen Sie die Auswertung des Kennzahlenvergleichs

III. Lösungshinweis

Management-Kennzahlenkatalog für Hotel- und Gaststättenbetriebe

Lösung zum Kennzahlenvergleich

Kennzahlenvergleich 1991–1992

Food- und Beverage		**1991**	**1992**
Effektive Öffnungszeit:		365 – 115 = 250 (Tage)	365 – 165 = 200 (Tage)
Beschäftigungsgrad:		$\frac{60.000}{120 \cdot 250} = 2.0$	$\frac{72.000}{120 \cdot 200} = 3.0$
Umsatz pro Beschäftigter:		$\frac{1.200.000}{12} = 100.000$	$\frac{1.440.000}{16} = 90.000$
Restaurantplätze pro Bedienungsperson:		$\frac{120}{8} = 15$	$\frac{120}{8} = 15$
Wechsel der Gäste:	mittags =	$\frac{160}{120} = 1.3$	$\frac{180}{120} = 1.5$
	abends =	$\frac{80}{120} = 0.7$	$\frac{180}{120} = 1.5$
Beliebtheitsgrad für		Anzahl der Gäste 240	Anzahl der Gäste 360
Filetsteak:		20.0 %	25.0 %
Wiener Schnitzel:		25.0 %	25.0 %
Hamburger:		30.0 %	20.0 %

Food- und Beverage	**1991**	**1992**
Durchschnittlicher Speisenumsatz pro Gedeck:		
	mittags = 480.000 : 40.000 = 12.00	396.000 : 36.000 = 11.00
	abends = 320.000 : 20.000 = 16.00	504.000 : 36.000 = 14.00
Verhältnis: Speisen- und Getränkeumsatz in %	$\frac{400.000 \cdot 100}{800.000} = 50.0$ %	$\frac{540.000 \cdot 100}{900.000} = 60.0$ %
Wareneinsatz % (Speisen):	$\frac{304.000 \cdot 100}{800.000} = 38.0$ %	$\frac{378.000 \cdot 100}{900.000} - 42.0$ %
Durchschnittsinventarbestand/Lagerumschlagsgeschwindigkeit:	∅ = 76.000 304.000 : 76.000 = 4.0	∅ = 126.000 378.000 : 126.000 = 3.0
Leistungseinheiten: Küchenproduktion	$\frac{240}{4} = 60$	$\frac{360}{8} = 45$

Auswertung des Kennzahlenvergleichs

1. Die umsatzmäßige Leistung pro Beschäftigter ist gesunken. Der Personalanpassungsfehler liegt im Servicebereich; man hätte 1992 bei einer geringeren effektiven Öffnungszeit mit weniger Servicepersonal auskommen müssen.

   Richtig ______ Falsch __X__

   Begründung:
   a) Personalanpassungsfehler nicht im Servicebereich
   b) Restaurantplätze pro Bedienungsperson bleiben 15
   c) Personalanpassungsfehler liegt bei der Küchenproduktion (von 60 auf 45 Couverts gesunken)

2. Für schnelleren Service hatte man 1992 für Mittag und Abend teilweise ein Selbstbedienungsbuffet im Restaurant eingeführt. Welche Folgen daraus sind aus dem Kennzahlenvergleich ersichtlich?

   Antwort:
   a) Anstieg der servierten Mittag- und Abendcouverts (mittags von 160 auf 180, abends von 80 auf 180)
   b) Anstieg des Wechsels der Gäste (mittags 1,3 auf 1,5, abends 0,7 auf 1,5)
   c) Durchschnittlicher Speisenumsatz pro Couvert gesunken (mittags von 12,– DM auf 11,– DM, abends von 16,– DM auf 14,– DM)
   d) Verhältnis Speisen-/Getränkeumsatz gestiegen (von 50% auf 60%)
   e) Wareneinsatz gestiegen (von 38% auf 42%)

3. Die Direktion plant einige Preise der à-la-carte-Gerichte zu erhöhen. Der Preis für Hamburger soll um DM 1,50 angehoben werden.

Richtig ____ Falsch __X__

Begründung:
Der Beliebtheitsgrad für „Hamburger" ist gesunken von 30% auf 20%. Die Überprüfung der Präsentation des „Hamburgers" erscheint erforderlich.

4. Das Verhältnis Speisen- und Getränkeumsatz ist 1992 ungünstiger geworden.

Richtig ____ Falsch __X__

Begründung:
Das Verhältnis Speisen- und Getränkeumsatz ist besser geworden (von 50% auf 60%), das heißt bei Getränken wird mehr Bruttogewinn erwirtschaftet, außerdem ist der Personaleinsatz geringer.

5. Das produktionsangepaßte Einkaufsverfahren und damit der „Frische-Grad" des Lebensmittellagers hat sich für 1992 verschlechtert.

Richtig __X__ Falsch ____

Begründung:
Die Lagerumschlagsgeschwindigkeit ist von 4,0 auf 3,0 gesunken.

6. Die preisunabhängigen Leistungseinheiten wurden in der Küchenproduktion gesteigert. Volumengerechte Personalanpassung im Küchenbereich sorgte auch 1992 für ein besseres Wareneinsatzverhältnis.

Richtig ____ Falsch __X__

Begründung:
Die Leistungseinheiten in der Küche (Küchenproduktion) sind gesunken von 60 auf 45 Couverts pro Koch: andererseits ist der Wareneinsatz von 38% auf 42% gestiegen.

Erstellung einer Food und Beverage Policy

Als ständiger Informationskatalog über die Basiskonzeption der Food und Beverage Abteilung mit den jährlich neu zu formulierenden Zielsetzungen dient die „Food und Beverage Policy".

Schon bei der Eröffnung eines Hotels muß für den Food und Beverage Bereich eine „Policy" (geschäftspolitische Richtlinien) festgelegt werden. In dieser „Policy" sind die verschiedenen Restaurants, Bars in ihrem Funktionsablauf beschrieben, Qualitätsstandards festgehalten und Kontrollverfahren zur Erreichung der angestrebten Ziele aufgestellt. Das folgende Format hat sich für die Erstellung einer „Food und Beverage Policy" in der Praxis bewährt:

Überschriften:	Erläuterungen:
1.0. Hotel:	Standort und Name des Hotelbetriebes
1.1. Name:	Name des Restaurants
1.2. Standort:	Einzeichnung des Hotels im Lageplan, kurze Beschreibung
1.3. Konzept:	Grundkonzept und Thema des Restaurants
1.4. Zielsetzung-Marketing:	– Kennzeichnung des Marktanteils, für den das Restaurant konzipiert ist – Hotelinterne Verkaufsförderung: Liste aller Verkaufsförderungsmaßnahmen im Hotel (z. B. Hinweisschilder, Tischaufsteller, Fahrstuhlwerbung etc.)
1.5. Sitzkapazität:	– Anzahl der Sitzplätze – Arten der Tische (2er-, 4er-Tische etc) – Sitzplanzeichnung des Restaurants
1.6. Reguläre Möbelausstattung:	– Beschreibung und Liste des Möbelinventars (Stühle, Servicetische, Schränke etc.) – eventuell Fotografien von den geplanten Möbeln
1.7. Geplante Sonderausstattung:	– Erklärung und Beschreibung der geplanten Sonderausstattungen, wie z. B. „Grillcounter im Restaurant", „Fischbassin", „Frühstücksbuffet", Kaffeemaschinen etc.

Überschriften:	Erläuterungen:
1.8. Musik und Unterhaltung:	– Angabe des möglichen und passenden Unterhaltungsprogramms
1.9. Merchandising:	– Arten der Schaustücke, der Displays, der Verkaufsbesonderheiten für das Restaurant
2.0. Sitzplatzfrequenz:	– geplanter durchschnittlicher Sitzplatzumschlag
2.1. Wareneinsatz für Speisen und Getränke (in %):	– geplante Prozentsätze (%) der Wareneinsatzkosten für Speisen und Getränke
2.2 Personalaufwand (in %):	– geplanter prozentualer Anteil des Personalaufwands
2.3. Bereichsgewinn (Food & Beverage):	– Erwartungen des Bereichsgewinns (Food & Beverage) in %
2.4. Gestaltung der Speise- und Getränkekarten:	– Beschreibung der Kartengestaltung Papier, Format, Farben, Aufmachung
2.5. Anzahl der Speiseartikel:	– Erstellung der Speisekarte nach Kategorien – Anzahl der Artikel pro Kategorie – Anzahl der benötigten Speisekarten – Übersetzung der Speisekarten in Fremdsprachen
2.6. Präsentation der Speiseartikel:	– Beschreibung der Präsentation sämtlicher Speiseartikel – Standardisation
2.7. Speiseausgabestellen:	– Festhaltung der Serviceausgabestellen für sämtliche Speiseartikel
2.8. Numerierung der Getränkeartikel:	– Numerierung der verschiedenen Artikelsorten (Weine, Spirituosen, Säfte etc.)
2.9. Importierte Getränke:	– Liste der zu importierenden Getränke
3.0. Präsentation der Mixgetränke:	– Beschreibung der Präsentation der Cocktails und anderer Mixgetränke – Erstellung einer separaten Cocktailkarte
3.1. Personalplanungsleitfaden:	– Festlegung der Mindest- und Höchstpersonalbesetzung – Arbeitsstunden, Arbeitstage pro Woche – gesetzliche Feiertage, Urlaubsanspruch – Arbeitsleistungsstandards (z. B. Gedecke, Umsatz etc.) – Musterdienstpläne

Überschriften:	Erläuterungen:
3.2. Uniformen (Dienstbekleidung) für die Mitarbeiter:	– Beschreibung der Uniformen für die verschiedenen Positionen – Anzahl der Uniformen
3.3. Service:	– Tägliches Mise-en-place im Restaurant – Normale Dekoration, Blumenarrangements, Food Display, Beleuchtung – Reihenfolge beim Service von der Begrüßung des Gastes bis zur Bezahlung – Serviceart bei den verschiedenen Gerichten – Service für reguläre Gäste – Flambieren, Tranchieren – Einteilung der Servicestationen/ Servicewege – Abräumverfahren
3.4. Service-Material:	Anzahl von: – Tischwäsche – Porzellan, Aschenbecher, Sektkühler – Gläser, Bestecke – Brotkörbe, Pfeffer, Salz – Zucker, Senf, Zahnstocher – Tranchierbesteck etc. – Normales Mise-en-place für jede Station (Fotografie) – Reservierungspult mit Telefon, „Logbuch“, Reservierungskarten und -buch
3.5. Technische Ausstattung:	– Anzahl und Art der Servierwagen (Flambierwagen, Mokkawagen etc.) – Grilleinrichtung im Restaurant, Eismaschinen etc.
3.6. Kontrollverfahren:	– Schrittweise Beschreibung und Ablauf des Abrechnungsverfahrens für Kellner, Barpersonal – Wäschekontrollverfahren – Kontrolle über sonstige Artikel
3.7. Reinigungsplan:	– Tägliche Restaurantreinigung (Zeitplan mit der Hausdamenabteilung) – Wöchentliches Reinigungsprogramm – Reinigung der Servicestationen (Salz, Pfeffer, Senf, Saucen, Lampen etc.)

Checkliste: Voreröffnungsmanagement – Food und Beverage Bereich

Einen detaillierten Informationskatalog benötigt ein Food und Beverage Manager bei der Eröffnung eines Hotels oder Restaurants. Hier sind in Form einer Checkliste sämtliche Schlüsselfragen zur Übernahme einer organisierten Food und Beverage Abteilung zusammengefaßt. Folgender Fragenkatalog hat sich hierzu in der Praxis bewährt:

Checkliste:

Food & Beverage Verwaltung

1. Ist das Food & Beverage Büro übernahmebereit?
2. Ist das Büromobilar (Schreibmaschine, Ablagekästen, sonstige Möbel) verfügbar?
3. Ist das grundsätzliche Ablagesystem erstellt und vorbereitet?
4. Ist sämtliches Schreib- und Briefpapier gedruckt?

Bankettabteilung

5. Ist das Veranstaltungs-/Reservierungsbuch entworfen und gedruckt worden?
6. Sind die Bankettinformationen gedruckt?
7. Gibt es eine Liste der größeren, lokalen Bankettveranstaltungen für die Stadt?
8. Sind die Verträge für Veranstaltungen (Großveranstaltungen) verfügbar?
9. Sind Muster-Bankettmenüs erstellt?
10. Ist die Bankettbroschüre gedruckt?
11. Gibt es eine Liste über sämtliche Verkaufspreise für den Veranstaltungsbereich (Miete der Veranstaltungsräume, Menüpreise, Getränkepreise, technische Geräte etc.)?

Konkurrenzanalyse

12. Sind Konkurrenzanalysen der Hauptkonkurrenten in der Stadt erstellt worden?
13. Sind die aktuellen Speise- und Getränkekarten der Konkurrenten verfügbar?
14. Sind die Zeitungsanzeigen der Konkurrenz (Werbung und Sonderveranstaltungen) erfaßt worden?
15. Ist überprüft worden, ob und welche neuen Restaurants in naher Zukunft eröffnet werden?

Personal

16. Ist eine „Lohn- und Gehaltsvergleichsliste" von den Hauptkonkurrenten der Stadt erstellt worden?
17. Ist ein detaillierter Personalplanungsleitfaden verfügbar?
18. Sind Musterdienstpläne für sämtliche Restaurants, Bars erstellt worden?
19. Sind die Einstellungstermine für das Personal geplant und festgehalten?
20. Gibt es einen Lohn- und Gehaltsrahmenplan für das Hotel?
21. Sind sämtliche Stellen- und Arbeitsplatzbeschreibungen erstellt worden?
22. Sind betriebsinterne Ausbildungsprogramme vorbereitet?
23. Ist beim Personaleinstellungsplan die Zeit für Einweisung und betriebsinterne Ausbildung berücksichtigt?
24. Sind sämtliche Uniformen (Personaldienstkleidung) bestellt?

Einkauf

25. Ist jemand als Vollverantwortlicher für den Hoteleinkauf bestimmt?
26. Wurde eine detaillierte Marktpreisanalyse erstellt?
27. Sind Kontakte mit den Lieferanten aufgenommen worden, verschiedene Angebote für sämtliche Speise- und Getränkeartikel verfügbar?
28. Sind Kaufvertragsformulare gedruckt worden?
29. Sind Bestellungen für ausländische Produkte rechtzeitig vorgenommen worden?
30. Sind in Zusammenarbeit mit dem Küchenchef, dem Food & Beverage Controller, Food & Beverage Manager und Einkäufer standardisierte Einkaufsrichtlinien (Einkaufsspezifikationen) erstellt worden?

Warenannahme

31. Sind Warenempfangsbestätigungen und das Wareneingangsbuch verfügbar?
32. Sind Fleischanhänger gedruckt worden?
33. Sind gesetzlich zugelassene und geeichte Waagen gekauft worden?

Küche

34. Ist die Markt- und Preisnotierungsliste für den Küchenchef verfügbar?
35. Hat der Küchenchef Produktionslisten für die Fleischerei und für die Patisserie erstellt?
36. Sind sämtliche Fleischbewertungstests und Kalkulationen vorgenommen worden?
37. Gibt es eine vorgeschriebene Portionsgrößentabelle?
38. Sind sämtliche Rezepte erstellt und berechnet worden?
39. Sind die Eisschränke und Gefrierschränke installiert?
40. Sind sämtliche Küchengeräte bestellt?

Steward-Abteilung

41. Ist ein genauer Lagerplan für sämtliche Geschirrteile, Gläser, Bestecke, Küchengeschirr usw. erstellt?
42. Ist festgehalten worden, wieviel Geschirr, wie viele Gläser, wie viele Bestecke im Umlauf sein sollen?
43. Sind Wartungsverträge für die Abwaschmaschinen vereinbart worden?
44. Sind sämtliche Reinigungsmittel bestellt worden?
45. Sind die Mise-en-place-Listen für sämtliche Food und Beverage Abteilungen erstellt worden?
46. Ist eine Kartei für sämtliche Gerätschaften (Geschirr, Gläser, Bestecke usw.) angelegt worden?
47. Ist ein genauer Reinigungszeitplan für technische Geräte, Silber, Küche erstellt worden?
48. Gibt es Zeitpläne und Verträge für das Abholen von Leergut und Müll?
49. Funktionieren die Abwaschmaschinen (Tellerabwaschmaschinen, Gläserabwaschmaschinen)?
50. Ist die Silberputzmaschine installiert?
51. Sind genügend Abfalltonnen vorhanden (mit Deckel)?
52. Funktionieren die Eiswürfelmaschinen in der Küche?
53. Ist der Abfallsortiertisch zweckmäßig geplant?
54. Sind genügend Geschirrwagen verfügbar?
55. Ist der Geschirrkreislauf mit kürzesten Wegen optimal geplant und getestet?

Restaurants

56. Ist das Abrechnungssystem im Restaurant klar festgelegt?
57. Sind ausreichend Gästerechnungen, Bestellblöcke, Reservierungskarten gedruckt?
58. Ist ein Reservierungsbuch (Logbuch) verfügbar?
59. Sind Listen erstellt worden, wo und wie das Mise-en-place im Restaurant gelagert und gereinigt wird?
60. Sind standardisierte Serviceinstruktionen für sämtliche Speiseartikel festgelegt und ausprobiert worden?
61. Existiert ein Reinigungsplan für das Restaurant?

Bars

62. Sind alle Cocktailrezepte festgelegt und getestet worden?
63. Sind für sämtliche Getränke Drinkeinheiten in cl festgehalten und die notwendigen Meßbecher vorhanden?
64. Ist das Abrechnungssystem der Bar besprochen worden?
65. Sind sämtliche Barutensilien in entsprechender Anzahl vorhanden?

Speise- und Getränkekarten

66. Sind alle Speise- und Getränkekarten gedruckt?
67. Sind standardisierte Bankettmenüs erstellt worden?
68. Sind die Speisekarten auch in Englisch und Französisch in ausreichender Menge bestellt?

Personalrestaurant

69. Ist das Personalrestaurant mit attraktiven Möbeln ausgestattet?
70. Sind verschiedene Essenszeiten für das gesamte Hotelpersonal festgelegt?
71. Wird das normale „Tagesmenü" für das Restaurant auch im Personalrestaurant angeboten?
72. Werden bei den Personalmenüs auch die Eßgewohnheiten ausländischer Mitarbeiter berücksichtigt?

Food und Beverage Lagerräume

73. Gibt es einen genauen Lagerplan für sämtliche Food- und Beverage-Artikel?
74. Sind die Regale und Abstellplätze zweckmäßig eingerichtet?
75. Sind Lageranforderungsformulare für die Küche und für die Bar gedruckt?
76. Ist eine Lagerkartei erstellt worden?
77. Sind sämtliche Kolonialwaren- und Getränkeartikel numeriert?

Food und Beverage Kontrolle

78. Sind alle Fleischtests kalkuliert und ausgewertet?
79. Sind alle Rezepte mit dem Wareneinsatz berechnet worden?
80. Sind alle Speiseartikel standardisiert (standardisierte Speiseartikel, Fotos)?
81. Sind sämtliche Food und Beverage Kontrollformulare gedruckt?

Literaturhinweise

Food & Beverage Management

C. E. Eshbach, Food Service Management (Boston, 1979, 3. Aufl.)
B. H. Axler, Food Service: Managerial Approach (National Institute for the Food Service Industry, 1979)
P. Dukas, Planning Profits in the Food and Lodging Industry (Boston, 1976)
M. L. Kasavana, Computer Systems for Food Service Operations (New York, 1984)
D. Miller, Starting a small restaurant (Boston, 1983)
E. H. Weiss, Catering Handbook (New Jersey 1971)
R. B. Peddersen, R. C. Avery, Increasing Productivity and Food Service (Chicago, 1973)
D. F. Chiffriller, Successful Restaurant Operation (Boston, 1982)
L. H. Kocschevar, Management by Menue (Chicago, 1975)
C. A. King, Professional Dining Rooms Management (New Jersey, 1980)
W. L. Siegel, How to run a successful restaurant (New York, 1981)
T. Levings, Profit from Food Service (Boston, 1982)
P. Dukas, How to plan and operate a restaurant (New Jersey, 1983)
ITT, Educational Services, Menue Planning and Foods Merchandising (Indiana, 1971)
L. H. Kocschevar, M. E. Terrell, Food Service Planning (New York, 1984)
R. Kotas, B. Davis, Food Cost Control (London, 1974)
D. A. Dyer, So you want to start a restaurant? (Boston, 1984)
E. F. Green G. G. Drake, Profitable Food and Beverage Management: Planning, Operations (New Jersey, 1985)
P. E. van Kleek, Beverage Management and Bartending (Boston, 1981)
H. Thayse, Professional Bar Service Management (New Jersey, 1983)
Trader Vic, Bartender's Guide (New York, 1986)
E. F. Grun, G. G. Drake, F. J. Sweeney, Profitable Food and Beverage Management: Operations, Planning (New Jersey, 1985)
T. Feltenstein, Restaurant Profits through Advertising and Promotion (Boston, 1983)
W. P. Fischer, Creative Marketing for the Food Service Industry (New York, 1982)
The Cornell, Hotel & Restaurant Administration Quarterly; Periodika 1982–1986 (Ithaca, USA)
C. T. Fay, R. C. Rhoods, R. L. Rosenblatt, Managerial Accounting for the Hospitality Service Industrie (Dubuque, 1978)
R. Kotas, Management Accounting for Hotels & Restaurants (New Jersey, 1979)
P. Levings, Profit from Foodservice (Boston, 1975)
M. L. Kasavana, Hotel Information Systems (Boston, 1978)
E. E. Schaetzing, Qualitätsorientierte Marketingpraxis in Hotellerie und Gastronomie (Stuttgart, 1983)
W. Leiderer, Kennzahlen zur Steuerung von Hotel und Gaststättenbetrieben (Stuttgart, 1984, 2. Aufl.)
C. Kaspar, B. R. Kunz, Unternehmensführung im Fremdenverkehr (Stuttgart, 1982)
DEHOGA: Gastgewerbliche Schriftenreihe – Fortlaufende Nummern (Bonn, Bad Godesberg, 1976–1995)
W. Bickel, Wer ist wer auf der Speisekarte? (Stuttgart, 1985, 5. Aufl.)
F. Wahl, Speise- und Getränkekarte (Stuttgart, 1985, 2. Aufl.)
R. Boelke, W. Schwarz, Handbuch der Küchenkalkulation (Stuttgart, 1984, 6. Aufl.)
W. Schwarz, Veranstaltungen, Extraessen, das Bankettgeschäft (Stuttgart, 2. Aufl. 1985)

26. The Cornell, Hotel & Restaurant Administration Quarterly; Periodika 1982–1986 (Ithaca, USA)
27. C.T. Fay, R.C. Rhoods, R.L. Rosenblatt, Managerial Accounting for the Hospitality Service Industrie (Dubuque, 1978)
28. R. Kotas, Management Accounting for Hotels & Restaurants (New Jersey, 1979)
29. P. Levings, Profit from Foodservice (Boston, 1975)
30. M.L. Kasavana, Hotel Information Systems (Boston, 1978)
31. B.H. Axler, Foodservice a Managerial Approach (New York, 1979)
32. E.E. Schaetzing, Qualitätsorientierte Marketingpraxis in Hotellerie und Gastronomie (Stuttgart, 1983)
33. W. Leiderer, Kennzahlen zur Steuerung von Hotel und Gaststättenbetrieben (Stuttgart, 1984, 2. Aufl.)
34. C. Kaspar, B.R. Kunz, Unternehmensführung im Fremdenverkehr (Stuttgart, 1982)
35. Schweizer Hotelier-Verein, Hotel-Marketing (Bern, 1983)
36. DEHOGA: Gastgewerbliche Schriftenreihe – Fortlaufende Nummern (Bonn, Bad Godesberg, 1976–1985)
37. Schweizer Wirteverband, Leitfaden zur Budgetierung und Preisberechnung im Restaurationsbetrieb (Zürich, 1976)
38. W. Bickel, Wer ist wer auf der Speisekarte? (Stuttgart, 1985, 5. Aufl.)
39. F. Wahl, Speise- und Getränkekarte (Stuttgart, 1985, 2. Aufl.)
40. R. Boelke, W. Schwarz, Handbuch der Küchenkalkulation (Stuttgart, 1984, 6. Aufl.)
41. W. Schwarz, Veranstaltungen, Extraessen, das Bankettgeschäft (Stuttgart, 2. Aufl. 1985)

B.
Management der Beherbergungsabteilung

Muster-Stellenbeschreibung: Empfangschef

Stellenbezeichnung:

Empfangschef

Abteilung:

Beherbergungsbereich

Überstellungsverhältnis/Unterstellungsverhältnis:
Der Empfangschef untersteht als Abteilungsleiter direkt dem Generaldirektor. Ihm unterstehen das gesamte Empfangspersonal, die Portierloge, die Reservierungsabteilung und die Telefonabteilung.

Aufgaben und Verantwortung:

Der Aufgabenbereich eines Empfangschefs umfaßt folgende Gebiete:

- Reservierung
- Zimmerdisposition/Zimmervermittlung
- Kontrolle von Ankunft und Abreise der Gäste
- Gästekorrespondenz
- Überwachung der Betriebsbuchhaltung in der Empfangsabteilung
- Personaleinsatz und Überwachung
- Gastkontakt (Information, Beschwerden, Verkauf)
- Vertretung der Hoteldirektion

Der Empfangschef ist für die Koordination der gesamten Empfangsabteilung verantwortlich. Er hat für die Durchführung und Befolgung der geschäftspolitischen Richtlinien des Hotels für seinen Bereich zu sorgen. Er unterstützt die Direktion in der Ausarbeitung dieser Leitlinien unter Berücksichtigung der örtlichen Konkurrenz. Sehr eng verbunden ist er in seiner Arbeit mit folgenden Abteilungen:

- Buchhaltung
- Hausdamenabteilung
- Verkaufsabteilung
- Public Relations Abteilung

Der Empfangschef stellt in Zusammenarbeit mit dem Operations Analyst Geschäftsprognosen, Budgets, überwacht die Lohn- und Gehaltskosten seiner Abteilung und ist verantwortlich für die Erstellung von „Standards" (Qualität und Quantität) und deren Überwachung. Er leitet die Ausbildungsprogramme für sein Personal, um die Ausbildung und damit auch die Produktivität stets zu verbessern. Es gehört zu den Kompetenzen des Empfangschefs, Empfangspersonal in Zusammenarbeit mit der Personalabteilung einzustellen und/oder zu entlassen. Der Empfangschef ist der hauptamtliche Vertreter der Hoteldirektion, er selbst wird bei Abwesenheit durch seinen Assistenten vertreten.
Der Empfangschef hat mit seinem persönlichen Beispiel und seinen Entscheidungen für eine umsichtige, geachtete und wirksame Leitung seiner Abteilung zu sorgen.

Stellenanforderungen:

Erforderliche Qualifikationen:

Der Empfangschef muß umfassende, kaufmännische, organisatorische Fähigkeiten und Kenntnisse mitbringen. Talent für Psychologie und reife Erfahrungen in der Menschenkenntnis, ein verläßliches Personengedächtnis, vollendete Umgangsformen, Sicherheit im Auftreten, Beherrschung gesellschaftlicher Maximen, Taktgefühl, Entschlußkraft in heiklen Situationen muß ein Empfangschef mitbringen.
Im Rahmen seiner Repräsentationspflicht sind Persönlichkeitswerte und Leistung Voraussetzung.

Detaillierte Qualifikationen:

Geschlecht:	männlich oder weiblich
Einstellungsalter:	28–35 Jahre
Schulbildung:	– Lehre im Hotel- und Gaststättengewerbe + Hotelfachschule oder Fachhochschule – Management Training Kurs
Sprachliche Erfordernisse.	– Deutsch – Englisch – Französisch – Italienisch – Spanisch } in Wort und Schrift
Erscheinung:	– ausgezeichnete Gesundheit – gute Erscheinung (Gastkontakt)

Praktische Erfahrungen:
- mehrjährige Erfahrung am Empfang
- sollte vorher als Assistent des Empfangschefs gearbeitet haben

Spezialerfordernisse: sollte in einem Trainingsprogramm mit den geschäftspolitischen Richtlinien vertraut gemacht werden

Arbeitsbedingungen: muß bereit sein, in unregelmäßiger Arbeitszeit zu arbeiten

Beherbergungsabteilung

Leiter des Beherbergungsbereichs

Empfangschef

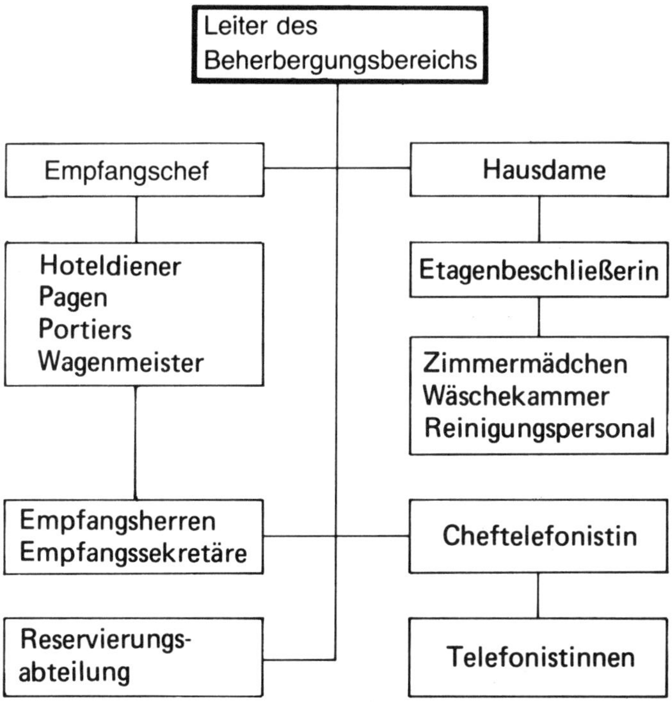

Kennzeichnung der Hauptaufgabengebiete im Beherbergungsbereich

Zielsetzung

Der Hotelempfang als Informationszentralstelle des Betriebes hängt im Aufbau und in der Organisation von Größe, Typ und Standard des Hotels ab.
Beständige kritische Prüfung der Arbeitsabläufe in der Hotellerie kann verbesserungsfähige Schwächen aufdecken und zur Entwicklung neuer Arbeitsmethoden führen. Dabei sollten zunächst einmal sämtliche Routinetätigkeiten überprüft werden, um Arbeitserleichterungen und einen höheren Qualitätsstandard der Dienstleistungen zu erreichen. Die Serviceleistungen für den Gast müssen immer attraktiver gestaltet werden, will man am heutigen „Käufermarkt der Hotellerie" noch bestehen.
Arbeitsablaufanalysen sollten als Grundlage für betriebsinterne Ausbildungsprogramme dienen, die nicht am Schreibtisch erstellt werden können, sondern aufgrund der schrittweisen Erfassung tatsächlicher Gegebenheiten die für den jeweiligen Betrieb optimalen Arbeitsabläufe widerspiegeln müssen.
Neben der wichtigen Aufgabe der Zimmerdisposition hat jede Empfangsabteilung für Informationsübermittlung und Informationsverarbeitung zu sorgen. Kapazitätsauslastung und Preispolitik sind eng miteinander verbunden, und Entscheidungen hierzu müssen vom Top-Management getroffen werden. Die folgenden Ausführungen sollen die Hauptaufgabengebiete im Beherbergungsbereich mit Problemen der Preispolitik, mit dem Arbeitsablauf und der Informationsverarbeitung am Hotelempfang, den Managementaufgaben im Hausdamenbereich, den notwendigen Brandschutzmaßnahmen im Hotel kennzeichnen und mit einem Managementkennzahlenkatalog für den Beherbergungsbereich kontrollier- und steuerbar halten.

Gedankenflußplan

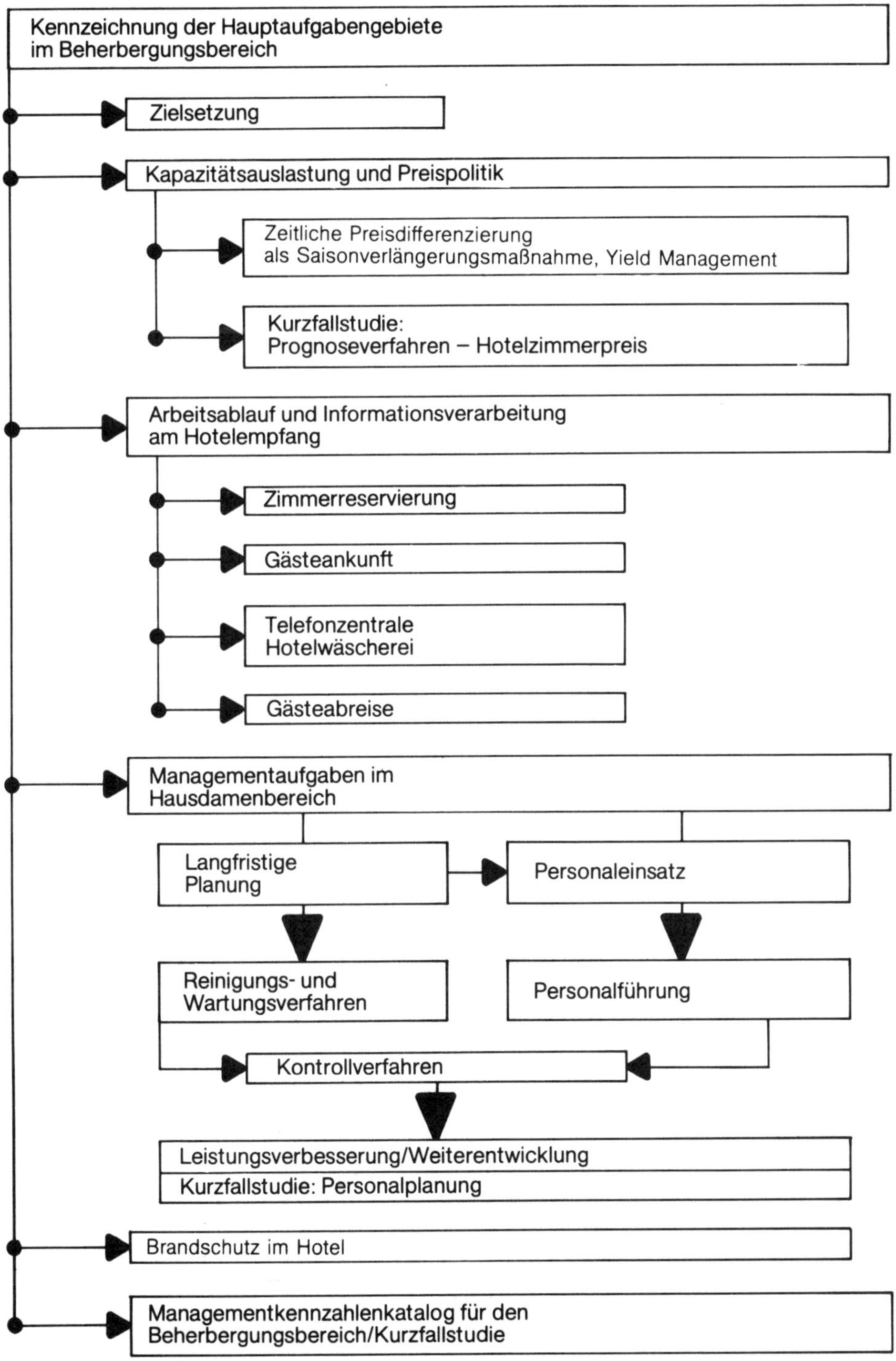

Koordination im Beherbergungsbereich

Beherbergungsbereich — Empfangschef

Aktivitäten der Gäste	**Management Probleme (Planung, Durchführung, Kontrolle)**	**Direkt Verantwortliches Hotelpersonal**
Zimmer-reservierung	• Zimmerdisposition • Reservierungssysteme • Gästekorrespondenz • Preispolitik • Prognoseverfahren (Budget) • Abbestellungen/Buchungen ohne Reservierung • Aufenthaltsdauer	Verkaufsbüro Reservierungsabteilung Empfangspersonal
Gästeankunft – Check-in –	• Gästeempfang/Gästekartei • Verkaufstechnik • Zimmerzuweisung • Gästeregistrierung • Gepäckübernahme und Verteilung • Gruppen – Check-in • Zimmervermietungsplan • Gästeinformation • Abstimmung mit der Hausdamenabteilung • Personaleinsatzplan	Empfangspersonal Portier Hallenpersonal
Gästeaufenthalt	• Zimmerbelegungs-Kontrolle • Zimmerreinigung • Kreditpolitik • Telefon, Gästewäsche • Postverteilung • Information + Vermittlung • Buchung der Dienstleistungen • Beschwerden/Gästebetreuung	Hausdame Empfangspersonal Portier Empfangskassierer Telefonistin Gästebetreuung
Gästeabreise – Check-out –	• Rechnungsstellung • Zahlungs-Kreditpolitik • Haftung, Pfandrecht • Provisionen • Umsatzkontrolle • Empfangsstatistik	Empfangskassierer Empfangspersonal Buchhalter

Kapazitätsauslastung und Preispolitik

Die Kapazitätsauslastung eines Hotels ist dem Gesetz von Angebot und Nachfrage unterworfen. Die Auslastung eines Hotels übt einen direkten Einfluß auf die Rentabilität aus. Sie bestimmt entscheidend über die Wirtschaftlichkeit. Um die Kapazitätsauslastung in ein Verhältnis zur Rentabilität zu bringen, spielen vier Betrachtungen der Besitz- und/oder Pachtverhältnisse eine wesentliche Rolle:

1. Der Betreiber ist gleichzeitig der Eigentümer
2. Der Betreiber ist ein Pächter in Form einer natürlichen Person
3. Das Objekt ist von einer Betriebsgesellschaft gepachtet
4. Das Objekt wird in einem sogenannten „Management Agreement" oder einem Verwaltungsvertrag von einer Gesellschaft übernommen und geleitet.

In allen vier Fällen wird die erforderliche Mindestauslastung zur Erreichung der Gewinnschwelle (Break-even point) aufgrund der verschiedenen Fixkostenbelastungen unterschiedlich sein.

Preispolitik im Beherbergungsbereich

Der Preis besitzt bei der überwiegenden Anzahl der touristischen Nachfrage große, werbende Wirkung. Da der moderne Tourismus in zunehmendem Maße versucht, Bevölkerungsschichten verhältnismäßig tieferer Einkommenskategorien zu erfassen, gewinnt die Preisgestaltung als Absatzinstrument besonderes Gewicht. Heute kann man eine stetige Erhöhung des Preisbewußtseins verzeichnen. Die Zeiten des unbekümmerten Geldausgebens für Fremdenverkehrsleistungen – der Luxustourismus der Jahrhundertwende und weniger, darauffolgender Jahrzehnte – sind endgültig vorbei.

Hauptkriterien für die Preisfindung

Einkauf:

- Leistungsstandards
- Objektrelationen, Konkurrenzobjekte
- Einkaufspreisentwicklung
- Währungsverhalten

} im Beherbergungsbereich = Investition

Verkauf:
- Nachfrageverhalten
- Auslastung
- Reklamationen

Marketing:
- Konkurrenz-Preisgestaltung
- Saisonstrategie
- Preis-Absatz-Verhalten
- Allgemeine Marktbeurteilung

Betriebswirtschaft:
- Kostenzuordnung
- Gemeinkostenentwicklung
- Gemeinkostenverteilung
- Wirtschaftliche Risiken

Die erhöhte *Markttransparenz* (Durchschaubarkeit des Marktes) vermehrt die Möglichkeiten für die Touristen, Preis- und Leistungsvergleiche vorzunehmen.
Selbstverständlich versuchen die Fremdenverkehrsträger, durch eine Politik der Produktdifferenzierung für ihre Angebote Präferenzen zu erzeugen und dementsprechend auch die Preise zu gestalten. Mit einem bestimmten, differenzierten Angebot versucht man, innerhalb gewisser Grenzen, seine Preisgestaltung zu variieren und seine Preise zu erhöhen, ohne eine Reaktion der Nachfrage befürchten zu müssen.
Allerdings kann man sagen, die Reaktion der Käufer auf Preisvariationen erfolgt häufig schneller als auf Produktdifferenzierungen.
Es ist selbstverständlich, daß die Summe der in einem bestimmten Zeitraum realisierten Preise die gesamten Kosten decken muß, wenn die wirtschaftliche Existenz nicht in Frage gestellt werden soll.
Die Preisgestaltung darf man jedoch nicht lediglich als ein kalkulatorisches Problem ansehen. Preispolitik darf nicht allein aus der rein buchhalterischen Mentalität aufgefaßt und betrieben werden. Leider ist es heute immer noch in der Fremdenverkehrspraxis stark verbreitet, die Preisgestaltung nach irgendwelcher Kalkulationsmethode vorzunehmen. Man wählt dann irgendeine Zuschlagskalkulation und inspiriert sich an einem meist unklar definierten Kostendeckungsprinzip.
Diese Vorstellung über Preisgestaltung ist selbstverständlich im modernen Marketing nicht vertretbar. *Nicht die Kosten, sondern der Markt soll die Preise bestimmen!*
Hier triff auch der Satz zu: *Der Preis bestimmt die Kosten!*
Der Fremdenverkehrsträger muß in erster Linie darauf bedacht sein, seine Produktgestaltung von all jenen Bestandteilen zu befreien, die der avisierte Gast nicht oder höchstens sehr nebensächlich wünscht und deshalb nicht oder nur ungern zu zahlen bereit ist.

Alle Möglichkeiten des Kostenabbaus sind systematisch zu untersuchen und insofern zu verwirklichen, als die vom Markt geforderten Eigenschaften und Mindestanforderungen eines Produktes gewährleistet bleiben. – Man nennt das „Rationalisierung der Produktpolitik".

Niedrigpreispolitik – traditionelle Gegenargumente:

- Eine Niedrigpreispolitik hat betriebswirtschaftlich nur einen Sinn, wenn sie nicht zum Allgemeingut wird. Bekanntlich steckt solche Preispolitik aber aus Gründen der Nachahmung und als Abwehrmaßnahme an. Die zweifelhafte Wirkung dieser Preispolitik verpufft und verteilt sich auf mehrere Betriebe.
- Durch Fehleinschätzungen der Reaktionen von Gästen und Konkurrenz gerät das Hotel mit der Niedrigpreispolitik leicht in den Ruf der „Unredlichkeit".
- Wenn einmal der Preis nicht mehr in Ordnung ist, d. h. auf einem zu niedrigen Niveau liegt, ist es fast unmöglich, ihn rechtzeitig anzuheben.
- Eine betriebswirtschaftlich gesehen kurzfristig vielleicht erfolgreiche Niedrigpreispolitik nach dem Motto: „Umsatz um jeden Preis" ändert nichts an ihrer längerfristigen Gefährlichkeit.
- Durch die Tiefpreispolitik wird auch das Niveau der zu erwartenden Gäste erheblich beeinträchtigt und wie wir wissen, ist das Niveau eines Hotels auf die Dauer niemals höher als das Niveau seiner Gäste.
- Eine meist immer noch ungenügende Belegung multipliziert sich mit Tiefpreisen, die selbst bei normaler Belegung in keiner Weise kostendeckend wären.
- Der Einzelgast ist nicht dazu da, den „Volumengast" zu subventionieren.
- „Volumengäste" bringen eine höhere Abnutzung der Hoteleinrichtung mit sich und keinen Deckungsbeitrag für die Ersatzbeschaffung.

Konkurrenzorientierte Preispolitik

Selbstverständlich vereinfacht ein konkurrenzbezogenes Marketing – in diesem Falle die Preisbildung – die Entscheidungsprobleme. Grundsätzlich kann man aber sagen, diese Politik kann nie optimal sein, weil man ja nie in der Lage sein wird, einen Vorsprung auf die Konkurrenz herauszuholen. Man unternimmt erst dann etwas, wenn die Konkurrenz schon gehandelt hat. Man wird daher auch nicht in der Lage sein können, eine präferenzbildende Differenzierung der eigenen Leistung gegenüber jener der Konkurrenz vorzunehmen. Man reagiert erst, nachdem man mit Sicherheit weiß, ob die Maßnahmen der Konkurrenz einen Erfolg oder Mißerfolg gebracht haben. Auch steigert natürlich eine dauernde Preisanpassung an die Konkurrenz die Preisunglaubwürdigkeit des eigenen Unternehmens.

Neue Preissysteme

Eine schweizer Hotelgruppe entwickelte ein flexibles Preissystem für die Hotellerie, das sich an das Preisverhalten internationaler Fluglinien anlehnt. Als marktorientiertes Hotelpreissystem unterscheidet man hier zwischen drei Tarifgruppen:

1. Normaltarif
2. Vorauszahlungstarif
3. Stand-by-Tarif

1. Normaltarif (Basistarif)
Der Individualgast bucht und zahlt sein Hotelzimmer zu „normalen Tageszeiten".

2. Vorauszahlungstarif
Der wesentlich ermäßigte „Vorauszahlungstarif" mit einer Reduzierung der Preise bis zu 30 Prozent kann in Anspruch genommen werden, wenn der Gast seine Übernachtung 30, 60 oder 90 Tage im voraus bestellt und auch im voraus bezahlt. Bei einer späteren Annullierung der Reservierung gibt es, von Härtefällen abgesehen, keine Bargeldrückerstattung. Der Vorauszahlungstarif ist nicht uneingeschränkt das ganze Jahr über gültig, sondern in der Saison nur in beschränktem Umfange.

3. Stand-by-Tarif
Der Stand-by-Tarif lehnt sich an das Verfahren von Stand-by-Tarifen in der Luftfahrt an. Hier ist grundsätzlich keine Vorausreservierung möglich. Die Stand-by-Tarife, die sogar Preisreduzierungen bis zu 40 Prozent vom Normaltarif vorsehen, gelten nur, wenn sich der Gast nach 22 Uhr anmeldet und das Zimmer spätestens um 9 Uhr morgens wieder verläßt. Je später er kommt und je früher er das Hotel wieder verläßt, desto günstiger kann er übernachten. Eine maßgebliche Rolle hat bei der Ausarbeitung dieser Stand-by-Tarife die Überlegung gespielt, daß der Einnahmenausfall durch ein nicht verkauftes Hotelzimmer endgültig ist. Von den „Stand-by-Kunden" erwartet man mit anderen Worten einen Beitrag zur Deckung der Fixkosten.
Dieses betriebswirtschaftlich interessante Preissystem erscheint auf den ersten Blick bei der geringen Nachfrageelastizität des Beherbergungssektors nur dann erfolgreich zu sein, wenn seine Anwendung auf wenige Betriebe beschränkt bleibt. Abhängig von der jeweiligen Marktsituation muß sich ein derartiges Preissystem erst bewähren. Kurzfristig erfolgreiche Preisdifferenzierungsarten können als langfristige Dauereinrichtung zu Fehlentscheidungen führen.
Dieses flexible Preissystem zeigt deutlich, daß Hotelzimmerpreise nicht nur saisonalen Veränderungen unterliegen können. Das traditionelle „Festpreissystem" für Hotelzimmer muß in jedem Fall überdacht werden.

Gewinnoptimierung im Beherbergungsbereich

Die Zeiten sind endgültig vorbei, als die Verkaufsleistung der „Hotelverkäufer" nach der Anzahl der gebuchten Übernachtungen gemessen wurde. Dennoch werden heute noch viele Hoteldirektoren von einseitigen Kennzahlen wie Zimmerbelegung in Prozent (room occupancy) oder durchschnittlicher Zimmerpreis (average room rate) – meist in direktem Vergleich mit den budgetierten Werten – als „Sollvorgabe" geleitet.
Die gegenwärtige Zauberformel vieler internationaler Hotelgesellschaften heißt *„Yield-Management"*, hier interpretiert und dargestellt als *„Ergiebigkeitsgrad – Beherbergung"*.
Es geht nicht mehr um Volumen um jeden Preis, sondern um eine Optimierung des Geschäftsmix zu höchstmöglicher Ergiebigkeit im Sinne des Bruttogewinns für den Beherbergungsbereich.
Kümmerte man sich früher vornehmlich um Kapazitätsauslastung (Zimmer- oder Bettenbelegung) und die manchen Hotelgesellschaften nahezu „heilig" durchschnittliche Zimmerrate (average room rate), so stehen heute maximaler Ergiebigkeitsgrad und insgesamt erwirtschafteter Bruttogewinn Beherbergung im Vordergrund.
Gewinnoptimierung mit der zur Verfügung stehenden Zimmerkapazität wird vom Management verlangt. Übernachtungen und Zimmer in für das Hotel „nachfragestarken" Zeiten zu buchen, ist keine erwähnenswerte Verkaufsleistung.
Hier gilt es vielmehr, täglich den optimalen Geschäftsmix zu bestmöglichen Verkaufspreisen am „Käufermarkt" der Hotellerie durchzusetzen. Hotelzimmerbuchungen sind heute differenzierter denn je zu planen und zu bewerten. In Abhängigkeit von der individuellen und zeitlich unterschiedlichen Nachfragesituation eines jeden Hotelbetriebes muß die zur Verfügung stehende Kapazität möglichst ergiebig (Bruttogewinn) genutzt werden.

Einflußfaktoren für den Ergiebigkeitsgrad – Beherbergung

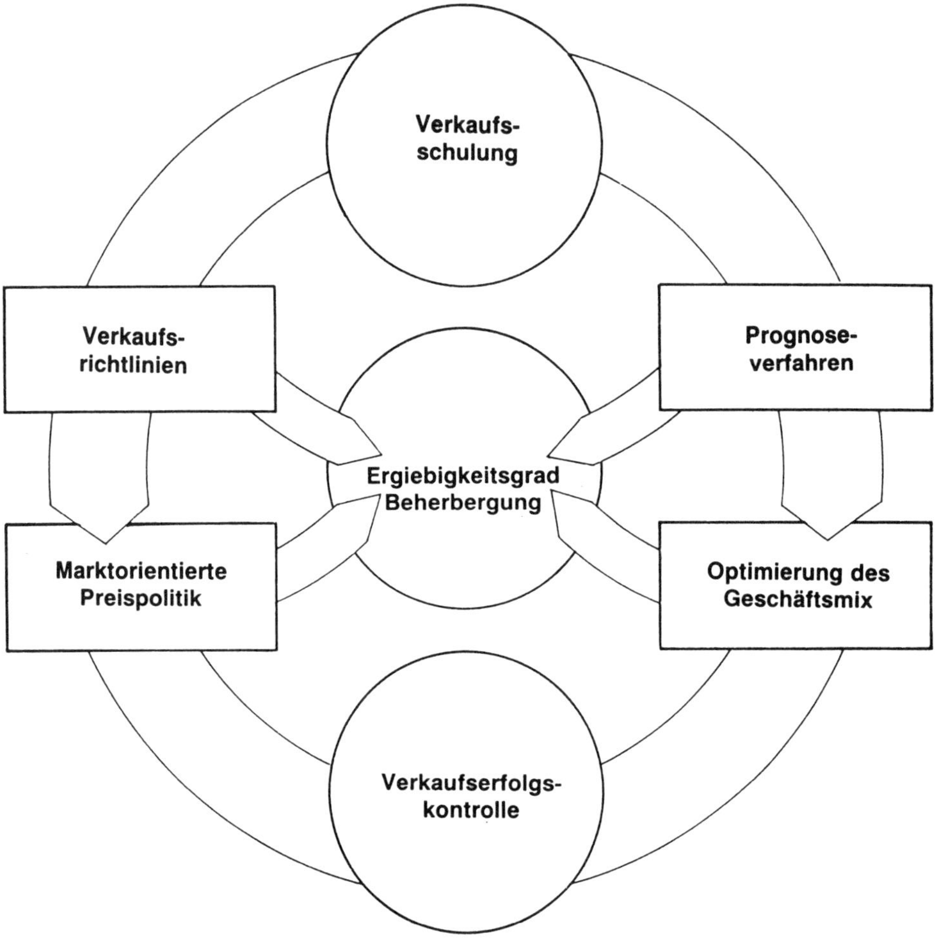

Ergiebigkeitsgrad – Beherbergung

In der Betriebwirtschaftslehre wird die Wirtschaftlichkeit eines Unternehmens oft einerseits im sogenannten *Sparsamkeitsgrad*, andererseits mit dem *Ergiebigkeitsgrad* ausgedrückt. Beim Ergiebigkeitsgrad stellt man dabei ein

$$\text{Ertragsverhältnis: } \frac{\text{Ist-Ertrag}}{\text{Soll-Ertrag}}$$

gegenüber. In Anlehnung an diese Kennzahl soll hier für den Beherbergungsbereich der realisierte Bruttogewinn dem möglichen oder „Soll"-Bruttogewinn gegenüberstehen. Folgende drei Darstellungsformen finden in der Praxis ihre Anwendung:

Ergiebigkeitsgrad % - Beherbergung

$$(A)\,\% = \frac{\text{realisierter Bruttogewinn}}{\text{möglicher Bruttogewinn}} \times 100$$

$$(A)\,\% = \frac{\text{verkaufte Zimmer}}{\text{verfügbare Zimmer}} \times \frac{\text{tatsächl. Bruttogewinn pro verkauftes Zimmer}}{\text{möglicher Bruttogewinn pro Zimmer}}$$

(C) % = Zimmerbelegung in % × % Anteil des Bruttogewinns pro Zimmer am möglichen Bruttogewinn

Mit diesem Prozentsatz kann die Effizienz des Hotelzimmerverkaufs besser als bisher bewertet werden. Wie die Tabelle *„Unterschiedlicher Hotelzimmerverkauf mit gleichem Bruttogewinn (Beherbergung)"* (siehe S. 164) zeigt, führen völlig verschiedene Verkaufsleistungen (A bis G) zu gleichen Bruttogewinnen und damit auch zu gleichbleibendem *Ergiebigkeitsgrad.* Folgeumsätze (Food & Beverage) sowie höhere Abnutzungskosten durch mehr Gäste wurden hier unberücksichtigt gelassen. Folgende 6 Hauptfaktoren können den Ergiebigkeitsgrad – Beherbergung entscheidend beeinflussen:

1. Verkaufsschulung
2. Verkaufsrichtlinien
3. Marktorientierte Preispolitik
4. Prognoseverfahren
5. Optimierung des Geschäftsmix
6. Verkaufserfolgskontrolle

Marktorientierte Preispolitik

Bei manchem Volumengeschäft in der Hotellerie geht oft der Überblick verloren. Preisnachlässe – Rabatte – erscheinen nur bei entsprechender Anzahl von verkauften Zimmern als gerechtfertigt. Wie bei allen Preisüberlegungen kommt es schließlich auf den zu erzielenden Bruttogewinn insgesamt an. Was kostet der Rabatt? Wie viele zusätzliche Zimmer müssen verkauft werden, um bei Preisnachlässen absolut den gleichen Bruttogewinn zu erwirtschaften? Im folgenden soll schrittweise dieses Problem für jede Hotelgröße gelöst werden:

1. Schritt: Ermittlung der durchschnittlichen relevanten Kosten pro belegtes Zimmer.

Relevant sind Kosten immer dann, wenn sie bei einer Entscheidung anfallen oder gar nicht erst entstehen. Wenn Zimmer belegt werden, fallen Kosten an wie zum Beispiel Wäschekosten, Reinigungsmaterial, Reservierungskosten, Reinigungspersonalkosten, Drucksachen, Seife usw. Auf jährlicher Basis sind hier die relevanten Kosten durchschnittlich pro belegtes Zimmer zu erfassen.
Zahlenbeispiel:
relevante Kosten pro belegtes Zimmer = 25 DM

2. Schritt: Berechnung der Deckungsbeiträge (Bruttogewinne) pro Zimmer **vor** und **nach** Preisnachlaß.

Von den jeweiligen Nettoverkaufspreisen werden die relevanten Kosten (siehe 1. Schritt) abgezogen, um somit die Bruttogewinne (oder auch Deckungsbeiträge) vor und nach Preisnachlaß zu ermitteln.

Zahlenbeispiel:

1.	Verkaufspreis **vor** Rabatt	= 200 DM
	minus relevante Kosten	= 25 DM
	Deckungsbeitrag I	= 175 DM
2.	Preisnachlaß 75 DM oder 37,5%	
3.	Verkaufspreis **nach** Rabatt	= 125 DM
	minus relevante Kosten	= 25 DM
	Deckungsbeitrag II	= 100 DM

3. Schritt: Berechnung des Prozentsatzes der erforderlichen Zimmer, die zusätzlich verkauft werden müssen.

$$\text{\% der erforderlichen Zimmer} = \left(\frac{\text{Deckungsbeitrag I}}{\text{Deckungsbeitrag II}} - 1{,}0 \right) \times 100$$

Zahlenbeispiel: $\frac{175\text{ DM}}{100\text{ DM}} - 1{,}0 = 0{,}75 = 75\% \times 100$

Unabhängig von der Zimmeranzahl müssen 75% zusätzlich nach dem gewährten Preisnachlaß verkauft werden, um absolut den gleichen Bruttogewinn Beherbergung beibehalten zu können. Geht es beispielsweise bei einem in Frage stehenden Geschäft zunächst um 40 Zimmer (Ausgangspreis 200 DM – siehe 2. Schritt), müssen nach Rabattgewährung 75% von 40 Zimmern, also 30 Zimmer zusätzlich, insgesamt 70 Zimmer zu 125 DM verkauft werden.

Ausgangslage:
40 Zimmer × 175 DM (Deckungsbeitrag) = 7000 DM
nach Rabatt
70 Zimmer × 100 DM (Deckungsbeitrag) = 7000 DM

Der Deckungsbeitrag von 7000 DM wird beibehalten.
Es empfiehlt sich, auf der Basis der normalen Preisstruktur eine *„Volumen-Rabatt-Tabelle"* zu erstellen:

Zahlenbeispiel:

Preisnachlaß Rabattsatz	10%	20%	25%	30%	37,5%	40%
Prozentsatz der erforderl. Zimmer, die zusätzlich verkauft werden müssen	12,9%	29,6%	40%	52,2%	75%	84,2%

Lesebeispiel: Bei einem geplanten Rabatt von 25% müssen für alle 10 Zimmer zusätzlich 4 Zimmer (40%) zum reduzierten Preis verkauft werden, um absolut den gleichen Bruttogewinn Beherbergung erwirtschaften zu können.

Prognoseverfahren

Im Zeitalter der Datenverarbeitung werden Prognoseverfahren auf täglicher Basis auf Jahre hinaus immer genauer. Nicht nur die zu erwartende Hotelzimmerbelegung wird vorausgesehen, die jeweilige Gästestruktur, die Doppelbelegung, die Abbestellungsrate und die zu erwartenden Einzelreisenden ohne Reservierung ermöglichen eine verbesserte Gewinnplanung. Auch eine genaue Statistik darüber, welches Gästevolumen – wann – aus welchen Gründen nicht beherbergt werden konnte, kann bei der Planung des optimalen Geschäftsmix von großem Nutzen sein. Sollte sich das Hotel mit einem billigeren Gruppengeschäft so frühzeitig binden? Wie viele und welche nachfragestarken Übernachtungstage gibt es in dem Monat? Die Frage „Volumengeschäft" oder „Einzelreisende" stellt oft den Gegensatz – hohe prozentuale Zimmerauslastung oder akzeptable durchschnittliche Zimmerrate – gegenüber. Pauschal definierte „Saisonprognosen" sind viel zu ungenau. Auf täglicher Basis müssen für die einzelnen Zielgruppen nachfragestarke, normale und nachfrageschwache Übernachtungstage in ihrem Prognosestand ständig auf dem laufenden gehalten werden.
Dabei ist der einzelne Wochentag im Zusammenhang mit Feiertagen, Abbestellungsraten der Individualreisenden, Gästen ohne Reservierung, „no shows"-Erfahrungen usw. zu werten. Auch computergestützte Prognoseverfahren sind stets auf ihre Genauigkeit hin zu überprüfen und realistisch anzupassen.

Unterschiedlicher Hotelzimmerverkauf mit gleichem Bruttogewinn (Beherbergung)

Verkaufs-leistung ▼	Verkaufte Zimmer	Zimmerbe-legung in %	Durchschnittlich pro Zimmer (DM)			Gesamter Beherbergungs-		Ergiebig-keitsgrad ▼
			Hotelzimmer-preis	Relevante Kosten	Bruttogewinn	Logiserlöse	Bruttogewinn	
	a	b	c	d	e = c − d	f = a × c	g = a × e	h = b × e %
A	40	40%	200,–	25,–	175,–	8000,–	7000,–	40,0%
B	50	50%	165,–	25,–	140,–	8250,–	7000,–	40,0%
C	60	60%	141,67	25,–	116,67	8500,–	7000,–	40,0%
D	70	70%	125,–	25,–	100,–	8750,–	7000,–	40,0%
E	80	80%	112,50	25,–	87,50	9000,–	7000,–	40,0%
F	90	90%	102,77	25,–	77,77	9250,–	7000,–	40,0%
G	100	100%	95,–	25,–	70,–	9500,–	7000,–	40,0%

A) *Verkaufte Zimmer*
7 Verschiedene Verkaufsleistungen (von 40 bis 100 Zimmer) sind bei einem 100-Zimmer-Hotel dargestellt.

B) *Zimmerbelegung in %*
Die prozentuale Zimmerauslastung zeigt den Anteil der „verkauften Zimmer" an der zur Verfügung stehenden Beherbergungskapazität (100 Zimmer).

C) *Hotelzimmerpreis*
Hier sind die durchschnittlichen Zimmerraten (netto) aufgeführt, zu denen die Zimmer mit der entsprechenden Anzahl (Spalte A) zu verkaufen sind (ohne MwSt., Bedienung, Frühstück).

D) *Relevante Kosten pro Zimmer*
Auf jährlicher Basis sind als Erfahrungswerte die relevanten Kosten durchschnittlich pro Zimmer erfaßt. Hierzu gehören Kosten, die bei einer Zimmerbelegung anfallen wie zum Beispiel Wäschekosten, Reinigungsmaterial, Personalkosten oder Reinigungsfirma, Druckkosten, Gästeartikel, Reservierungskosten und andere. Jeder Hotelbetrieb sollte seine relevanten Kosten für jedes belegte Zimmer im Durchschnitt kennen.

E) *Bruttogewinn pro Zimmer*
Der Bruttogewinn oder Deckungsbeitrag pro Zimmer ist die Differenz zwischen dem Hotelzimmerpreis (netto) und den relevanten Kosten (Spalte C minus D).

F) *Logiserlöse*
Der gesamte Nettoerlös Beherbergung resultiert aus der Multiplikation der verkauften Zimmer (A) mit den Nettohotelzimmerpreisen (C).

G) *Bruttogewinn gesamter Beherbergungsbereich*
Weder die Zimmerbelegung in % noch die durchschnittliche Zimmerrate allein können als Beurteilungsmaßstab für den Hotelzimmerverkauf herangezogen werden. Mit dem insgesamt erwirtschafteten Bruttogewinn kann man besser und aussagefähiger Verkaufsleistungen bewerten. Alle 7 aufgezeigten Verkaufssituationen resultieren im gleichbleibenden Bruttogewinn (Anzahl der verkauften Zimmer [A] multipliziert mit dem durchschnittlichen Bruttogewinn pro Zimmer [E]).

H) *Ergiebigkeitsgrad in %*
Nach den zu Anfang beschriebenen Darstellungsformen berechnet sich der Ergiebigkeitsgrad folgendermaßen:

$$(A)\,\% = \frac{7000\text{ DM}}{17500\text{ DM}} = 40\%\text{ oder}$$

$$(B)\,\% = \frac{80}{100} \times \frac{87{,}50\text{ DM}}{175{,}-\text{ DM}} = 40\%\text{ oder}$$

$$(C)\,\% = 50\% \times \frac{140{,}-\text{ DM}}{175{,}-\text{ DM}} = 40\%$$

Optimierung des Geschäftsmix

So manches Gruppengeschäft zu niedrigen Zimmerraten hat dem Hotel mehr gekostet, als es eingebracht hat – vor allem aber die Möglichkeit versperrt, lukrativeres Geschäft überhaupt anzunehmen. Einige Hotelmanager vertreten die Auffassung: Wo Gäste sind, ist auch Umsatz, lieber das Hotel mit vielen Gästen zu niedrigen Zimmerpreisen voll belegen und damit eine bessere Auslastung im Food & Beverage (Restaurants, Bars usw.) erreichen. Andere Hoteldirektoren dagegen wollen mit dem „Deckungsbeitragsbringer Nr. 1", Beherbergung, keinen Ausverkauf beginnen, sie sehen im billigen Volumengeschäft nur höhere Abnutzung, mehr Arbeit und keineswegs mehr Bruttogewinn.
Beide Argumentationsrichtungen können in speziellen Marktsituationen als gerechtfertigt erscheinen. So gibt es wohl wenige Großhotels, die ihre volle Kapazität allein mit hochpreisigen Individualreisenden belegen können. Deshalb steht auch nahezu jedes Stadthotel in ständigem Ringen um den optimalen Geschäftsmix (Gästestruktur).

Verkaufsschulung

Verkauf und Ergiebigkeit im Beherbergungsbereich beginnen bei den Mitarbeitern. Alle nachfolgend beschriebenen Einflußfaktoren und Techniken sind wirkungslos, wenn Initiative, Mitdenken und geschultes Mithandeln der Mitarbeiter fehlen. Oft können Empfangsmitarbeiter hochwertige Zimmer schon deshalb nicht verkaufen, weil sie selbst die Verkaufspreise des Hotels für zu hoch halten. Alle Verkaufsmitarbeiter (und jeder Hotelangestellte mit Gastkontakt ist ein Verkäufer!) müssen geschult werden.
In engster Kooperation zwischen den Reservierungs-, Empfangs- und Verkaufsabteilungen läßt sich der *Ergiebigkeitsgrad – Beherbergung* optimieren. Alle festgelegten Verkaufsrichtlinien können nur nach systematischer Einweisung und Schulung am Markt befolgt werden. Das vielgepriesene *„on-the-job-training"* sollte man beim Verkauf unterlassen. Unter Ausschluß der Gäste sind Verkaufsregeln zu üben. Beim Verkauf – mit dem Gast – übt man nicht!
Integriertes „Ergiebigkeitsmanagement" zur Gewinnoptimierung im Beherbergungsbereich setzt ein geschlossenes „Team-Verkaufs-Verhalten" voraus. Mit regelmäßigen Schulungsmaßnahmen und umfassenden Informationen auf täglicher Basis lassen sich die Verkaufsbemühungen der Mitarbeiter „ergiebigkeitsorientiert" intensivieren.

Verkaufsrichtlinien

Müssen sich die Gäste ihre Zimmer selbst verkaufen? Dieses Gefühl hat man oft, wenn es um eine telefonische Reservierung im Hotel geht. Was passiert, wenn der Gast Ihr Hotel anruft? Gibt es klare Richtlinien darüber, zu welchen Zeiten welche Zimmer zuerst angeboten werden sollen? Sind erst die Suiten mit entsprechendem Verkaufsvokabular zu beschreiben und anzubieten? Werden die billigsten Zimmer zuerst genannt? Wer darf überhaupt Verkaufs- und Preisgespräche führen? Wird bei den Zimmerpreisen nur das Ankunftsdatum oder auch die Aufenthaltsdauer berücksichtigt? Gibt es für nachfragestarke Übernachtungstage klare Verkaufspreisrichtlinien für alle Zielgruppen? Werden am Telefon nur Preise genannt oder die Zimmer wirklich verkauft? Gibt es Anreize für die Verkaufsabteilung, in belegungsschwachen Zeiten zu buchen?
Viele Fragen, die es eindeutig zu regeln gilt. Verkaufsrichtlinien sind „Soll-Vorgaben" oder festgelegte Leistungsmaßstäbe für den Verkauf. Hier sollte wenig dem Zufall überlassen bleiben! Verkaufsaussagen des Früh- und Abenddienstes am Hotelempfang/Reservierung dürfen sich nicht widersprechen. Der Verkauf gehört zu den kommunikativen Marketinginstrumenten. Diese Kommunikation ist für jede Abteilung mit „Gastkontakt" weitgehend zu standardisieren.
So ein Standard war offensichtlich in einem Hotel festgelegt worden, als die Empfangskassiererin bei der Abreise den Geschäftsreisenden fragte, ob sie schon den Wiederholungsbesuch vormerken dürfe.

Verkaufserfolgskontrolle

Wie wichtig eine differenzierte Verkaufserfolgskontrolle sein kann, soll das Zahlenbeispiel *Nachfrageorientierte Verkaufserfolgskontrolle* verdeutlichen. Einige Hotelketten messen die Leistung ihrer Verkaufsabteilungen nach der Gesamtanzahl der gebuchten Übernachtungen und die dabei insgesamt erzielte durchschnittliche Zimmerrate. In dem zuerst von Eric B. Orkin dargestellten Verkaufsbeispiel erscheinen als Endergebnis alle aufgezeigten Verkaufsleistungen A bis E zunächst gleichwertig zu sein (Gesamtanzahl der verkauften Übernachtungen bei allen 300 zu 160 DM durchschnittliche Zimmerrate). Differenziert man jedoch die verkauften Übernachtungen in ihrer Zuordnung zur gebuchten Marktsituation (starke, normale und schwache Nachfrage), so zeigen sich die Verkaufsleistungen (A bis E) in neuem Licht:

Nachfrageorientierte Verkaufserfolgskontrolle

Verkaufsleistungen	Marktsituation			Gesamtanzahl verkaufte Übernachtungen (durchschnittliche Zimmerrate)
	Starke Nachfrage	Normale Nachfrage	Schwache Nachfrage	
		Übernachtungstage		
A Übernachtungen (Rate)	100 (160 DM)	100 (160 DM)	100 (160 DM)	300 (160 DM)
B Übernachtungen (Rate)	150 (160 DM)	100 (160 DM)	50 (160 DM)	300 (160 DM)
C Übernachtungen (Rate)	150 (140 DM)	100 (160 DM)	50 (220 DM)	300 (160 DM)
D Übernachtungen (Rate)	–	–	300 (160 DM)	300 (160 DM)
E Übernachtungen (Rate)	50 (220 DM)	100 (160 DM)	150 (140 DM)	300 (160 DM)

Rangfolge der Verkaufsleistungen:

1. *Verkaufsleistung D =*
   Alle Buchungen zu schwach nachgefragten Übernachtungstagen

2. *Verkaufsleistungen E =*
   Die Hälfte der Zimmerbuchungen zur schwachen Nachfrage mit geringerer durchschnittlicher Zimmerrate

3. *Verkaufsleistung A =*
   Ein Drittel der Buchungen jeweils zur starken, normalen und schwachen Nachfrage

4. *Verkaufsleistung B =*
   Die Hälfte der Buchungen zu stark nachgefragten Übernachtungstagen, damit Zimmerbelegung mit Volumengeschäft; die Zimmer hätten von „mehrzahlenden" Individualreisenden belegt werden können

5. *Verkaufsleistung C =*
   Hohes Buchungsvolumen zur stärksten Nachfrage und niedriger durchschnittlicher Zimmerrate

Alle beschriebenen Verkaufsleistungen tragen recht unterschiedlich zu dem Ergiebigkeitsgrad – Beherbergung der jeweiligen vorherrschenden Marktsituation bei. Nachfrageorientierte Verkaufserfolgskontrolle – eventuell verbunden mit einem Anreizsystem für Hotelverkäufer, die schwach nachgefragten Übernachtungstage zuerst zu verkaufen – kann wesentlich zur Optimierung der Bruttogewinnsituation beitragen (Yield-Management).

Prognose – Hotelzimmerpreis

Prognoseverfahren zur Berechnung des zu erwartenden durchschnittlichen Hotelzimmerpreises

I. Fallangaben

Das 200-Zimmer-Hotel „XY“ hat 100 Einzelzimmer, 60 Doppelzimmer und 40 Einzel-/Doppelzimmer zur Verfügung. Für „Einzelreisende (F.I.T.)“ werden für eine Person folgende Preise veranschlagt:

– Einzelzimmer	80 DM
– Einzel-/Doppelzimmer	100 DM
– Doppelzimmer	130 DM

Für 2 Personen bei „Einzelreisenden“ werden für das Einzel-/Doppelzimmer 120 DM, für das Doppelzimmer 150 DM verlangt. Spezialpreise gelten im Rahmen des „Firmenservice“. Firmen, die im Jahr über 80 Übernachtungen buchen, zahlen für ihre Geschäftsfreunde

für ein Einzelzimmer (1 Person)	70 DM
für ein Doppelzimmer (2 Personen)	120 DM

Für die „Gruppenreisenden“ (Gruppen, Tours, Tagungen – Volumengeschäft) sind in der *Hauptsaison*

für ein Einzelzimmer (1 Person)	80 DM
für ein Doppelzimmer (2 Personen)	120 DM

in der *Nebensaison*

für das Einzelzimmer	60 DM
für das Doppelzimmer	100 DM

im Hotelprospekt veröffentlicht.

Aufgrund von Erfahrungswerten rechnet man im nächsten Jahr für die einzelnen Gästegruppen mit folgendem Anteil am Geschäftsvolumen und der voraussichtlichen Doppelbelegung:

	Prognose (p.a)	
	zu erwartendes Geschäfts-volumen	% der Doppel-belegung
Einzelreisende	50%	10%
Firmenservice	10%	5%
Gruppenreisende Volumengeschäft		
Hauptsaison	15%	60%
Nebensaison	25%	50%
	100%	

II. Fallaufgaben

1. Berechnen Sie den zu erwartenden durchschnittlichen Hotelzimmerpreis (Brutto) für das Prognosejahr.
2. Welchen Beherbergungsumsatz dürfen Sie für das Prognosejahr erwarten, wenn bei dem veranschlagten Umsatzmix mit einer Jahresbelegung (Zimmer) von 50% gerechnet wird?

Fallaufgabe 1

1. Schritt

Aufstellung der zur Verfügung stehenden Hotelzimmer nach Zimmerkategorien

Beispiel:	Zimmerkategorien
	100 Einzelzimmer
	40 Einzel-/Doppelzimmer
	60 Doppelzimmer
	200 Zimmer

2. Schritt

Zusammenstellung der veröffentlichten Zimmerpreisstruktur nach den Gästegruppen

I. Einzelreisende (F.I.T. = Foreign Individual Traveller)

II. Firmenservice

III. Gruppenreisende (Volumengeschäft)

jeweils unterschieden nach Einzelzimmerpreis und Doppelzimmerpreis, Hauptsaison und Nebensaison.

Beispiel: Gästegruppen

		Zur Verfügung stehende Zimmer	Veröffentlichte Zimmerpreise (DM)
I.	Einzelreisende		
a)	als Einzelzimmer belegt	100 Einzelzimmer	80,–
		40 Einzel-/D.-Zi.	100,–
		60 Doppelzimmer	130,–
	Gesamt	200	
b)	als Doppelzimmer belegt	40 Einzel-/D.-Zi.	120,–
		60 Doppelzimmer	150,–
	Gesamt	100	
II.	Firmenservice		
a)	als Einzelzimmer belegt	70,–	
b)	als Doppelzimmer belegt	120,–	
III.	Gruppenreisende (Volumengeschäft)		
Hauptsaison			
a)	als Einzelzimmer belegt	80,–	
b)	als Doppelzimmer belegt	120,–	
Nebensaison			
a)	als Einzelzimmer belegt	60,–	
b)	als Doppelzimmer belegt	100,–	

3. Schritt

Bestimmung des Basis-Zimmerpreises für Einzelreisende (I) nach dem prozentualen Verhältnis der Zimmerkategorien (Schritte 1 und 2)

Beispiel:

	Zur Verfügung stehende Zimmer	Zimmerkategorien in %	× Zimmerpreis		DM
I. Einzelreisende					
a) als Einzelzimmer belegt					
Einzelzimmer	100	50%	× 80,–	=	40,–
Einzel-/D.-Zimmer	40	20%	× 100,–	=	20,–
Doppelzimmer	60	30%	× 130,–	=	39,–
Gesamt	200	100%			99,–
					(Basis-Zimmerpreis) ↑
I. Einzelreisende					
b) als Doppelzimmer belegt					
Einzel-/D.-Zimmer	40	40%	× 120,–	=	48,–
Doppelzimmer	60	60%	× 150,–	=	90,–
Gesamt	100	100%			138,–
					(Basis-Zimmerpreis) ↑

4. Schritt

Prognose der zu erwartenden Doppelbelegung unterteilt nach den Gästegruppen (siehe 2. Schritt)

Beispiel:	Prognose: % der Doppelbelegung (p.a.)	
Gästegruppen		
I. Einzelreisende		10%
II. Firmenservice		5%
III. Gruppenreisende	Hauptsaison	60%
(Volumengeschäft)	Nebensaison	50%

5. Schritt

Berechnung der durchschnittlichen Zimmerpreise pro Zimmerkategorie unter Berücksichtigung der zu erwartenden Doppelbelegung (Schritte 2, 3 und 4)

Beispiel:

	a) als Einzelzimmer belegt				b) als Doppelzimmer belegt				Durchschnittlicher Zimmerpreis pro Zimmerkategorie
	Basiszimmerpreis	×	% Einzelbelegung	+	Basiszimmerpreis	×	% Doppelbelegung	=	
I. Einzelreisende	99,00	×	90 %	+	138,00	×	10 %	=	102,90
II. Firmenservice	70,00	×	95 %	+	120,00	×	5 %	=	72,50
III. Gruppenreisende Hauptsaison	80,00	×	40 %	+	120,00	×	60 %	=	104,00
Nebensaison	60,00	×	50 %	+	100,00	×	50 %	=	80,00

6. Schritt

Prognose des zu erwartenden Geschäftsvolumens in prozentualem Anteil der Gästegruppen unter Berücksichtigung der Hauptsaison und Nebensaison (siehe Schritt 2).

Beispiel:

Gästegruppen	Prognose: zu erwartendes Geschäftsvolumen in % (pro Jahr)
I. Einzelreisende	50%
II. Firmenservice	10%
III. Gruppenreisende	
Hauptsaison	15%
Nebensaison	25%
	100%

7. Schritt

Berechnung des zu erwartenden durchschnittlichen Hotelzimmerpreises (average room rate)
(Schritte 5 und 6) für den Abrechnungszeitraum (z. B. pro Jahr)

Beispiel:

Gästegruppen	Durchschnittlicher Zimmerpreis pro Zimmerkategorie	×	Prognose: zu erwartendes Geschäftsvolumen in %		DM
I. Einzelreisende	102,90	×	50%	=	51,45
II. Firmenservice	72,50	×	10%	=	7,25
III. Gruppenreisende					
Hauptsaison	104,00	×	15%	=	15,60
Nebensaison	80,00	×	25%	=	20,00
			100%		94,30

Zu erwartender durchschnittlicher Hotelzimmerpreis für das Prognose-Jahr (Brutto = einschließlich Bedienungsgeld und MWSt). ↑

Fallaufgabe 2

Prognose

Zur Verfügung stehende Zimmer pro Jahr	= 365 × 200 = 73 000
Veranschlagte Jahresbelegung (Zimmer)	= 50%
Belegte Zimmer pro Jahr	= 36 500
Durchschnittlicher Hotelzimmerpreis (brutto)	= DM 94,30
Beherbergungsumsatz (brutto)	= 36 500 × 94,30 = DM 3 441 950

Optimaler durchschnittlicher Hotelzimmerpreis

Der durchschnittliche Hotelzimmerpreis oder der durchschnittlich erzielte Beherbergungserlös pro belegtes Zimmer (average room rate) gehört zu den wichtigsten Kennzahlen im Beherbergungsbereich. Die Zimmervermietung stellt in der Regel nicht nur die größte Einnahmequelle des Vollhotels dar, sondern erwirtschaftet ohne Zweifel die höchsten Brutto-Gewinne. Um so mehr lohnt sich der Kontrolleinsatz für diesen Bereich, denn jede zusätzliche Beherbergungs-DM wirkt verstärkt auf den Gesamt-Gewinn des Unternehmens. Die Preispolitik für den Beherbergungssektor ist in der Praxis überwiegend absatz-nachfrageorientiert; kostenorientierte Kalkulationsverfahren treten in den Hintergrund.
Aus der allgemein gültigen Erkenntnis, daß einmal unausgenützte Beherbergungskapazitäten unwiederbringlich verloren sind, wird mit unterschiedlichem Erfolg oft die ganze Palette der Preisdifferenzierungsmaßnahmen eingesetzt, um eine möglichst hohe Kapazitätsauslastung für das Hotel zu erreichen. Nach dem Motto: „Wo Gäste sind, gibt es auch Umsatz!" Selbst ein „billiger" Beherbergungsgast wird oft Verpflegungsleistungen zu vollen Preisen in Anspruch nehmen. Je nach Marktsituation heißt dann das Ziel: „Fixkostendeckung um jeden Preis!"
Positiv können solche „Preisdifferenzierungsarten" nur immer dann erscheinen, wenn aufgrund der Preisrabatte zusätzliche Nachfrage für die ganze Branche entstehen würde.
Niedrigpreispolitik führt bei entsprechender Nachahmung der Konkurrenzbetriebe zu einem gefährlichen Preis- und Erlösrutsch auf dem Beherbergungssektor. Auf keinen Fall darf der Beherbergungserlös – wie jetzt schon in vielen Häusern der Food und Beverage-Erlös – zur Hilfs- und Servicefunktion mit der Zielerwartung „Kostendeckung" degradiert werden. Nur mit hohen Deckungsbeiträgen des Beherbergungsbereichs kann man langfristig in unseren anlageintensiven Dienstleistungsbetrieben mit ständig steigenden Personalkosten überleben! Auf die Kontrolle der Preispolitik im Beherbergungsbereich unter Berücksichtigung der wichtigsten Einflußfaktoren des Deckungsbeitrages Beherbergung sei in diesem Zusammenhang hingewiesen. So soll der im folgenden schrittweise dargestellte, optimale durchschnittliche Hotelzimmerpreis nicht als Verfahren zur Verkaufspreiskalkulation, sondern vielmehr als ein Kontrollinstrument für den Beherbergungsbereich verstanden werden.

Die wichtigsten Preisdifferenzierungsarten im Beherbergungsbereich

Die Verkaufspreispolitik für die Zimmervermietung kann von vielen Faktoren gleichzeitig abhängen (zum Beispiel):

- *von zeitlichen Kriterien*
  (Jahreszeit, Haupt-, Neben-, Zwischensaison, Wochenende, Stand-by-Tarif)

- *von der Konkurrenzsituation*
  (Marktanteil der betreffenden Hotelklasse)

- *von dem zu erwartenden Umsatzvolumen*
  (Reisegruppen, Tours, Kongreßteilnehmer, Firmenservice, Messen)

- *von der Nachfrage verschiedener Käuferschichten*
  (Kurgäste, Familien, Kinder, Studenten, Geschäftsreisende)

- *vom Standort des Hotelbetriebes*
  (Lage, Aussicht, Klima, Stockwerkhöhe, Himmelsrichtung)

- *vom Zeitpunkt der Bezahlung*
  („Vorauszahlungstarif", Rabatte)

- *von den Qualitätserwartungen der nachfragenden Gäste*
  (Zimmergröße, Komfort, Mobiliar, Service)

Definition: „Optimaler durchschnittlicher Hotelzimmerpreis"

Unter dem optimalen durchschnittlichen Hotelzimmerpreis ist der Preis zu verstehen, der als Mittelwert bei Vermietung von Gästezimmern zu veröffentlichten Preisen unter Berücksichtigung der jeweiligen Gästestruktur und Zimmerkategorie zu erreichen ist. Mit dieser Kennzahl läßt sich die Wirtschaftlichkeit der Vermietung im Beherbergungsbereich kontrollieren.

Beispiel zur Berechnung des optimalen durchschnittlichen Hotelzimmerpreises:

Als „Sollertrag" läßt sich diese Kennzahl mit Hilfe der tatsächlichen Kapazitätsauslastung Zimmer (Zimmerbelegung in %) der erfaßten Doppelbelegung – Zimmer und den veröffentlichten Zimmerpreisen im Abrechnungszeitraum als Nachkalkulation bestimmen:

Erforderliche Daten:

Abrechnungszeitraum:	12	Monate
Vermietbare Zimmer:	100	(pro Tag)
Kapazitätsauslastung – Zimmer im Abrechnungszeitraum:	70%	(70 Zimmer pro Tag)
Doppelbelegung – Zimmer im Abrechnungszeitraum:	40%	(42 Zimmer – einzelbelegt) (28 Zimmer – doppelbelegt)

Zimmerkategorien: Anzahl	Zimmertyp	Veröffentlichte Zimmerpreise: 1 Person	2 Personen
30	Einzelzimmer	DM 80,–	–
60	Studiozimmer	DM 100,–	DM 120,–
10	Suiten	DM 130,–	DM 150,–
100			

1. Schritt

Berechnung des durchschnittlichen Hotelzimmerpreises bei gegebener Kapazitätsauslastung der niedrigsten Zimmerpreise:

	möglicher Umsatz DM
30 Einzelzimmer × DM 80,–	= 2400
40 Studiozimmer × DM 100	= 4000
70 Zimmer pro Tag	= 6400
plus: Doppelbelegung	
28 Zimmer × DM 20	= 560
gesamt (pro Tag)	= 6960

Durchschnittlicher Hotelzimmerpreis pro Tag
(niedrigste Zimmerpreise)

$$= \frac{\text{möglicher Umsatz}}{\text{belegte Zimmer}} = \frac{6960}{70} = \text{DM } 99{,}43$$

2. Schritt
Berechnung des durchschnittlichen Hotelzimmerpreises bei gegebener Kapazitätsauslastung und Doppelbelegung unter Annahme der höchsten Zimmerpreise:

		möglicher Umsatz DM
10 Suiten × DM 130	=	1300
60 Studiozimmer × DM 100	=	6000
70 Zimmer pro Tag	=	7300
plus: Doppelbelegung		
10 Suiten × DM 20	=	200
18 Studiozimmer × DM 20	=	360
gesamt (pro Tag)	=	7860

Durchschnittlicher Hotelzimmerpreis pro Tag
(höchste Zimmerpreis)

$$= \frac{\text{möglicher Umsatz}}{\text{belegte Zimmer}} = \frac{7860}{70} = \text{DM } 112{,}29$$

3. Schritt
Berechnung des optimalen durchschnittlichen Hotelzimmerpreises (Sollertrag) als Mittelwert zwischen den veranschlagten niedrigsten und höchsten Zimmerpreisen (Schritte 1 und 2)

Optimaler durchschnittlicher Hotelzimmerpreis =

$$\frac{\varnothing \text{ Hotelzimmerpreis (niedrigste Preise)} + \varnothing \text{ Hotelzimmerpreis (höchste Preise)}}{2}$$

Optimaler durchschnittlicher Hotelzimmerpreis
(Sollertrag) =

$$\frac{(\text{DM } 99{,}43 + \text{DM } 112{,}29)}{2} = \text{DM } 105{,}86$$

Mit der Berechnung des *„optimalen durchschnittlichen Hotelzimmerpreises"* wird ein Maßstab – eine Sollgröße – geschaffen, um eine neutrale Vergleichsgröße und damit eine echte Beurteilungsmöglichkeit für den tatsächlich erreichten Beherbergungsumsatz pro belegtes Zimmer zu gewinnen.
Die Wirtschaftlichkeit bei der Vermietung im Beherbergungsbereich läßt sich mit folgender Kennzahl definieren:

$$\frac{\textit{Wirtschaftlichkeit}}{\text{(Ergiebigkeitsgrad)}} = \frac{\text{Ist-Ertrag (Ø Zimmerpreis)}}{\text{Soll-Ertrag (Ø Zimmerpreis)}}$$

Vollkommene Unwirtschaftlichkeit wird durch den Extremwert „0", vollkommene Wirtschaftlichkeit durch den Extremwert „1" ausgedrückt. Beträgt in dem gezeigten Zahlenbeispiel der tatsächlich erreichte Beherbergungsumsatz pro belegtes Zimmer nur z.B. DM 87,– und damit der

$$\textit{Ergiebigkeitsgrad} = \frac{\text{Ist-Ertrag}}{\text{Soll-Ertrag}} = \frac{87,-}{105,86} = 0,82,$$

dann müssen weitgehende besondere Preisrabatte für diesen Zeitraum gegeben worden sein (Spezialpreise für Gruppen, Kongresse, Firmenservice etc.). Derartige Preiszugeständnisse bedürfen der Erklärung und Genehmigung des Top-Managements.

Aussagefähigkeit des optimalen durchschnittlichen Hotelzimmerpreises als Kontrollinstrument:

- Der durchschnittlich erreichte Hotelzimmerpreis (Ist-Ertrag) wird nicht mehr allein in einem reinen Zeitvergleich beurteilt und interpretiert.
- Als neutraler Maßstab liefert der „optimale durchschnittliche Hotelzimmerpreis" im Soll-Ist-Vergleich ein Beurteilungskriterium für die Verkaufsfähigkeit des Empfangspersonals (Vermietung der teueren Zimmer).
- Eingeräumte Spezialpreise und deren Auswirkung werden deutlich und kontrollierbar.
- Die Wirtschaftlichkeit ausgedrückt im Ergiebigkeitsgrad für den Beherbergungssektor zeigt im Soll-Ist-Vergleich der durchschnittlichen Zimmerpreise an, inwieweit die veröffentlichte Zimmerpreisstruktur nachfrageorientiert ist.

In der Praxis wird man je nach voraussichtlicher Geschäftslage entweder den optimalen durchschnittlichen Hotelzimmerpreis als Sollvorgabe gewichten (z.B. zeitlich vorgeschriebener Verkauf zu höchsten Zimmerpreisen) oder aber einen „Mindest-Ergiebigkeitsgrad" für den Beherbergungsbereich vorschreiben.

Kontrolle der Preispolitik im Beherbergungsbereich

Als deckungsbeitragsfreudiger Hotelbereich findet der Beherbergungssektor schon immer eine besondere Beachtung bei der Umsatzanalyse. Die Kennzahlen Zimmerbelegung in Prozent, der durchschnittliche Beherbergungserlös pro belegtes Zimmer (average room rate), die Doppelbelegung in Prozent und damit die Anzahl der Hotelgäste werden in fortschrittlichen Betrieben pro Monat geplant und im Detail kontrolliert.

Meist erfolgt aber die Kontrolle zu einseitig. Nur der durchschnittliche Hotelzimmerpreis gilt als „heilige“ Kennzahl und wird gerade bei Konzernbetrieben zum Maßstab für erfolgreiche Preispolitik im Beherbergungsbereich. Viel wichtiger, umfassender und aussagefähiger ist ohne Zweifel der gesamte Deckungsbeitrag des Beherbergungsbereichs.

Zusammenhang der wichtigsten Einflußfaktoren des Deckungsbeitrages Beherbergung:

- A Verkaufspreise
- B relevante Kosten
- C Anzahl der verkauften (belegten) Zimmer
- D Verkaufsstruktur

Einflußfaktoren des Deckungsbeitrages Beherbergung

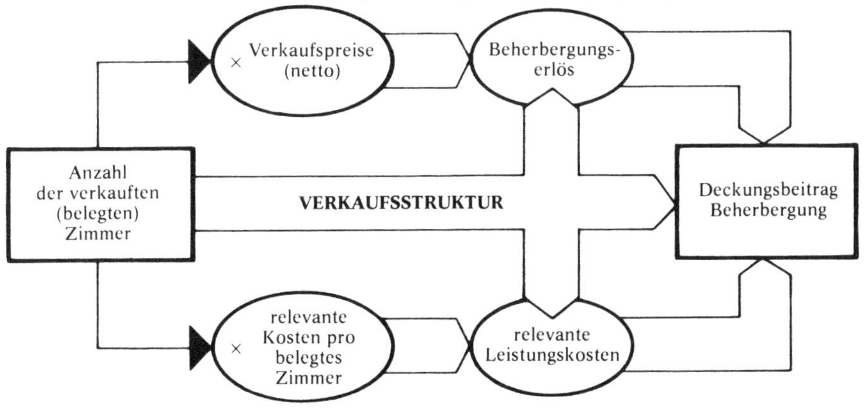

Überblick zur Zielsetzung der Deckungsbeitrags-Flußrechnung-Beherbergung

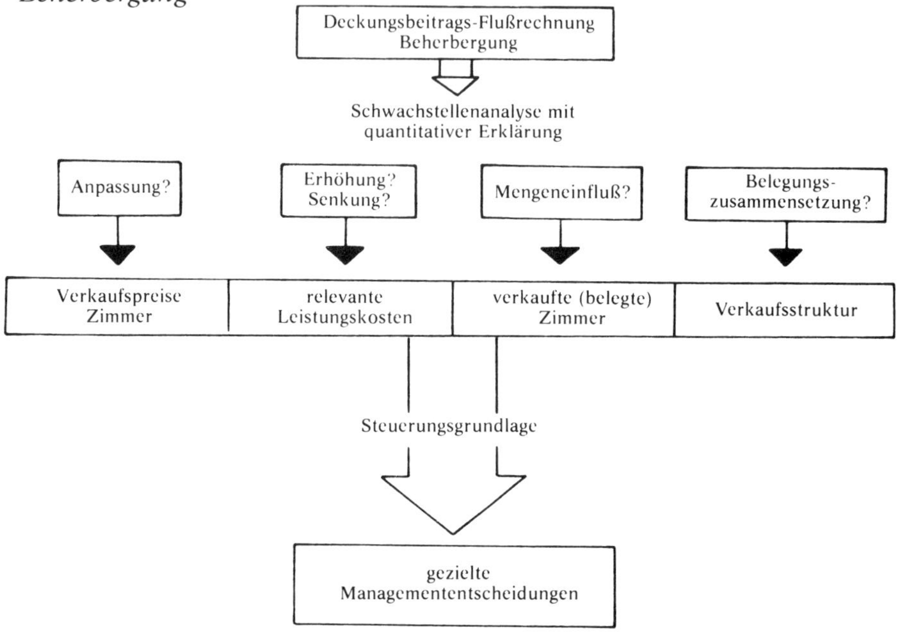

Im folgenden Zahlenbeispiel werden diese Einflußfaktoren in einem reinen Zeitvergleich oder auch Soll-/Ist-vergleich quantitativ – in absoluten DM-Beträgen – erklärbar dargestellt.

Zahlenbeispiel aus der Praxis

Ausgehend von der Deckungsbeitragsrechnung Beherbergung wird die angeschlossene Kennzahlenauswertung eine erste Hilfestellung zur Interpretation des Deckungsbeitragsrückgangs von 68 402 DM (siehe Zahlenbeispiel Deckungsbeitragsrechnung Beherbergung) sein können. Nur die folgende Deckungsbeitrags-Flußrechnung vermag aber quantifizierbar die Frage zu beantworten, worauf diese Differenz im einzelnen zurückzuführen ist. Dabei soll hier schrittweise und nachvollziehbar die Rechentechnik erläutert werden, um zu quantitativ richtigen Größenordnungen der Haupteinflußfaktoren für den Deckungsbeitrag Beherbergung zu kommen.

A Einflußfaktor: Verkaufspreise

Wie kann der Einfluß auf den Deckungsbeitrag etwaiger Verkaufspreisbewegungen berechnet werden? Ausgehend von der durchschnittlichen Verkaufspreiserhöhung oder -senkung pro belegtes Zimmer innerhalb der Belegungszusammensetzung, multipliziert mit dem Mittelwert der belegten Zimmer (Periode I und II), läßt sich der Einflußfaktor *„Verkaufspreise"* quantifizieren.

Belegungs-zusammensetzung	Ø Hotelzimmer-preis I	II	Erhöhung (+) Senkung (−)	Mittelwert der belegten × Zimmer	Einfluß der Verkaufspreise auf den = Deckungsbeitrag
Einzelreisende	165,–	172,–	+ 7,–	× 2235	= + 15645
Firmenservice	120,–	119,–	− 1,–	× 853	= − 853
Tagungen/Kongresse	130,–	132,–	+ 2,–	× 640	= + 1280
Tour-Serien	90,–	82,–	− 8,–	× 2392	= − 19136
				gesamt	− 3064

B Einflußfaktor: relevante Kosten

Unter den Einflußfaktoren des Deckungsbeitrages Beherbergung erscheint die Wirkung der *„relevanten Kosten"* klar und eindeutig. So wird eine Erhöhung der relevanten Kosten" zu einer Deckungsbeitragsminderung, eine Senkung zu einer Deckungsbeitragserhöhung führen. Da hier zwei Perioden mit meist unterschiedlichen Mengen (Anzahl der belegten Zimmer) verglichen werden, wird bei der Berechnung von einem Mittelwert der belegten Zimmer ausgegangen.

Belegungs-zusammensetzung	Ø relevante Kosten pro belegtes Zimmer I	II	Erhöhung (+) Senkung (−)	Mittelwert der belegten × Zimmer	Einfluß der relevanten Kosten auf den = Deckungsbeitrag
Einzelreisende	23,64	25,41	+ 1,77	× 2235	= − 3956
Firmenservice	20,68	21,84	+ 1,16	× 853	= − 989
Tagungen/Kongresse	33,49	34,65	+ 1,16	× 640	= − 742
Tour-Serien	34,47	36,75	+ 2,28	× 2392	= − 5454
				gesamt	− 11141

C Einflußfaktor: Anzahl der belegten Zimmer (Menge)

Hier wird untersucht, ob bei den eingetretenen Deckungsbeitragsänderungen Einflüsse des Faktors „Menge" (Anzahl der belegten Zimmer) wirksam gewesen sind. Die jeweilige Mengenzu- oder -abnahme der belegten Zimmer der unterschiedlichen Gästegruppen wird mit dem Mittelwert des Deckungsbeitrags pro Zimmer aus beiden Perioden multipliziert.

Belegungs-zusammensetzung	Mengenzu- oder -abnahme (+) (−)	Mittelwert I u. II ∅ Deckungsbeitrag pro belegtes Zimmer × DM	Mengeneinfluß auf den Deckungsbeitrag DM
Einzelreisende	− 830	× 143,98	= − 119503
Firmenservice	+ 55	× 98,24	= + 5403
Tagungen/Kongresse	+ 80	× 96,93	= + 7754
Tour-Serien	+ 1035	× 50,39	= + 52154
		gesamt	− 54192

D Einflußfaktor: Verkaufsstruktur

Nimmt man den Gesamtanstieg der verkauften und belegten Zimmer (= 340 Zimmer) und als Mittelwert der Zeitperioden I und II den durchschnittlichen Deckungsbeitrag pro Zimmer insgesamt (= 95,71 DM), so erscheint der berechnete negative Mengeneinfluß auf den Deckungsbeitrag von − 54192 DM (vgl. C Einflußfaktor: Anzahl der belegten Zimmer) erklärungsbedürftig; erwartet wird ein positiver Einfluß von 3254 DM. Bei näherer Betrachtung fällt auf, daß sich z. B. der Mengenrückgang von 830 deckungsbeitragintensiven Einzelreisenden stärker auswirkt als die an sich sogar höhere Mengenzunahme von 1035 deckungsbeitragsschwächeren Tour-Serien. Innerhalb der Belegungszusammensetzung hat also eine deckungsbeitragsrelevante Verschiebung der *„Verkaufsstruktur"* stattgefunden.

Um diesen *„Struktureffekt"* in seiner Auswirkung exakt zu erfassen, ist es erforderlich, vorher den *„reinen Mengeneffekt"* zu berechnen. Hier lautet die Fragestellung: Zu welchem DB-Zuwachs hätte der Gesamtanstieg der belegten Zimmer (340 Zimmer insgesamt) bei unveränderter „Verkaufsstruktur" geführt? Dabei beinhaltet die Annahme einer unveränderten Struktur konkret, daß sich alle Gästegruppen in gleicher Richtung und in gleichem Verhältnis wie die gesamten belegten Zimmer verändern würden. Änderung der Gesamtmenge (Anzahl der belegten Zimmer) Periode II: Periode I = 6290 : 5950 = 5,7 Prozent.

Deckungsbeitragsrechnung Beherbergung

				Belegungszusammensetzung							
		Hotel insgesamt		Einzel-reisende		Firmen-service		Tagungen Kongresse		Tour-Serien	
a	Zeitperioden	I	II	I	II	I	II	I	II	I	II
b	Anzahl der belegten Zimmer	5950	6290	2650	1820	825	880	600	680	1975	2910
c	Beherbergungserlös (netto) DM	783000	746140	437250	313040	99000	104720	78000	89760	168750	238620
d	relevante Kosten DM	164430	195972	62646	46242	17060	19215	20094	23562	64630	106953
e	Deckungsbeitrag Beherbergung DM	618570	550168	374604	266798	81940	85505	57906	66198	104120	131667

Kennzahlenauswertung

f	Zimmerbelegung %	63,98	67,63	28,50	19,56	8,87	9,47	6,45	7,31	20,16	31,29
g	Doppelbelegung %	40,3	48,4	20,0	21,0	5,0	4,0	70,0	65,0	75,0	75,0
h	Anzahl der Gäste	8347	9332	3180	2202	866	915	1020	1122	3281	5093
i	∅ Hotelzimmerpreis DM	131,60	118,62	165,–	172,–	120,–	119,–	130,–	132,–	90,–	82,–
j	∅ relevante Kosten/ Zimmer DM	27,64	31,16	23,64	25,41	20,68	21,84	33,49	34,65	34,47	36,75
k	∅ Deckungsbeitrag/ Zimmer DM	103,96	87,46	141,36	146,59	99,32	97,16	96,51	97,35	55,53	45,25

Belegungs-zusammensetzung	5,7% Mengen-zunahme	Mittelwert I u. II Ø Deckungsbeitrag pro belegtes Zimmer Ø DM	„reiner Mengeneinfluß" = DM
Einzelreisende	151	× 143,98	= + 21 741
Firmenservice	47	× 98,24	= + 4617
Tagungen/Kongresse	35	× 96,93	= + 3393
Tour-Serien	107	× 50,39	= + 5392
gesamt	340		+ 35 143

Nunmehr ist es möglich, den unter C ausgewiesenen Mengeneinfluß (Anzahl der belegten Zimmer) von – 54 192 DM gesamt aufzuspalten in einen Wert für den *„reinen Mengeneinfluß"* und einen Wert für den *Struktureffekt* (Verkaufsstruktur).

Belegungs-zusammensetzung	Anzahl der belegten Zimmer Einfluß DM	(a) „reiner Mengen-einfluß" DM	(b) Struktureffekt DM
Einzelreisende	– 119 503	+ 21 741	– 141 244
Firmenservice	+ 5403	+ 4617	+ 786
Tagungen/Kongresse	+ 7754	+ 3393	+ 4361
Tour-Serien	+ 52 154	+ 5392	+ 46 762
	54 192	+ 35 143	– 89 335

Durch die Mengenverschiebung innerhalb der Belegungszusammensetzung kam es zu einem negativen Deckungsbeitragseffekt von 89 335 DM. Durch Summation der Werte (a) „reiner Mengenfluß" und (b) „Struktureffekt" kann der „Gesamte Mengeneinfluß" (Anzahl der belegten Zimmer) jederzeit reproduziert werden.

Gesamtauswertung der DB-Flußrechnung

In der gezeigten Übersicht sind die einzelnen Ergebnisabweichungen der Einflußfaktoren übersichtlich und interpretationsfähig dargestellt. In dieser sinnvollen Gruppierung (Erklärungsstruktur) kann eine derartige Schwachstellenanalyse als Fundament für gezielte Managemententscheidungen dienen. Zwar wird jeder Hotelier mit seiner Marktkenntnis betriebsspezifische Erläuterungen und Folgerungen aus dem Gesamtergebnis ableiten können, dennoch sollen nachfolgend einige rein zahlenmäßig erkennbare Problemkreise angesprochen werden:

Gesamtauswertung der DB-Flußrechnung Darstellung einer DB-Flußrechnung – Beherbergung

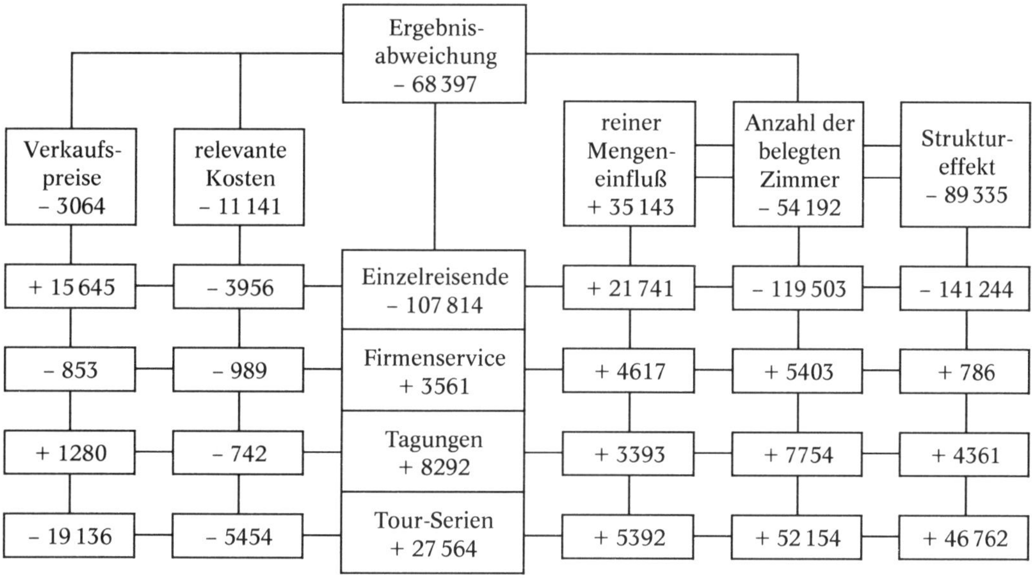

Interpretation

- Allgemein konnte die negative Erhöhung der relevanten Kosten (– 11 141 DM) mit Verkaufspreiserhöhungen nicht ausgeglichen werden – (– 3064 DM).
- Bei der Gästegruppe „Einzelreisende“ wurde die Kostenerhöhung durch Preiserhöhung voll abgedeckt. Die hier vielleicht überzogene Hochpreispolitik schlug sich aber sicherlich bei dem negativen Einfluß – Rückgang der belegten Zimmer (– 119503 DM) – nieder.
- Eine geringfügige Preiserhöhung scheint bei dem „Firmenservice“ ohne negative Folgen auf das Gästevolumen angebracht, um zumindest die Erhöhung der relevanten Kosten aufzufangen.

- Bei Tagungen und Kongressen wurden die Verkaufspreise ohne negativen Effekt der Anzahl der belegten Zimmer angepaßt.
- Zwar konnte durch „Billigpreispolitik“ das Volumen der Tour-Serien erheblich gesteigert werden, und die Gesamtwirkung auf den Deckungsbeitrag ist mit 27564 DM positiv, deutlich zeigt aber der Struktureffekt, daß man bei den Verkaufsbemühungen den deckungsbeitragsschwächsten Teil der Belegungszusammensetzung gefördert hat.
  Der saldierte negative Struktureffekt von – 89335 DM (Verschiebung innerhalb der Belegungszusammensetzung) kennzeichnet diese Politik eindeutig.
- Die aussagefähigen, in absoluten DM-Beträgen belegbaren Einflüsse der DB-Flußrechnung helfen, aus der Entwicklung der Vergangenheit verbesserte, nachfragegerechte Schlüsse ziehen zu können.

Arbeitsablauf und Informationsverarbeitung am Hotelempfang

Zimmerreservierung

Der erste Kontakt mit dem Hotel – telefonisch, brieflich oder persönlich ist mitentscheidend für die Beurteilung des Aufenthaltes im Hotel.

Was erwarten Sie als Gast bei einer telefonischen Reservierung?

1. Wurde Ihr Anruf sofort beantwortet?
2. Wurden Sie freundlich mit dem jeweiligen Tagesgruß begrüßt?
3. Entschuldigte man sich bei Ihnen, falls Sie warten mußten?
4. Wurden Sie nach Ihrem Vor- und Nachnamen gefragt?
5. Wurden Sie gebeten, Ihren Namen zu buchstabieren?
6. Wurden Sie nach Ihrer Adresse gefragt?
7. Wurden Anreisetag und möglicher Abreisetag notiert?
8. Wurden Sie nach der Art der gewünschten Unterbringung gefragt?
9. Wurde Ihnen die Preisklasse genannt?
10. Wiederholte der Hotelangestellte die wichtigen Angaben bei der Bestätigung Ihrer Voranmeldung?
11. Wurden Sie gebeten, eine schriftliche Bestätigung für Ihnen nachzusendende Rechnungen zu schicken?
12. Wurde Ihnen die Ausfertigung einer schriftlichen Bestätigung angeboten?
13. Schlug Ihnen der Reservierungsangestellte Ausweichtermine vor, falls das Hotel für die gewünschte Zeit belegt war?
14. Dankte Ihnen der Reservierungsangestellte dafür, daß Ihre Wahl auf dieses Hotel gefallen war?
15. Versicherte Ihnen der Reservierungsangestellte, eine Buchungsbestätigung zuzuschicken?

Muster-Arbeitsablauf: Annahme von Zimmerreservierungen

A) Per Telefon
B) Per Telex/Telegramm/Fax
C) Per Brief

A) Annahme von Zimmerreservierung per Telefon

Beantwortung des Telefons:
Bei Abnahme des Telefons meldet sich die Reservierungsdame mit folgendem Wortlaut: „Reservierungsabteilung“ . . . Name der Reservierungsdame und dem entsprechenden Tagesgruß: „Guten Morgen, Guten Tag oder Guten Abend.“
Die Reservierungsdame sollte klar und deutlich und mit natürlicher Freundlichkeit jeden Telefonanruf beantworten.

Annahme der Reservierung:
Der Anruf gibt Details seiner Reservierungswünsche bekannt, die sofort auf dem Zimmerreservierungsvordruck festgehalten werden (siehe Muster).

Zimmer-Reservierung Für ____________________

Name: Adresse:

Ankunftsdatum:	Ankunftszeit:	Aufenthaltsdauer:	Bemerkungen:
Zimmer und Preis:			
Besteller:			

Kartei:		Statistik	Res. code	Angenommen durch:	Datum:	Uhrzeit:

(Klare deutliche Angaben, Druckschrift, Monatsangabe = Abkürzung z. B. Jan., Feb. etc).
Zuerst muß jedoch auf der Reservierungskontrolltafel überprüft werden, ob für den gewünschten Zeitraum Zimmer vorhanden sind, wozu drei Angaben erforderlich sind: Ankunftsdatum, Anzahl der Nächte, Anzahl der Zimmer. An den ausgebuchten Daten wird das entsprechende Datum eingekreist, was bedeutet, daß dieser Tag bereits ausgebucht ist.

Januar	1	2	3	4	5	6	7	8	9	10	11	12	13	14	15	16	17	18	19	20	21	22	23	24	25	26	27	28	29	30	31
Februar	1	2	3	4	5	6	7	8	9	10	11	12	13	14	15	16	17	18	19	20	21	22	23	24	25	26	27	28	29		
März	1	2	3	4	5	6	7	8	9	10	11	12	13	14	15	16	17	18	19	20	21	22	23	24	25	26	27	28	29	30	31
April	1	2	3	4	5	6	7	8	9	10	11	12	13	14	15	16	17	18	19	20	21	22	23	24	25	26	27	28	29	30	
Mai	1	2	3	4	5	6	7	8	9	10	11	12	13	14	15	16	17	18	19	20	21	22	23	24	25	26	27	28	29	30	31
Juni	1	2	3	4	5	6	7	8	9	10	11	12	13	14	15	16	17	18	19	20	21	22	23	24	25	26	27	28	29	30	
Juli	1	2	3	4	5	6	7	8	9	10	11	12	13	14	15	16	17	18	19	20	21	22	23	24	25	26	27	28	29	30	31
August	1	2	3	4	5	6	7	8	9	10	11	12	13	14	15	16	17	18	19	20	21	22	23	24	25	26	27	28	29	30	31
September	1	2	3	4	5	6	7	8	9	10	11	12	13	14	15	16	17	18	19	20	21	22	23	24	25	26	27	28	29	30	
Oktober	1	2	3	4	5	6	7	8	9	10	11	12	13	14	15	16	17	18	19	20	21	22	23	24	25	26	27	28	29	30	31
November	1	2	3	4	5	6	7	8	9	10	11	12	13	14	15	16	17	18	19	20	21	22	23	24	25	26	27	28	29	30	
Dezember	1	2	3	4	5	6	7	8	9	10	11	12	13	14	15	16	17	18	19	20	21	22	23	24	25	26	27	28	29	30	31

Beginnt die Reservierungsperiode bereits vor einem ausgebuchten Datum, sollte mit dem Reservierungsleiter Rücksprache gehalten werden, um die kritischen Tage eventuell doch noch bestätigen zu können.
Wenn die Reservierung bestätigt werden kann, muß der Zimmerreservierungsvordruck vollständig ausgefüllt werden, auf jeden Fall müssen Name und Telefonnummer des Anrufers notiert werden. Sonderwünsche (ruhige Lage, Blick zum Garten etc.) werden unter Rubrik „Bemerkungen“ notiert.

Preisbestätigung:
Grundsätzlich können alle publizierten Einzelpreise bestätigt werden.

Ausnahmen:
Preisrestriktionen, die während gewisser Zeiträume Minimum-Preise ausschließen und auf der Reservierungskontrolltafel vermerkt werden.

Wünsche des Bestellers zur Rechnungsbegleichung:
Zunächst werden die Wünsche des Gastes notiert. Die Zusendung von Rechnungen kann grundsätzlich nur vom Empfangschef oder seinem Stellvertreter genehmigt werden. Es ist dabei zu beachten, daß detailliert festgehalten wird, was der Besteller zu bezahlen wünscht (z. B. Zimmer + Frühstück oder die Gesamtrechnung).
Die Reservierungsdame bittet den Anrufer, das Arrangement schriftlich zu bestätigen.
Jede Reservierung muß sofort mit den Initialen der Reservierungsdame, dem Datum der Annahme und dem Reservierungscode versehen werden.

Beendigung des Telefongespräches:
Jedes Gespräch sollte höflich und freundlich beendet werden: „Auf Wiederhören, wir bedanken uns für Ihren Anruf!“

B) Annahme von Reservierungen per Telex/Telegramm/Fax

Die Reservierungen werden von den Reservierungsdamen vom Fernschreiber abgerissen, mit dem Zeitstempel und den Initialen versehen und zur Zählung und Weiterbearbeitung an den Reservierungsleiter gegeben.
Reservierungsanfragen per Telex/Telegramm/Fax müssen auch per Telex/Telegramm/Fax beantwortet werden.

C) Annahme von Reservierungen per Brief

Die gesamte eingehende Post für den Empfang wird von der Sekretärin des Empfangschefs geöffnet und mit einem Eingangsstempel versehen.
Von dort werden die Reservierungsanfragen direkt an den Empfangschef bzw. den Reservierungsleiter weitergegeben.
Bevor die Reservierungen bestätigt und aufgesetzt werden, müssen sie in jedem Fall in der Reservierungszählliste notiert werden (siehe Muster: Standardisierte Reservierung).
Sämtliche Reservierungen müssen in der Reservierungs-Zähl-Liste erfaßt und fortgeschrieben werden (siehe Muster).

Reservierungs-Zähl-Liste Gezählt am: Für den Monat:

		Reservierungen							Stornierungen						
	Vortrag	5	10	15	20	25	30	Endsumme	5	10	15	Total	Tages-Endsumme	Kontingente	
1															1
2															2
3															3
4															4

Gästeankunft

Die Aufmerksamkeit dem Gast gegenüber bei Ankunft und Abreise ist maßgebend für den Eindruck, den er vom Hotelservice gewinnt. Höfliches und fachkundiges Verhalten sollen jedem Gast das Gefühl geben, daß er willkommen ist.

Was erwarten Sie als Gast bei Ihrer Ankunft im Hotel?

Portier:

1. Sie werden von einem gepflegt aussehenden Portier freundlich begrüßt, und er ist Ihnen mit Ihrem Gepäck behilflich.
2. Wenn Sie in Ihrem Privatwagen vorfahren, öffnet Ihnen der Portier die Tür und informiert Sie darüber, wo Sie Ihr Auto abstellen können.
3. Wenn Sie ein Taxi benötigen, wird dieses sofort gerufen. Ferner ist man Ihnen gerne betreffend Ihres Fahrziels behilflich.
4. Regenschirme werden im Bedarfsfall zur Verfügung gestellt.

Muster: Standardisierte Reservierung

Für .... Reservierung ....

Adresse .... Bemerkungen ....

....

....

Zimmer und Preis

Alle Zimmer haben WC, Bad und Dusche	Anzahl der Personen	Preis einschließlich 15 % Bedienung und 14 % MWSt.

Ankunft .... Zeit .... Abreise ....

Reservierungen werden normalerweise nur bis 18.00 Uhr gehalten, falls keine spätere Ankunftszeit vereinbart wurde, eine Anzahlung geleistet oder die Bezahlung garantiert wurde.

	Vorheriges Ankunftsdatum	Vorh. Ankunftszeit	Vorh. Ankunftsdatum	Vorh. Zimmerbestellung
Res. Änderung:				

Bitte legen Sie diese Bestätigung bei Ankunft dem Empfang vor.

Angenommen von: .... um .... Uhr Datum ....

Empfang/Post/Information:

5. Ein Empfangsherr begrüßt Sie bei Ihrer Ankunft höflich und zuvorkommend in Ihrer Sprache. Er überprüft die Reservierung und bittet Sie, das Anmeldeformular auszufüllen.
6. Der Empfangsherr ist Ihnen bei der Auswahl des Zimmertyps behilflich. Details der Rechnungstellung, einschließlich der Benützung von Kreditkarten und der Notwendigkeit eventueller Barzahlung, behandelt er taktvoll und fachmännisch.
7. Falls Sie bereits vom Hotel registriert worden sind, liegt ein Kuvert mit Zimmerschlüssel und Willkommenskarte für Sie bereit.

8. Sobald Ihre Identität bekannt ist, spricht der Empfangsherr Sie namentlich an.
9. Nachrichten werden unverzüglich an Sie weitergeleitet und Ihre Post wird am Tag der Ankunft in Ihr Schlüsselfach gelegt.
10. Der Empfangsherr ist gut über die Restaurants, Bars und sonstigen Einrichtungen des Hotels informiert.
11. Während Ihres Aufenthaltes versichert sich der Empfangsherr immer Ihres Namens, bevor er Ihnen Zimmerschlüssel, Post und Nachrichten aushändigt. Auf Wunsch notiert er, wo Sie zu erreichen sind, wenn Sie sich nicht in Ihrem Zimmer aufhalten.

Hoteldiener:

12. Der Hoteldiener begrüßt Sie und begleitet Sie auf Ihr Zimmer.
13. Das Gepäck wird unverzüglich auf Ihr Zimmer gebracht und auf dem Gepäckständer abgestellt und/oder in den Schrank gehängt.
14. Die Handhabung der Geräte im Zimmer, die Benützung von Telefon, Thermostat, Fernseher etc. wird erläutert.
15. Der Hoteldiener erkundigt sich, ob dies Ihr erster Aufenthalt im Hotel ist und weist auf die Annehmlichkeiten des Hotels, einschließlich des Wäscherei- und Reinigungsservices hin.
16. Er wünscht Ihnen einen angenehmen Aufenthalt und verläßt unverzüglich das Zimmer.
17. Falls Sie Ihr Zimmer zu wechseln wünschen, wird dies schnell und umsichtig erledigt.

Fragen zur Überprüfung des Gästeempfangs (Mindestanforderungen)

1. Machte das Empfangspersonal einen ordentlichen und gepflegten Eindruck?
2. Wurden Sie bei Ihrer Ankunft freundlich begrüßt?
3. War man Ihnen behilflich, Ausweichmöglichkeiten zu finden, falls das Hotel belegt war?
4. Wurden Sie gefragt, ob Sie ein Zimmer reserviert hatten?
5. Bekamen Sie die gewünschte Unterkunft?
6. Wurden Sie gefragt, wie lange Sie bleiben würden?
7. Wurde Ihnen schon eingetroffene Post sofort ausgehändigt?
8. Fanden Sie Ihr Zimmer bezugsfertig vor, als Sie es betraten?
9. Wurden Sie gefragt, wie Sie Ihre Rechnung zu begleichen wünschten?
10. Wurden Sie zu Ihrem Zimmer begleitet?
11. Wurde Ihnen das Zimmer gezeigt und die technischen Einrichtungen erklärt?
12. Wünschte Ihnen der Hoteldiener einen angenehmen Aufenthalt und verabschiedete er sich höflich von Ihnen?

Musterarbeitsablauf: Gästeankunft (ohne Computeranlage)

1. Begrüßung des Gastes
Bei Erscheinen des Gastes am Empfang wird dieser vom Empfangsherrn freundlich mit dem üblichen Tagesgruß (Guten Morgen – Guten Tag – Guten Abend), wenn möglich in dessen Muttersprache, begrüßt und gefragt: „Kann ich Ihnen behilflich sein?"

2. Bitte um Eintragung
Der Empfangsherr nimmt die Gästeregistrierkarte (Meldeformular) aus dem Fach am Empfangspult und bittet den Gast, sich einzutragen (in Druckschrift).

3. Überprüfung der Reservierung
Während der Gast sich einträgt, nimmt der Empfangsherr die entsprechende Reservierung (Whitney System) aus der Schiene und prüft Details, wie: Zimmertyp, Anzahl der Nächte, Zimmerpreis und eventuelle Sonderwünsche (ruhig, Verbindungstür etc.). Eventuelle Nachrichten oder Post, die auf der Reservierung vermerkt wären, würden dem Gast sofort ausgehändigt.
Falls der Zimmerpreis nicht angegeben ist, so stimmt der Empfangsherr diesen mit dem Gast ab, ebenso wie das Abreisedatum.

4. Erstellung des Blockslips
Um das gewünschte Zimmer auf dem Empfangsplan festzulegen, füllt der Empfangsherr einen sogenannten Blockslip in 4facher Ausfertigung aus, auf dem, bis auf die Zimmernummer, Name des Gastes, Preis und Abreisedatum vermerkt sind.

5. Überprüfung der Eintragungen auf der Registrierkarte
Die vom Gast ausgefüllte Registrierkarte (Meldeformular) wird auf Vollständigkeit hin überprüft (klar leserlich Angaben) und sofort mit Zeitstempel, Anzahl der Personen und Abreisedatum versehen.
Außerdem wird der Gast gefragt, wie er seine Rechnung zu begleichen wünscht.

6. Festlegung des gewünschten Zimmers im Plan
Der Empfangsherr legt nun die Zimmernummer fest und notiert diese auf der Registrierkarte und auf dem Blockslip, der dann sofort unverteilt, bis auf die 3. Kopie für das Gepäck, in den Zimmerplan gesteckt wird.
Lichtsignalanlage wird auf „belegt" gedrückt.

7. Entnahme des Zimmerschlüssels
Nun wird der Zimmerschlüssel aus dem entsprechenden Fach genommen, und der Empfangsherr tritt vor den Tresen zum Gast.

8. Identifizierung des Gepäcks
Der Empfangsherr bittet den Gast, ihm sein Gepäck zu zeigen, auf das er die 3. Kopie des Blockslips legt. Dies ist gleichzeitig die Aufforderung für den Hoteldiener, das Gepäck auf das Zimmer zu bringen.

9. Begleitung des Gastes zum Zimmer
Der ankommende Gast sollte grundsätzlich von einem Empfangsherrn auf sein Zimmer begleitet werden. Bei starkem Andrang jedoch wird diese Aufgabe einem Hoteldiener übertragen.
Beim Betreten und Verlassen des Fahrstuhls sollte dem Gast der Vortritt gewährt werden. Auf der Etage bittet der Empfangsherr vorausgehen zu dürfen.

10. Erklärung der Zimmereinrichtung
Am Zimmer angelangt, öffnet der Empfangsherr die Tür, schaltet die Lichter an und überprüft mit einem Blick, ob das Zimmer in Ordnung ist. Dem eintretenden Gast erklärt er in kurzen Worten die Bedienung des Fernsehapparats, der Minibar und der Klimaanlage. Der Empfangsherr wünscht dem Gast einen angenehmen Aufenthalt und verläßt das Zimmer.

11. Zurückkehren an den Empfang
Der Empfangsherr begibt sich unverzüglich an den Empfang zurück.

12. Vervollständigung der Registrierkarte
Nun vervollständigt der Empfangsherr die Registrierkarte (Meldeformular) mit weiteren Details, wie Ankunftsdatum, Zimmerpreis, Art der Reservierung. Die Registrierkarte muß immer von dem entsprechenden Empfangsherrn mit seinen Initialen versehen werden. Der Reservierungsslip (siehe Schritt Nr. 3) wird mit an die Registrierkarte geheftet und diese Unterlage zur Erstellung der Gästerechnung weitergegeben.

13. Verteilung der Blockslipkopien
Das Original verbleibt im Empfangsplan, die 1. Kopie bekommt der Portier und die 2. Kopie die Telefonzentrale.

14. Erstellung der Gästerechnung
Alle Gästerechnungen sind fortlaufend numeriert. Der Empfangsherr nimmt die nächstfolgende Rechnung hervor und trägt folgende Einzelheiten ein:

1. Zeile: Zimmernummer – Familienname – Titel – Initialen des Gastes – Zimmerpreis – Abreisedatum
2. Zeile: Postleitzahl – Stadt – Nationalität
3. Zeile: Initialen des Empfangsherrn, der die Ankunft bearbeitet hat und diejenigen des Rechnungsschreibers – Straße – Nummer – Ankunftsdatum
4. Zeile: Reservierungsstatus – bei Spezialpreisen Erklärung des Preises

15. Eintragung in die Ankunfts-Rechnungsnummern-Kontrolliste
Folgende Angaben müssen auf dieser Liste mit der Schreibmaschine eingetragen werden:
Rechnungsnummer – Zimmernummer – Name des Gastes – Reservierungsstatus – Personenzahl – Aufenthaltsdauer – Nationalität

16. Weiterleiten der Gästerechnung
Die Rechnung wird zusammen mit der Registrierkarte (Meldeformular) an die Empfangskasse weitergeleitet.

Telefonzentrale

Als Hilfsabteilung fällt der Telefonzentrale im Rahmen der Informationsvermittlung eine besondere Schlüsselrolle zu.

Was erwarten Sie als Gast von der Serviceleistung: Telefondienst?

1. Werden Telefongespräche von außen ohne längere Wartezeit entgegengenommen?
2. Meldete sich die Telefonistin deutlich mit dem Namen des Hotels und dem üblichen Tagesgruß?
3. Antwortete Ihnen die Telefonistin in Ihrer Muttersprache?
4. Sprach die Telefonistin höflich und freundlich zu Ihnen?
5. Legte die Telefonistin Ihren Anruf in die gewünschte Abteilung oder in das gewünschte Zimmer?
6. Wurden Sie als Anrufer bei längerer Wartezeit um Geduld gebeten?
7. Wenn der betreffende Gast nicht erreicht werden konnte, wurden Sie gefragt, ob etwas bestellt werden könnte? (Verwendung von Nachrichtenzetteln)
8. Half Ihnen die Telefonistin sofort, die von Ihnen gewünschten Telefonnummern zu finden?
9. Arbeitete das Telefondurchwahlsystem richtig?
10. Wurde von der Telefonistin die genaue Zeit und die Zimmernummer wiederholt, falls Sie einen Weckruf wünschten?
11. Wurden Sie zur gewünschten Zeit geweckt?
12. Wurde der Weckruf von einer Telefonistin mit einer angenehmen Stimme ausgeführt?
13. Wurde Ihrem Wunsch, telefonisch nicht gestört zu werden, entsprochen?
14. Wurden Sie als Hotelgast auf Ihrem Zimmer mit Ihrem Namen angesprochen?
15. Hat die Telefonzentrale klare Anweisungen, was bei Gefahr (Feuer im Hotel) zu tun ist?
16. Sind in der Telefonzentrale die Notrufnummern (Feuerwehr, Polizei, Hotelarzt, Rettungswagen, Pannendienst) in auffälliger Form ersichtlich?

17. Sind die Telefonzellen für Hotelgäste gut beleuchtet, mit einer mehrsprachigen Bedienungsanleitung, mit Sitzgelegenheit ausgestattet, mit Aschenbecher und Notizblock versehen?

Hotelwäscherei (Gästewäsche)

Folgender Fragenkatalog kennzeichnet die Mindestanforderungen des Gastes an eine Hotelwäscherei:

Wäscherei/Gäste:
- Sind die Wäschereiangestellten aufmerksam, sachkundig, hilfsbereit und freundlich?
- Ist das Material des Wäschesacks stark genug?
- Ist die Wäschereiliste ausreichend?
- Ist die Wäsche sauber, exakt gebügelt, zufriedenstellend appretiert?
- Werden fehlende Knöpfe angenäht?
- Wird die Wäsche noch am gleichen Tag zurückgebracht, wenn sie morgens abgegeben wurde?

Chemische Reinigung/Gäste:
- Sind die Gäste mit der Reinigung der Kleider zufrieden?
- Ist die Reinigungsliste ausreichend?
- Werden die gereinigten Kleider auf einen sauberen Platz zurückgelegt oder in den Schrank gehängt?

Gästeabreise

Was erwarten Sie als Gast bei der Abreise?
- Bei Ihrer Abreise wird das Gepäck zur gewünschten Zeit vom Hoteldiener abgeholt.
- Der Hoteldiener ersucht Sie höflich, Ihren Zimmerschlüssel zu übergeben und wünscht Ihnen eine angenehme Weiterreise.
- Die Begleichung Ihrer Rechnung vor Ihrer Abreise wird schnell von einer gepflegt aussehenden, höflichen Kassiererin abgewickelt, die sich nach Ihrer Zimmernummer erkundigt und erfragt, ob Sie kurzfristig vor Ihrer Abreise noch bisher ungebuchte Leistungen in Anspruch genommen haben.
- Eventuelle Unstimmigkeiten werden höflich beigelegt oder nötigenfalls dem stellvertretenden Direktor zur Erledigung übergeben.
- Eine Kopie der Rechnung erhalten Sie. Falls Sie Geld wechseln wollen, werden Sie über den Wechselkurs informiert.
- Die Kassiererin verabschiedet Sie mit Namen und dankt für Ihren Besuch.

Managementaufgaben im Hausdamenbereich

Die Hotelreinigung als Hauptfunktion der Hausdamenabteilung erscheint für manches Management eine derart leicht zu organisierende und auszuführende Tätigkeit zu sein, daß man von „Managementaufgaben" für diesen Bereich gar nicht spricht. „Hausfrauenarbeit" in etwas größeren Dimensionen – so denkt der Laie, oft aber leider auch leichtfertig der Hotelier. Der 1. Hausdame (Beschließerin, Housekeeper) im Hotelbetrieb vertraut man das Hauptprodukt – das Gästezimmer zur Reinigung an und vergißt allzu schnell, daß es sich hier um die Pflege und Wartung eines Investitionsobjektes – für ein Luxushotelzimmer von ca. DM 220000 bis DM 250000 handeln kann. Allein die Investitionshöhe verlangt nach professionellem „Hausdamenmanagement", realistischer Anerkennung, Einschätzung und Überwachung der Probleme einer Hausdamenabteilung. Sauber, bequem, attraktiv und sicher soll das Gästezimmer für den Gast sein. Die 1. Hausdame ist dabei keine „Ober-Putzfrau", sondern eine Abteilungsleiterin, die Planung, Reinigungs- und Wartungsverfahren, Personaleinsatz- und überwachung, Personalführung, Kontrollverfahren, im Rahmen der Weiterentwicklung Leistungsverbesserungen qualifiziert lenken muß.
Folgende Ausführungen zeigen einige Organisationshilfen aus der Praxis, die zum Management der Hausdamen-Abteilung anregen sollen:

Muster-Organigramm: Hausdamen-Abteilung

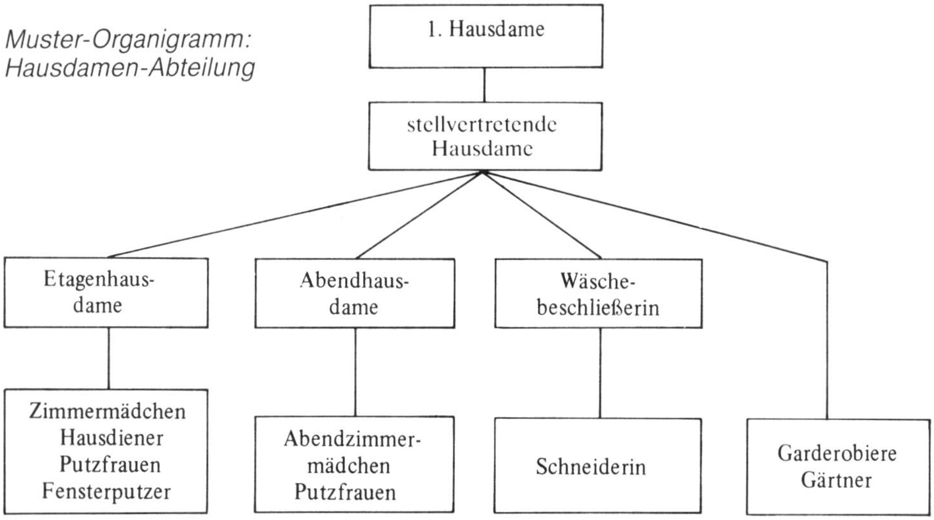

Hausdamen-Abteilung

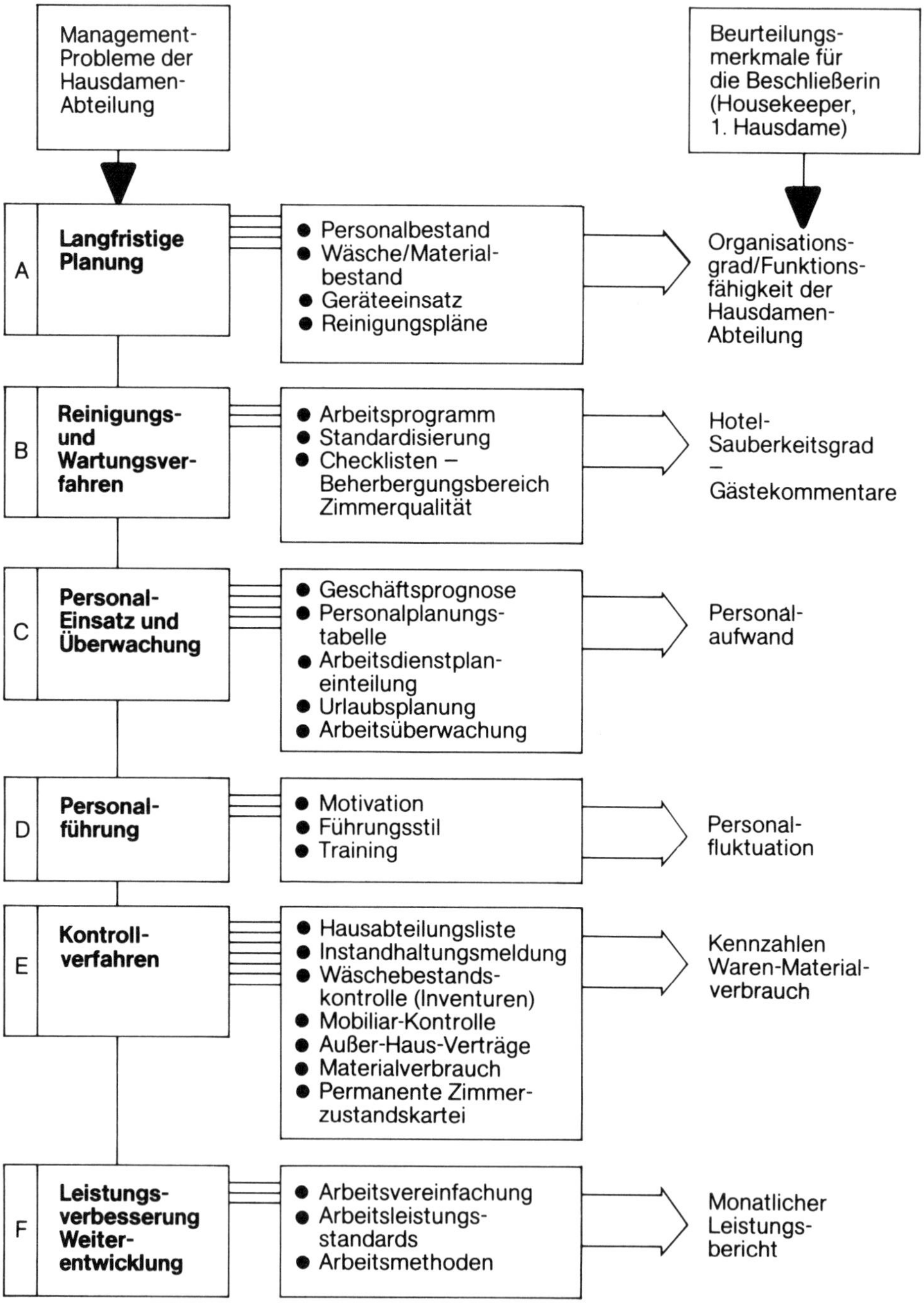

A) Langfristige Planung

Gerade eine Routinetätigkeit wie die Hausreinigung muß sorgfältig geplant werden. Der erforderliche Personalbestand wird langfristig aufgrund der Belegungsprognose festgelegt. Niemand kann es sich heute mehr leisten, für 100% Hotelbelegung Mitarbeiter zu beschäftigen. Das Bereitschaftssystem bei der Zimmerreinigung, bei dem für bestimmte Etagenreviere feste Zimmermädchen eingeteilt werden, ist zu teuer; man zahlt Lohn für Leistung statt Bereitschaft. Gezielte Personalauswahl bei Einstellungen, gelenkte innerbetriebliche Fortbildungs- und Ausbildungsprogramme, transparente Arbeitsablauforganisation müssen zunächst geplant und an die festgelegten Reinigungspläne angepaßt werden. Am Anfang steht der systematisch aufgebaute Reinigungsplan für das Hotel (was, wie, durch wen, wann, wie oft). Neben den täglich zu reinigenden Zimmern muß die Pflege und Wartung sämtlicher Räumlichkeiten, Fenster, Treppen, Keller, Toiletten, Veranstaltungsräume, Empfangshallen, Büros etc. mit entsprechenden Zeitabständen, dem zu verwendenden Geräteeinsatz und Reinigungsmaterial zu der gewünschten Tageszeit festgelegt werden. Zur Planung gehören dann auch die Bestimmung des Wäsche- und Materialbestandes, die Ersatzbeschaffung, die erforderlichen Reinigungsgeräte – ein Anschaffungs- und Ersatz- und Kostenbudget, das die 1. Hausdame jährlich aufzustellen hat.
Der Organisationsgrad und die Funktionsfähigkeit der Hausdamen-Abteilung hängen von der langfristigen Planung für diesen Bereich ab.

B) Reinigungs- und Wartungsverfahren

Aufgrund der Reinigungspläne müssen nun die Reinigungs- und Wartungsverfahren mit vorgegebenen Arbeitsprogrammen und Standardisierungen auf den speziellen Hoteltyp mit den individuell verschiedenen Erfordernissen angepaßt und maßgeschneidert werden. Diese Arbeit kann nicht am Schreibtisch geschehen, sondern muß in der Praxis erprobt, mit optimalen Arbeitsabläufen als Sollvorgabe für das Personal zusammengestellt werden. Ein neues Zimmermädchen darf nicht einfach einer erfahrenen Kollegin am Anfang zugeteilt werden, sondern hier müssen Etagenbeschließerinnen mit einem festgelegten Trainingsprogramm die „Neue" einweisen und ausbilden. Bei den Reinigungs- und Wartungsverfahren müssen Sollbestände (Wäsche, Material) für die Etagenoffices und Wäschewagen festgelegt werden.

Beherbergungsbereich – Zimmerreinigung

Hausdamen-Abteilung: Arbeitsprogramm für Tageszimmermädchen

Bleibe- und Abreisezimmer

Reihenfolge der Tätigkeiten (Muster)

Allgemein:

1. Anklopfen – wenn der Gast das Zimmer verlassen hat, Wagen vor das Zimmer schieben.
2. Zwischen Tür und Türstock Badematte legen, um ein Zuschlagen der Tür zu vermeiden. Vorhänge öffnen – Lichter ausschalten.
3. Frühstückstablett oder -wagen auf den Flur stellen.
4. Herumliegende Papiere, Zeitungen und Kleidungsstücke aufräumen. Schlafanzug ins Bad hängen.
5. Papierkorb und Aschenbecher leeren, schmutzige Aschenbecher auf dem Wagen lassen.
6. Papierkorb säubern, zwei saubere Aschenbecher vom Wagen und Bettwäsche ins Zimmer nehmen.
7. Balkontür öffnen, dabei Gardinen zurückschieben.
8. Betten abziehen, beschmutzte Matratzenschoner auswechseln (schmutzige Wäsche verbleibt noch im Zimmer).
9. Betten beziehen, dabei darauf achten, daß keine verschmutzten oder verbrannten Wolldecken aufgelegt werden.
10. Tagesdecken auflegen.
11. Schmutzige Bettwäsche und Badewäsche in den Wäschesack werfen.
12. Vom Wagen Eimer mit Essig, Ledertuch, Schwamm, Vim, WC-Reiniger, Toiletten-Bürste und Putztuch ins Bad nehmen, ebenso die beiden schmutzigen Aschenbecher.
13. Putztuch und Ledertuch anfeuchten und anfangen Staub zu wischen. Schwamm mit Vim auf Tisch legen.
14. Anfangen mit dem Kopfteil, die Kopfpolster feucht abwischen. Spiegel, Schreibtisch, Lampe, Telefon (wichtig, daß Sprech- und Ohrmuschel, Wählscheibe gereinigt werden). Auch die Funktionstätigkeit des Radios überprüfen und Briefmappe öffnen. Falls etwas nachzulegen ist, geöffnet lassen. Tisch von Glasrändern reinigen, Sitzkissen säubern; Heizungsverkleidung reinigen. Bild, Kommode – Staubwischen auch unter dem Fernseher.

Bei der Abreise sind folgende Dinge zu beachten:
Alle Schubladen feucht auswischen, Schranktüren von innen abwischen, Hutablage nicht vergessen. Angefangene Nähbriefchen, Streichhölzer durch neue ersetzen. Alle Zeitungen entfernen. Fehlende Bügel nachhängen. Im Bad die angefangene

Seife durch neue ersetzen. Nachdem das Zimmer gründlich gesaugt wurde, bleibt die Zimmertür geöffnet, zur Kontrolle für die Beschließerin.
Verbindungstüren beachten; Fingerabdrücke entfernen. Beim Staubwischen sind an allen Lampen die Glühbirnen zu überprüfen.

15. Fehlende Artikel wie: Briefpapier, Umschläge, Kugelschreiber, Streichholzbriefchen, Nadelboy, Etagenservice-Karte, Gästekommentar, Hotel-Magazin, Telefonanweisung, Bibeln, Telefonbuch, Door-knob-orders, Dont't disturb-Schild nachlegen oder auswechseln – wenn beschmutzt.

Reinigung des Bades

16. Badematte vor das Bad legen, um ein Naßwerden des Teppichs zu vermeiden.
17. Etwas Essig in die Zahngläser, um den Wasserstein zu entfernen; Toilettenreiniger in die Toilette geben.
18. Kacheln über der Badewanne mit Putzbleiche und Schwamm gründlich reinigen, anschließend Wanne säubern und mit klarem Wasser gut nachspülen, trocken wischen. Die Chromteile beachten, daß keine Wasserrückstände verbleiben. Hartnäckige Flecken mit Stahlfix behandeln und polieren.
19. Spiegel über dem Waschbecken mit Ledertuch säubern, Zahngläser und die schmutzigen Aschenbecher reinigen. Waschbecken putzen, Stöpsel herausnehmen und die Haare entfernen, Wasserüberlauf säubern. Den unteren Teil des Waschbeckens beachten und säubern. Chromteile wie bei der Wanne behandeln.
20. Toilettenbecken mit der Toilettenbürste reinigen. Toilettenbecken außen abseifen, Toilettensitz gründlich reinigen und sorgfältig säubern. Toilettendeckel schließen.
21. Nachlegen von Seife, Schaumbad, Schuhputzstreifen, Hygienebeutel, Toilettenpapier, Kleenex, Rasierklingenbehälter, Saunahinweis, Wäsche auffüllen: 3 gelbe, 3 rote Frottee, 2 Seifenlappen, 1 Bademattte (2 Badelaken nur für Suites).
22. Wäschebehälter und Papierkorb säubern.
23. Fußboden gründlich wischen, zum Schluß Zimmermatte hinlegen.

Saugen

24. Staubsauger und ein feuchtes Tuch ins Zimmer bringen. Mit feuchtem Tuch Balkongeländer säubern, wenn erforderlich Balkon saugen, anschließend das Zimmer.
25. Balkontür schließen, darauf achten, daß der Sonnenvorhang nicht eingeklemmt wird.
26. Gardinen richten.
27. Checkliste abhaken. Tür schließen.

Standard-Ausstattung eines Gästezimmers mit Bad (Muster)

WO?	WAS?	WIEVIEL? 1-Bett-Zimmer	WIEVIEL? 2-Bett-Zimmer
Türgriff	„Bitte nicht stören“		
	„Bitte Zimmer aufräumen“-Anhänger	1	1
	Hinweisschild zum Schuheputzen	1	1
Schrank	Kleiderbügel	10	10
	Gepäckständer	1	1
	Extrakopfkissen/Extra-Wolldecke	1	1
	Toilettenpapierrolle	1	1
	Hinweisschild bei Feuergefahr	1	1
Nachttisch	Telefon	1	1
	Telefonbuch	1	1
	Telefonhinweisschild	1	1
	Liste der Vorwahlnummern	1	1
	Aschenbecher	1	2
Tisch	Aschenbecher	1	1
	Streichhölzer	1	1
	Etagenservice-Karte	1	1
Schreibtisch	Aschenbecher	1	1
	Schreibmappe mit:		
	Schreibpapierbögen	3	6
	Umschläge	3	6
	Luftpostpapierbögen	3	6
	Luftpostumschläge	3	6
	Fluchtplan	1	1
	Gästefragebogen	1	1
Schublade	Bibel	1	1
Wäschekommode	Fernseher	1	1
	Fernsehprogramm	1	1
	Aschenbecher	1	1
Kopfkissen	Frühstückskarte (Türanhänger)	1	2
Waschtisch	Zahnputzgläser	2	2
	Becher	1	1
	Nähmäppchen	1	1
	Rasierklingenbehälter	1	1
	Aschenbecher	1	1
	Streichholzbriefchen	1	1
	kleine Seife	1	2
	Waschlappen	1	2
Papiertuchbehälter	Papiertücher	1	1
Handtuchbehälter	Handtücher	2	4
Badewanne	Badeschaum	1	2
	Bademappe	1	1
Handtuchhalter	Badetücher	2	3
Halter neben	Schuhpoliertuch	1	1
der Toilette	Hygienebeutel	3	3
Toilettenpapierhalter	Toilettenpapierrolle	1	1
Sonstiges	kleiner Papierkorb	1	1
	Wäschekorb	1	1

Der „Hotel-Sauberkeitsgrad“ spiegelt sich auch zur Beurteilung der Hausdamen-Abteilung in den Gästekommentaren wider. Folgende Checkliste zeigt Details, auf die unsere Gäste positiv oder negativ reagieren:

Beherbergungsbereich: Empfangshalle, Gästeaufzüge, Toiletten

Checkliste Empfangshalle:

1. Ist die Empfangshalle insgesamt freundlich eingerichtet?
2. Kann die gesamte Empfangshalle vom Empfangspersonal und vom Portier übersehen werden?
3. Ist die Empfangshalle allgemein zweckdienlich eingerichtet, sind die Sitzgruppen bequem?
4. Ist die Beleuchtung ausreichend?
5. Wirkt die Farbkombination harmonisch?
6. Werden die Blumenarrangements täglich frisch hergerichtet?
7. Sind die Teppiche fleckenfrei?
8. Wirkt das Mobiliar gepflegt, sind Schaufenster und Vitrinen in sauberem Zustand?
9. Wird in der Empfangshalle für die Restaurants und Bars geworben?
10. Wird die Empfangshalle regelmäßig gesäubert?
11. Werden während des Tages die Aschenbecher geleert?
12. Ist der Hotelhaupteingang genügend markiert, und ist er gut beleuchtet?
13. Sieht der Gast beim Betreten des Hotels in der Empfangshalle sofort die Reception bzw. die Portierloge?
14. Wird in der Empfangshalle auf die verschiedenen örtlichen Veranstaltungen mit den Räumlichkeiten hingewiesen?
15. Kann man vom Empfang bzw. von der Portierloge den Weg zum Gästefahrstuhl übersehen?
16. Wirkt die Empfangshalle durch ansprechenden Wandschmuck einladend und gemütlich?
17. Liegen bei den ausreichenden Sitzgelegenheiten interessante in- und ausländische Zeitschriften – eigene Hotelzeitungen aus?
18. Können Gäste auf Wunsch in der Halle Getränke bestellen? (Gibt es Klingelknöpfe für die Bedienung?)
19. Sind sämtliche Möglichkeiten, Vitrinen an örtliche Geschäftsleute zu vermieten, in der Halle genutzt?
20. Ist ausgewählte Hintergrundmusik in der Empfangshalle zu hören?

Gästeaufzüge:

21. Ist die Beleuchtung ausreichend?
22. Ist der Fußbodenbelag dem Hause entsprechend?
23. Ist der Fahrstuhl klimatisiert?

24. Sind genügend Gästeaufzüge vorhanden?
25. Sind Wände, Tür und Decke gut gepflegt?
26. Gibt es einen Aschenbecher im Fahrstuhl?
27. Wird im Fahrstuhl für die Restaurants und Bars geworben? (Eventuell täglich auswechselbares Tagesmenü)
28. Wird der Fahrstuhl während des Tages saubergehalten, Aschenbecher geleert?
29. Gibt es im Fahrstuhl einen Spiegel?
30. Wird im Fahrstuhl auf Sonderveranstaltungen, Fitneß-Einrichtungen, sonstige Besonderheiten Ihres Hauses hingewiesen?
31. Gibt es einen separaten Gepäcklift?
32. Ist es dem Hotelpersonal untersagt, mit Gästefahrstühlen zu fahren?
33. Ist die Betriebssicherheit der Gästefahrstühle gesichert, gibt es einen Wartungsvertrag mit regelmäßigen Überprüfungen? (Funktioniert der Notsignal-Knopf?)

Toiletten:

34. Ist die Beleuchtung ausreichend, sind die Fliesen dekorativ?
35. Werden desodorierende Mittel eingesetzt? (Ist der Raum geruchsfrei?)
36. Sind Decke, Wände, Toilettentische, Trennwände und Fußböden in gutem Zustand?
37. Sind Aschenbecher vorhanden?
38. Sind Papier, Seife, Handtücher und Abfallkorb vorhanden?
39. Wird die Toilette regelmäßig inspiziert und sauber gehalten, werden Seife und Papier nachgefüllt?
40. Sind die Spiegel und Waschbecken sauber?
41. Gibt es Hygienebeutel bei Damentoiletten?
42. Funktioniert der automatische Handtuchspender?
43. Ist die Raumtemperatur angenehm?
44. Besteht ein Kontrollplan für sämtliche sanitären Anlagen im Haus?
45. Gibt es Abstellflächen für Handtaschen in den Toiletten?
46. Erwecken die Toiletten den Eindruck peinlichster Sauberkeit?

Überprüfung der Zimmerqualität

Die gastliche und gastwürdige Hotelzimmereinrichtung ist für den Unternehmer zukunftsträchtig und ertragsreich, also existenzentscheidend. Gastlichkeit im Zimmer stellt zum einen hohe Anforderungen an die Funktion der Einrichtung, die zweckmäßig, bequem und praktisch sein muß und ein Höchstmaß an Hygiene bieten soll; zum anderen ein zeitgemäßes Angebot zur Unterhaltung – aber auch Umweltverträglichkeit.
Zur Information gehören Telefon, übersichtlicher Hinweis über das hausinterne Angebot, eine Broschüre über Unterhaltungsmöglichkeiten am Ort, wie Theater, Konzert, Tanz, Kino, Sport. Hinzu kommen Zimmerservice des Hauses und Zimmer-Bar

mit entsprechendem Getränkeangebot sowie eine technisch vollwertige und praktisch angeordnete Ausstattung.
Die ansprechende Hotelzimmereinrichtung setzt voraus: Persönliche, wohnliche Atmosphäre mit Niveau. Ein hochwertiges Bett und bequeme, sitzfreundliche Stühle und Sessel. Sinnvolle, funktionsgerechte, dennoch anheimelnde Beleuchtung. Bad mit freundlicher Atmosphäre.
Wichtige Ausstattungsmaterialien sind die Textilien, zum Beispiel angenehmer, hygienischer, gebrauchstüchtiger Bodenbelag oder Bezugsstoffe; interessante, aussagekräftige Fensterdekorationen aus nicht brennbarem und pflegeleichtem Material, vollwertige Verdunkelungsmöglichkeiten und nicht zuletzt ein leicht funktionierender Mechanismus dafür. Hinzu kommt textiler Wandbelag für dekorative und akustische Zwecke.
Das breite Spektrum der Einrichtung und Ausstattung des Hotelzimmers muß sorgfältig und sinnvoll auf die Art des Hauses mit seiner spezifischen Aufgabenstellung eingegrenzt oder erweitert werden.
Im Übernachtungs- und Erholungsbereich bieten sich schwerpunktweise etwa folgende Gruppierungen an:

a) Passanten-, Tagungshotel, Hotel garni mit 1–4 durchschnittliche Übernachtungen.
b) Erholungshotel, Pensionen mit und ohne Kur- und Fitneßangebot, Aufenthalt von 1–4 Wochen.
c) Sanatorien oder Hotels für Nacherholung unter ärztlicher Leitung mit spezieller Betreuung für Heilung und Genesung.

Alle angeführten Gruppen brauchen für ein erfolgreiches Angebot und für eine sichere Existenz ein Konzept, das Atmosphäre, Gastlichkeit, Funktion und Wirtschaftlichkeit in Einklang bringt. Vor allem muß die Höhe der Investition auf den zu erzielenden Ertrag gewissenhaft abgestimmt werden.
Das richtige Konzept wird beeinflußt durch die Art, Größe und Lage des Unternehmens, die Umweltorientierung darf nicht vernachlässigt werden.

Einrichtung/Komfort:

1. Das gesamte Mobiliar ist in besonderem Hinblick auf Bequemlichkeit ausgesucht.
2. Das Mobiliar steht im richtigen Verhältnis zur Raumaufteilung, die Schlafgelegenheit (Bett, Couch etc.) ist gut plaziert.
3. Das Zimmer hat eine gemütliche Raumstimmung, die Farbkombination ist harmonisch.
4. Die Beleuchtung im Zimmer ist ausreichend. Die allgemeine Beleuchtung, Nachttischbeleuchtung, Leselampe, Beleuchtung beim Spiegel, Beleuchtung beim Schreibtisch sind mit jeweils der entsprechenden Lichtstärke und Lichtfarbe augestattet.

5. Die Jalousien oder Vorhänge verdunkeln ausreichend und sind einwandfrei auf- und zuzuziehen.
6. Das Zimmer hat genügend Schrank- und Garderobenräume, für Kleider und Wäsche ist genügend Platz vorhanden.
7. Das Zimmer verfügt über genügende Steckdosen, im Bad gibt es eine Steckdose für den Rasierstecker.
8. Das Bett ist groß genug, bequem und die Härte der Matratze angenehm.
9. Die Raumtemperatur im Zimmer ist regulierbar.
10. Das Zimmer ist gut gelüftet, Bäder, Duschen, Toiletten werden durch wirksame Ventilatoren oder Absauganlagen entlüftet.
11. Im Garderobenschrank sind genügend Kleiderbügel vorhanden.
12. Fernsehapparat und/oder Radio sind einsatzbereit.
13. Die Zimmerbar (Kühlschrank/Minibar) ist einsatzbereit.

Sicherheitsvorkehrungen:

14. An der Eingangstür ist eine Sicherheitskette oder eine Möglichkeit, die Tür von innen zu verschließen.
15. Eine Beschreibung über die Lage der Notausgänge und das Verhalten bei Gefahr (Feuer) ist im Zimmer leicht ersichtlich angebracht.

Extras:

16. Briefpapier, Postkarten, Schreibunterlagen für den Gast sind vorhanden.
17. Aschenbecher und Streichhölzer stehen in ausreichender Menge zur Verfügung.
18. Ein Telefonverzeichnis mit Hinweisen wird bereitgelegt.
19. Genügend Seife, Toilettenpapier, Kleenex, Hygienebeutel, Rasierklingenbehälter (umweltorientiert) sind im Bad vorhanden.

Pflege und Zustand:

20. Schubladen und Schranktüren sind leicht zu öffnen; das Türschloß der Eingangstür schließt richtig.
21. Die Möbel im Zimmer sind gepflegt (saubere Tischplatten, keine wackelnden Tische und Stühle, keine Flecke auf Polstermöbeln).
22. Teppich oder Bodenbelag ist in gutem Zustand (keine Flecken, keine Löcher oder ausgefranste Ränder).
23. Es wird einwandfrei gebügelte und saubere Bettwäsche (keine Flecken, keine Falten, keine geflickte Wäsche) verwendet.
    Das Bad ist mit sauberen Handtüchern bzw. Badetüchern bestückt.
24. Die Klimaanlage funktioniert richtig und ist leicht zu bedienen.
25. Der Teppich ist gesaugt und fleckenfrei; das Bett ordentlich gemacht, Polstermöbel sauber, Mobiliar abgestaubt, Schubladen der Schränke sauber, es wird eine saubere Tages- oder Couchdecke aufgelegt.

26. Bilder, Wandschmuck, Telefon, Lampen sind abgestaubt, die Spiegel sind sauber.
27. Sämtliche Glühlampen sind in Ordnung.
28. Sanitäre Anlagen, Armaturen, Seifenschalen, Handtuch-, Gläserhalter etc. sind einwandfrei.
29. Lampenschirme und Bilder hängen gerade.

Verkaufsförderung:

30. In den Zimmern wird mit Tischaufstellern, Speisekarten und Hinweisen für die hoteleigenen Restaurants und Bars geworben.
31. Für die Frühstücksbestellung steht eine Türanhängerkarte zur Verfügung.
32. Auf Schwimmbad, Sauna, Friseur und zum Hotel gehörende Einkaufsläden wird im Zimmer hingewiesen.
33. Auf Übernahme der Gästewäsche und Reinigung der Kleidung wird im Zimmer entsprechend aufmerksam gemacht.

Hotelinterne Zimmerüberprüfung:

34. Sämtliche Hotelzimmer werden gemäß eines festgesetzten Kontrollplans in regelmäßigen Abständen überprüft.
35. Das Ergebnis jedes Kontrollganges wird an Hand von standardisierten Listen der Geschäftsführung zur Kenntnis gebracht (Bedarf an Ersatzbeschaffung, Ergänzung und Reparatur).
36. Zurückgebliebene Sachen der Gäste werden registriert und als Fundsachen behandelt.
37. Beschädigungen im Hotelzimmer seitens des Gastes werden rechtzeitig festgestellt und gemeldet, um entsprechenden Schadenersatz zu erhalten.
38. Sämtliche Elektroanschlüsse, Schalter, Steckdosen, Lampen werden nach einem festgelegten Plan routinemäßig überprüft.
39. Nach jeder Abreise des Gastes wird das Zimmerinventar kontrolliert.
40. Aufmachung und Inhalt der „Zimmer-Putzwagen" für die Zimmermädchen sind standardisiert und werden regelmäßig überprüft.
41. Für eine geregelte Außenfensterreinigung des Hotels ist gesorgt.
42. Das Hotel hat Zimmer für Schwerbeschädigte mit entsprechendem zweckdienlichen Mobiliar.

C) Personaleinsatz-Überwachung

Die kurzfristige Personaleinsatzplanung erfolgt in Abstimmung mit den monatlichen und wöchentlich korrigierten Geschäftsprognosen des Empfangschefs.

Muster:

Geschäftsprognose

Datum	Tage	Belegte Zimmer	Gäste-anzahl	Zimmer	
				Ankünfte	Abreisen
1 2 3 4					

Die Personal-Planungstabelle dient als Grundlage für die tägliche Arbeitsdienstplaneinteilung und langfristige Urlaubsplanung.

Personal-Planungstabelle

Die folgende Personal-Planungstabelle (siehe Formular: Personal-Planungstabelle) dient als Hilfestellung für die 1. Hausdame des Hotels, die Tages- und Abendzimmermädchen gemäß der Hotelbelegung zu planen und einzusetzen. Hier findet der vorher ermittelte Leistungsmaßstab (Beispiel – Tages-Zimmermädchen – 15 Zimmer pro Tag) seine Anwendung, indem die belegten Zimmer bei der jeweiligen Kapazitätsauslastung durch diesen Leistungsmaßstab geteilt werden, um die erforderliche Anzahl der Tages-Zimmermädchen im Dienst zu ermitteln.
Erklärung zur Berechnung der erforderlichen Anzahl (z. B. Tages-Zimmermädchen) im Dienst:

gegeben	Beispiel:
Belegte Zimmer	90
Leistungsmaßstab	15
= Tages-Zimmermädchen im Dienst =	6

In Worten:
Um eine konstante Belegung von 90 Zimmern pro Tag säubern und verkaufsfertig herrichten zu können, benötigt man 6 Tages-Zimmermädchen jeden Tag im Dienst.

Personal-Planungstabelle – Zimmermädchen

(A) Tages-Zimmermädchen

	Min	Plan-Min				Plan-Max		Max
Belegungs%	30%	40%	50%	60%	70%	80%	90%	100%
Belegte Zimmer	90	120	150	180	210	240	270	300
Leistungsmaßstab	15	15	15	15	15	15	15	15
Tageszimmermädchen im Dienst (erforderlich pro Tag)	6	8	10	12	14	16	18	20
Erforderliche Anzahl (Tageszimmermädch.) auf der Lohnliste (5-Tage-Woche)	9	12	14	17	19	23	27	28

(B) Abend-Zimmermädchen

Leistungsmaßstab	60	60	60	60	60	60	60	60
Abendzimmermädchen im Dienst (erforderlich pro Tag)	2	2	3	3	4	4	5	5
Erforderliche Anzahl (Abendzimmermäd.) auf der Lohnliste	3	3	5	5	6	6	7	7
Erforderliche Gesamtanzahl Zimmermädchen auf der Lohnliste (5-Tage-Woche)	12	15	19	22	25	29	34	35

Arbeitsdienstplaneinteilung

Arbeitsplatzbesetzung und Arbeitsdienstplaneinteilung scheinen als Management-Kontrollsysteme eng miteinander verbunden zu sein, dennoch sind sie unterschiedlich zu bewerten und einzusetzen. Als Kontrollfunktion dient die Arbeitsplatzbesetzung dazu, die Mitarbeiteranzahl dem erwarteten Arbeitsvolumen langfristig anzupassen. Arbeitsdienstplaneinteilung dagegen soll auf kurzfristiger Basis den erforderlichen Personaleinsatz gestalten helfen, um unproduktive Arbeitszeiten oder auch mögliche Überstunden zu reduzieren.

Es muß überprüft werden, wo wirklich alle Mitarbeiter dem in einem Hotel täglich sehr unterschiedlich anfallenden Arbeitsvolumen entsprechend eingesetzt sind. Selbstverständlich werden in den kundenpräsenzbedingten Dienstleistungsbetrieben Leerzeiten vorkommen, aber ein kostenbewußtes Hotelmanagement wird unnötige Zeitverluste mit gezielter Dienstplaneinteilung vermeiden. Leider hat man allzuoft die Arbeitseinteilung und Dienstplanregelung zu weit auf die unteren Führungsebenen delegiert; das Hotelmanagement hat dieses wichtige Führungsmittel dann nicht mehr selbst in der Hand.
Es gibt unzählige Kontrolltechniken in Literatur und Praxis für die Überwachung von Materialverlust, Geldverlust, Warenverlust. Zeitverlust aber ist eine viel größere finanzielle Einbuße für den Betrieb und wird dennoch selten kontrolliert.

Beispiele für den Zeitverlust aufgrund mangelhafter Personaleinsatzplanung in der Hausdamen-Abteilung

a) An- und Umziehen während der Arbeitszeit (Arbeitsbeginn – Arbeitsende).
b) Warten auf Arbeitszuteilung.
c) Warten auf Arbeitsmaterial (Bettwäsche – Zimmermädchen).
d) Warten auf Arbeitsanweisungen.
e) Warten auf Transportmittel (Aufzüge).
f) Falsche Reihenfolge bei der Arbeitsverrichtung.
g) Unkontrollierte Frühstücks-, Mittags- und Abendpausen.
h) Fehlende Leistungsstandards, daher unkontrollierte Zeitspanne bei der Arbeitsverrichtung.
i) Unkontrollierter Arbeitsschichtwechsel.
j) Unqualifizierte Dienstplaneinteilung: Es werden keine gestaffelten Dienstpläne aufgestellt, sondern alle Mitarbeiter kommen zur gleichen Zeit zum Dienst, obwohl der Arbeitsanfall im Hotel zeitlich unterschiedlich liegt. Wo immer möglich, sollte man vom „Schicht-Dienstplan" zum „Gestaffelten Dienstplan" übergehen.
k) Falsche Gewährung von freien Tagen.
   Bei der fortschrittlichen Arbeitsdienstplaneinteilung werden die in einer Abteilung anfallenden Leerzeiten dazu verwendet, den Mitarbeiter mittels eines „on the job training"-Programms weiter auszubilden und ihn damit auch vielseitig einsetzbar zu machen. Dabei gilt es, größtmögliche Flexibilität des Personaleinsatzes anzustreben.

Ein weiterer Hinderungsgrund für effizientere Arbeitseinteilung liegt in der traditionellen Verknüpfung einzelner Tätigkeiten mit dem Geschlecht. Warum sollten nicht auch einige Männer als „Zimmermädchen" fungieren, wenn sie vielleicht gleichzeitig dahingehend ausgebildet wären, kleinere Reparaturen, Instandhaltungsarbeiten, also Wartungsarbeiten, in den Zimmern auszuführen? Einige Hotels praktizieren das mit großem Erfolg und haben ihren Zimmerspätdienst durch einen männ-

lichen „Zimmerwartungsdienst“ ersetzt, der sowohl die Tagesdecken abzieht als auch für kleinere Reparaturen zur Verfügung steht.
Zur Arbeitseinteilung gehört auch die wirtschaftliche Urlaubsplanung. Man bittet die Mitarbeiter um Alternativdaten für den Urlaubswunsch und wählt dann die Zeit aus, die den geschäftlichen Erfordernissen am besten entspricht.

Arbeitsüberwachung

Die fachlichen Leistungen und das führungsmäßige Verhalten der Mitarbeiter müssen überwacht und kontrolliert werden. Kontrollen sollen kontinuierlich und möglichst vorbeugend erfolgen. Dabei dürfen Kontrollmaßnahmen ihren Stichprobencharakter nie verlieren. Kontrolle darf nicht den Beigeschmack einer peinlichen Untersuchung bekommen. Sie ist als Führungsmittel zu werten, das allen Mitarbeitern die Aufgabenerfüllung erleichtert. Deshalb müssen Führungskräfte bei Ausübung ihrer Kontrollfunktion frei von Mißtrauen sein, und jedem Mitarbeiter sollten die Maßstäbe, nach denen seine Tätigkeit beurteilt wird, bekannt sein. Als Grundsteine für die Arbeitsüberwachung dienen *Arbeitsablaufbeschreibungen* und *Stellenbeschreibungen*. Dabei versteht man unter einer Stellenbeschreibung die detaillierte und unpersönliche Beschreibung von Aufgaben, Kompetenzen und Verantwortung einer Stelle. Diese aufgrund von Arbeitsstudien erstellten *Stellenbeschreibungen* bringen für den Hotelmanager einen hohen Rationalisierungseffekt mit sich und wirken kostensenkend für den Personalbereich:

1. Gezieltere Personalauswahl bei Einstellungen
2. Gelenktes, innerbetriebliches Fortbildungs- und Ausbildungsprogramm
3. Transparente Arbeitsablauforganisation im Hotelbetrieb
4. Geregelte Dienstaufsicht und Erfolgskontrolle (Arbeitsüberwachung)
5. Möglichkeit zur Selbstkontrolle des Mitarbeiters
6. Schnellere Einführung und Unterweisung neuer Mitarbeiter
7. Durch Klärung und Abgrenzung des Arbeitsbereiches niedrige Fluktuation
8. Weckung des Verantwortungsbewußtseins durch klar definierte Delegation von Verantwortung

Stellenbeschreibungen können nicht ungeprüft übernommen werden, sie müssen sachbezogen auf eine bestimmte Stelle des eigenen Betriebes maßgeschneidert werden.
Arbeitsablaufbeschreibungen verdeutlichen die einzelnen Phasen eines Arbeitsprozesses, die im Inhalt und in der zeitlichen Reihenfolge dem Arbeitsausführenden zugewiesen werden. Diese Arbeitsablaufbeschreibungen gewinnen besondere Bedeutung bei dem Einsatz von ungelernten Arbeitskräften und dienen zur Entlastung der Führungskräfte. Die rationalisierten Arbeitsvorgänge werden hier „narrensicher“ gestaltet, um eine Erleichterung von Arbeitsanlernung und einen intensiveren Arbeitseinsatz in kürzester Zeit zu ermöglichen.

Für die Überwachung braucht man auch qualifiziertes Management auf der mittleren Führungsebene.
Der Personalaufwand für die Hausdamenabteilung im Verhältnis zum Beherbergungsvolumen, aber auch als absolute Größe im Vergleich zu den budgetierten Personalkosten, dient als Beurteilungskriterium dafür, inwieweit die 1. Hausdame die Managementaufgabe – Personaleinsatz und Überwachung – kostenbewußt erfüllt.

D) Personalführung

Die leitende Hausdame muß vor allen Dingen die Grundprinzipien der Menschenführung verstehen und anwenden. Hier geht es um Motivation der Mitarbeiter, der Führung im Mitarbeiterverhältnis mit kooperativen Führungstechniken. Mangelhafte Personalführung spiegelt sich in niedriger Angestelltenmoral, schlechter Arbeitsqualität, hohen Abwesenheits- und Krankheitsraten und vor allen Dingen auch in einer hohen Fluktuationsrate für diese Abteilung wider. Als Beurteilungskriterien für die Personalführung der 1. Hausdame bringt die Berechnung der Fluktuation für diesen Arbeitsbereich seine Aussagefähigkeit:

$$\text{Fluktuationsrate} = \frac{\text{Abgänge} \times 100}{\varnothing\ \text{Personalbestand}}$$

Führungskräfte müssen in der Lage sein, ihr Personal zu einem funktionellen Team zusammenzuschweißen.
Wer sich um seine Mitarbeiter kümmert, sie trainiert, fördert und ausbildet, wird auch mit einer niedrigen Fluktuationsrate im Personalbereich rechnen können. Damit soll ein zweiter Bereich der Arbeitsüberwachung angesprochen werden: *Das Training – die praktische Übung der optimalen Erfüllung von Aufgaben und Beherrschung von Situationen.*
Der Erfolg, die Leistungsfähigkeit der personalintensiven Dienstleistungsbetriebe hängt von der Leistungsfähigkeit ihrer Mitarbeiter ab.
Hier gilt es, durch gezieltes Training nicht nur Leistung zu erzeugen und zu erhalten, sondern auch zu steigern.

E) Kontrollverfahren

Die erforderlichen Kontrollverfahren in diesem Bereich sind für jedes Hotel individuell festzulegen und zu organisieren. Hierunter fallen die tägliche Kontrolle der tatsächlich belegten Zimmer mit entsprechender Überprüfung der Gästeanzahl, die am Empfang registriert ist (s. Muster: „Hausabteilungsliste"), wie auch die Überprüfung der gemeldeten Reparaturaufträge (s. Formular „Störungs-/Instandhaltungs-Meldung").

Hausabteilungsliste

Flur-Nr. ________ Zeit ____________________

Aufsicht ________ Datum ____________________

Zi.-Nr.	Belegt	Be-nutzte Betten	Unbe-nutzte Betten	Unbelegt	Gesperrt	Bemerkung
01						
02						
03						
04						

Störungs-/Instandhaltungs-Meldung Datum ______________ 19___

Zimmer-Nr.	

Gemeldet von

Reparatiert von	Datum

Beschreibung

Zumindest halbjährliche Inventuren des gesamten Wäschebestandes, der Arbeitsuniformen und Arbeitsgeräte geben die Basisinformation für eine ordnungsgemäße Bestandskontrolle. Die Mobiliarkontrolle findet in organisierten Hotelbetrieben meist im Zusammenhang mit der zu führenden „Permanenten Zimmerzustandskartei“ statt.
Hier wird für jedes Zimmer eine Karteikarte angelegt, in der Daten, wie: Alter und Zustand des Mobiliarbestandes, Dekorationen, Renovierungen, Malerarbieten, Fensterputztermine, technische Ausstattung etc. festgehalten und fortgeschrieben werden. Zu den Kontrollpflichten der 1. Hausdame gehört ebenfalls die Überwachung der „Außer-Haus-Verträge“, wie Außenfensterreinigung etc.
Kennzahlen über Waren-Materialverbrauch (Wäscheverbrauch) im Verhältnis zu den belegten Zimmern und den budgetierten Kosten helfen, die Effizienz der durchgeführten Kontrollverfahren in der Hausdamen-Abteilung beurteilen zu können.

F) Leistungsverbesserung/Weiterentwicklung

Arbeitsvereinfachung

Der Schlüssel zur Produktivitätssteigerung liegt sicherlich zunächst bei der Arbeitsvereinfachung – der Arbeitserleichterung. Hier drängen Überprüfung und Beantwortung folgender Basisfragen nach detaillierten Arbeitsablaufanalysen:

1. Gibt es praktisch durchführbare Verbesserungsmöglichkeiten?
2. Sind noch irgendwo personaleinsparende Maschinen und Geräte einsetzbar?

Bei gründlicher Überprüfung werden einige Hotels feststellen können, daß es wirtschaftlicher sein kann, Arbeiten „außer Haus“ zu geben, z. B.:

a) Nachtreinigung des Hotels
b) Fensterputzen
c) Malerarbeiten
d) Fernsehreparaturen
e) Reinigung und Wäscherei

Sollten die Kosten bei einem Vergleich zwischen Eigendurchführung und „außer Haus“-Verträgen auf den ersten Blick gleich erscheinen, ist dabei zu bedenken, daß zu den normalen Lohnkosten auch Sozialabgaben, Versicherungen und auch die Dienstaufsichtskosten gehören.
Bei der Analyse der Arbeitsabläufe sind mehrere Möglichkeiten zur Erledigung der Aufgaben aufzuzeigen, um den besten und rationellsten Weg einschlagen zu können. Der optimal mögliche organisatorische Arbeitsablauf der Leistungserstellung basiert auf Ablaufstudien, die die einzelnen Arbeitsvorgänge auf Anordnung, Reihenfolge und Entfernung kritisch durchleuchten, um einen maximalen Rationalisie-

rungseffekt zu verwirklichen. Zu dem Bereich der Arbeitsvereinfachung gehört selbstverständlich auch eine vernünftige Arbeitsplatzgestaltung, will man eine möglichst wirtschaftliche Nutzung des Produktionsfaktors „Arbeit" erreichen.
Nahezu jede Tätigkeit läßt sich vereinfachen oder erleichtern. Die durch Arbeitsvereinfachung eingesparte Zeit und Energie drücken sich oft in besserer Qualität und erhöhtem Arbeitsinteresse aus. Wenn jemand davon überzeugt ist, daß es einen leichteren und besseren Weg bei der Arbeitsverrichtung geben muß, wird er auf der Suche nach Arbeitsvereinfachung automatisch die Arbeitsqualität verbessern.

Arbeitsleistungsstandards

Unter einem Leistungsmaßstab versteht man die schriftliche Erfassung der von einem Mitarbeiter erwarteten Produktivität. Jede Fach- oder Führungskraft muß Klarheit darüber besitzen, welche Leistung von ihr gefordert und mit welcher „Elle" sie gemessen wird. Um das Unternehmen auf einem gesunden Leistungsniveau zu halten, müssen vorgegebene Leistungsstandards als Ergebnisse der Aufgabenerfüllung täglich, wöchentlich, monatlich oder jährlich erreicht werden. Dabei trägt das Management die Verantwortung, die Ergebnisse ständig zu überprüfen, sie den Erfordernissen anzupassen und, wo immer notwendig oder möglich, zu verbessern.
Leistungsstandards in der Hotellerie dienen als Grundvoraussetzung für gewissenhafte Dienstaufsicht und Erfolgskontrolle auf allen Führungsebenen. Ein Hotelbetrieb ohne festgelegte Arbeitsleistungsstandards ist wie ein Ballspiel ohne festgelegte Spielregeln.

Definition: Leistungsmaßstab (Standard)

Leistungsmaßstäbe in der Hotellerie sind Inhalte von Arbeitsplatzbeschreibungen in einer anderen Form ausgedrückt, nämlich übersetzt in quantitative und meßbare Einheiten.

Zeitstudie – Zimmer

Im Rahmen der Ablauforganisation werden besonders für Routinetätigkeiten Zeit- und Bewegungsstudien erstellt. Dazu gehören z. B. das Reinigen der Gästezimmer, das in seinem Ablauf mit bestimmten Leistungsschritten eine Routinearbeit darstellt. Im gezeigten Beispiel (Zeitstudie – Zimmer) wird die Tätigkeit des Tages-Zimmermädchens zunächst in 4 Hauptarbeitsschritte untergliedert:

1. Bettenmachen
2. Staubwischen, Aufräumen
3. Saugen
4. Badezimmer

Aufgrund der aufgezeigten Zeitstudie – Zimmer liegt der Leistungsmaßstab für Tages-Zimmermädchen bei 15 Zimmern, d.h. 1 Tages-Zimmermädchen soll als Normalleistung in einem 8-Arbeitstundentag 15 Zimmer reinigen. Eine Hausdamen-

Abteilung darf in ihrer Leistungserfüllung und in ihrem Standard nicht stehenbleiben. Arbeitsmethoden und -verfahren sind stetig weiterzuentwickeln und mit den Neuerungen auf dem Markt (Geräteeinsatz, Reinigungsmittel) zu verbessern.
Ein monatlicher Leistungsbericht zeigt im Vergleich zwischen festgelegten Leistungsstandards und tatsächlicher Leistung die Leistungsverbesserungen für den Hausdamenbereich auf.

Monatlicher Leistungsbericht (Muster)

für den Monat ____________________

Arbeitsstellen	Leistungseinheit	Festgelegter Standard	Tatsächliche Leistung	Bemerkungen
Tageszimmermädchen	belegte Zimmer	15 Zimmer	15,8 Zimmer	neues Trainingsprogramm

Zeit- und Bewegungsstudie – Zimmer
(zur Feststellung des Leistungsmaßstabes – Tageszimmermädchen) (10 Tests) Durchschnitt

	Zimmer von 1 Person belegt				Zimmer von 2 Personen belegt					
	Twin-type Zimmer		Studio-type Zimmer		Twin-type Zimmer		Studio-type Zimmer			
	Bleibe-Zimmer	Abreise-Zimmer	Bleibe-Zimmer	Abreise-Zimmer	Bleibe-Zimmer	Abreise-Zimmer	Bleibe-Zimmer	Abreise-Zimmer	Gesamt-Minuten	Durchschnitt Minuten
(1) Bettmachen	4	5	5	6	8	8	9	9	54	6.8
(2) Staubwischen Aufräumen	8	9	8	9	6	8	7	8	63	7.9
(3) Saugen	4	5	4	4	5	6	5	5	38	4.8
(4) Badezimmer	10	11	8	13	8	9	9	11	79	9.9
Gesamtminuten	26	30	25	32	27	31	30	33	234	29.3

Tages-Zimmermädchen

Verfügbare Produktionszeit: 480 Minuten (8 Arbeitsstunden)
Durchschnittszeit pro Zimmer: 30 Minuten

Leistungsmaßstab: 15 Zimmer

Benötigte Zeit für 15 Zimmer: 450 Minuten
Verbleibende Zeit: 30 Minuten (Fahrstuhlzeit, Warten, Überprüfungszeit)

Abend-Zimmermädchen

verantwortlich: 1 Abend-Zimmermädchen
für 2 Etagen = 60 Zimmer

Leistungsmaßstab: 60 Zimmer

Organisationsleitfaden der Hausdamenabteilung

Um eine standardisierte Qualitätssicherung mit dem Hausdamenbereich erreichen zu können, empfiehlt es sich, einen Organisationsleitfaden – eine Art „Arbeitshandbuch" für diese Abteilung festzulegen. Die nachfolgende Gliederung dieses Organisationsleitfadens ist für jeden Hoteltyp anwendbar. Die betriebsspezifischen Besonderheiten können unter diesem Verzeichnis erfaßt, organisiert und systematisch weiterentwickelt werden.

Allgemeine Organisation
- Organigramm – Stellenplan
- Stellenbeschreibungen, Arbeitsplatzbeschreibungen
- Detailpläne über Hotelräumlichkeiten
- Formularwesen
- Außer-Haus-Verträge
- Feuerschutz- und Sicherheitsvorschriften

Reinigungs- und Wartungsverfahren, Dekoration
- Reinigungspläne (was, wie, wann, durch wen, wie oft)
- Standardisierte Arbeitsablaufprogramme (Bleibezimmer, Abreisezimmer), Checklisten
- Monatlicher Dekorationsplan
- Standard-Ausstattung der Gästezimmer
- Standard-Einrichtung der Badezimmer
- Nachtreinigung
- Standardisierte Reinigungswagen
- Etagenoffice-Inventar
- Muster für Reparaturwünsche

Wäsche – Material – Geräteeinsatz
- Vergleich eigene Wäsche, Fremdwäsche
- Wäschebestand, Inventarverzeichnis, Zirkulation
- Materialbestand, Einkaufsverfahren
- Reinigungsgeräte, Ersatz – Kostenbudgets, Weiterentwicklungen
- Messen, Lieferanten, Reinigungsfirmen
- Erfahrungsaustausch „ERFA-Gruppe Qualitätssicherung"

Personaleinsatzplan

- Belegungsprognosen, Ankünfte, Bleibezimmer, Abreisen, Gruppen
- Personalplanungsleitfaden, Mindest- und Höchstbesetzung, Planung der erforderlichen Mitarbeiteranzahl
- Dienstpläne nach Kapazitätsauslastung
- Pausenregelung
- Teilzeitkräfte, Aushilfskartei
- Personalkostentabelle
- Urlaubsplanung
- Zeitfallen im Betrieb

Training

- Arbeitserleichterungen, Arbeitsablaufanalysen
- Einführungsprogramm neuer Mitarbeiter
- Budget für Schulungsmaßnahmen
- Schulungserfordernisse pro Mitarbeiter, Trainingskarte
- Überprüfung und permanente Entwicklung von Trainingsprogrammen (Videoschulung, eigene Trainingsfilme)
- Arbeitsleistungsstandards,
  Soll-Leistungen pro Stelle

Personalführung

- Personalauswahlverfahren
- Personalfluktuation
- Motivation und Führungsverhalten
- Führungsmittel: Zielsetzung, Lob, Kritik
- Personalbeurteilung

Budgetierung und Kontrolle

- Anschaffungs-, Ersatz- und Kostenbudgets
- Ablauf der Umsatzbudgetierung für den Beherbergungsbereich
- Budgetierung der Personalkosten pro Monat und Jahr
- Betriebsinterne Zimmerbelegungskontrolle
- Wäschebestandskontrollen, Inventuren
- Mobiliarkontrolle
- Permanente Zimmerzustandskartei
- Überprüfung der Außer-Haus-Verträge, Qualität, Kosten
- Kennzahlen: Personaleinsatz, Produktivität, Wäscheverbrauch, Waren- und Materialverbrauch pro belegtes Zimmer je Gast
- Qualitätsüberprüfungsprogramm, Checklisten, Gästefragebögen
- Kosteneinsparungsmöglichkeiten
- Zukünftige Qualitätsverbesserungen aus der Sicht des Gastes

Anregungen zu Arbeitserleichterungen im Hausdamenbereich

- Der Gerätepark für den Einsatz in der Hausdamenabteilung ist so weit wie möglich zu standardisieren
- Bei Neuanschaffungen steht die umfassende Informationsbeschaffung im Vordergrund, keine Zufallseinkäufe
- Der genaue Bedarf an Reinigungsmitteln muß ermittelt und budgetiert werden
- Bei anstehenden Umbau- oder Renovierungsarbeiten müssen alle Möglichkeiten der Standardisierung für die zukünftige Reinigung ausgeschöpft werden
- Vergabe körperlich anstrengender Arbeiten an männliche Mitarbeiter zur Arbeitserleichterung und Produktivitätserhöhung
- Kritische Überprüfung aller bisher eingesetzten Reinigungsmittel und Konzentration auf wenige, aber hochwertige Produkte
- Erstellung von Arbeitsablaufplänen für alle Routinetätigkeiten
- Verkürzung der Wege durch die Einrichtung dezentraler Etagenoffices
- Bei Neueinstellungen flexible, abrufbare Teilzeitkräfte bevorzugen
- Aushilfen im Hausdamenbereich nicht nach Stunden, sondern nach gereinigten und überprüften Zimmern („Stücklohn") bezahlen
- Eigenleistungen und Fremdleistungen (Außer-Haus-Verträge) überprüfen
- Wo möglich, „gestaffelte Dienstpläne" einführen (Arbeitsbeginn und Arbeitsende zu verschiedenen Zeiten)
- Grundsätzlich neue Organisationsformen gemeinsam mit den Mitarbeitern entwickeln
- Monatliche Aussprachen zwischen Hausdame und Zimmermädchen fördern
- Mehr Gastkontakt für die Hausdame bedeutet auch, daß Reklamationen im Beherbergungsbereich von ihr übernommen werden
- Ein kleines Tonbandgerät als Notizbuchersatz sollte von der Hausdame regelmäßig mitgeführt werden
- Es sollte versucht werden, die Arbeiten im Hausdamenbereich mehr den Neigungen der Mitarbeiter entsprechend zu verteilen
- Einheitliche Putzkörbe sind regelmäßig aufzufüllen
- Der Informationskatalog seitens des Hotelempfangs muß überarbeitet und neu festgelegt werden
- Besondere Arbeitsleistungen der Mitarbeiter können mit zusätzlicher Freizeit belohnt werden
- Ein detailliertes Einführungsprogramm für neu eingetretene Mitarbeiter ist festzulegen
- Die Hausdame sollte mehr Verantwortung und Entscheidungen beim Einkauf für den Beherbergungsbereich übernehmen
- Schrittweise sind alte Geräte auszutauschen

- Eine Aushilfenkartei sollte nach den Kritierien bevorzugte Arbeitszeit und bevorzugte Tätigkeit angelegt und weitergeführt werden
- Schulungen sollten die Verstärkung der Selbstkontrolle der Mitarbeiter fördern
- Auch in einem kleineren Betrieb lohnt es sich, Arbeitsplatzbeschreibungen Inhalt des Arbeitsvertrages werden zu lassen
- Für den Etagenwagen ist eine Checkliste mit dem Sollbestand anzubringen
- Wo immer personalintensiv, sind Außer-Haus-Verträge für schwierige Arbeiten zu überprüfen
- Regelmäßiges Weiterbildungstraining für die Zimmermädchen, mehr Verantwortung (eigene Etage) delegieren
- Überprüfung, ob der Arbeitswechsel produktivitätssteigernd ist (zwei Mitarbeiter reinigen gemeinsam die Zimmer und wechseln untereinander das Aufgabengebiet)
- Es ist darauf zu achten, daß am Nachmittag nicht nur Verlegenheitstätigkeiten ausgeführt werden – Produktivität nachprüfen
- Die Bleibezimmer sollten von den Zimmermädchen eigenverantwortlich überprüft werden
- Gegen die eigene Betriebsblindheit ist es ratsam, gelegentlich eine Kollegin aus einem anderen Betrieb einzuladen
- Für die Hotelhalle und andere öffentliche Räume empfiehlt es sich, eine feste Halbtagskraft einzustellen
- Hotelwäsche muß nicht mehr gezählt werden, sondern sortiert gewogen
- Die Hausdame legt einen „Dekorationsplan für das ganze Hotel" für die einzelnen Monate fest
- Jeden Morgen sollte über die Routinearbeiten hinaus ein zusätzliches Detailziel für den kommenden Arbeitstag festgelegt werden
- Mehr Know-how und Informationen sind von den Reinigungsfirmen einzuholen; regelmäßige Besuche von Messen (z. B. Reinigungsgeräte)
- Unaufgefordert ist es ratsam, die Direktion permanent über den Zustand der Zimmer zu informieren
- Die Hausdame leitet die Schulung über Zimmerqualität, Einrichtung und Vorzüge für Empfangsangestellte
- Der Dienstplan ist mit dem Empfangschef abzusprechen (Verantwortung zur Information seitens des Empfangs)
- Schrittweise und besonders bei der Einarbeitung neuer Mitarbeiter sollte begonnen werden, alle Arbeitsabläufe zu standardisieren
- Job-Rotation könnte zum besseren Verständnis führen (Hausdame arbeitet am Empfang, Empfangspersonal arbeitet bei der Hausdamenabteilung)
- Mitarbeiter im Hausdamenbereich sollten mehr zum Mitdenken motiviert werden (Förderung des Vorschlagwesens, Betonung der Teamarbeit etc.)
- Der monatliche Erfahrungsaustausch (ERFA-Gruppen) der Hausdamen verschiedener Hotels untereinander sollte verstärkt werden

Brandschutz im Hotel

Warum haben Hotels und Gaststätten erhöhtes Brandrisiko? Zwei Drittel der Hotelbrände würden, laut Statistik, zur Nachtzeit ausbrechen. Aus funktionstechnischen Gründen gibt es im gastronomischen Betrieb mehrere Gefahrenquellen: Der ungebetene Gast „Feuer" gesellt sich gern zum „Gästeumschlag", wo viele Menschen in oft ungewohnter Umgebung leichtsinnig mit Feuer umgehen. Zum anderen aber sind auch Funktionsräume eines Hotels – wie Klimaanlage, Wäscherei, Heizungsräume, Küchen, Lagerräume – Gefahrenherde. Jeder verantwortungsbewußte Hotelier und Gastronom bemüht sich um die Sicherheit seiner Gäste. Es geht um Brandverhütung, mit innerbetrieblichen Maßnahmen zur Vorbeugung, den Brandalarm, der frühzeitigen Entdeckung eines Brandherdes, dem schnellen Alarm und um die Brandbekämpfung oder Evakuierung im Hotel.
Die Checkliste basiert auf den Empfehlungen zum vorbeugenden Brandschutz von Hotels, Gasthöfen und Pensionen des ADAC.

Ist Ihr Personal „feuersicher"?

1. Die Mitarbeiter sind angewiesen, brandgefährliche Mängel an Einrichtungen und Geräten der Direktion unverzüglich zu melden.
2. Eine Brandschutzordnung wird jedem neuen Mitarbeiter ausgehändigt (eventuell auch in Fremdsprachen) und ist im Personalumkleideraum und im Personalrestaurant gut sichtbar ausgehängt.
3. Eine ausreichende Anzahl von Hotelmitarbeitern ist in der Handhabung der Feuerlöscher mit Übungen am Feuer unterwiesen.
4. Es besteht ein detaillierter Evakuierungsplan, kombiniert mit einem Personaleinsatzplan, der zu den verschiedenen Tageszeiten eingesetzt werden kann.
5. Ein Schulungsplan für das Personal sorgt für regelmäßige Brandschutz-Ausbildung auch bei häufigem Personalwechsel. Brandverhütung, Brandalarm, und Brandbekämpfung werden anschaulich dargestellt und trainiert.
6. Zu jeder Tageszeit ist geschultes Personal eingesetzt, das im Brandfall versucht, eine Panik zu verhindern.
7. Der Personaleinsatzplan zeigt zu den verschiedenen Arbeitsschichten (Tag- und Nachtschicht) auf, wer an welchen Stellen was im Ernstfall zu tun hat.
8. Vorhandene Fluchtwege werden ständig überprüft und nicht verstellt.
9. Abzugshauben und Leitungen werden regelmäßig gereinigt.
10. Brat- und Backgeräte werden nach Gebrauch ausgeschaltet.

11. Tabakreste und brennbarer Abfall werden nur in doppelwandigen Metallbehältern mit selbstschließendem Metalldeckel entleert.
12. Nach Betriebsschluß (Restaurant, Bar) werden alle brennbaren Abfälle entfernt und in die dafür vorgesehenen Behälter entleert.
13. Es wird dafür gesorgt, daß abgestellte Fahrzeuge die Verkehrs- und Rettungswege sowie die Feuerwehrzufahrten nicht versperren.
14. Folgende grundsätzliche Verhaltensweisen bei Feuerausbruch sind allen Mitarbeitern bekannt:
    - sofort Alarm schlagen und die Feuerwehr rufen;
    - bis zum Eintreffen der Feuerwehr: Brandursche feststellen, Brand nach Möglichkeit isolieren, Ausbreitung verhindern;
    - Zugluft vermeiden, im verrauchten Gang nicht aufrecht gehen, sondern kriechen, niemals den Aufzug in den Rettungsweg einbeziehen;
    - nötige Evakuierung nach Evakuierungs- und Personaleinsatzplan vornehmen.

Was ist baulich, technisch und einrichtungsmäßig zu verbessern?

15. Bei Renovierungen und Altbausanierungen wird der Rat von Brandschutzexperten der Feuerwehr eingeholt, damit nur feuerbeständige oder schwer entflammbare Baustoffe verwendet werden.
16. Für Veranstaltungsräume im Hotel sind besonders strenge Maßstäbe an die Feuersicherheit gesetzt. Dekorationen und alle Betriebsmittel sind auf Feuersicherheit hin überprüft. Eine deutliche Fluchtwegkennzeichnung in den Fluren, Gängen, Emporen, Treppenhäusern, Vorräumen und Garderoben, die zu den Veranstaltungsräumen gehören, ist vorhanden.
17. Die Elektroanschlüsse in den Zimmern sind einwandfrei (Steckdosen, Lampen) und nicht überlastet.
18. Installationsöffnungen oder Schächte sind isoliert.
19. Koch-, Heiz- und Wärmegeräte haben den notwendigen Mindestabstand von 0,5 m von brennbaren Materialien.
20. Alarmanlagen, wie Rundfunkanlagen durch Vorrangschaltung, Zusatzeinrichtung zum Zimmertelefon, Alarmglocken in Gästefluren, Megaphone, können die Gäste während der Betriebsruhezeit (nachts) zentral wecken und erleichtern die schnelle Evakuierung.
21. Wo immer möglich und nötig sind Sprinkleranlagen, die im Brandfall automatisch die Räume von der Zimmerdecke her mit Wasser besprühen, eingebaut.
22. Löschgeräte sind gemäß der Prüfdaten an den Etiketten mindestens alle 2 Jahre geprüft und an gut sichtbaren Stellen untergebracht.
23. Gegen den Keller und die übrigen Geschosse sind die Treppenhäuser durch selbstschließende Türen gegen Verqualmung und Feuerweiterleitung gesichert.

24. Es wird kein brennbares Material in brandgefährdenden Räumen (wie Heizung, Aufzugsmaschinenraum, Klimazentrale) aufbewahrt.
25. Abfallbehälter bestehen aus unbrennbarem Material und sind mit einem dichtschließenden Deckel versehen.
26. Notausgangstüren sind stets unverriegelt.
27. Fluchtwege zwischen Gästezimmern und Ausgang zum Freien sind so gesichert, daß sie auch bei einem Vollbrand nicht durch Feuer oder Verqualmung unpassierbar werden.
28. Fluchtwege enden im Freien und nicht im Innern vom Hotel (Empfangshalle).
29. Für alle Räume oberhalb der 22-m-Grenze (Höchstgrenze für Feuerwehrleitern) sind besonders gesicherte Fluchtwegmöglichkeiten vorgesehen.
30. Leicht entflammbare Innendekorationen in Veranstaltungsräumen und Gästekorridoren (Holzverschalungen) werden, wo immer möglich, vermieden.
31. Vorhandene Holztreppen sind brandsicher ummauert.
32. Brennbare Dekorationen und sonstige textile Ausstattungen sind durch schwer entflammbare, wenn nötig unbrennbare Stoffe ersetzt worden.
33. Personaltreppen sind mittels feuerhemmender Brandschutztüren zu sicheren Fluchtwegen ausgebaut.
34. Wo nicht genügend Fluchtwege (mindestens 2) vorhanden sind, wurden stählerne Außentreppen zur Sicherung montiert.
35. Feuerschutztüren, Sicherheitsbeleuchtung, Rauchentlastungsöffnungen sind funktionsfähig und werden periodisch überprüft.
36. Frühwarngeräte, die Rauchentwicklung oder Flammen bereits bei der Entstehung melden, sind speziell für den Betrieb geeignet und eingesetzt (Ionisations-, Optik-, Thermo-, Differential- und Thermo-Maximal-Brandmelder).

Genügend Informationen?

37. Gesetze und Verordnungen über Feuersicherheit sind der Hoteldirektion bekannt: Bauordnung der Bundesländer, Gewerbeordnung §§ 16, 24, 120 a; Feuerschutzgesetze, Verordnungen zur Brandverhütung der Bundesländer, Strafgesetzbuch §§ 145, 222, 309, 310 a, 330, 330 c; Bürgerliches Gesetzbuch §§ 276, 618; Unfallverhütungsneuregelungsgesetz, Unfallverhütungsvorschriften der Berufsgenossenschaften, Reichsversicherungsordnung, Ordnungswidrigkeitengesetz.
38. Gästehinweise – wie: „Bitte auf Zigarettenreste achten, niemals im Bett rauchen, keine elektrischen Geräte außer Rasierapparat oder Haartrockner verwenden" – dienen der Brandvorsorge.
39. Deutliche und ausreichend große Notausgangsschilder, Fluchtwegschilder sind in den Gästekorridoren angebracht.
40. Mit Gästehinweisen auf den Zimmern wird darauf aufmerksam gemacht, wie man sich im Brandfalle zu verhalten hat:

- Aufzüge nicht mehr benutzen
- Zimmertüren sind zu schließen
- nur auf den gekennzeichneten Fluchtwegen das Haus verlassen
- wenn der Gang nicht mehr passierbar ist, im Zimmer bleiben, Türen schließen und gegen Qualm die Ritzen mit nassen Tüchern verstopfen
- Klimaanlagen sind abzuschalten
- im Fluchtfall nur die allerwichtigsten Papiere und Wertsachen mitnehmen.

41. Notrufnummern sind an jedem Telefon ersichtlich.
42. Der Einsatzplan für die Feuerwehr ist am Empfang oder an einem anderen festgelegten Ort griffbereit zur Verfügung.
43. Es liegen Prüfbescheinigungen vor für: Brandschutztüren, Elektroinstallation, Sicherheitsbeleuchtung, Gasinstallation, Aufzugsanlage, Sprinkleranlage, Steigleitungen, Papierdekoration, textile Dekorationen.

Management-Kennzahlenkatalog für den Beherbergungsbereich

Nr.	Abteilung/Bereich: Beherbergung	Aussagefähigkeit
1	*Zimmerbelegung in %* a) *bezogen auf Betriebstage* $= \frac{\text{belegte Zimmer} \times 100}{\text{Zimmeranzahl} \times \text{Betriebstage pro Jahr}}$ b) *bezogen auf Monatsbasis* $= \frac{\text{belegte Zimmer} \times 100}{\text{Zimmeranzahl} \times \text{Monatstage}}$	– Kapazitätsauslastung der vermietbaren Zimmer einschließlich der reservierten und bezahlten Zimmer, die nicht in Anspruch genommen wurden; keine Berücksichtigung der belegten Zimmer ohne Bezahlung (complimentaries)
2	*Bettenauslastung in % pro Jahr* $= \frac{\text{Übernachtungen} \times 100}{\text{Bettenanzahl} \times 365}$	– Hotelbelegung in % der Gesamtzahl der Betten – Nutzung der Bettenkapazität
3	*Durchschnittliche Aufenthaltsdauer* $= \frac{\text{Zahl der Übernachtungen}}{\text{Zahl der Ankünfte}}$	– Art des Hotels und des Standards – Gästestruktur (Geschäftsreisende, Feriengäste, Kurgäste)
4	*Durchschnittlicher Beherbergungsertrag* $= \frac{\text{Beherbungserträge}}{\text{belegte Zimmer}}$	– Preisniveau des Hotels – Einflüsse von Preisänderungen – Gästestruktur (Gruppen, Einzelreisende)

Nr.	Abteilung/Bereich: Beherbergung	Aussagefähigkeit
5	*Belegte Betten/Zimmer pro Beschäftigter* $= \frac{\text{Anzahl der belegten Betten/Zimmer}}{\text{Anzahl der Beschäftigten im Beherbergungsbereich}}$	– Leistungsmaßstab für Beschäftigte im Beherbergungsbereich – Personalanpassung
6	*% der Gästestruktur* $= \frac{\text{Anzahl der Gäste (Herkunftsland)} \times 100}{\text{Gesamtzahl der Gäste}}$	– Angebotsgestaltung, Produktpolitik für Gästestruktur – Werbemaßnahmen, Verkaufsförderungsmaßnahmen – Bestimmung des Marktanteils
7	*% der Abbestellungen* $= \frac{\text{Anzahl der Abbestellungen} \times 100}{\text{Anzahl der Reservierungen}}$	– Verkaufspolitik, mögliche Überbuchung des Hotels – Kapazitätsauslastungserwartungen – Prognosefaktor
8	*% der Gäste ohne Reservierungen* $= \frac{\text{Gäste ohne Reservierung} \times 100}{\text{Anzahl der Gäste}}$	– Prognosen der Kapazitätsauslastung – Unterschiedliche Auslastung während der einzelnen Wochentage (Geschäftsreisende)
9	*% der Doppelbelegung* $= \frac{\text{doppelt belegte Zimmer} \times 100}{\text{belegte Zimmer}}$	– Anzahl der Hausgäste – Einfluß auf durchschnittlichen Beherbergungsertrag pro Gästezimmer – Gruppenanzahl

I. Fallangaben

Das 200-Zimmer XY-Hotel konnte im Jahr 19.. insgesamt 58400 Zimmer belegen, dabei betrug die Doppelbelegung 45%. Die Zahl der Übernachtungen entsprach der Anzahl der Hausgäste, während die Zahl der Ankünfte für 19.. 42340 betrug. Als Netto-Beherbergungserträge wurden für das Jahr 19.. DM 4088000 verbucht. 4234 Gäste belegten Hotelzimmer ohne vorherige Reservierung; der durchschnittliche Prozentsatz der Abbestellungen betrug 8%.

II. Fallaufgaben

Berechnen Sie folgende Kennzahlen für das Jahr 19..:

1. Zimmerbelegung in %
2. Anzahl der Hausgäste
3. Durchschnittliche Aufenthaltsdauer
4. Durchschnittlicher Beherbergungsertrag pro Gästezimmer
5. % der Gäste ohne Reservierung

Lösungen

---

1) Formel:

$$\text{Zimmerbelegung (in \%)} = \frac{\text{belegte Zimmer} \times 100}{\text{Zimmeranzahl} \times \text{Betriebstage}}$$

$$\text{Zimmerbelegung (in \%)} = \frac{58.400 \times 100}{200 \times 365} = \underline{\underline{80\ \%}}$$

---

2) Formel:

$$\text{Anzahl der Hausgäste} = \frac{\text{belegte Zimmer} \times (100 + \text{Doppelbelegung})}{100}$$

$$\text{Anzahl der Hausgäste} = \frac{58.400 \times (100 + 45)}{100} = \underline{\underline{84.680}}$$

---

3) Formel:

$$\text{Durchschnittliche Aufenthaltsdauer} = \frac{\text{Zahl der Übernachtungen}}{\text{Zahl der Ankünfte}}$$

$$\text{Durchschnittliche Aufenthaltsdauer} = \frac{84.680}{42.340} = \underline{\underline{2.0}}$$

---

4) Formel:

$$\text{Durchschnittlicher Beherbergungsertrag pro Gästezimmer} = \frac{\text{Beherbergungserträge}}{\text{belegte Zimmer}}$$

$$\text{Durchschnittlicher Beherbergungsertrag pro Gästezimmer} = \frac{4.088.000}{58.400} = \underline{\underline{70{,}00\ \text{DM}}}$$

5) Formel:

$$\text{\% der Gäste ohne Reservierung} = \frac{\text{Gäste ohne Reservierung} \times 100}{\text{Anzahl der Gäste}}$$

$$\text{\% der Gäste ohne Reservierung} = \frac{4.234 \times 100}{84.680} = \underline{\underline{5\ \%}}$$

C.
Verwaltungsbereich

Wirtschaftsanalyse in der Hotellerie

Schon längst machen sich amerikanische Hotelkonzerne Erfahrungen aus der Industrie zunutze. Industrielle Verfahren und Methoden werden auf die Hotellerie abgestimmt und fachgerecht eingesetzt. Ein in deutschen Hotels oft noch unbekannter Beruf – der Wirtschaftsanalytiker (Operations Analyst) – hat im Abteilungsleiterstab amerikanischer Hotelbetriebe seinen berechtigten Platz gefunden. Schon 1938 hat Conrad Hilton diese Top-Stabsstelle für seine Hotels eingerichtet und damit im Rahmen der Verwaltung einen Schwerpunkt geschaffen, der entscheidend die Gewinnsituation seiner Hotelkette beeinflußt hat.
In der Industrie ist der Operations Analyst – der Wirtschaftsanalytiker – auch unter den synonymen Begriffen wie „Leiter der Betriebswirtschaft“, „Leiter Planung und Analysen“, „Leiter Budgetierung“ und „Leiter der Kalkulation und des Rechnungswesens“ bekannt. Dabei spielt er in der Hotellerie keineswegs die Rolle eines historisch- und buchhaltungsorientierten Controllertyps: diese Position wird vielmehr der Forderung nach effizienteren, zukunftsorientierten geistigen Arbeitsmethoden im Hotelmanagement gerecht.
Der Wirtschaftsanalytiker hat nicht für die Aufzeichnungspflichten innerhalb der Betriebsbuchhaltung und des allgemeinen Rechnungswesens zu sorgen, auch ist der Umgang mit Zahlen nicht seine Hauptbeschäftigung. Seine Aufgabe besteht darin, die Hoteldirektion zu unterstützen, optimal mögliche Betriebsergebnisse zu erwirtschaften. Das Hotelmanagement von heute verlangt nach einer Arbeitsweise, die mehr auf das Ergebnis zukunftsgerichteter Entscheidungen und Handlungen ausgerichtet ist. Die Vergangenheit kann man ohne dies nicht ändern. Nur die Zukunft und die für sie und in ihr relevanten Kräfte müssen für Planung und Entscheidungen nutzbar gemacht werden. Ziel ist es dabei, alle für die nachhaltige Sicherung der Ertragsfähigkeit des Hotelbetriebes wesentlichen künftigen Gegebenheiten überschaubar zu machen, um alle Ziel- und Ausführungsentscheidungen danach ausrichten zu können und in ihrem Vollzug kontrollierbar zu halten.
Wenn die auf die Vergangenheit bezogenen „Zahlenberge“ von der Buchhaltung erstellt sind, tritt der Wirtschaftsanalytiker in Aktion, um mit seinen Analysen dazu beizutragen, dort Veränderungen anzuregen und die Ergebnisse zu verbessern, wo es sich als notwendig und durchführbar erweist.
Der Wirtschaftsanalytiker im Hotel – meist der bestinformierteste Mann im ganzen Unternehmen – ist mit dem betrieblichen Ablauf und den Funktionen des Hotelbetriebes bis ins Detail vertraut; oft war er früher selbst in einem Hotelbereich bereits im Abteilungsleiterstab.

Hausinterne Betriebsberatung

Die Frage erhebt sich: Lohnt es sich überhaupt für einen Hotelbetrieb, einen qualifizierten Wirtschaftsanalytiker einzustellen oder hilft man dadurch nur, im Sinne des Parkinson-Gesetzes den „Wasserkopf der Verwaltung" weiter aufzublähen? Die Antwort ist einfach: Mit einem fachlich versierten Wirtschaftsanalytiker hat man eine hausinterne Betriebsberatung geschaffen. Nicht nur als kritische Kontrollinstanz, sondern auch als Zahlengewissen des Unternehmens darf man diesen Stabsspezialisten verstehen. Methodische Planungs- und Kontrollhilfsmittel, wie Netzplantechnik, Deckungsbeitragsrechnungen (break-even-analysis), Optimierungsmodelle, Flow Charts, Prognosen nach Wirtschaftlichkeits-Gesichtspunkten, müssen eingesetzt werden. Management-Entscheidungen in der Hotellerie sind ihrer Natur nach immer zukunftsorientiert. Allgemeiner Engpaß ist dabei heute ganz eindeutig der Ausbildungsstand in den Methoden und Techniken, die in der Hotellerie für die Unternehmensplanung angewendet werden. Hier wird hocheffizientes, zukunftsbezogenes Analysieren, Entscheiden und Handeln gefordert, will man für jegliche Ausführungsplanung eine Operationssequenz erarbeiten, die einen reibungslosen Ablauf garantiert.
Im Rahmen der zunehmenden Verwissenschaftlichung des Managements hat der Wirtschaftsanalytiker seinen berechtigten Platz auch in der Hotellerie gefunden. Im personalintensiven Hotelbetrieb gehört es zu seinen Hauptaufgaben, für den bestmöglichen Einsatz des Arbeitskräftepotentials durch Planung, Koordination und Kontrolle des Personals zu sorgen. Neben dem Interpretieren der Betriebsergebnisse und dem Überwachen der funktionalen Kontrollsysteme gehen von dieser Top-Stabsstelle konstruktive Ansätze zur besseren Gestaltung des Betriebsgeschehens aus.
Mit systematischen und schrittweisen Analysen aller Bedingungen, die die künftige Realisierung der Unternehmensplanung beeinflussen, hilft der Wirtschaftsanalytiker, die Folgen alternativer Entwicklungen zu erkennen und die Risiken zu quantifizieren, die mit Investitions- und Finanzentscheidungen verbunden sind. Als Organisator und Rationalisierungsfachmann gehört der Wirtschaftsanalytiker zum „profit center" der Hotellerie.

Intuition ist ersetzbar

Der „geniale Mann" an der Spitze eines Hotelunternehmens, der intuitiv Entscheidungen nach Fingerspitzengefühl trifft, gehört heute der Vergangenheit an. Intuition ist ersetzbar durch analytisch erarbeitetes Wissen um die Relevanz der Einzelaspekte von Problemen. Hier setzt die Tätigkeit des Wirtschaftsanalytikers ein, der in Mittel- und Großbetrieben der Hotellerie, wie aber auch für mehrere Kleinbetriebe zusammen, im Hotelmanagement von morgen unentbehrlich sein wird.

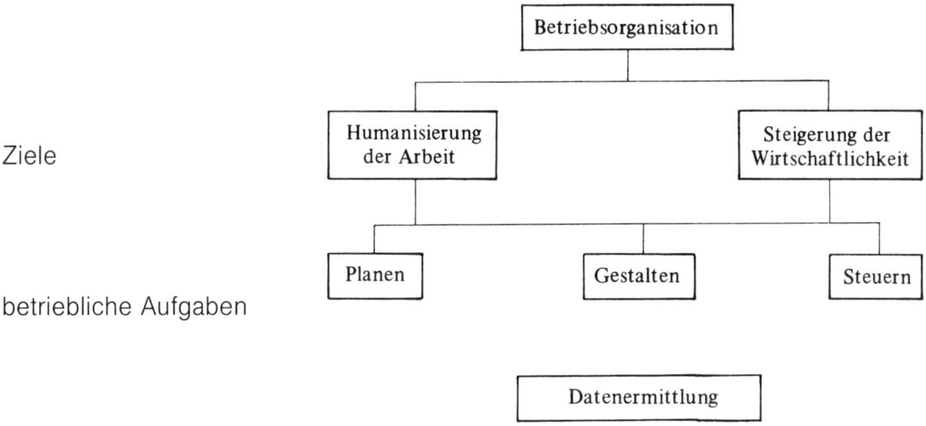

Nachstehende Stellenbeschreibung kennzeichnet Aufgaben, Kompetenzen und Verantwortung sowie die Stellenanforderungen eines Wirtschaftsanalytikers im Hotel- und Gaststättengewerbe.

Muster-Stellenbeschreibung: Wirtschaftsanalytiker

Stellenbezeichnung

Wirtschaftsanalytiker (Operations Analyst)

Abteilung

Verwaltungsbereich / Administration

Überstellungsverhältnis / Unterstellungsverhältnis

Der Wirtschaftsanalytiker untersteht als Stabsspezialist direkt dem Generaldirektor des Hotels. Als Top-Stabsstelle können ihm andere Stabsstellen, wie Personalwesen, Food- und Beverage-Control und andere Kontrollinstanzen unterstehen.

Aufgaben und Verantwortung

Die zentrale Aufgabe liegt in der Beratung und Information, in der Vorbereitung von Entscheidungen für das Unternehmen in allen seinen Bereichen. Der Wirtschaftsanalytiker hat keine Entscheidungsbefugnis, trägt aber die Informations- und Beratungsverantwortung.
Das Ziel dieser Stabsstelle stellt das Herausfinden des finanzwirtschaftlichen Optimums des Hotelbetriebes dar. Neben Steuerungs- und Kontrollinformationen für das Hotelmanagement, zwischen- und innerbetrieblichen Vergleichen hat der Wirtschaftsanalytiker für ein stets präsentes Renditebewußtsein oder Ertragsklima zu sorgen.
Diese Schlüsselposition hat für den Personalbereich ein Lohn- und Leistungskontrollsystem zu erstellen, das mit realistischen Leistungsstandards für eine wirtschaftliche, langfristige Planung des Arbeitskräftebedarfs gemäß der Geschäftsvolumenprognose Sorge trägt.
Entscheidungen sind zu treffen, wo die verfügbaren Ressourcen konzentriert werden müssen, um die Betriebsergebnisse zu verbessern und dadurch den Gesamterfolg des Hotelbetriebes zu maximieren.
Im einzelnen sind nach wissenschaftlichen Methoden u.a. folgende Einzelziele und Aufgaben zu erfüllen:

- Arbeitsvereinfachung mit Hilfe von Arbeitsablaufstudien
- optimaler Arbeitskräfteeinsatz, angepaßt an das unterschiedlich anfallende Geschäftsvolumen (Dienstplanerstellung)
- Arbeitsüberwachung durch Dienstaufsicht und Erfolgskontrolle aufgrund von realistisch festgesetzten Leistungsstandards für jede Stellenkategorie
- Produktivitätssteigerung auf der Basis hotelinterner Trainingsprogramme
- laufende Informationen des Managements über neuartige Arbeitsmethoden und Verfahren in der Hotellerie
- gerechte Lohnpolitik, Erstellung von Leistungsanreizsystemen
- Festlegung der Personalplanungsleitfäden für alle Hotelbereiche
- Berichterstellung für den Personalbereich über Bedarfsanforderungen, Qualifikationsbestand und -Entwicklung, Fluktuationen, Produktivitätsangaben
- Erstellung monatlicher und jährlicher Geschäftsprognosen, Trendbestimmungen, Betriebstransparenz durch sinnvolle Auslegung der Betriebsergebnisse
- durch Schwachstellen-Analysen, Varianzanalysen, Alternativvorschläge für die Zukunftsgestaltung erarbeiten
- Wirtschaftlichkeitsuntersuchungen mit Hilfe von Deckungsbeitragsrechnungen für Restaurants und Bars
- Mitarbeit bei sämtlichen Änderungen der geschäftspolitischen Richtlinien (z.B. Marketing/Preispolitik)

Stellenanforderungen

Erforderliche Qualifikationen:

Durchsetzende Persönlichkeit, gutes Urteilsvermögen, hochentwickelte Begabung für Analyse und Synthese, Kenntnisse der Betriebspsychologie, Organisationstalent

Detaillierte Qualifikationen:

Geschlecht:	männlich/weiblich
Einstellungsalter:	28–40 Jahre
Schulausbildung:	Lehre oder Training im Hotel- und Gaststättengewerbe möglichst Fachhochschule Abschluß als Diplomkaufmann oder Diplom-Betriebswirt (FH)
Sprachliche Erfordernisse:	Deutsch, Englisch, Französisch } in Wort und Schrift

Praktische Erfahrungen:	mehrjährige Hotelpraxis, möglichst als Abteilungsleiter in einem Hotelbereich, versierter Hotelfachmann
Spezialerfordernisse:	völlige Vertrautheit mit modernen Planungstechniken – Operations research

Verwaltungsbereich (Administration)

Organigramm (Ausschnitt)

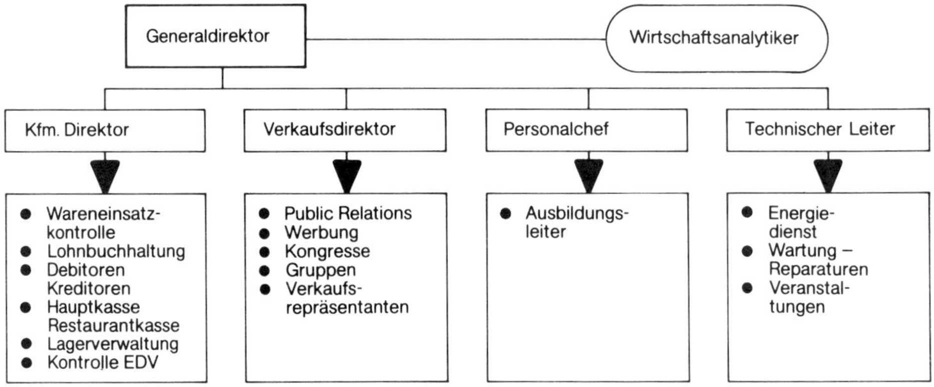

Marketing-Technik in Hotellerie/Gastronomie

Problemstellung

Im amerikanischen Sprachgebrauch entstand das Wort Marketing als Hauptwort zur Tätigkeit „to go into the market" – in den Markt hineingehen. Zur ursprünglichen Wortbedeutung, und das ist bis heute so geblieben, gehören also Aktivität, Bewegung, Tätigkeit.
Marketing als auf den Markt ausgerichtete Aktivität kann sowohl vom Anbieter als auch vom Nachfrager betrieben werden. Das führt zu einer ersten Differenzierung des Begriffs: Der Anbieter, der etwas loswerden, abgeben, absetzen will, betreibt Absatz-Marketing, der Nachfrager, der etwas haben, sich beschaffen möchte, Beschaffungs-Marketing.
Warum ist jene Folgerung noch nicht allgemein akzeptiert? Weil Marketing konkret in solchen Marktsituationen entstanden ist, deren Kennzeichen es war, daß es die Anbieter schwer hatten, ihre Angebote abzusetzen. Anders herum: Die Nachfrager waren in der relativ besseren Marktposition. Für diese Situation hat sich der Begriff „Käufer-Markt" (buyer's market) international eingeführt. Ein Käufer-Markt, der eigentlich Nachfrage-Markt heißen müßte, kennzeichnet eine Marktlage, bei der – aus welchen Gründen auch immer – die Nachfrager in der besseren Position sind. Folge: Die Anbieter müssen sich mehr anstrengen, aktiver, besser werden. Die entgegengesetzte Marktanlage charakterisiert der Begriff „Verkäufer-Markt" (seller's market). Ein Verkäufer-Markt (Anbieter-Markt) ist dann gegeben, wenn die Anbieter in der besseren Position sind. Folge: Die Nachfrager müssen sich mehr anstrengen.
Nach wie vor dominiert die traditionelle Verkaufsfunktion, allenfalls unterstützt durch Marktforschung, Werbung, Verkaufsförderung. Dieses Pseudo-Marketing ist mithin vom echten Marketing als organisatorisch-integrierte, marktorientierte Unternehmenskonzeption weit entfernt.
Kann Marketing in der Hotellerie nur von wissenschaftlich ausgebildeten Fachkräften betrieben werden, und können sich demnach nur Hotelkonzerne Marketing leisten? Denn „Marketing" ist ein Begriff für jene Managementfunktion, die alle betrieblichen Maßnahmen koordiniert und sogar außerbetriebliche Stellen beeinflußt: Es ist das Wollen und Vermögen, den Markt für sich nutzbar zu machen.
Marketing heißt also, auf die Nachfrage ausgerichtete Maßnahmen zu ergreifen und eine Form der aktiven Beeinflussung des Marktes zu finden. Gerade diese Tatsache bedeutet in der Konsequenz, daß schon „Zusammenschlüsse" von

Hotels eine Vergrößerung des benötigten Leistungsangebotes bedeuten und die Kooperation Marketing als unternehmerisches Denken ausdrückt. Marketing-Fachleute meinen, die Hotellerie müsse Ergebnisse schaffen und Anreize bieten sowie neue Gäste „produzieren“. Die Fachleute verweisen dabei auf die großen Touristik-Unternehmen, die, wo immer nur möglich, zielgruppengerechte Nachfrage schaffen. Sicherlich liegt das Geheimnis im Marketing-Mix, in dem Werbung, Verkaufsförderung und Public Relations optimal koordiniert werden.
Zu der Marketing-Technik in Hotellerie und Gastronomie gehören die Marketing-Mittel:

– Marketing-Organisation
– Marketing-Informationssystem
– Marketing Planung/Kontrolle
– Marketing-Mix (kreative und kommunikative Marketinginstrumente)

Organisation

Die Marketingorganisation in größeren Hotelbetrieben kann folgenden Aufbau beinhalten:

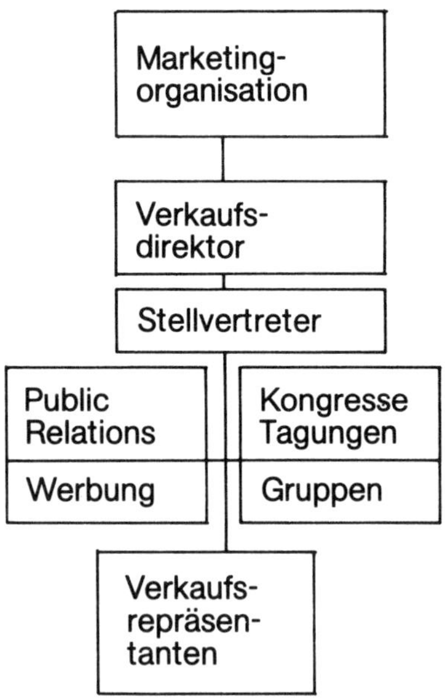

Gedankenflußplan

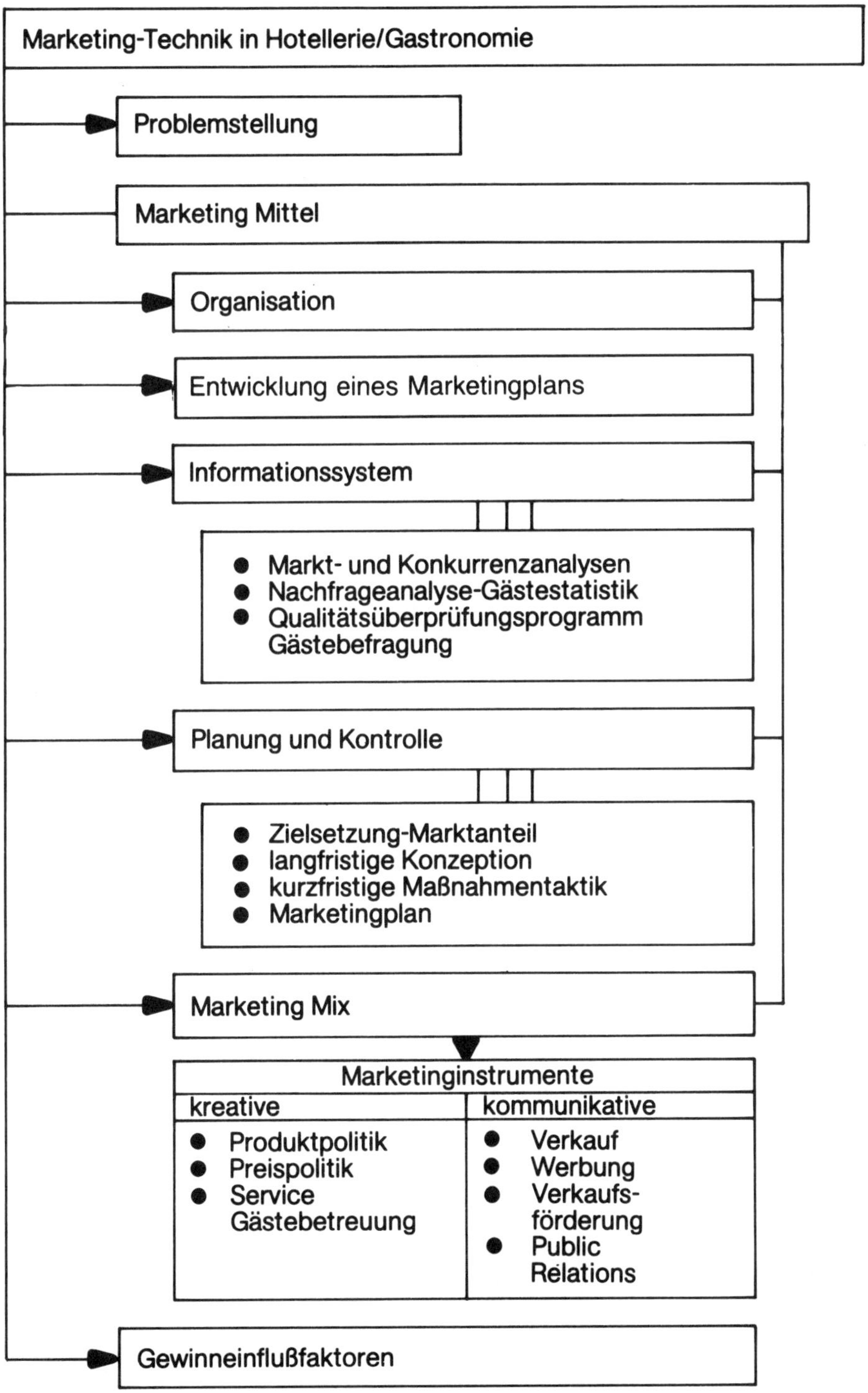

Rentabilität der Management-Kontrollsysteme

Determinanten und Einfluß der Unternehmensorientierung

In Abhängigkeit der Determinanten:

I Kapitalintensität
II Kostenstruktur
III Produkt- und Dienstleistungsnachfrage
IV Dienstleistungs- und Angebotsform

lassen sich in Hotellerie und Gastronomie zwei Unternehmensorientierungen unterscheiden:

- Unternehmen mit **Kostenorientierung**
- Unternehmen mit **Marktorientierung**

Die jeweilig dominante Unternehmensorientierung prägt im wesentlichen den Managementstil, Auswahl und Gewichtung betriebsinterner Kontrollverfahren, die Preiskalkulation und den Einsatz des Marketinginstrumentariums im allgemeinen.

I. Kapitalintensität

Die Kostenstruktur des Hotels wird durch die Kapitalintensität beeinflußt. Geschäftskapital im Verhältnis zum Umsatzvolumen oder durchschnittlich eingesetztes Kapital pro Mitarbeiter sind aussagefähige Basiskennzahlen zur Kapitalintensität. Eine hohe Kapitalintensität wird einen hohen Fixkostenanteil in Form von Abschreibungen, Reparatur- und Erhaltungsaufwand usw. bewirken und damit verstärkt zur Marktorientierung des Unternehmens beitragen.

II. Kostenstruktur

Die meisten Hotels und Restaurants haben einen hohen Fixkotenanteil; differenziert man hier nach einzelnen Umsatzträgern, so liegt der größte Teil der fixen Bereitschaftskosten im Beherbergungsbereich. Im Vergleich zum Food und Beverage Bereich sind hier die umsatzabhängigen Leistungskosten (Wäsche-, Reinigungskosten, Extrapersonal usw.) relativ gering.

Aussagen zur Kostenstruktur

- Je höher der Fixkostenanteil (Bereitschaftskosten), desto stärker wirkt eine Umsatzänderung auf den Gewinn, die Umsatzabhängigkeit ist intensiver.
- Je größer der Fixkostenanteil, desto höher ist der Grad der Marktorientierung und damit die Abhängigkeit von der Nachfrage.
- Je größer der Anteil die variablen Kosten (Leistungskosten), desto höher ist der Grad der Kostenorientierung und je geringer ist die Abhängigkeit von der Nachfrage.

III. Produkt- und Dienstleistungsnachfrage

Nahezu charakteristisch sind Nachfrageschwankungen in Hotellerie und Gastronomie, Saisonschwankungen, unterschiedliche Auslastung während der einzelnen Wochentage, Spitzenbelastungen und Leerzeiten am gleichen Arbeitstag sind typisch für die gastronomische Nachfrage.
Diese permanente Umsatzunsicherheit bringt mehrere Managementprobleme mit sich, z. B.:

- unausgenutzte Kapazitäten, gepaart mit hoher Fixkostenbelastung
- Planungsprobleme bei schlechten Prognoseverfahren
- Anpassung der variablen Leistungskosten (z. B. Warenaufwand, Speisen) an das schwankende Umsatzvolumen
- Preisdifferenzierungsarten

IV. Dienstleistungs- und Angebotsform

Hotels als „investitionsintensiver, kundenpräsenzbedingter Dienstleistungsbetrieb mit struktureller Überkapazität" kennzeichnet die hohe Verderblichkeit unserer Dienstleistungs- und Angebotsform. So ist heute nicht ausgelastete Beherbergungskapazität unwiederbringlich verloren; und auch Verpflegungsleistungen sind in roher oder zubereiteter Form nur begrenzt lagerfähig. Die Verderblichkeit gastronomischer Produkt- und Dienstleistungen verstärkt natürlich die Nachfrageabhängigkeit und damit die Marktorientierung in Hotellerie und Gastronomie.
Der schlimmste Feind aller Kontrollverfahren in unserer Branche liegt in der Routine. Wer jahrelang mit gleichem System und Schwerpunkt seinen Betrieb kontrolliert, stellt Effizienz und damit Rentabilität der Kontrolle in Frage. Betriebsberatungen bei den verschiedensten Betriebstypen zeigen deutlich, wie differenziert in der Praxis Kontrollmethoden für das betreffende Hotel oder Restaurant aussagefähig anzuwenden sind. Kontrollen sollen auf einfache, unkomplizierte Art und Weise Möglichkeiten zur Leistungsüberwachung und Leistungsverbesserung bewirken. Dabei sind Kontrollsysteme permanent der fortschreitenden Entwicklung anzupassen und müssen in einem wirtschaftlichen Verhältnis zum Kontrollergebnis stehen.

So sind für jeden Betrieb:
- **kostenorientierte Kontrollverfahren und**
- **marktorientierte Kontrollverfahren**

maßzuschneidern.

Gewichtung der Kontrollen in Abhängigkeit zur Unternehmensorientierung

Als Konsequenz der beschriebenen Determinanten der Unternehmensorientierung sollte der einzelne gastronomische Betrieb seinen Kontrollaufwand im Hinblick auf *„Marktorientierung"* oder *„Kostenorientierung"* gewichten.
Je höher der fixe Kostenanteil liegt, desto schwieriger erscheint es, mit herkömmlichen Kostenkontrollen angemessene Rentabilität auf Dauer zu erreichen. Der hier eingesetzte Kontrollaufwand sollte zumindest gleichwertig auf die Umsatzseite des Hotel- und Restaurantbetriebes hingelenkt werden. Mit anderen Worten: Hotels und Restaurants mit relativ hohen Fixkosten (Bereitschaftskosten) und starker Nachfrageschwankung sind in ihren Kontrollbemühungen bei den verbliebenen variablen Kosten (Leistungskosten) begrenzt und sollten durch verstärkte Kontrolltechniken auf der Umsatzseite (Marktorientierung) gezielt die Gewinnsituation beeinflussen.

Gastronomische Betriebe mit dominanter *„Kostenorientierung"*, bei denen die variablen, beeinflußbaren Leistungskosten (z. B. Wareneinsatzkosten für Speisen und Getränke, Aushilfspersonal usw.) hoch sind, werden ihren Schwerpunkt auf Kostenkontrollen konzentrieren.

Nur marktorientiertes Management wird das Problem schwankender Umsätze bei hohen Bereitschaftskosten lösen können. Traditionelle Kostenkontrollen helfen hier wenig. Neue Kontrolltechniken in bezug auf Prognoseverfahren, Budgetierung des Geschäftsvolumens, Verkaufs- und Nachfrageanalysen, Qualitätskontrollen und Preispolitik müssen entscheidungsorientiert eingesetzt werden. Fortschrittliches Management fixkostenintensiver Hotel- und Restaurantbetriebe wird den Schwerpunkt betriebsinterner Kontrollen auf die Umsatzseite verlagern. Ohne Kostenkontrollen vernachlässigen zu wollen, erfordert die Marktorientierung im Gastgewerbe ein Umdenken. Neue Kontrollsysteme müssen sich auf umsatzentscheidende Gebiete konzentrieren.

Schwerpunktkontrollen bei Kostenorientierung

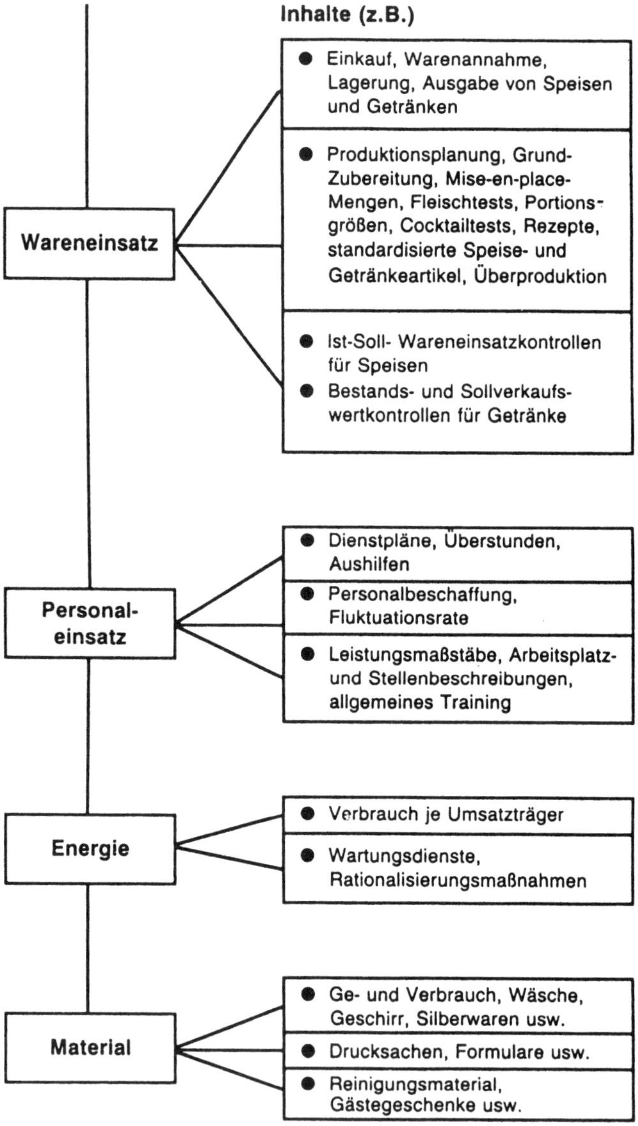

Schwerpunktkontrollen bei Marktorientierung

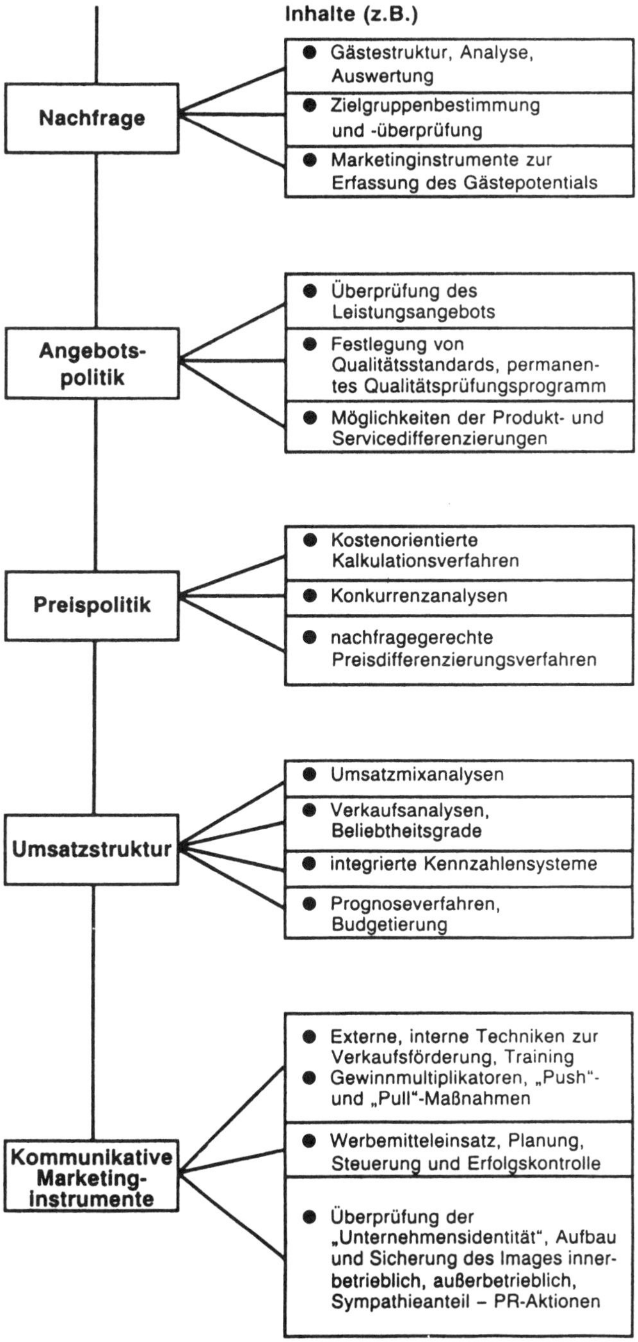

Entwicklung eines Marketingplans

Der folgende Ablauf soll schrittweise die Entwicklung eines Marketingplans in Hotellerie und Gastronomie aufzeigen.

1. Schritt

Informationsbeschaffung und -auswertung (Marketinginformationssystem)
Kein Marketing ohne Marktforschung. Am Anfang steht die Information, die es zu analysieren gilt. Zu den Teilgebieten der Marktforschung zählt man in Hotellerie und Gastronomie im wesentlichen die
- Nachfrageanalyse
- Konkurrenzanalyse
- Produkt- und Angebotsanalyse (einschließlich einer Analyse über die bisher eingesetzten Marketinginstrumente)

Nachfrageanalyse
Auch unter dem Oberbegriff der Bedarfsforschung erstreckt sich die Untersuchung auf den gesamten Markt. Dabei sind Gästeverhalten, Zielgruppenänderung und auch die Größe des eigenen Marktanteils zu analysieren. Hierzu gehört zum Beispiel folgender Fragenkomplex:

- Wie hat sich der Gesamtmarkt verändert?
- Gibt es Auswirkungen der allgemeinen Konjunkturentwicklung?
- Wie setzt sich die Gästestruktur zusammen? Nationalität, Alter, Geschlecht, Beruf, Familienstand, Aufenthaltsdauer, Reservierungsweg, Reisezweck, Durchschnittsumsätze, Ausgabebereitschaft usw.

Nur der Hotelier und Gastronom, der seinen Gästekreis – seine Zielgruppe – genau kennt, die Erwartungen, die Wünsche und den Geschmack bei seinen Produkt- und Serviceleistungen voll berücksichtigt und sich darauf einstellt, wird mit Wiederholungsgeschäft rechnen können. Auf der Basis einer detaillierten Gästeanalyse lassen sich aus den vielfältigen Marketingmitteln die passenden Instrumente wählen, die das Volumen des eigenen speziellen Gästekreises vergrößern helfen.

Konkurrenzanalyse
Hier soll die Beziehung und Stellung des Hotel- und Gaststättenbetriebes zum Markt erfaßt werden. Drei Elemente tragen im wesentlichen zur „Marktpositionierung" eines Betriebes bei:

I. Schaffung und Erhaltung eines positiven Images
II. Ausrichten der materiellen und immateriellen Dienstleistungen auf die Erwartung des Gästepotentials
III. Weitmöglichste Produkt- und Servicedifferenzierung gegenüber der Konkurrenz

Im Rahmen der Wettbewerbsanalyse sind auch standortbezogene Faktoren stets im Auge zu halten. Gibt es beispielsweise ein gesteigertes Angebot an Hotelbetten bei gleicher Nachfrage? Man muß wissen, „was die Konkurrenz macht", denn dieses Wissen ist eine wichtige Voraussetzung für die Entwicklung eigener Marketingstrategien.
Die Konkurrenzanalyse soll die grundsätzlichen Marktverhältnisse erarbeiten, kurz- und langfristige Veränderungen sichtbar werden lassen und Hinweise zur Produkt- und Servicedifferenzierung geben. So wird eine Konkurrenzanalyse folgende grundsätzliche Informationen enthalten:

- Betriebstyp / Standortbeschreibung
- Kapazitäten / Auslastung / Preise
- technische Ausstattung
- Speise- und Getränkeprogramm mit Preispolitik
- Einsatz des absatzwirtschaftlichen Instrumentariums
- Nachfrager / Gästepotential
- Personaleinsatz
- Kennzahlenvergleiche

Bei der Auswertung der Konkurrenzanalyse wird man Unterschiede zum eigenen Betrieb festhalten im Hinblick auf:

- Organisation
- Produkt- und Dienstleistungspalette
- Preispolitik
- spezielle Serviceleistungen / Qualitätsniveau
- Gästekreis / Zielgruppen

Hieraus sind einige Basisfragen für die zukünftige Entwicklung und die dafür einzusetzenden Marketinginstrumente zu stellen:

- Welche Werbeargumente schaffen neue Gäste?
- Welcher Gästekreis ist noch nicht erfaßt?
- Welche Produktdifferenzierungsmaßnahmen sollen das Angebot verbessern?

- Welche Werbe- und Verkaufsförderungsmaßnahmen müssen verstärkt werden?
- Welche Preise sind nicht nachfrage- und konkurrenzorientiert?
- Welche Arbeitsabläufe sind zu verbessern?
- Welche Kooperationsmöglichkeiten gibt es mit den Konkurrenzbetrieben?

Produkt- und Angebotsanalyse
Die umfassende Leistungsanalyse des eigenen Unternehmens sollte auch die Wirkung des bisher eingesetzten Marketinginstrumentariums mit einbeziehen. Schon die schriftliche Erfassung aller sachlichen Angebotsleistungen und deren Veränderungen (Produktbeschreibung) schafft Transparenz und gilt als Voraussetzung für die Marketingplanungsarbeit. Unabhängig von den auszuwertenden Kennzahlen des eigenen Betriebes empfiehlt es sich auch hier, den „Gast als Betriebsberater" heranzuziehen. Die Qualitätsüberprüfung der eigenen Produkte und Dienstleistungen ist aus der Sicht des Gastes zu bewerten. Zur praktischen Durchführung der Gästebefragung haben sich Checklisten für Testgäste, kurze Gästefragebögen, Fragen zur Qualität auf der Rückseite der Gästerechnung bewährt. Man muß wissen, was der Gast erwartet, für gut oder schlecht hält, in diesem Betrieb vermißt oder vielleicht auch nicht bereit ist zu bezahlen.
Ausgewertete Verkaufsanalysen, ein permanentes Qualitätsüberprüfungsprogramm und eine Wirksamkeitskontrolle aller eingesetzten Marketinginstrumente des Vorjahres gehören neben einer Imageanalyse für das Unternehmen zu einer gesamten kritischen Leistungsanalyse. Im Rahmen der unternehmerischen Planung müssen auch für den Qualitätsstandard eines gastgewerblichen Betriebes Ziele gesetzt werden, die als Soll-Vorgabe im Marketingplan festgesetzt und vom strengsten Kritiker – dem Gast – kontrollierbar gehalten werden.

2. Schritt

Prognose der kurz-, mittel- und langfristigen Marktentwicklung
Aus den gewonnenen und ausgewerteten Informationen läßt sich eine Prognose der Marktentwicklung ableiten. Hierbei geht es vor allem um das Erkennen und Beurteilen der eigenen Marktchancen und Risiken. Ein systematisches Marketinginformationssystem kann hier als Frühwarnsystem wirken und dem Hotelier und Gastronomen rechtzeitig die Wege aufzeigen, um sich an veränderte Marktverhältnisse nachfragegerecht anpassen zu können. Je besser die ausgewerteten Informationen – um so genauer lassen sich Marktprognosen erstellen, die für eine Zielformulierung im Marketingplan unbedingt erforderlich sind. Marktvorsprünge können aber nur durch außerordentliche Marketingideen erreicht werden. Im Sinne der innerbetrieblichen Kommunikation wird jeder Unternehmer bei der Ideenfindung seine Mitarbeiter mit einbeziehen wollen (Mitarbeiter-Brainstorming).

3. Schritt

Formulierung und Koordination der Marketingziele
Marketingplanung im engeren Sinne beginnt erst mit der Zielformulierung, der Koordination und Abstimmung dieser Zielsetzung mit der gesamten Unternehmenspolitik. Hier ist einerseits darauf zu achten, die Ziele realistisch, dennoch als Motivation entsprechend hoch anzusiedeln, andererseits müssen Prioritäten gesetzt und in einer Art Rangordnung Haupt- und Nebenziele schriftlich festgelegt werden. Als übergeordnete Marketingziele gelten zum Beispiel:

- Verbesserung des Qualitätsstandards, Serviceniveaus
- Saisonerweiterungsziele
- Erweiterung des Absatzmarktes
- eindeutige Unternehmensidentität
- Image und Bekanntheitsgrad
- neue Gästezielgruppen
- Marktanteilziele und „Marktpositionierung" usw.

Zu den Marketingzielen nach Bereichen gehören zum Beispiel:

- gesteigerte Kapazitätsauslastung im Beherbergungsbereich
- höherer Speisen- und Getränkeerlös im Restaurant für einzelne Servicezeiten
- Änderungen der Preispolitik im Bankettgeschäft
- Beschränkung des Speisenangebotes, dennoch Umsatzsteigerung
- Erhöhung des Beherbergungserlöses pro Zimmer
- Anhebung des Qualitätsniveaus zum Abendgeschäft
- neue Zielgruppen für die Bar
- Produkt- und Servicedifferenzierung gegenüber der Konkurrenz im Frühstücksgeschäft
- Förderung bestimmter Speiseartikel mit höheren Deckungsbeiträgen durch Verkaufsschulung usw.

Derartige Marketingziele müssen aufeinander abgestimmt und unter Einbeziehung der verantwortlichen Mitarbeiter für das kommende Jahr (Jahresplanung) definiert werden.

4. Schritt

Optimierung der Marketingstrategie (Marketingmix)
Vor den zu realisierenden Detailplänen im Marketingplan geht es bei der Optimierung der langfristigen Marketingstrategien um die Entwicklung eines einheitlichen Marketingkonzepts. Hier wird der Rahmen gesetzt. Marketinginstrumente wie Produktpolitik, Preispolitik, Absatzmethode, Service und Gästebetreuung müssen mit den kommunikativen Instrumenten: Verkauf, Werbung, Verkaufsförderung und

Public Relations in einer verbindlichen, langfristigen, unverwechselbaren Unternehmensidentität zu einem eindeutigen, widerspruchsfreien Marktverhalten führen. Corporate Identity gilt hier als zentrale Kommunikationsstrategie und hat somit Abstimmungs- und Vorgabefunktion für alle zukünftigen kommunikativen Äußerungen des Betriebes. Nach innen – mit einer Identifikation der Mitarbeiter – wie nach außen – gegenüber allen Öffentlichkeitspartnern – muß der geplante Marketingmix in allen seinen Instrumenten aus einem Guß, mit einer Sprache vertreten werden.

5. Schritt

Flexible Maßnahmentaktik und Durchführung des jährlichen Marketingplans
Die Übersetzung der langfristigen Marketingstrategien in einen konkreten Maßnahmenkatalog erfolgt nach Ermittlung und Verteilung des Marketingetats. Die Bemessung des Marketingetats darf keineswegs auf der Basis des Vorjahresumsatzes erfolgen. Als Orientierungsgröße müssen die formulierten Marketingziele gelten. Man sollte also entweder alle Ausgaben für die geplanten Marketingaktionen erfassen oder zumindest einen festen und entsprechenden Betrag für die kommunikativen Marketinginstrumente einplanen. Anhand des detaillierten und gewichteten Maßnahmenplans ist der Etat zu verteilen. Hierbei sollte man eine Reserve zurückhalten, die bei eventuell notwendigen Sonderaktionen eingesetzt werden kann. Die einzelnen Marketingmaßnahmen können unter folgenden Überschriften flexibel im Marketingplan erfaßt werden:

- Zielsetzung (warum?)
- Maßnahmen (was?)
- Zeitraum (wann?)
- Durchführung (wie?)
- Kosten (wieviel?)
- Verantwortlicher (wer?)
- Kontrolle, Ergebnis, Bewertung

Dieser Plan der kurzfristigen Maßnahmentaktik ist bei der Durchführung dynamisch zu halten, das heißt, bei Veränderung der Markteinflüsse wird man sich rechtzeitig der neuen Marktsituation anpassen können.

6. Schritt

Dynamische Marketingkontrolle
Kurskorrekturen bei der Durchführung des Marketingplans, ausreichende Flexibilität und Anpassungsfähigkeit können nur durch ein permanentes Marketingkontrollsystem gesteuert werden. Der Soll-Ist-Vergleich im Marketing ermöglicht die gezielte Ergänzung, Änderung oder auch Einschränkung von Marketingmaßnahmen. Ursachen- und Ergebnisanalysen laufen als „Feedback“ (Rückkoppelung) in das Marketinginformationssystem für das folgende Jahr.

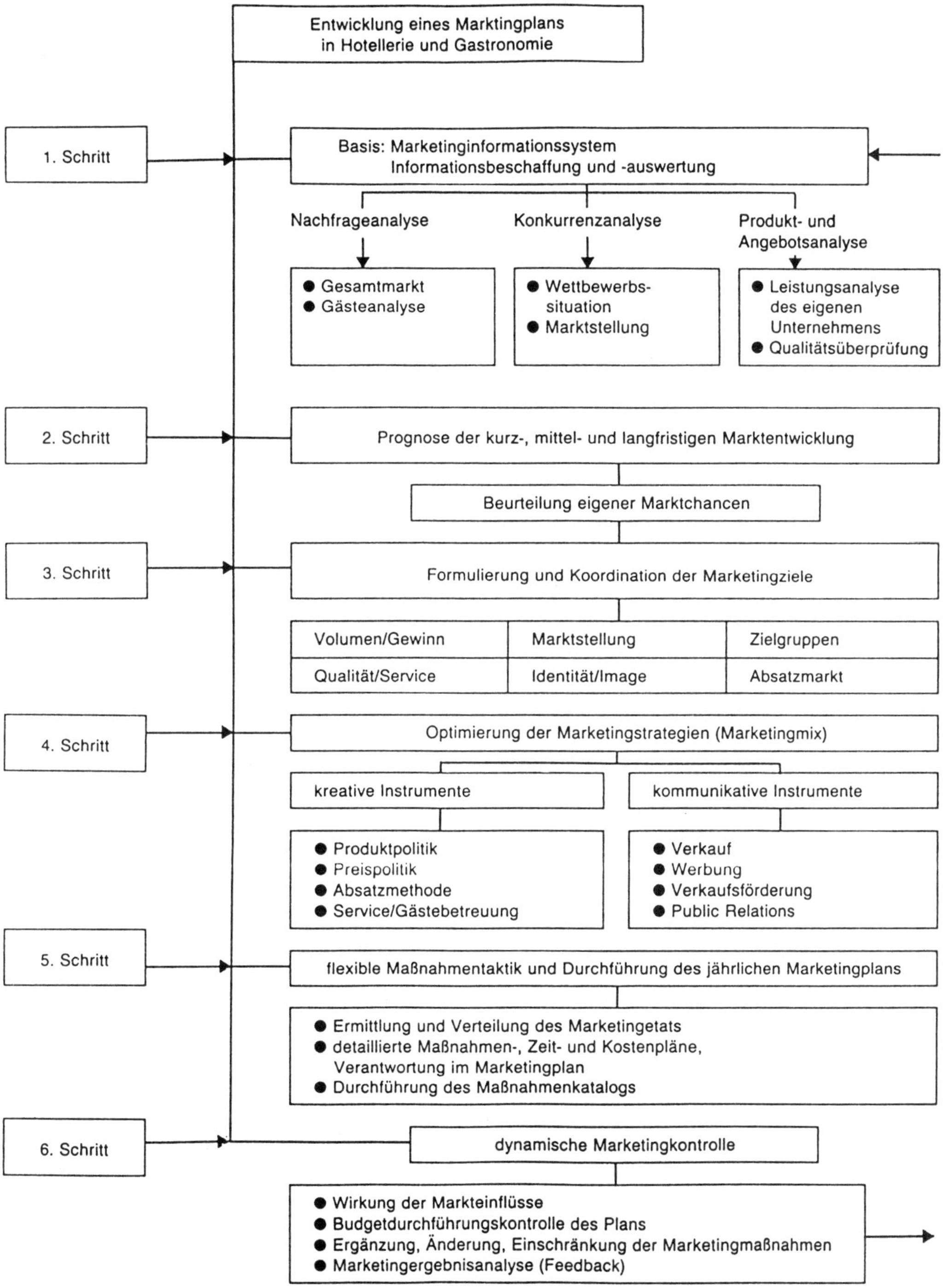
Entwicklung eines Marktingplans
in Hotellerie und Gastronomie
1. Schritt
Basis: Marketinginformationssystem
Informationsbeschaffung und -auswertung
Nachfrageanalyse
Konkurrenzanalyse
Produkt- und Angebotsanalyse
● Gesamtmarkt
● Gästeanalyse
● Wettbewerbs-situation
● Marktstellung
● Leistungsanalyse des eigenen Unternehmens
● Qualitätsüberprüfung
2. Schritt
Prognose der kurz-, mittel- und langfristigen Marktentwicklung
Beurteilung eigener Marktchancen
3. Schritt
Formulierung und Koordination der Marketingziele
Volumen/Gewinn
Marktstellung
Zielgruppen
Qualität/Service
Identität/Image
Absatzmarkt
4. Schritt
Optimierung der Marketingstrategien (Marketingmix)
kreative Instrumente
kommunikative Instrumente
● Produktpolitik
● Preispolitik
● Absatzmethode
● Service/Gästebetreuung
● Verkauf
● Werbung
● Verkaufsförderung
● Public Relations
5. Schritt
flexible Maßnahmentaktik und Durchführung des jährlichen Marketingplans
● Ermittlung und Verteilung des Marketingetats
● detaillierte Maßnahmen-, Zeit- und Kostenpläne, Verantwortung im Marketingplan
● Durchführung des Maßnahmenkatalogs
6. Schritt
dynamische Marketingkontrolle
● Wirkung der Markteinflüsse
● Budgetdurchführungskontrolle des Plans
● Ergänzung, Änderung, Einschränkung der Marketingmaßnahmen
● Marketingergebnisanalyse (Feedback)

Marketing-Informationssystem

An erster Stelle im Marketing-Informationssystem stehen Markt- und Konkurrenzanalysen.
Folgende Übersicht gliedert eine

Marktanalyse für Hotel- und Restaurant-Projekte:

A. Allgemein
B. Geschäftspotential
C. Betriebskostenübersicht
D. Gesetzliche Bestimmungen
E. Schlußfolgerung / Auswertung

A. Allgemein

1. Allgemeine Beschreibung der Stadt (Größe, Handel und Industrie etc.)
2. Regierungsform
   a) Art der Regierung
   b) Stabilität
   c) Bereitwilligkeit zur Zusammenarbeit
   d) Unterlagen des Fremdenverkehrsamtes
   e) Bearbeitung von Visa und aller den Tourismus betreffenden gesetzlichen Bestimmungen
3. Sehenswürdigkeiten der Stadt und näheren Umgebung – mit Entfernungs- und Fahrzeitangabe von Projektplatz (Museen, Sportveranstaltungen, Festspiele, sonstige Darbietungen – Veranstaltungskalender)
4. Lagebeschreibung
   a) Stadtplan mit Einzeichnung des Grundstückes (Projektplatz)
   b) Beschreibung der unmittelbaren Umgebung
   c) Verkehrsverbindungen zum geplanten Hotelprojekt und Fahrzeitberechnungen (Flughafen, Hauptbahnhof, wichtigste Autobahn-Verbindungen, Bus-Zubringerstationen, Einkaufszentren, Geschäftsviertel, Regierungsgebäude)
5. Im Lagebereich verfügbare Strukturleistungen: Telefon, Strom, Wasser, Kanalisation, Gas (Erdgas oder Stadtgas)

B. Geschäftspotential

1. Derzeitiger Stand der Geschäftsentwicklung für Hotels und Restaurants im Einzugsbereich. Kurze Aufstellung aller vergleichbarer Hotels und Restaurants. Anzahl, Größe, Leistungsstandard, Qualität der Speisen, Innenausstattung und Instandhaltung.
   a) Zimmerpreise (Durchschnittserlös, unterste und oberste Grenze für Einzel- und Doppelzimmer) von obiger Hoteluntersuchung und Trendbestimmung der letzten Jahre.
   b) Zimmerbelegung pro Monat für verschiedene, vergleichbare Hotels und deren Entwicklungstrend während der vergangenen Jahre.
   c) Bestimmung des Herkunftslandes der Gäste und Entwicklungstrends während der vergangenen Jahre.
   d) Durchschnittliche Aufenthaltsdauer der Gäste; in- und ausländische Gäste getrennt aufführen.
   e) Zweck des Besuches (geschäftlich oder Urlaub).

2. Bundeszentrale für Fremdenverkehr und örtliche Fremdenverkehrsämter
   a) Brauchbare Statistiken der letzten 5 Jahre.
   b) Künftige Weiterentwicklung aller zum festen Programm gehörenden internationalen Veranstaltungen (Unterkunftsmöglichkeiten, Tagungsstätten und Messehallen).
   d) Von der Stadt geplante Ausbau- und Förderungsmaßnahmen des örtlichen Fremdenverkehrs.

3. Inländische Fluggesellschaften, Hauptreisebüros und wichtigste Transportunternehmen
   a) Entwicklung in der Vergangenheit und zu erwartende Weiterentwicklung (Statistiken und Pläne).
   b) Welche inländischen Fluggesellschaften waren Zubringer für welche Länder?
   c) Welche internationalen Fluggesellschaften waren Zubringer für dieses Land?
   d) Andere Mittel der Verkehrsbeförderung mit Ausgangsort.
   e) Von Reisebüros gestartete Werbeaktionen und angebotene Pauschalreisen im Lande.

4. Wichtigste Geschäfts- und Industriezweige
   a) Aufstellung aller in- und ausländischen Unternehmen im Einzugsgebiet.
   b) Industrie- und Handelskammer
   d) Leistungsfähigkeit dieser Institutionen:
      1. Ständige Besucher von Übersee – Zimmer
      2. Örtliche, inländische und internationale Tagungen
      3. Regionale Bedeutung für das Restaurantgeschäft

C. Betriebskostenübersicht

1. Wareneinsatzkosten
   a) Zur Verfügung stehende Erzeugnisse und deren Qualität (Eigenprodukte und ausländische Erzeugnisse, Zollgebühren und Wareneinfuhr-Beschränkungen).
   b) Lebensmittel- und Getränkepreise und sonstige Aufwände (bestehende Märkte, freier Handel, Supermärkte, Großhandel).
   c) Auswahl von Angebotskarten von gut geführten Restaurants.
   c) Preisstruktur und Durchschnittserlös pro Gast in vergleichbaren guten Restaurants und Nacht-Clubs.
   c) Abteilungsbezogener Betriebsaufwand; Prozentsätze vergleichbarer Hotels/ Restaurants.

2. Löhne und Gehälter/Personalaufwand
   a) Arbeitsmarkt
   c) Einschränkungen für Arbeitsbewilligungen ausländischen Personals
   c) Aufgliederung gegenwärtiger Gehaltsstrukturen für einzelne Stellenkategorien.
   d) Zusätzliche Sozialleistungen (gesetzliche und freiwillige) von seiten des Arbeitgebers.
   e) Arbeitsgesetze (Arbeitsstunden, Urlaub, Überstunden, Krankheitsregelung, Sondervergütungen, Altersversorgung, Urlaubsgeld, Betriebsratsbestimmungen, Bedienungsgelder, Beendigung des Arbeitsverhältnisses, Abfindungsentschädigungen, Uniformen, Mahlzeiten, Probezeiten, Gewerkschaften, möglicher Einsatz flexibler Arbeitszeiten).
   f) Ortsübliche Leistungsmaßstäbe
   g) Einkommen-/Lohnsteuer; Arbeitgeberanteile
   h) Abkommen für Arbeitskräfteaustausch mit dem Ausland
   i) Hotelfachschulen, Berufsfachschulen
   j) Bedienungsgeld/Tronc-Verteilung, Aufschlüsselung des Tronc-Personals mit den jeweiligen Anteilen.

3. Versorgungsbetriebe
   a) Gas:
   industrielle Tarife (falls nicht anwendbar, dann kommerzielle Tarife).
   b) Strom:
   industrielle Tarife (falls nicht anwendbar, dann kommerzielle Tarife).
   d) Wasser:
   industrielle Tarife (falls nicht anwendbar, dann kommerzielle Tarife).
   d) Dampf:
   für Heizung und Wäscherei und die dafür anwendbaren Tarife.
   e) Temperatur, Luftfeuchtigkeit – monatliche Angaben.

D. Gesetzliche Bestimmungen

1. Körperschaft- und Einkommensteuer
2. Vertragsbedingungen ausländischer Betriebe
3. Erforderliche Konzessionen
4. Alkoholausschank-Bestimmungen
5. Einschränkung ausländischer Währungen
6. Grundstücksteuern
7. Verkauf- und Umsatzsteuern
8. Derzeitige anwendbare Zinsgebühren für kurz- und langfristige Kredite (Bank, Bauunternehmen, Versicherungsgesellschaften etc.)
9. Derzeitige Baukosten pro Quadratmeter für Hotels/Restaurants

E. Schlußfolgerung/Auswertung

1. Würde das geplante Hotel-/Restaurant-Projekt ein gewinnbringendes Objekt für diese Stadt darstellen, und was wäre die Haupteinnahmequelle des Betriebes in der Sommer- und Wintersaison?
2. Bezogen auf oben erstellte Marktanalyse – müssen Vorschläge zu folgenden Grundsatzentscheidungen angegeben werden:
   a) Art des Planobjektes (Kennzeichnung des Hotels/Restaurants)
   b) Anzahl der Zimmer
   c) Anzahl, Art und Größe der Restaurants
   d) Anzahl und Größe der Bars
   e) Größe des Ballsaales
   f) Größe der Tagungsräume
   g) Kasino und Nacht-Club
   h) Schwimmbad
   i) Tennisplätze
   j) Läden und Geschäfte
   k) Vermietbare Büroräume
   l) Wäscherei
3. Darstellung der Vor- und Nachteile der in Frage kommenden Grundstückslage!

Probleme der Qualitätskontrolle

Unter den Kontrollverfahren hat die Kostenkontrolle in Hotellerie und Gastronomie den ersten Rang eingenommen. Systematische Qualitätskontrollen in regelmäßigen Abständen werden in den wenigsten Hotelbetrieben durchgeführt, obwohl gerade die Produktgestaltung, die Serviceleistungen zukünftig immer besser gestaltet werden müssen. Jeder Hotelfachmann weiß, was man unter Hotelbelegung, Umsatz oder Gewinn zu verstehen hat – aber was bedeutet „Qualität" in der Hotellerie?

Wie kann man Qualität messen? Hat sich die Qualität der Dienstleistungen im Hotel im Vergleich zum letzten Jahr verbessert oder verschlechtert? Wo sind die Prioritäten zu legen, wenn es um Erhaltung und Steigerung des Qualitätsniveaus des Hotelbetriebes geht? Wer beeinflußt eigentlich tagtäglich das Qualitätsniveau des Hotels? Decken sich die Qualitätsvorstellungen der Gäste mit denen des Hotelmanagements? Welche Servicemaßstäbe, welche Ziele sollten verfolgt werden? Bedeutet mehr Qualität auch zwangsläufig mehr Kosten? Wie lassen sich die Mitarbeiter qualitätsbewußter schulen? Welche Qualitätserfordernisse müssen im nächsten Jahr erfüllt werden, um den Gästestamm zu halten und neue Gäste gewinnen zu können? Jeder fortschrittliche Hoteldirektor wird sich diese Fragen stets von neuem stellen.

Je größer das Hotel – je geringer scheint der direkte Gastkontakt des Hotelmanagements zu werden. Mit Erstaunen wird mancher Hotelmanager feststellen, daß er selbst nur geringfügig bei der Bildung des Qualitätsniveaus in seinem Hotel beteiligt ist. Das Problem liegt schon bei der Bestimmung des gewünschten Qualitätsniveaus für den eigenen Betrieb. Kontrollieren läßt sich Qualität in der Hotellerie auch nur dann, wenn man bereit ist, für jede Abteilung klare Qualitätsmaßstäbe festzusetzen. Ohne Zweifel müssen für die Zukunft auf jeder Ebene die Serviceleistungen für den Gast immer attraktiver und im Rahmen des Preis- und Leistungsverhältnisses qualitativ immer besser gestaltet werden.

Vermehrt sollte man seine Kontrollanstrengungen im Management auf diesen marktorientierten Gewinneinflußfaktor Qualität lenken und allgemein die betriebsinternen Kontrollverfahren daraufhin abstimmen.

Lösungsansatz

Verschiedene Lösungsansätze wurden in der Praxis getestet, um Qualität kontrollieren zu können. Der erste Vorschlag, Qualität regelmäßig in den Hotels zu überprüfen, stammt von den Fluglinien. Es entstand der Beruf des „Qualitätscheckers“, der bewaffnet mit einem vorgefertigten Fragenkatalog auf Prüflisten in den Hotelketten von Hotel zu Hotel reiste, um in gewissen Abständen als Fachmann die Hotelleistungen zu bewerten. Diese Form der Qualitätskontrolle brachte zwar Vorteile – man legte für die Hotels zum ersten Male Qualitätsmaßstäbe fest –, aber die Erfahrung zeigte, daß das Qualitätsniveau eines Hotelbetriebes nicht nur allein aus der Sicht des Fachmanns, sondern vielmehr mit den Augen des Gastes bewertet werden mußte. Auch stellten die Überraschungskontrollen der „Qualitätspolizisten“ keine kontinuierliche und stetige Überwachung der Betriebe dar. Der Weg zwischen Feststellung etwaiger Mißstände und deren Abhilfe dauerte viel zu lange. Oft standen die „Qualitätschecker“ unter einem Erfolgszwang; sie mußten Fehler finden!

Zielsetzung eines Qualitätsüberprüfungsprogramms

Aufgrund der klar definierten Zielsetzung eines einzuführenden Qualitätsüberprüfungsprogramms wird deutlich, daß Qualitätskontrolle mehr beinhaltet, als ein „Qualitäts-Checkup“ zu leisten vermag.

6 Hauptzielsetzungen:

1. Erhaltung des Gästestammes und Gewinnung neuer Gästekreise
2. Schnelle Erfassung der Qualitätsprobleme zur sofortigen Abhilfe
3. Aufzeigen von Qualitätsverbesserungen und Qualitätsverschlechterungen in den einzelnen Hotelabteilungen
4. Einheitliches Verständnis für Qualitätsanforderungen (Servicemaßstäbe – Qualitäts-Sollvorstellungen)
5. Basis zur qualitätsbewußten betrieblichen Mitarbeiteraus- und -fortbildung
6. Neutrale Messung der Qualitätsleistungen in allen Gastkontaktbereichen des Hotels

Basis für die Qualitätsüberprüfung in der Hotellerie

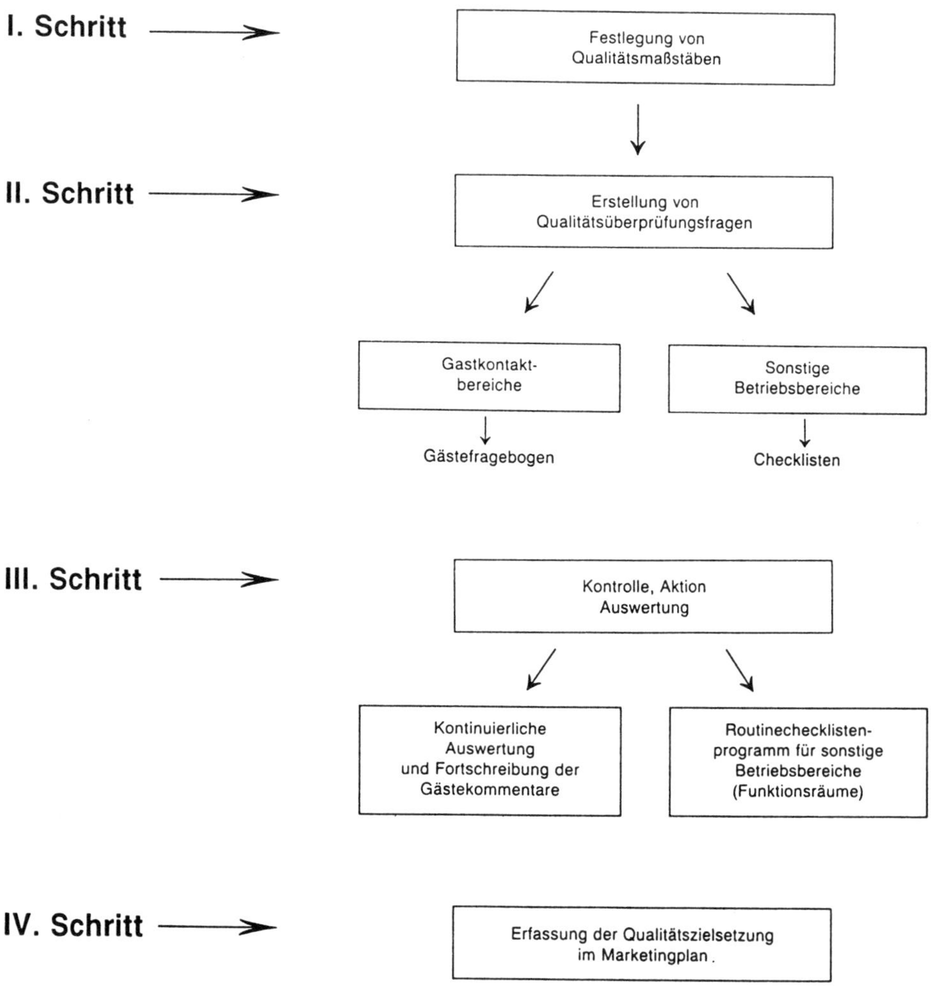

Im folgenden werden vier Schritte als Basis für die Qualitätsüberprüfung in der Hotellerie beschrieben, die je nach Größe und Typ des Hotelbetriebes maßgeschneidert eingesetzt werden können.

Erläuterungen zum Arbeitsablaufplan für die Einführung eines Qualitätsüberprüfungsprogramms

1. Schritt

Festlegung von Qualitätsmaßstäben

Die grundsätzliche Frage bei der Festlegung eines jeden Qualitätsstandards lautet:

Wie und auf welchem Niveau sollen die einzelnen Dienstleistungen erfüllt werden?

Natürlich muß das Hotelmanagement im Detail prüfen, ob die Mehrheit der Gäste auch bereit ist, die angebotenen Qualitätsleistungen zu honorieren. Pro Gastkontaktabteilung ist ein umfassender Katalog der von der Hoteldirektion (und auch von den Gästen) gewünschten Serviceleistungen festzulegen. So wird zum Beispiel festgelegt, daß jeder ankommende Gast, der eine Suite gebucht hat, von einem Mitarbeiter des Empfangs auf das Zimmer begleitet werden muß oder wie im Detail ein Weckruf zu erfolgen hat. Vom „Check-in" bis zum „Check-out" werden Qualitätsstandards oft auch unterschiedlich für verschiedene Gästegruppen definiert.
Bei der Festlegung von Qualitätsmaßstäben geht es nicht nur um eine genaue Beschreibung der einzelnen Dienstleistungen, sondern zum Beispiel im Gastronomiesektor auch um eine einheitliche Präsentation der Food & Beverage-Produkte. Selbst in dem kleinsten gastronomischen Betrieb hat der Gast ein Anrecht auf gleichbleibende Qualität. Man spricht hier von „standardisierter Qualität". Wenn die Köche wechseln oder ihren freien Tag haben, dann dürfen sich nicht die Saucen oder Suppen ändern – die Serviceleistungen für den Gast müssen qualitativ konstant bleiben.
Will man sich im Rahmen der Produktdifferenzierung wohltuend von seinen Mitbewerbern am Markt unterscheiden, so steht die Festlegung von Qualitätsstandards unter dem Motto:

Anders als die Konkurrenz und besser als es der Gast erwartet.

Besonderes Augenmerk muß bei der Bestimmung der Standards auf die Verhaltensleistungen der Mitarbeiter gelegt werden. Selbstverständlich darf Standardisierung nicht zu einem Verhalten eines „trainierten Affen" führen.
Jeder Mitarbeiter mit Gastkontakt soll und darf seine eigene Persönlichkeit bei der Arbeit miteinbringen. Auf der anderen Seite gehört aber auch das einheitliche Beantworten eines Telefonats mit der entsprechenden Begrüßung zur Festlegung des Qualitätsstandards „Entgegennehmen von Telefonaten". Wer für seinen Betrieb keine verbindlichen Qualitätsrichtlinien festlegt, wird feststellen, daß dann jeder Mitarbeiter auch beim Umgang mit dem Gast seinen eigenen Qualitätsmaßstab festlegt und anwendet.

Zur Erfüllung des ersten Schrittes – der Festlegung von Qualitätsmaßstäben – gehören somit alle Formen der Standardisation – der Standardisierung der Qualität. Klar definierte Qualitätsmaßstäbe, die in bezug auf Arbeitsvolumen, Arbeitsbedingungen und Grad der Ausbildung der Mitarbeiter realistisch und erreichbar sein müssen, gelten als Ausgangsbasis für jede Leistungsverbesserung.

2. Schritt

Erstellung von Qualitätsüberprüfungsfragen
Bei der Erstellung von Qualitätsüberprüfungsfragen wird man in der Praxis zwischen reinen „Gastkontaktbereichen“ und den „Sonstigen Betriebsbereichen“ (Funktionsräume) unterscheiden. Zu den typischen *Gastkontaktbereichen* gehören:

- Reservierung – Verkauf – Telefon
- Empfang – Concierge – Ankunft/Abreise
- Beherbergungsbereich: öffentliche Räume (Hotelhalle, Aufzüge, Veranstaltungsräume, Gästetoiletten, Verkaufsläden)
- Beherbergungsbereich: Hotelzimmer
- Gastronomiebereich: Restaurants, Bars
- Gastronomiebereich: Bankette, Etagenservice

Die für den Gast sichtbaren Abteilungen eines Hotels werden mit Qualitätsüberprüfungsfragen in einem hotelinternen Gästefragebogen erfaßt. Gleichzeitig läßt sich hier neben den „Qualitätsfragen“ auch ein kleiner Katalog von wertvollen „Marktforschungsfragen“ einschließen, wie zum Beispiel: *Wie erfolgte Ihre Reservierung? Warum haben Sie dieses Hotel gewählt?* usw. Dieser Gästefragebogen darf auf keinen Fall zu umfangreich gestaltet werden und muß für jeden Gast leicht ausfüllbar sein. Grundsätzlich hängt die Rücklaufquote von Gästefragebögen von der Aufenthaltsdauer der Gäste ab. So kann in einem Ferienhotel ein Gästefragebogen bei Verärgerungen oft eine „Ventilfunktion“ zum „Dampfablassen“ einnehmen.
Reicht der Rücklauf der regulären Gästefragebogen für ein repräsentatives „Qualitätsbild“ aus der Sicht des Gastes nicht aus, so hat es sich in der Praxis einiger Hotels bewährt, den Gastkontaktbereich mit „Testgästen“ überprüfen zu lassen. Oft sind hier auch separate Prüflisten für „Testgäste“ entwickelt worden. Entscheidend ist die kontinuierliche Detailauswertung aller ausgefüllten Gästefragebogen.
Nur mit dem „Fortschreiben der Gästekommentare“, der systematischen Erfassung und Zuordnung aller beantworteten Qualitätsfragen zu den einzelnen Hotelabteilungen wird eine dynamische Kontrolle der Qualitätsstandards aus der Sicht des Gastes ermöglicht. Häufen sich beispielsweise die Beschwerden für einen bestimmten Leistungsbereich, kann hier die Hoteldirektion sofort reagieren.
Die „Sonstigen Betriebsbereiche“ wie Warenannahme, Lagerräume, Küchen- und Spülküchenbereich, Büfett, technische Räume, Wäscherei usw. sollten regelmäßig

mit auf die Abteilung maßgeschneiderten Checklisten von Fachleuten überprüft werden. Um der üblichen Betriebsblindheit entgegenzuwirken, lassen sich einige Hoteliers auch gern einmal von einem Kollegen kritisch durchleuchten. Wie ein Pilot vor dem Start mit Hilfe von Checklisten die gesamte Technik des Flugzeugs überprüfen muß, sollte auch der verantwortungsvolle Gastronom vor Servicebeginn sich seiner vollen Dienstleistungsbereitschaft sicher sein.

3. Schritt

Kontrolle, Aktion, Auswertung
Gästefragebögen für Gastkontaktbereiche werden schon seit langem in den unterschiedlichsten Hoteltypen eingesetzt; allerdings erscheint die konsequente Auswertung dieser Gästebefragung oft unzureichend. Hier hat der Hotelier die Gelegenheit, „direkt mit dem Ohr am Gast“ berechtigte oder unberechtigte Beschwerden oder Komplimente von seinen Gästen entgegenzunehmen. An erster Stelle muß hier die sofortige „Aktion“ stehen, d. h. beschwert sich ein Gast, dann sollte wenn möglich das Management direkt Kontakt mit dem Gast suchen und korrigierende Maßnahmen einleiten. In gut geführten Hotels reicht die Kontrolle und Auswertung meist bis zu diesem Punkt.
Für die kontinuierliche Qualitätsüberprüfung in der Hotellerie gilt es aber nun, zumindestens diese Gästekommentare nicht nur einzeln zu behandeln, sondern auch permanent fortzuschreiben. Nur so können in gewissen Zeitabständen immer wiederkehrende Problemfelder im einzelnen Abteilungen deutlich und nachhaltig korrigiert werden. Zusätzlich erscheint es wertvoll, daß Testgäste, die wie reguläre Gäste sämtliche Hoteldienstleistungen in Anspruch nehmen und eventuell anhand ausführlicher Gästefragebogen den Betrieb „testen“.
Schon die aufrichtige Stellungnahme von etwas fünf Testgästen pro Monat würde dem Hotelier helfen, seine Leistungen zu verbessern. Qualitätsüberprüfung läßt sich auch als Verkaufsargument nutzen. So könnten Reiseveranstalter mit Hilfe ausführlicher Gästefragebögen sich selbst von dem Qualitätsniveau des Hotels überzeugen.

Ermittlung der Qualitätsgrade (in %)

Qualität läßt sich auch in Zahlen ausdrücken und vor allen Dingen in einem Zeitvergleich pro Gastkontaktbereich überwachen. Die einzelnen Qualitätsfragen werden den Gruppierungen:

- *Empfang*
  (Reservierung, Ankunft/Abreise)

- *Beherbergung*
  (Öffentliche Räume, Hotelzimmer)
- *Food & Beverage*
  (Restaurants/Bars, Etagenservice, Bankette)

zugeordnet (siehe Formular: *Ermittlung der Qualitätsgrade*).

4. Schritt

Erfassung der Qualitätszielsetzung im Marketingplan
So wie das jährliche Budget nur die zahlenmäßige Dokumentation des Marketingplans darstellt, so sind auch alle Qualitätszielsetzungen für die Zukunft des Betriebes im Marketingplan zu erfassen. Für welche Gästegruppen müssen welche Dienstleistungen verbessert werden? Neben den Gästefragebögen für den Gastkontaktbereich bilden die Routinechecklisten für die „sonstigen Bereiche" die Basis für betriebsinterne und überbetriebliche Schulungsmaßnahmen. Hotelmitarbeiter sollten gezielt für die Qualitätserfordernisse der Gäste sensibilisiert werden. Qualitätsüberprüfungsprogramme können dabei auch zum besseren Verständnis für die Probleme der Hotelabteilungen untereinander beitragen.
Qualitätskontrollen müssen selbstverständlich für den jeweiligen Betrieb maßgeschneidert werden. Der Zeitaufwand dafür lohnt sich!

Ermittlung der Qualitätsgrade (in %)

Reguläre Gäste ☐

Testgäste/Reiseveranstalter ☐

Hotelpersonal ☐

	A			B						
	Bewertungen			TOTAL						
	Soll	Ist	%	Fragen-anzahl	Bewertete Fragen	nicht zutreffende Fragen	zutreffende Fragen	Be-schwerden	Positive Fragen	Qualitäts-grad in %
	a	b	c	d	e	f	g	h	i	j
Empfang			b÷a		b×d		e−f		g−h	i÷g
A Reservierung										
Ankunft/Abreise										
Beherbergung										
B Öffentliche Räume										
Hotelzimmer										
Food & Beverage										
C Restaurants/Bars										
Etagenservice Bankette										

Datum ______________________ TOTAL __________

Erklärung zu „Ermittlung der Qualitätsgrade (in %) – Formular"

Spalte (a): „*Soll*" drückt die Soll-Anzahl der bewerteten Gästefragebogen pro Monat aus (erwarteter Mindestrücklauf)

Spalte (b): „*Ist*" zeigt die Anzahl der tatsächlich erhaltenen und ausgefüllten Gästefragebogen

Spalte (c): „*%*" drückt den effektiven Beteiligungsgrad aus (b:a)

Spalte (d): „*Fragenanzahl*" zeigt die festgelegten (vorgegebenen) Qualitätsfragen des Gästefragebogens auf

Spalte (e): „*bewertete Fragen*" – Anzahl der festgelegten Qualitätsfragen (d) multipliziert mit der Anzahl der erhaltenen Gästefragebögen (b) = Gesamtanzahl der von Gästen bewerteten Fragen (b × d)

Spalte (f): „*nicht zutreffende Fragen*" – das sind Fragen, die von den Gästen nicht bewertbar waren oder nicht ausgefüllt wurden

Spalte (g): „*zutreffende Fragen*" = Spalte „bewertete Fragen" (e) minus Spalte „nicht zutreffende Fragen" (f) (e−f)

Spalte (h): „*Beschwerden*" ist die Gesamtanzahl der erfaßten Beschwerden der erhaltenen Gästefragebögen pro Abteilung

Spalte (i): „*positive Fragen*" = Gesamtanzahl der positiv bewerteten Fragen; Spalte (g) minus Spalte (h)

Spalte (j): „*Qualitätsgrad in %*" = Prozentsatz der positiv beantworteten Fragen; Anzahl der positiven Fragen (i) × 100 geteilt durch zutreffende Fragen (g).

So lassen sich separat für *Reguläre Gäste, Testgäste und Reiseveranstalter* oder auch die Bewertung durch eigenes *Hotelpersonal* Qualitätsgrade pro Gastkontaktabteilung berechnen, im Zeitvergleich bewerten und für das gesamte Hotel zusammenfassen. Qualität ist rechenbar geworden!

Integriertes Qualitätssicherungskonzept

Kostet mehr Qualität mehr Geld? Müssen wir Produktivität opfern, um Qualität zu verbessern? Auf nichts reagiert das Hotelmanagement wohl so hellhörig wie auf Geld. Produktivität und Qualität im Dienstleistungsgewerbe hängen eng miteinander zusammen. Die Praxis zeigt: Bemühungen um Qualitätsverbesserungen steigern fast überall die Arbeitsproduktivität! Mitarbeiter merken den direkten Bezug zwischen verbesserter Dienstleistungsqualität und ihrer eigenen Arbeitsqualität. Viele Ideen zu Qualitätsverbesserungen für den Gästeservice beinhalten Arbeitserleichterungen und erhöhen die Arbeitsproduktivität dadurch automatisch. Qualität und Produktivität verstärken einander. Qualität kostet also nichts. Sie wird einem nicht geschenkt, aber sie kostet nichts!
Der folgende Beitrag soll die einzelnen Schritte eines integrierten Qualitätssicherungskonzepts aufzeigen.

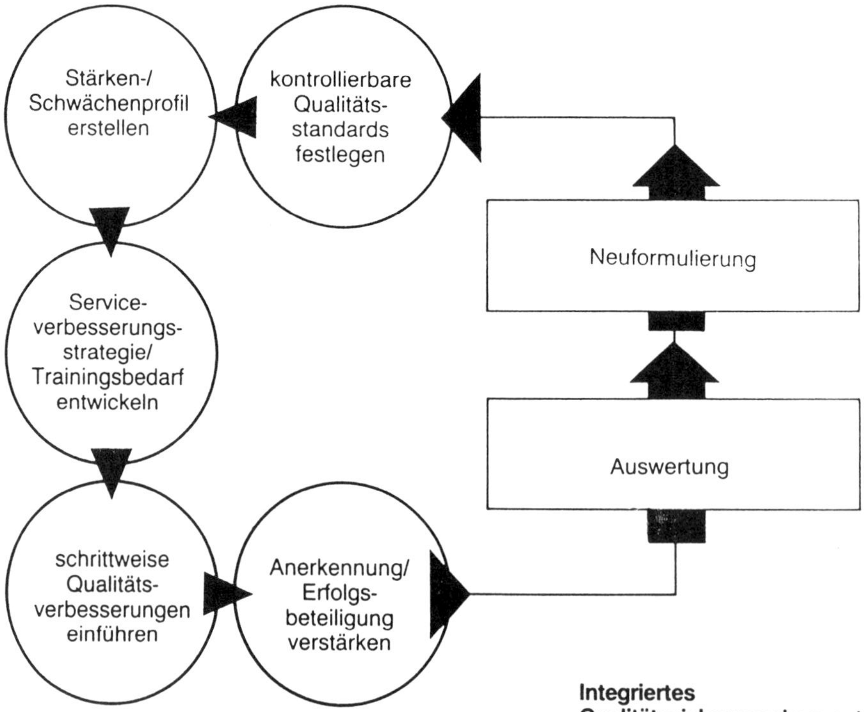

Integriertes Qualitätssicherungskonzept

Qualitätssicherung in Hotellerie und Gastronomie erreicht man nicht durch Einzelaktionen. Erfolgversprechend ist ein integriertes System, das stufenmäßig in einer Art Kreislauf nie zum Stillstand kommt. Die folgenden fünf Schritte sind voneinander abhängig; jede einzelne Stufe ergänzt und verstärkt den Erfolg der anderen:

1. Schritt: Kontrollierbare Qualitätsstandards festlegen
2. Schritt: Stärken-/Schwächenprofil erstellen
3. Schritt: Serviceverbesserungsstrategie/Trainingsbedarf entwickeln
4. Schritt: Schrittweise Qualitätsverbesserungen einführen
5. Schritt: Anerkennung/Erfolgsbeteiligung verstärken

Die Möglichkeiten, den Gästeservice zu verbessern, hören nicht auf. Qualität ist nicht mehr gleichzusetzen mit Luxus und persönlichem Service. Es kommt auf die Qualitätserwartungen unserer Gäste an. So existiert Qualität auf jeder gastgewerblichen Ebene – von der einfachen Gaststätte bis hin zum Gourmettempel. Ohne Zweifel wirkt der individuelle Qualitätsgrad als Marketinginstrument des Betriebes in seinem vergleichbaren Niveau als stärkste Produkt- und Dienstleistungsdifferenzierung. Sind einmal die Produktverbesserungen der Hotellerie auf der „Hardwareseite" mit Luxusetagen, Fitneßcenter, Telekommunikation usw. ausgeschöpft, so wird zukünftig die „Softwareseite" – der Service, die Haltung und Einstellung der Mitarbeiter zum Gast – eine immer bedeutendere Rolle spielen.

1. Schritt

Kontrollierbare Qualitätsstandards festlegen
Qualitätsstandards detaillieren, wie und auf welchem Niveau eine Dienstleistung zu erbringen ist. Hier helfen keine vagen Vorstellungen, sondern nur genau definierte Details. Dienstleistungsqualität entsteht durch eine Kombination von fachlicher Kompetenz *(Verfahren)* und positiver Einstellung *(Verhalten)* der Mitarbeiter. Qualitätsdetails müssen in beiden Richtungen spezifiziert werden.
Ein Beispiel für Verfahren am Hotelempfang: „Bei der Aufnahme von Weckrufen muß deutlich die Zimmernummer, die gewünschte Uhrzeit wiederholt und dem Gast namentlich eine ‚Gute Nacht' gewünscht werden."
Besonders genau ist das erwünschte Verhalten des Gastkontaktpersonals zu erfassen; Beispiel: Verhalten am Telefon: „Mitarbeiter mit Telefonkontakt bringen mit ihrer Stimme stets Freundlichkeit, Enthusiasmus, Wärme, Identifikation und Überzeugung zum Ausdruck!"
Erwünschte Dinge treten nur ein, wenn sie geplant wurden; unerwunschte Dinge stellen sich von selbst ein. Wenn das Hotelmanagement keine offiziellen Qualitätsstandards festlegt, dann wählen sich die Mitarbeiter ihre eigenen – und zwar jeder andere. Qualitätssicherung bedeutet Vorbeugung und nicht nachträglich Überprüfung. Hoteliers und Gastronomen sollten stets als „Fehlervorbeuger" agieren und nicht nur nachträglich überprüfen, warum die Qualität auf der Strecke geblieben ist.

Vorgegebene Qualitätsstandards müssen eindeutig, verständlich, fehlerfrei und von vornherein richtig sein.

2. Schritt

Stärken-/Schwächenprofil erstellen
Erst nach sorgfältiger Festlegung der Qualitätsstandards für alle Gastkontaktbereiche des Hotels (Empfang, Telefon, Restaurantservice, Bar- und Bankettservice usw.) kann das gegenwärtige Qualitätsniveau in den einzelnen Hotelbereichen bewertet werden. Mit einem „Stärken- und Schwächenprofil" für die jeweilige Verfahrens- und Verhaltensweise werden in einer Art Schwachstellenanalyse die wichtigsten Qualitätsprobleme erkannt und gewichtet. In der Praxis hat es sich bewährt, zunächst eine Selbsteinschätzung der betroffenen Mitarbeiter vornehmen zu lassen. Schon allein das bewußte Aufzeigen unserer Schwächen im Detail steigert die Aufmerksamkeit und Feinfühligkeit für Qualitätsprobleme. Da beide Seiten (Verfahren-Technik und Verhalten-Einstellung) pro Abteilung aus der Sicht des Gastes bewertet werden, läßt sich in einem 100-Punkte-Verfahren mit einem Koordinatenkreuz der gegenwärtige, durchschnittliche Qualitätsstil als „Qualitätsbox" visualisieren und dient später als Ausgangs- und Vergleichsbasis. Diese Analyse zeigt die Differenz auf, die zwischen gewolltem und tatsächlichem Qualitätsservice besteht.
Definiert man Qualität als Erfüllung von Anforderungen, so müssen für die Mitarbeiter alle Voraussetzungen dafür, Rahmenbedingungen und ein Höchstmaß an Unterstützung seitens des Managements gewährleistet sein. Der Qualitätssicherungsprozeß darf sich nicht nur an die unterste Unternehmensebene – den einfachen Mitarbeiter richten. Die Direktion mit den Abteilungsleitern muß sich selbst hundertprozentig für alle Qualitätsprobleme verantwortlich fühlen. Nach herkömmlichen Vorstellungen erreicht man Qualität durch Kontrolle. Qualitätsüberprüfung vollzieht sich aber immer im nachhinein und ist wenig geeignet, Qualität zu erzeugen. Der eigentliche Sinn von Kontrollmaßnahmen ist es, Probleme zu erkennen und für immer aus der Welt zu schaffen.
Das Stärken-/Schwächenprofil auf der Basis festgelegter Qualitätsstandards darf keineswegs als „Mängelliste" zur permanenten Kritik seitens des Managements genutzt werden. Mißtrauen und Widerstand gegenüber dem Qualitätssicherungsprozeß würden die Folge sein. Auf der Grundlage der erkannten Stärken und Schwächen gilt es, im nächsten Schritt eine Serviceverbesserungsstrategie zu entwickeln.

3. Schritt

Serviceverbesserungsstrategie/Trainingsbedarf entwickeln
Häufig auftretende Qualitätsprobleme anhand des Stärken-/Schwächenprofils sind

in einer Prioritätenskala zu gewichten. Ein Qualitätsproblem existiert immer dann, wenn zwischen tatsächlichem und gewünschtem Geschehen (Qualitätsstandards) eine Diskrepanz besteht. Jedes einzelne Problem muß sorgfältig analysiert, mehrere Lösungsmöglichkeiten gegenübergestellt und der optimale Lösungsweg gefunden werden. Wie kann der Service verbessert werden? Überprüfen Sie, ob wirklich so wie bisher gearbeitet werden muß.
Keine Serviceleistung im Gastgewerbe ist nur negativ; vielleicht läßt sich durch die Verstärkung der positiven Faktoren das Qualitätsniveau des speziellen Gästesevice verbessern. Um möglichst viele Ideen zur Problembewältigung berücksichtigen zu können, sei an dieser Stelle auf die verschiedenen „Brainstormingverfahren" und vor allen Dingen auf das Kreativitäts- und Problemlösungspotential der „Qualitätszirkel" verwiesen. Zu den Bestimmungsfaktoren der optimalen Lösung zählen Kosten, Flexibilität, Zeitbedarf bei der Durchführung, Integration in den bisherigen Gästeservice sowie Verständnis und Einverständnis bei allen Mitarbeitern.
Die Entwicklung einer Serviceverbesserungsstrategie bedingt in den meisten Fällen ein Überdenken des Trainingsbedarfs – eine Schwerpunktbildung bei den Schulungsmaßnahmen. Es muß ein einheitliches Qualitätsverständnis geschaffen werden, sonst verwirklicht jeder Mitarbeiter seine eigenen Qualitätsvorstellungen. Gezieltes Training ist ein Prozeß, der allen dazu verhilft, gemeinsame Qualitätsbegriffe zu entwickeln und die Rolle jedes einzelnen im Qualitätsverbesserungsprozeß richtig einzuschätzen.
Bei den Schulungsmaßnahmen geht es nicht allein um die Vermittlung neuer Techniken, sondern vielmehr um Einsicht, Wertmaßstäbe, um einen Wandel der inneren Einstellung bis hin zur Qualitätssprache des Betriebes.
Das beste Training ist die Praxis. Aber wie ein Orchester vor seinem Publikumsauftritt reichlich Gelegenheit hat, zu üben, so müssen auch Mitarbeiter der Hotellerie und Gastronomie unter „Ausschluß der Gäste" Trainingsmöglichkeiten zu harmonischem Qualitätsservice erhalten. Das hochgepriesene *„on the job training"* der Branche darf Gäste nicht zu *„Versuchskaninchen"* degradieren. Qualität kennt keine Kompromisse.

4. Schritt

Schrittweise Qualitätsverbesserungen einführen
Erst jetzt – bis zum 4. Schritt – ist die Grundlage für ein integriertes Qualitätskonzept geschaffen. Nur wenn die Führungsmannschaft der Hotellerie geschlossen darangeht, die Unternehmenskultur mit dem Qualitätsbewußtsein zu ändern, können schrittweise Qualitätsverbesserungen eingeführt werden. Viele Widerstände gilt es zu überwinden. Oft wird Qualität nur als ein neues Programm und nicht als Prozeß betrachtet.
Alle Qualitätsbemühungen zielen nur auf den einfachen Mitarbeiter ab; das ungeduldige Management will sofort sichtbare Erfolge. Jedes noch so gut gemeinte

Qualitätssicherungskonzept ist zum Scheitern verurteilt, wenn die grundlegenden Gefahren und Probleme bei der Einführung außer acht gelassen werden. Sicherlich wird es niemand geben, der gegen Qualität ist und Mißstände vorzieht. Kündigen Sie aber Qualitätssicherungsmaßnahmen an, werden Sie auf Widerstand stoßen. Es ist Tatsache, daß die meisten Menschen jeglichen Veränderungen gegenüber negativ eingestellt sind. Wenn man sich daran gewöhnt hat, Dinge in einer bestimmten Art und Weise zu erledigen und sie in dieser Form schon für eine längere Zeit ausgeführt hat, ist man grundsätzlich nicht bereit, einer Veränderung zuzustimmen. Es sei denn, man wird dazu gezwungen oder ist aufrichtig davon überzeugt, die Veränderung würde eine Verbesserung zum eigenen Vorteil bringen. Mancher faßt schon deshalb einen Verbesserungsvorschlag von einem Außenstehenden als persönliche Kritik auf, weil er einfach selbst nicht an diese Verbesserungsmöglichkeit gedacht hat.
Qualität beginnt bei den Mitarbeitern. Betriebliche Veränderungen setzen Systematik voraus:

- umfassende Information von Beginn an
- Miteinbeziehen und Anteilnahme aller Mitarbeiter
- schrittweises Vorgehen und Flexibilität bei der Einführung

Im Grunde steht und fällt alles mit der Einstellung zu Qualitätsverbesserungen. Durch Mitwirkungsmöglichkeiten und totale Information bei geplanten Veränderungen kann die Sensibilität für Qualitätsprobleme gefördert und Zustimmung für Veränderungen gebildet werden. Mit der Methode der kleinen Schritte, der Bereitschaft, neue Ideen gelten zu lassen, muß man bereit sein, Qualitätsinstrumente flexibel einzusetzen. Qualität kann nicht mit der Brechstange des Managements von oben verkündet werden. Qualitätssicherung in Hotellerie und Gastronomie ist eine „Reise“ und kein abrufbarer Zustand!

5. Schritt

Anerkennung/Erfolgsbeteiligung verstärken
Im letzten Schritt des Qualitätskonzeptes geht es um die dauerhafte Beibehaltung und Sicherung der eingeführten Qualitätsrichtlinien. Menschen arbeiten nicht für Unternehmen, sie arbeiten für Menschen. Allen Führungskräften muß bewußt werden, welche Auswirkung ihr persönliches Beispiel – ihr tägliches Vorbild – auf das gesamte Qualitätssicherungskonzept des Betriebes haben. Qualitätsverbesserungen im Gastgewerbe können auf Dauer nur überleben, wenn auch eine entsprechende Anerkennung und Erfolgsbeteiligung der Mitarbeiter erfolgt. Bargeld oder finanzielle Auszeichnungen sind allein für eine wirksame Anerkennung nicht persönlich genug. Allzuschnell verfällt man wieder in den alten Trott, wenn nichts geschieht, um einen bei der „Qualitätsstange“ zu halten. Viele Hotelgesellschaften verwenden all ihre Zeit, um nach neuen Qualitätskonzepten Ausschau zu halten

und setzen wenig Zeit daran, ihr Qualitätssicherungskonzept auch auf Dauer durchzusetzen. Nur positive Konsequenzen ermuntern zu guten Qualitätsleistungen in der Zukunft. Produktivität im Sinne von Qualitätsdienstleistungen ist das Produkt aus Leistungsvermögen (Kompetenz) der Mitarbeiter multipliziert mit Motivation. Nur wer sich selbst gut findet und fühlt, leistet auch qualitativ gut. Man sagt: „Nicht ausgesprochene Anerkennung ist vorenthaltener Lohn!"
„Feedback" als Leistungsinformation – wie erfolgreich arbeiten wir mit dem neuen Qualitätssicherungskonzept? – wirkt als Verstärker und hilft Anfangserfolge bei Serviceverbesserungen zu festigen. Identifikation und begeisterte Leistungsbereitschaft läßt sich nur für gemeinsam besprochene und realistisch vereinbarte Qualitätszielsetzungen erreichen. Regelmäßig durchgeführte Gästebefragungen zeigen, wie verbesserte Dienstleistungen vom Gast angenommen werden. Hier schließt sich auch der Kreislauf des Qualitätssicherungskonzeptes. Detaillierte Auswertungen aus der Sicht des Gastes werden langfristig wieder zu Neuformulierungen der festgelegten Qualitätsstandards führen. Das Qualitätsbewußtsein unserer Gäste ändert sich mit der Zeit, und wir müssen die Qualitätserlebnisse für die Gäste ändern.

Qualitätssicherung mit Checklisten

Vor jedem Start eines Flugzeuges muß der Pilot routinemäßig mit einer Checkliste ausführlich die Flugsicherheit mit allen technischen Details überprüfen. Es geht ja nicht zuletzt um die Sicherheit der Fluggäste! Speziell für jeden Maschinentyp zugeschnittene Check- oder Prüflisten überlassen hier nichts dem Zufall. Tausendfach geübte Routine wird vor jedem Flug stets von neuem systematisch geprüft und abgesichert.

Wie vorbereitet und sicher „starten" eigentlich Hoteliers und Gastronomen täglich ins Dienstleistungsgeschäft? Werden dem Gast gesicherte, gleichbleibende Qualität, freundliche Mitarbeiter, Beleuchtung, Technik und Atmosphäre garantiert? Reinigt und wartet das Zimmermädchen unser teuerstes Produkt – das Gästezimmer – hundertprozentig? Wird der neue Mitarbeiter am Empfang richtig eingeführt?

Der Fragenkatalog für Routinetätigkeiten im Gastgewerbe läßt sich beliebig fortsetzen. Es geht nicht allein um Kontrolle, sondern vielmehr um vorausschauende Qualitätssicherung in allen Leistungsbereichen der Hotellerie und Gastronomie. Nur bei fortschrittlichen Unternehmern hat sich bisher der Gebrauch von Checklisten in der Branche durchgesetzt. In vielen kleineren Betrieben hält man dieses Organisationshilfsmittel oft noch für zu aufwendig. Lieber leistet sich der Unternehmer den Luxus der eigenständigen Totalkontrolle, gepaart mit eigener, permanenter Anwesenheit und Zuständigkeit. Kein Detail entgeht hier den wachsamen Augen des Gastwirts und Hoteliers – eine lebende Checkliste für den gesamten Betrieb. Dieser persönliche Dauereinsatz kann befriedigen, spricht aber keineswegs immer für den Unternehmer, sondern fördert wohl eher die „Selbstausbeutung". Das tägliche Volumen der Routinearbeiten im Gastgewerbe darf nicht ermüden und betriebsblind machen; es muß wieder Zeit für kreative, unternehmerische Tätigkeiten gewonnen werden.

Checklisten können persönliches Engagement nicht ersetzen, wohl aber unterstützen. So soll der folgende Beitrag Zielsetzung, Vorteile und Aufbau von Checklisten als Qualitätssicherungsinstrument im Gastgewerbe verdeutlichen.

KONTROLLE VOR DEM SERVICE

RESTAURANT

überprüft von: ____________ Datum: ____________

Checkliste

Sauberkeit (Räumlichkeit)

Bemerkungen

- ☐ Türen (Eingang) ____________
- ☐ Fenster ____________
- ☐ Teppich ____________
- ☐ Boden ____________
- ☐ Tische ____________
- ☐ Stühle ____________
- ☐ Polsterbänke ____________
- ☐ Wände ____________
- ☐ Lampen ____________
- ☐ Vorhänge ____________
- ☐ Bilder, Dekoration ____________
- ☐ Toiletten ____________
- ☐ Spiegel, Waschbecken ____________
- ☐ Garderobe ____________
- ☐ Service-Türen (Küche) ____________

Sauberkeit (Räumlichkeit)

Bemerkungen

- ☐ Gläser ____________
- ☐ Porzellan ____________
- ☐ Aschenbecher ____________
- ☐ Bestecke ____________
- ☐ Zuckerschale ____________
- ☐ Salz, Pfeffer, Senf ____________
- ☐ Tischdecken ____________
- ☐ Gästeservietten ____________
- ☐ Serviceservietten ____________
- ☐ Brotkörbe ____________
- ☐ Anrichteschrank ____________
- ☐ Speisekarten ____________
- ☐ Getränkekarten ____________
- ☐ Ketchup ____________
- ☐ Öl und Essig ____________

Checkliste

Beleuchtung, Musik, Technik

Bemerkungen

- ☐ Eingang ____________
- ☐ Beleuchtung der Tageszeit entsprechend ____________
- ☐ Lampen ____________
- ☐ Kerzen ____________
- ☐ Punktstrahler ____________
- ☐ Hintergrundmusik ____________
- ☐ Lautstärke ____________
- ☐ Kapelle ____________
- ☐ Klimaanlage ____________

Präsentation und Auswahl

Bemerkungen

- ☐ Büfett – Auswahl ____________
- ☐ Salatwagen ____________
- ☐ Dessertwagen ____________
- ☐ Getränkewagen (Aperitif, Digestif) ____________
- ☐ Mokkawagen ____________
- ☐ Displaymaterial ____________
- ☐ Blumenschmuck ____________
- ☐ Tagesspezialitäten ____________

Personal

Bemerkungen

- ☐ Pünktlichkeit ____________
- ☐ Erscheinung ____________
- ☐ Uniformen ____________
- ☐ Verkaufstraining ____________
- ☐ Stand der Restaurantreservierungen ____________

Definition und Bedeutung von Checklisten

- Prüflisten mit Kontrollfragen für Arbeitsabläufe
- Zerlegung der Tätigkeiten in überprüfbare Einzelabschnitte oder Einzelphasen
- systematische Auflistung aller wesentlichen Punkte, die für das Dienstleistungserlebnis des Gastes wichtig sind
- Festlegung der Reihenfolge, was, wann, wie, womit und durch wen zu tun, zu kontrollieren, festzustellen und abzusichern ist
- Konzentrate schon einmal gemachter Erfahrungen, abrufbares angewandtes Wissen
- Instrument der Arbeitserleichterung für sich wiederholende Dienstleistungen
- Organisationshilfsmittel um Zeit, Aufwand und Kosten zu reduzieren und dabei gleichbleibende Qualität zu sichern.

Vorteile der Checklisten im Hotel- und Restaurantmanagement		
Nr.	Beispiel	berücksichtigt
A	Qualitätssicherung	√
B	Arbeitserleichterung	√
C	Zeitersparnis	√
D	Prioritäten	√
E	Verbesserungen	√
F	Delegation	√
G	Erfolgserlebnisse	√

A Qualitätssicherung

Das Dienstleistungserlebnis für den Gast besteht aus einer Summe vieler kleiner Details. Ein einziger Fehler bei dieser „Servicekette" kann den gesamten Eindruck und damit auch sonst gut erbrachte gastronomische Leistungen zerstören. Muß ein Gast zum Beispiel nach seiner Selbstbedienung beim Frühstücksbüfett den Kaffee erst bestellen und dann noch lange warten, tritt die reiche Auswahl des hervorragend arrangierten Büfetts als Erlebnis für den Gast in den Hintergrund. Qualität heißt auch: Einfache Selbstverständlichkeiten außergewöhnlich gut machen! Checklisten helfen dabei, nichts zu vergessen.
(Beispiel: *Checkliste – Mitarbeiterschulung für den Frühstücksservice*)

B Arbeitserleichterung

Checklisten detaillieren bei Arbeitsabläufen jeden Schritt in der richtigen Reihenfolge und entlasten somit das Gedächtnis des ausführenden Mitarbeiters. Man hat schon alles „vorausgedacht". Mit den Checklisten wird dann oft die Arbeit nicht mehr als Last oder Bürde empfunden. Mit klar definierten Zielen vor den Augen fühlt man sich gut. Ein Mitarbeiter arbeitet auch nur dann gut, wenn er sich gut fühlt! (Beispiel: *Checkliste – Kontrolle vor dem Service*)

C Zeitersparnis

Systematisch gegliederte Checklisten ermöglichen es den Mitarbeitern, viele Arbeiten im Hotel- und Gaststättenbetrieb schneller zu erledigen. Ohne lange zu überlegen, werden zeitraubende Routinetätigkeiten transparenter, Schritt für Schritt ausgeführt und „abgehakt".
(Beispiel: *Checkliste – Organisation von Banketten, Extraveranstaltungen*)

D Prioritäten

Jeder Führungskraft wird empfohlen, für den folgenden Arbeitstag sechs wichtige Arbeiten zur Erledigung aufzuschreiben. Danach muß die Bedeutung und Dringlichkeit der einzelnen Vorhaben noch einmal durch die Numerierung 1 bis 6 gewichtet werden. Am nächsten Tag wird mit dem Checklistenpunkt 1 begonnen und erst nach dessen Erledigung das zweitwichtigste Vorhaben angegangen. So setzt diese kleine Checkliste Prioritäten und läßt uns nicht Lieblingsbeschäftigungen bevorzugen. Selbst wenn die Zeit nicht ausreichte, alle sechs Punkte zu erledigen, so sind doch Prioritäten eingehalten worden.
(Beispiel: *Checkliste – Zeitmanagement für Führungskräfte*)

E Verbesserungen

Checklisten müssen den sich ändernden Betriebserfordernissen angepaßt werden; sie sind dynamisch. Beim täglichen Einsatz der Prüflisten werden immer wieder Schwächen deutlich. Bei Abweichungen vom Soll-Zustand wird die Frage nach dem „Warum" neue Wege zur Rationalisierung und Verbesserung aufzeigen. Durch das Bemühen um Vervollständigung und Optimierung der Checklisteninhalte wird auch gleichzeitig die Teamarbeit gefördert. So kann beispielsweise die Checkliste für Energieeinsparungen im Hotel übergreifend das Interesse aller Abteilungen um Koordination und Kontrolle steigern helfen.
(Beispiel: *Checkliste – Energiekontrolle*)

F Delegation

Checklisten sind perfekte Delegationsinstrumente, mit denen nicht nur neue Mitarbeiter eingewiesen, angewiesen und geschult werden können. Im Qualitätssinne des Unternehmens werden die Mitarbeiter mit Checklisten gleichsam „ferngesteuert". Alles, was delegiert wird, sollte auch kontrolliert werden. Stichproben bei den

ausgefüllten Checklisten reichen in vielen Fällen zur Erfolgskontrolle aus. Der Kontrollaufwand vermindert sich; er geht nicht mehr allein um Delegation von Aufgaben, sondern auch von Verantwortung.
(Beispiel: *Checkliste – Lagerhaltung von Lebensmitteln*)

G Erfolgserlebnisse
Die Vielfältigkeit unserer Dienstleistungen im Beherbergungs- und Gastronomiebereich läßt sich problemlos in Einzelphasen zerlegen. Überprüft zum Beispiel ein Zimmermädchen anhand einer kurzen Checkliste das gerade gereinigte Abreisezimmer, so werden hier Erfolgserlebnisse als „Zwischenbescheid" verstärkt. Die Arbeit geht jetzt schneller von der Hand, man ist sicher, an alles gedacht zu haben. Das Zimmermädchen hat eigenverantwortlich das Abreisezimmer erstellt, überprüft und somit ein Erfolgserlebnis. Die Möglichkeit zur Selbstkontrolle der Mitarbeiter mit entsprechenden Checklisten motiviert und perfektioniert Routinearbeiten.
(Beispiel: *Checkliste – Reinigung und Wartung eines Abreisezimmers*)

Wie erstellt man Checklisten?

Grundsätzlich sollten Checklisten für den individuellen Betrieb maßgeschneidert werden. Fachzeitschriften und Fachbücher können dabei als Anhaltspunkte für die eigene Erstellung der Prüflisten dienen. Eigene Checklisten müssen in der Praxis wachsen! In der Hotellerie und Gastronomie beginnt man mit den Tätigkeiten und Serviceleistungen, die aus der Sicht des Gastes Qualitätsprobleme mit sich bringen können.
Das Brainstormingverfahren eignet sich dabei ausgezeichnet, um in kurzer Zeit eine brauchbare Liste zu erarbeiten.
Nur beständige kritische Prüfung unseres Angebots kann verbesserungsfähige Schwächen aufdecken und zur Entwicklung von Qualitätsverbesserungen führen. Die Frage: Wie und auf welchem Niveau muß unsere „Gastlichkeit" erfüllt werden, drückt sich in Form von unzähligen Details und Qualitätssymbolen aus. Geschickt ist es, Checklisten aufgrund von Arbeitsablaufanalysen und Ablaufdiagrammen zu erstellen. Viele „Vorchecks" sind vor dem endgültigen Einsatz von Checklisten erforderlich. Immer wieder werden neue Detailaspekte sichtbar, ergänzen, verbessern und verdichten die Checkliste.
Checklisten sind kein Allheilmittel und nur so gut, wie man sie in der Praxis einsetzt.

Beispiele zur Anwendung aus der Praxis

Checklisten in Hotellerie und Gastronomie		
Nr.	Überschrift/Inhalt (zum Beispiel)	erstellt und eingeführt/Datum
1	Einführung neuer Mitarbeiter	
2	Einkauf, Warenannahme, Lagerung	
3	Kontrolle vor dem Service (Restaurant)	
4	Überprüfung der Bleibe- und Abreisezimmer	
5	Organisation von Veranstaltungen	
6	Überprüfung der Hygienevorschriften	
7	Energieeinsparungsmaßnahmen	
8	Mitarbeiterschulung alle Bereiche	
9	Qualitätsüberprüfung Food and Beverage	
10	Planung einer Verkaufsreise	
11	Konkurrenzanalysen	
12	Kennzahlen als Frühwarnsystem	

Checkliste:

Reservierung/Empfang

1. Der Telefonanruf des Gastes wird schnell beantwortet; für die Reservierungsabteilung gibt es eine Durchwahlmöglichkeit.
2. Reservierungen können in mehreren Fremdsprachen entgegengenommen werden.
3. Telefonische Reservierungen werden am Tag und in der Nacht – zu jeder Zeit – angenommen.
4. Die verschiedenen Zimmertypen werden auf Wunsch beschrieben, die jeweiligen Preise mitgeteilt.

5. Ankunft- und Abreisedaten werden rückbestätigt.
6. Falls das Hotel ausgebucht ist, werden Ausweichtermine vorgeschlagen.
7. Zusammen mit der Reservierung können auch Zusatzleistungen, wie Mietwagen, Transfer, offeriert werden.
8. Reservierungen werden im Hotel prompt, höflich und korrekt gehandhabt.
9. Zu jeder Tageszeit werden die Gäste durch das Empfangspersonal (Portier) freundlich begrüßt, und man ist den Gästen mit ihrem Gepäck behilflich.
10. Reisegruppen werden separat „eingecheckt“, ohne individuelle Gäste in der Empfangshalle zu stören.
11. Gäste werden über Details der Rechnungsstellung, einschließlich der Benutzung von Kreditkarten und der Notwendigkeit eventueller Barzahlung taktvoll informiert.
12. Sobald die Identität des Gastes bekannt ist, wird er vom Empfangspersonal namentlich angesprochen.
13. Alle Gäste werden am Tag ihrer Ankunft auf die Zimmer begleitet, auf die technischen Einrichtungen des Hotelzimmers und auf sonstige Annehmlichkeiten des Hotels einschließlich des Wäscherei- und Reinigungsservice hingewiesen.
14. Das Gepäck wird unverzüglich auf die Zimmer gebracht und auf dem Gepäckständer abgestellt.
15. Nachrichten werden an Gäste unverzüglich weitergeleitet und die Post am Tag der Ankunft in das Schlüsselfach gelegt.
16. Das Empfangspersonal ist gut über die Restaurants, Bars und sonstigen Einrichtungen des Hotels informiert.
17. Der Gast hat jederzeit die Möglichkeit, sich über das kulturelle Angebot des Aufenthaltsortes zu informieren.
18. Bei der Abreise der Gäste wird das Gepäck zur gewünschten Zeit vom Hoteldiener von den Zimmern abgeholt.
19. Die Empfangshalle ist insgesamt feundlich eingerichtet, die Sitzgruppen sind bequem, die Beleuchtung ist ausreichend, die Farbkombination harmonisch, Blumenarrangements werden täglich frisch hergerichtet, Teppiche sind fleckenfrei, Aschenbecher in der Empfangshalle werden regelmäßig gesäubert.
20. In der Empfangshalle wird auf die verschiedenen örtlichen Veranstaltungen in den jeweiligen Räumen hingewiesen.
21. Die Empfangshalle wirkt durch entsprechenden Wandschmuck einladend und gemütlich, interessante in- und ausländische Zeitschriften – eigene Hotelzeitungen – liegen aus.
22. Gäste können auf Wunsch in der Halle Getränke bestellen.
23. Toiletten und Telefone sind von der Empfangshalle aus für die Gäste schnell erreichbar.
24. Auf Restaurants und Bars im Hotel wird in der Empfangshalle deutlich hingewiesen.
25. Die Verkaufsläden im Haus (Einkaufsmöglichkeiten für Gäste, Kiosk, Blumen-

laden, Souvenirshop, Boutiquen oder Juweliere) sind sauber und in der Ausstattung gepflegt.
26. Ausgewählte Hintergrundmusik trägt zur Gemütlichkeit der Empfangshalle bei.
27. Die Gästeaufzüge sind sauber, passend beleuchtet, klimatisiert. Aschenbecher, ansprechender Hinweis auf Restaurants und Bars, ein Spiegel für die Gäste sind vorhanden. Auf Sonderveranstaltungen, Fitneß-Einrichtungen, sonstige Besonderheiten des Hauses wird hingewiesen.
28. Die öffentlichen Toilettenräume sind sauber, genügend beleuchtet, klimatisiert, geruchsfrei, gepflegt, ausreichend mit Seife, Handtüchern und Toilettenpapier ausgestattet.
29. Die Hotel- und Hinweistafeln sind sauber, informativ und übersichtlich.

Zimmerqualität im Hotel

A. Einrichtung/Komfort

30. Das gesamte Mobiliar ist mit besonderem Hinblick auf Bequemlichkeit ausgesucht.
31. Das Mobiliar steht im richtigen Verhältnis zur Raumaufteilung, die Schlafgelegenheit (Bett, Couch) ist gut placiert.
32. Das Zimmer hat eine gemütliche Raumstimmung, die Farbkombination ist harmonisch.
33. Die Beleuchtung im Zimmer ist ausreichend. Die allgemeine Beleuchtung, Nachttischbeleuchtung, Leselampe, Beleuchtung am Spiegel, Beleuchtung am Schreibtisch haben die jeweils entsprechende Lichtstärke und Lichtfarbe.
34. Die Jalousien oder Vorhänge verdunkeln ausreichend und sind einwandfrei auf- und zuziehbar.
35. Das Zimmer hat genügend Schrank- und Garderobenräume, für Kleider und Wäsche ist genügend Platz vorhanden.
36. Das Zimmer hat genügend Steckdosen, im Bad gibt es eine Steckdose für den Rasierapparat.
37. Das Bett ist groß genug, bequem und die Härte der Matratzen angenehm.
38. Die Raumtemperatur im Zimmer ist regulierbar.
39. Das Zimmer ist gut gelüftet. Bäder, Duschen, Toiletten werden durch wirksame Ventilatoren oder Absauganlagen entlüftet.
40. Im Garderobenschrank sind genügend Kleiderbügel vorhanden.
41. Fernsehapparat und/oder Radio sind einsatzbereit.
42. Die Zimmer-Bar (Kühlschrank/Mini-Bar) ist einsatzbereit.

B. Sicherheitsvorkehrungen

43. An der Eingangstür ist eine Sicherheitskette vorhanden, die Tür von innen abschließbar.
44. Eine Beschreibung über die Lage der Notausgänge und das Verhalten bei Gefahr (Feuer) ist im Zimmer leicht ersichtlich angebracht.

C. Extras

45. Briefpapier, Postkarten, Schreibunterlagen für den Gast sind vorhanden.
46. Aschenbecher und Streichhölzer stehen in ausreichender Menge zur Verfügung.
47. Ein Telefonverzeichnis mit Hinweisen wird bereitgelegt.
48. Genügend Seife, Toilettenpapier, Kleenex, Hygienebeutel, Rasierklingenbehälter sind im Bad vorhanden.

D. Pflege und Zustand

49. Schubladen und Schranktüren können leicht geöffnet werden. Das Türschloß der Eingangstür schließt richtig.
50. Die Möbel im Zimmer sind gepflegt (saubere Tischplatten, keine wackelnden Tische oder Stühle, keine Flecke auf Polstermöbeln).
51. Teppich oder Bodenbelag ist in gutem Zustand (keine Flecken, keine Löcher oder ausgefranste Ränder).
52. Es wird einwandfrei gebügelte und saubere Bettwäsche (keine Flecken, keine Falten, keine geflickte Wäsche) verwendet. Das Bad ist mit einwandfreien Handtüchern und Badetüchern bestückt.
53. Die Klimaanlage funktioniert richtig und kann leicht bedient werden.
54. Der Teppich ist gesaugt und fleckenfrei, das Bett ordentlich gemacht, die Polstermöbel sind sauber; das Mobiliar ist abgestaubt, die Schubladen der Schränke sind sauber; es wird eine saubere Tages- oder Couchdecke aufgelegt.
55. Bilder, Wandschmuck, Telefon, Lampen sind abgestaubt, die Spiegel sind sauber.
56. Sämtliche Glühlampen sind in Ordnung.
57. Sanitäre Anlagen, Armaturen, Seifenschalen, Handtuch- und Gläserhalter sind einwandfrei.
58. Lampenschirme und Bilder hängen gerade.

E. Verkaufsförderung

59. In den Zimmern wird mit Tischaufstellern, Speisekarten und Hinweisen für die hoteleigenen Restaurants und Bars geworben.
60. Für die Frühstücksbestellung ist eine Türanhängerkarte vorhanden.
61. Auf Schwimmbad, Sauna, Friseur und zum Hotel gehörenden Einkaufsläden wird im Zimmer hingewiesen.
62. Auf Übernahme der Gästewäsche und Reinigung der Kleidung wird im Zimmer entsprechend aufmerksam gemacht.

Restaurants/Bars

A. Atmosphäre, Komfort und Instandhaltung

63. Die Räumlichkeiten haben die passende Atmosphäre, Beleuchtung ist der

Tageszeit angemessen, Temperatur und eventuelle Hintergrundmusik sind angenehm.

64. Einrichtung und Ausstattung sind gepflegt und gut erhalten. Vorhänge sind sauber und passend in Farbe, Material dem Raum, Lampen in Material, Form und Farbe der übrigen Ausstattung angepaßt. Grünpflanzen sind dekorativ angeordnet, gesund und staubfrei. Teppich und Mobiliar sind in gutem Zustand, Bilder und anderer Wandschmuck passen farblich in den Raum.
65. Tischtücher sind sauber und liegen korrekt auf: Servietten sind farblich gut abgestimmt, sauber gefaltet.
66. Die Tische sind stets sauber und ordentlich eingedeckt; Menagen wirken dekorativ, sauber und sind nachgefüllt; Aschenbecher stören nicht in Farbe, Material oder Form.
67. Speise- und Getränkekarten passen in der Farbe zum Interieur, wirken in ihrer Aufmachung ansprechend und sind sauber.

B. Qualität der Speisen und Getränke/Serviceleistung

68. Das Angebot der Speisekarte ist vielfältig. Qualität und Präsentation der Speisen sind auf den Kundenkreis abgestimmt. Der Brotkorb wird frisch und in der Auswahl reichhaltig gehalten. Speisen werden appetitlich angerichtet, sie sind geschmacklich akzeptabel.
69. Bestellte Getränke werden prompt serviert; das Bedienungspersonal bietet unaufgefordert ein weiteres Getränk an.
70. Salate sind frisch und appetitlich angerichtet, sie werden mit passenden Saucen serviert.
71. Warme Speisen werden heiß auf vorgewärmten Tellern, kalte Speisen werden gekühlt auf kalten Tellern serviert.
72. Das Servicepersonal ist gepflegt, höflich, freundlich und fachkundig.
73. Die Rechnung wird den Gästen zügig überreicht, die Bedienung bedankt sich für den Besuch.
74. Kalorienarme Gerichte und Speisen für Vegetarier werden angeboten.
75. Preiswerte Kindermenüs werden verkaufsfördernd hervorgehoben.

Luxuserwartungen der Gäste

76. Kleiderbürste, Nähzeug, Fleckenferner, Briefmarken, kleine Hausapotheke, Rasierapparate, Regenschirme, Malkästen, Zeichenstifte, Bilderbücher für Kinder sind für die Gäste jederzeit zur Hand.
77. Auf Wunsch stehen Babysitter zur Verfügung.
78. Auf jedem Zimmer gibt es ein wöchentliches Fernsehprogramm; die Gottesdienstordnung der Kirchen im Ort ist erhältlich.
79. Auf die Benutzung der öffentlichen Transportmittel zum Hotel wird in der Empfangshalle hingewiesen.

80. Morgendliche Weckrufe von der Telefonzentrale erfolgen mit der Angabe des Wetters und der Außentemperatur.
81. Motorisierte Gäste können jederzeit den Wetterbericht, den Straßenzustandsbericht und Auskunft über die nächsten Tankstellen und den Grenzverkehr erhalten.
82. Schuhputzmaschinen sind auf den Etagen und auf den Toiletten aufgestellt.
83. Bei persönlichen Festen, wie Geburtstagen, Verlobungen, Hochzeiten gratuliert die Hoteldirektion (Blumenstrauß, Torten, Sekt).
84. Telefonservice ist auch in den Restaurants und Bars für Hotelgäste verfügbar.
85. Verschiedene Arten von Kopfkissen können auf Wunsch zur Verfügung gestellt werden.
86. Einkaufstaschen mit dem Emblem des Hotels stehen den Gästen zur Verfügung.
87. Frische Blumen und Früchte werden täglich auf die Gästezimmer gestellt.
88. Jeder Gast erhält morgens eine Tageszeitung; Bademäntel und Hausschuhe stehen für die Gäste zur Verfügung.
89. Eine eigene Hotelbücherei sorgt für Unterhaltung bei schlechtem Wetter.
90. Spezielle Freizeitprogramme für den Wochenendgast sind zusammengestellt.
91. Über Bergtouren, Ausflüge und Wegzeiten in der Ortsumgebung können sich die Gäste jederzeit informieren.
92. Wärmflaschen, Föns, Eisbehälter, Babyartikel stehen auf Wunsch zur Verfügung.
93. Toilettenartikel im Badezimmer werden kostenlos angeboten. Duschhauben sind in jedem Badezimmer ausgelegt.
94. Bei der Anreise der Gäste wird ein Willkommens-Cocktail zu Lasten des Hauses angeboten.
95. Genesungswünsche und Blumen von der Direktion für kranke Gäste.
96. Bei Abreise erhält jeder Gast ein Souvenir, das ihn an den Hotelaufenthalt erinnert.
97. Süßigkeiten, Patisserie werden für länger bleibende Gäste auf die Zimmer gestellt.
98. Kinderspielräume mit ausreichend Kinderspielzeug sind vorhanden, Sonderfreizeitprogramme für Kinder werden vom Hotel aus angeboten.
99. Auf besondere Veranstaltung und Sehenswürdigkeiten im Ort und in der Umgebung wird hingewiesen: in jedem Zimmer liegt ein Stadtplan kostenlos zur Verfügung der Gäste.
100. Postkarten mit dem Motiv des Hotel- und Gaststättenbetriebes stehen für Gäste kostenlos zur Verfügung.

Muster Gästebefragung

Hotel

____

Helfen Sie uns bitte, Ihren nächsten Aufenthalt noch angenehmer zu gestalten.

Wir freuen uns außerordentlich, Sie in unserem Hause zu wissen und hoffen, daß Sie mit der Ausstattung des Hotels und dem Service zufrieden sind. Es ist unser aufrichtiger Wunsch, die angenehme und freundliche Atmosphäre, die sprichwörtlich für das . . . . . . Hotel ist, auch in unserem Haus herrschen zu lassen. Wir bitten Sie daher um Ihre Unterstützung in unseren Bemühungen, den Begriff der Gastlichkeit gleichbedeutend mit dem Namen . . . . . . zu erhalten. Würden Sie uns bitte einige Minuten schenken, dieses Formular ausfüllen und dem Portier übergeben.
Ihre Kommentare werden an mich weitergeleitet.

Vielen Dank für Ihre Bemühungen.

____

Generaldirektor

Help us make your next visit more enjoyable.

We are delighted to have you with us, and hope you are pleased with our facilities and services. It is our earnest desire to maintain a courteous and friendly atmosphere which you will recognize instantly and enjoy as typically . . . . . We ask for your assistance in our efforts to keep the name . . . . . . synonymous with hospitality.

If you will leave the completed guest questionnaire with the Assistant Manager, anyone at the front desk or mail it to me, your comments will come to my personal attention.

Thank you.

____

General Manager

Reservierung /Reservations

Wie wurde ihre Reservierung gehandhabt:
Was your reservation handled:

		Ja *Yes*	Nein *No*
prompt?	*promptly?*	☐	☐
höflich?	*courteously?*	☐	☐
fachgerecht?	*efficiently?*	☐	☐

Wie erfolgte Ihre Reservierungsfrage:
Did you make your reservation request:

direkt an das Hotel?	*directly to this hotel?*	☐
über ein Reisebüro?	*through a travel agent?*	☐
über eine Fluglinie?	*through an airline?*	☐
über Ihre Firma oder Gesellschaft?	*through your company or organization?*	☐

Empfang / Arrival

Wie wurde Ihre Anmeldung beim Empfang gehandhabt?
Was your registration handled:

		Ja *Yes*	Nein *No*
prompt?	*promptly?*	☐	☐
zuvorkommend?	*courteously?*	☐	☐
fachgemäß?	*efficiently?*	☐	☐

Öffentliche Räume / Public areas

		Ja *Yes*	Nein *No*
Wirkt die Empfangshalle einladend?	*Was the lobby attractive?*	☐	☐
Waren Hotelbeschilderung und Veranstaltungstafeln richtig?	*Was the hotel directory and activity board accurate?*	☐	☐
Funktionieren die Aufzüge vorschriftsmäßig?	*Was elevator service prompt?*	☐	☐
Waren die öffentlichen Toiletten sauber?	*Were public rest rooms clean?*	☐	☐
Ausreichend ausgestattet?	*Well supplied?*	☐	☐

Gästezimmer / Guest Room

		Ausgezeichnet *Excellent*	Gut *Average*	Schlecht *Unsatisfactory*
sauber?	*clean?*	☐	☐	☐
bequem?	*comfortable?*	☐	☐	☐
angenehm?	*pleasant?*	☐	☐	☐
zweckmäßig ausgestattet?	*properly supplied?*	☐	☐	☐

Restaurant und Bars / Restaurants and Bars

		Ausgezeichnet *Excellent*	Gut *Average*	Schlecht *Unsatisfactory*
Wurden Sie freundlich und zuvorkommend bedient?	*Was service courteous and efficient?*	☐	☐	☐
War die Qualität zufriedenstellend?	*Was quality satisfactory?*	☐	☐	☐
Wirkten Restaurants oder Bars einladend?	*Was restaurant or bar attractive?*	☐	☐	☐

Diese Kommentare beziehen sich auf:
The comments in this section apply to the following:

Restaurants/Bars

________________________ ☐ ________________________ ☐

________________________ ☐ ________________________ ☐

Etagenservice / Room Service

		Ausgezeichnet *Excellent*	Gut *Average*	Schlecht *Unsatisfactory*
Service	*Standard of service*	☐	☐	☐
Qualität des Essens und der Getränke	*Standard of quality for Food and Drinks*	☐	☐	☐

Gästeservice / Services

Während meines Aufenthaltes war der Service von folgendem Personal für mich:
The services provided during my visit by the following personnel were:

		Ausgezeichnet *Excellent*	Gut *Average*	Schlecht *Unsatisfactory*
Wagenmeister	*Doormen*	☐	☐	☐
Portier	*Concierge*	☐	☐	☐
Hoteldiener	*Bellmen*	☐	☐	☐
Kassierer	*Cashier*	☐	☐	☐
Empfangsherr	*Assistant Manager*	☐	☐	☐
Telefonistin	*Telephone Operators*	☐	☐	☐
Zimmermädchen	*Maid*	☐	☐	☐
Wäscherei- und Reinigungsdienst	*Laundry and Valet*	☐	☐	☐
Minibar	*Self-service mini bar*	☐	☐	☐

Unter uns / Between us

Haben Sie irgendwelche Vorschläge, die uns helfen, Ihren nächsten Aufenthalt noch angenehmer zu gestelten?
Do you have any other suggestions or comments which would help us make your next visit more enjoyable?

____

____

____

____

Vielen Dank für Ihre Unterstützung.
Thank you for your cooperation.

Name (bitte in Druckbuchstaben) ____________________
Your name (please print)

Privatanschrift
Home address

Stadt ________________ Land ________________ Postleitzahl __________
City *Province/State* *Postal code*

Geschäftsadresse
Business address

Stadt ________________ Land ________________ Postleitzahl __________
City *Province/State* *Postal code*

Datum Ihres Aufenthaltes ________________ Ihre Zimmernummer __________
Date of your visit *Room No.*

Abreise/Departure

Bitte geben Sie uns vor Ihrer Abreise nähere Informationen, die uns helfen, den gewünschten Service bereitzustellen.
Before you depart, please tell us a few facts to help us provide the services you desire.

Warum haben Sie dieses Hotel gewählt?	*Why did you select this hotel?*	
Aufgrund eines früheren zufriedenstellenden Aufenthalts	*Satisfactory previous visit*	❐
Auf Empfehlung hin	*Recommendations*	❐
Reisebüro	*Travel Agent*	❐
Werbung	*Advertising*	❐
Andere Gründe	*Other*	❐

Zweck meiner Reise war:	*The purpose of my trip was:*	
Geschäftlich	*business*	❐
Privat	*pleasure*	❐
Beides?	*both?*	❐

Fanden sie die Preise angemessen für:	*Did you receive good value for:*	Ja *Yes*	Nein *No*
Ihr Hotelzimmer	*Your guest room*	❐	❐
Restaurants/Bars	*Restaurants/Bars*	❐	❐
Sonstige Dienstleistungen	*Ohter facilities*	❐	❐

Marketing Planung/Kontrolle

In dem Mittelpunkt der Marketingplanung steht die langfristige Marketingkonzeption. Eine hotelgerechte *Marketingkonzeption* sollte folgenden Mindestinhalt erfassen:

1. Aufnahme des Ist-Zustandes.
2. Vorschläge zur Verbesserung des Dienstleistungsangebotes (Erarbeitung von Freizeitmöglichkeiten, Änderungsvorschläge für Speise- und Getränkekarte, Vorschläge zur technischen Einrichtung des Hotelbetriebes).
3. Wettbewerbssituation, Analyse der Konkurrenzlage und daraus sich ergebende Schlüsse für das Profil des Hotels.
4. Zielgruppenbestimmung, Festlegung derjenigen Zielgruppen, auf die Marketingmaßnahmen konzentriert werden sollen.
5. Schaffung der Angebotsunterlagen. Grafische Überarbeitung der vorhandenen Unterlagen wie Briefbogen, Rechnung, Speisekarte, Getränkekarte sowie Schaffung neuer Angebotsunterlagen, insbesondere Informationsmappen für Tagungsveranstalter, Klubs und Vereine.
6. Verkaufsförderung. Es werden Aktionen konzipiert, die dazu dienen, neue Gästekreise in das Hotel zu bringen.
7. Werbung. Es geht im wesentlichen um Anzeigenwerbung sowie um Direkt-Werbebriefe mit allen Texten, Adressen und Layouts.
8. Maßnahmen der Public Relations. Es werden Hinweise gegeben, wie eine erfolgsversprechende Pressearbeit realisiert werden kann und außerdem Ereignisse konzipiert, die für die Presse berichtenswert sind.
9. Veranstaltungen. Überarbeitung bestehender Veranstaltungen oder aber Entwicklung neuer Veranstaltungstypen mit dem Ziel, zum einen direkt neuen Umsatz zu schaffen, zum anderen aber, das Hotel im Gespräch zu halten.
10. Erfolgskontrolle, Schaffung eines Systems, mit dessen Hilfe es möglich ist, den Erfolg der einzelnen Maßnahmen zu kontrollieren.
11. Personalschulung, Entwicklung eines Plans für die regelmäßige und differenzierte Schulung der eigenen Mitarbeiter.
12. Zeitplan, Terminierung der gesamten Maßnahmen in der Marketingkonzeption.

Marketing Mix (kommunikative Marketinginstrumente)

Verkauf, Werbung und Public Relations

In der heutigen Markttransparenz lassen sich Marktanteile nur durch moderne Verkaufstechniken und -methoden und durch gezielte Werbung erhalten und steigern. Die amerikanischen Begriffe, wie „Marketing Manager", „Sales Manager", „Sales Promotion", „Advertising and Business Promotion" sind auch aus der deutschen Hotellerie nicht mehr wegzudenken. Ruhige Zimmer, erstklassiger Service, preiswürdige Dienstleistungen sind zwar nützliche Werbeargumente, reichen aber allein im „aggressiven Verkauf" nicht aus. Verkauf ist eine der wichtigsten Managementfunktionen in der Gastronomie, will man sich im Konkurrenzdruck am Käufermarkt der Hotel- und Gaststättenbranche behaupten.
Die Werbung als Absatzinstrument gewinnt im modernen Marketing-Mix für Hotel- und Gaststättenbetriebe immer mehr an Bedeutung. Nicht nur für finanzkräftige Groß- und Mittelbetriebe ist die Werbung vorbehalten, sondern vielmehr die kleinen gastronomischen Betriebe müssen sich verstärkt um erfolgreiche Werbemaßnahmen bemühen. Dabei sind Kenntnisse über die Motive und Verhaltensmuster der Gäste als Voraussetzung für die Wahl der Werbebotschaft zu sehen. Hinsichtlich der Werbemittel kann zwischen der äußeren und der inneren Werbung unterschieden werden. Während die äußere Werbung auf einer Reihe von Werbemitteln wie Anzeigen, Prospekte, Werbebriefe, Plakate basiert, muß gerade der inneren Werbung mit der „Mund-zu-Mund"-Werbung besondere Aufmerksamkeit gewidmet werden.
Der Ruf nach mehr Gastlichkeit ist in erster Linie der Ruf nach „Service". Denn unter Service verstehen sich diejenigen Einrichtungen und Maßnahmen und alle die kleineren und größeren Annehmlichkeiten, die, erdacht zum Wohle des Gastes, diesem den Aufenthalt im Hotel, die Einnahme der Mahlzeit im Restaurant, den Besuch der Bar zu einem Erlebnis werden lassen, dessen er sich gern erinnert. Service will die Stunden der Erholung von der Reise, der Geselligkeit oder der Freizeit im Hotel so harmonisch und angenehm wie möglich gestalten, Service schafft die gepflegte Atmosphäre bei Zusammenkünften aus geschäftlichem Anlaß ebenso wie er den reibungslosen Ablauf von Konferenzen möglich macht.
Gepflegter Service entspricht dem Verlangen nach Geborgenheit, sei sie auch noch so flüchtig. Er veranlaßt den Gast zur Wiederkehr und läßt ihn die Stätte der erlebten Gastlichkeit weiterempfehlen.
Folgende Details sollen die „kommunikativen Marketinginstrumente" – *Verkauf,*

Werbung und *Public Relations*, in ihrer speziellen Anwendung für die Hotellerie charakterisieren:

A Verkauf

1. Die Marketingkonzeption der Hotels basiert auf fundierten Markt- und Meinungsanalysen (Fragebogen in Gästezimmern – Gast als „Betriebsberater")
2. Jeder Mitarbeiter im Betrieb mit Gastkontakt ist als „Verkäufer" motiviert.
3. Träger des Verkaufs, wie Reservierungsbüros, Kongreßagenturen, Verkaufsgemeinschaften mehrerer Hotels werden genutzt.
4. Eine gutgeführte Gästekartei und genaue Registrierung aller Kundenanfragen helfen dem Verkaufspräsentanten bei seiner Kontaktpflege.
5. Konkurrenzanalysen im Vergleich zum eigenen Produktangebot (Zimmer, Speisen, Getränke und Nebenleistungen) werden ständig durchgeführt.
6. Gesetzliche Vorschriften, wie „Gesetz gegen unlauteren Wettbewerb", das „Rabatt-Gesetz" und die „Zugabeverordnung" sind der Verkaufsabteilung bekannt und werden eingehalten.
7. Firmenbesuche – Organisationen und Verbände – Ansprechen von Privatveranstaltern, „Direct mailing"-Aktionen, Wiederkontaktaufnahme mit bereits durchgeführten Veranstaltungen (repeat-business), monatliche Informationsbriefe des Hotelmanagements an Stammgäste gehören zur aktiven Verkaufsarbeit.
8. Lächeln schafft Gäste! In der Ausbildung von Verkaufspersonal wird zwischen Kenntnissen (Produkt), Fähigkeiten und Einstellung (Motivation) der Mitarbeiter unterschieden.
9. Verkaufstraining besteht nicht nur aus der Vermittlung von Kenntnissen der möglichen Serviceleistungen, sondern die Hauptbetonung liegt auf dem „wie man verkauft".
10. Individuelle Rollenspiele mit Übungsdialogen vor Kollegen als Zuhörer bereiten die Mitarbeiter auf Verkaufsgespräche vor.
11. Reklamationen sind Chancen zur Gastgewinnung. Die richtige Handhabung von Reklamationen hilft, Gäste zu erhalten.
12. Fairneß im Verkauf beinhaltet die Begriffe wie „Werbewahrheit" und „Werbeklarheit".
13. Jeder Mitarbeiter ist ein Imagebildner. Durch sein Äußeres, sein Verhalten, sein Fachwissen, seine Liebe zum Beruf wird der direkte Verkauf am Gast entscheidend beeinflußt.
14. Eine kontinuierliche, seriöse Preis- und Angebotspolitik ist auf die entsprechenden Zielgruppen abgestimmt.
15. Aktionen und Veranstaltungen, wie „Einladung der Taxifahrer", „Poolparty für die Presse", „Treffen der Reisebüroagenten", „Sekretärinnenparty mit Modenschau" dienen der Verkaufsförderung.

16. Spezialitäten-Wochen (Food-Festivals) tragen einen hohen Öffentlichkeitseffekt mit positiver Mund-zu-Mund-Werbung.
17. Sonderveranstaltungen mit saisonalen Spezialitäten (Spargel-Spezialitäten, Erdbeerzeit, Starkbierzeit, Wildwochen) mit entsprechenden Presseveröffentlichungen steigern den Bekanntheitsgrad.
18. „Brainstorming"-Meetings (Ideenwirbel) mit Mitarbeitern werden regelmäßig angesetzt, um der Konkurrenz stets in Qualität und Service einen Schritt voraus zu sein.
19. Angebotsentwicklung, Angebotsgestaltung und Absatzplanung sollen die Fragen beantworten:
    Was kann man anbieten?
    Was will man anbieten?
    Wem will man es anbieten?
    Wie will man es anbeiten?
20. Verkaufsgespräche haben den Charakter der Beratung des Kunden, der Hilfestellung bei der Lösung von möglichen Problemen.
21. Ansprechende Verkaufsunterlagen (Broschüren, Dias, Bankettmöglichkeiten) helfen den Verkaufsrepräsentanten bei der Betreuung von Kunden, potentiellen Kunden und Kundengruppen.
22. Verkaufen heißt: überzeugen durch Leistung. Besonders die Restaurantleistungen des Hotels müssen mit den Dienstleistungserwartungen des Gastes übereinstimmen.
23. Wo Gäste sind, ist auch Umsatz. Es wird alles unternommen, um Gäste „im Haus" zu halten (innerbetriebliche Werbemaßnahmen, Unterhaltungs- und Freizeitprogramme).
24. Jeder Verkaufsmißerfolg wird analysiert.
    War das Angebot richtig?
    Wurden Kaufwiderstände abgebaut?
    Entsprachen die Verkaufsargumente den Kaufmotiven?
    Hatten Verkaufsargumente die nötige Beweiskraft?
    Was das Verkaufsgespräch richtig vorbereitet?
    War die Gesprächseröffnung richtig?
    Wurden optische Hilfsmittel eingesetzt?
    Gab es beim Verkaufsgespräch eine echte Beteiligung des Kunden?
    War das Verkaufsklima gut?
    Waren Auftreten und Verhalten des Repräsentanten entsprechend?
    Fehlten durchdachte Abschlußargumente?
    Wurde das Verkaufsgespräch mit dem richtigen Partner geführt?
    Welche echten Gründe der Ablehnung liegen vor?
    Kann an der Entscheidung noch etwas geändert werden?
    Wenn das Verkaufsgespräch noch einmal zu führen wäre, was müßte man anders machen?

25. Kundenbesuche werden von dem Verkaufsrepräsentanten geplant. Die günstigste Besuchszeit wird erfragt und genutzt. Mehrere „sales calls" werden räumlich und zeitlich koordiniert, Verkaufsgespräche kurz und effektiv gehalten.
26. Bei Verkaufsgesprächen erhöht die Demonstration (mit Informationsmappen, Prospekten, Dias, Menükarten, Tonbildschau, Fotos) das Interesse des Kunden. Veranschaulichungen verkürzen das Verkaufsgespräch, stärken das Erinnerungsvermögen, fördern die Kaufneigung.
27. Verkaufsargumente sind Kaufargumente für den Kunden. Verkaufsargumente müssen sachlich, beweiskräftig und für den Kunden glaubwürdig aus der inneren Überzeugung des Verkaufsrepräsentanten dargestellt werden. Superlative und allgemeine Redensarten werden vermieden.
28. Verkaufsgespräche sind Problemlösungen für den Kunden. Motivierend wird dem Kunden gezeigt, was er will; die Probleme des Kunden werden erkannt. Mit Lösungen und Verständnis wird vertrauenswürdig das Dienstleistungsangebot aufgezeigt.
29. Bei der Verkaufsrhetorik wird die AIDA-Formel eingesetzt:
    A = Aufmerksamkeit beim Kunden erlangen
    I = Interesse wecken
    D = Drang nach weiterer und intensiver Information hervorrufen
    A = Aktion auslösen (Stellungnahme, Kauf).
30. Zum Verkauf gehört auch die jährliche „Produktplanung". Gestützt auf Marktbeobachtungen und laufender Gästebefragung wird überprüft, inwieweit bestehende Serviceleistungen mit den detaillierten Angebotsträgern vom „Markt" tatsächlich honoriert werden und welche Serviceleistungen verstärkt oder geändert werden müssen.
31. Die internen Möglichkeiten, mit Posters und Aufstellern auf die vorhandenen Einrichtungen aufmerksam zu machen, sind voll ausgeschöpft (Posters, Aufsteller auf den Zimmern, vor und in den Fahrstühlen, in der Garage, in der Halle und auf den Restauranttischen).
32. So lange der Gast das Gefühl hat, daß die Leistung des Hotels zumindest gleichbleibend gut ist, bleibt er „markentreu" und wird zum Stammgast. Gäste, die mehr geboten bekommen als sie erwarten, honorieren diese Leistung durch Treue.
33. Größere Hotels in Deutschland können ohne ausländisches Gruppengeschäft kaum existieren. Gruppen sind auch Gäste. Individuelle Betreuung, professioneller Service verhelfen diesem Volumengeschäft zum Erfolg.
34. Produktdifferenzierung ist eines der wesentlichsten Elemente in der Angebotspolitik. Es gilt, Präferenzen zu schaffen (zum Beispiel Mini-Bars in Gästezimmern, Kegelbahnen, Health-Clubs, Fitneß-Center).

B Werbung

1. Werbung gilt als bewußte, zielgerichtete Beeinflussung von Menschen durch werbliche Kommunikationsmittel mit der Absicht, den Kauf von Waren oder die Inanspruchnahme von Leistungen und schließlich damit die Veränderung von Verhaltensweisen zu erreichen.
2. Während die Verkaufswerbung Dienstleistungen und Waren dem Konsumenten darzubieten versucht, ist die Imagewerbung darauf abgestellt, den Ruf des Hotel- und Gaststättenbetriebes allgemein zu begründen und zu festigen.
3. Die Möglichkeiten der Gemeinschaftswerbung (der einzelne Betrieb tritt nicht in Erscheinung) und die der Kollektivwerbung (Hotel- und Gaststättenbetriebe sind bei gemeinsamen Werbeaktionen mit ihrem Namen vertreten) sind überprüft und ausgeschöpft.
4. Die gesetzlichen Vorschriften (Gesetz gegen unlauteren Wettbewerb, Gesetz über Preisnachlässe, die Zugabeverordnung, die Vorschriften über das Anreißertum) sind bekannt und werden befolgt.
5. Grundsätzlich wird bei der Werbeplanung zwischen den 3 Stufen:
   a) Vorplanung
   b) Zielsetzung
   c) Durchführungsplanung
   unterschieden.
6. Zur Vorplanung gehören die Kenntnisse über die im Ort vorhandenen Werbemittelhersteller (Klischee-Anstalten, Werbefotografen, Schildermaler, Möglichkeiten der Werbemittelstreuung, örtliche Zeitungen, Zeitschriften, Plakatanschlag, Messen und Ausstellungen, Werbeberater, Werbeagentur, Marktforschungsinstitute, Angaben über besondere örtliche Ereignisse, Ausstellungen, Stadtjubiläen) und die Betriebsanalyse des Hotel- und Gaststättenbetriebes mit detaillierter Information über Geschichte und Tradition des Unternehmens, standortbedingte Eigenschaften, Qualität der Leistung, Modernität, Kapazität und Kapitalkraft.
7. Zur Vorplanung gehören weiterhin Verbraucheranalysen mit Meinungs- und Motivforschung, Warenanalysen mit entsprechenden Argumentationsmöglichkeiten, Analyse der bisher eingesetzten Werbemittel, die Konkurrenzanalyse, Finanzanalyse zur Festlegung des Werbemitteletats.
8. Die in der Werbevorplanung erarbeiteten Unterlagen dienen als Grundlage zur Festlegung der Werbeziele in Übereinstimmung mit dem angestrebten Gesamtziel des Unternehmens.
9. Im Rahmen der Durchführungsplanung läßt sich der Werbeplan in:
   a) den Gestaltungsplan
   b) den Streuplan
   d) den Terminplan
   d) den Finanzplan
   untergliedern.

10. Die Werbeidee als Grundlage der Gestaltungsplanung wird einerseits von den Wünschen und Vorstellungen des Gästekreises und andererseits von der Qualität des Hotel- und Gaststättenbetriebes mitbestimmt.
11. Innerhalb der Gestaltungsplanung wird eine Werbemittelliste erstellt (z. B. Anzeigen, Plakate, Diapositiv, Prospekte, Werbebriefe, Ansichtspostkarten, Werbegeschenke).
12. Zum gezielten Einsatz der festgelegten Werbemittel wird ein Jahres/Streuplan aufgestellt, in dem die Streuzeiten festgelegt sind und ein Gesamtüberblick über den Werbeablauf festgelegt wird.
13. In einem detaillierten Terminplan wird der zeitliche Ablauf der Werbemaßnahmen exakt festgehalten.
14. Als ursprüngliches Werbemittel spielt das erfolgreiche Verkaufsgespräch im Hotel- und Gaststättengewerbe eine entscheidende Rolle.
15. Die Möglichkeit der Briefwerbung und des Briefprospekts (Werbedrucksache in Briefform) wird wirkungsvoll genutzt.
16. Handzettel und Flugblätter werden zur Ankündigung von besonderen Veranstaltungen verwendet.
17. Werbekarten (Name, Anschrift, Telefonnummer, Skizze der Zufahrtswege), Kofferaufkleber und Bierdeckel werden von den Gästen gerne als Souvenir mitgenommen.
18. Der Hausprospekt gibt einen ausführlichen Überblick in Wort und Bild über den Hotel- und Gaststättenbetrieb.
19. Speise- und Getränkekarte sind in graphischer und drucktechnischer Hinsicht als echte Werbemittel zu werten.
20. Die erstellten Hauszeitschriften werden durch den Anzeigenteil finanziell selbst getragen und stellen eine geeignete Verbindung zur Stammkundschaft dar.
21. Anzeigen werden nach gründlicher vorheriger Planung in regionalen oder überregionalen Tageszeitungen, Publikumszeitschriften, Fachzeitschriften, Kalendern, Jahrbüchern, Reisehandbüchern, Adreßbüchern, Programmheften aufgegeben.
22. Sämtliche Möglichkeiten der Schilderwerbung im Rahmen der Außenwerbung sind mit den zuständigen Bauaufsichtsbehörden überprüft und eingesetzt.
23. Der Einsatz von Werbefilmen in Lichtspieltheatern und im Fernsehen wurde kostenmäßig überprüft.
24. Der Einsatz der Verkehrswerbemittel (Dauerbeschriftung in öffentlichen Verkehrsmitteln, in Bahnhöfen, Wartesälen der Flugplätze, in Eisenbahnwagen) ist (wo immer möglich) erfolgt.
25. Werbewirksam gestaltete „Freimachestempel" werden bei der Postversendung eingesetzt.
26. Werbegeschenke, die in irgendeiner Form Wesen und Charakter des Unternehmens widerspiegeln, werden in vernünftigem Maße verteilt.

27. Unter dem Motto „Licht lockt Leute“ ist die Leuchtwerbung für den Hotel- und Gaststättenbetrieb als Wegweiser eingesetzt.
28. Die Leistungen der Küche und des Kellers (Mund-zu-Mund-Werbung) werden besonders gepflegt und finden Anerkennung bei den Gästen.
29. Die Schaufensterwerbung zusammen mit dem Verkauf „über die Straße“ sind bei Gaststätten werbewirksam eingesetzt.
30. Die Hotelangaben werden im „Deutschen Hotelführer“ veröffentlicht.
31. Gratulationen seitens des Hotels zu Geburtstagen, Verlobungen, Hochzeiten und ähnlichen Anlässen zeigen dem Gast die Wertschätzung und enge Verbundenheit mit dem Hotel- und Gaststättenbetrieb.
32. Geschickt aufgemachte Ansichtskarten gehören zur gastlichen Leistung der Hotel- und Gaststättenbetriebe und sind werbewirksam.
33. Wirkungsvolle Gestaltung der Briefbögen und der Rechnungsformulare, Schreibpapier für die Gäste, bedruckte Servietten werden als Werbemittel eingesetzt.

C. Public Relations

1. Public Relations (PR) – die Öffentlichkeitsarbeit – ist höher einzustufen als die kostenintensive Werbung. PR schafft den guten Ruf und beeinflußt langfristig den Kaufentscheidungsprozeß.
2. Kommt es bei der Werbung darauf an, Produkte oder Dienstleistungen zu verkaufen, so geht es bei der Public Relations-Arbeit darum, den Ruf des Unternehmens aufzubauen, zu festigen oder zu erhalten.
3. Im Rahmen der Public Relations-Arbeit unterscheidet man:
   1. Veröffentlichungen,
   2. Kontaktpflege,
   3. innerbetriebliche Maßnahmen,
   4. Unternehmensgeschichte,
   5. Meinungsforschung.
4. Als wichtiger Grundsatz der Public Relations-Arbeit gilt, niemals mehr zu versprechen als man leisten kann.
5. Bei öffentlichen Ausstellungen und Wettbewerben im Rahmen des Hotel- und Gaststättengewerbes ist der Betrieb positiv vertreten.
6. Im Rahmen der Public Relations-Arbeit bedeutet Kontaktpflege nicht nur Liebenswürdigkeit, Takt, Aufgeschlossenheit, Hilfsbereitschaft, Zurückhaltung, Zusammenarbeit mit den Gästen, sondern dazu gehört es auch, Anfragen, Bestellungen und Briefe aller Art rasch und sorgfältig zu beantworten.
7. Zu den innerbetrieblichen Aufgaben der Public Relations-Arbeit gehört auch die Pflege des Betriebsklimas (Erstellung von Personalzeitungen, Verbesserung der innerbetrieblichen Kommunikation).
8. Die Public Relations-Arbeit versucht, die Firmengeschichte, den Charakter des Betriebes entsprechend hervorzuheben.

9. Aussagen über den Betrieb im Licht der öffentlichen Meinung werden der detaillierten Meinungsforschung entnommen.
10. Public Relations (Öffentlichkeitsarbeit), Imagepflege, eine pressefreundliche Haltung schaffen viele Kontakte und prägen die Stellung des Hotels am örtlichen Markt.

Gewinneinflußfaktoren

Kein fortschrittlicher Unternehmer wird sich von Gewinn oder Verlust in seinem Unternehmen überraschen lassen. Es geht darum, Kosten, Preise, Umsatz und Gewinn kontrollierbar zu halten. Ein Hotelmanager muß mit fundierten kurz- oder langfristigen Betriebsentscheidungen die Gewinnstruktur seines gastronomischen Betriebes steuern können.

Die Einflußfaktoren auf die Gewinnsituation in der Hotellerie sind in ihrer Gewichtigkeit und Auswirkung sehr unterschiedlicher Natur. Eine Tatsache, die man in der Praxis oft nur wenig beachtet hat. Kostenorientierte Einflußfaktoren (fixe Kosten, variable Kosten) haben einen ganz anderen Effekt als die marktorientierten Einflußfaktoren (Zimmerpreise, Verkaufspreise für Speisen und Getränke, Anzahl der Gäste, Zimmerbelegung).

In den fixkostenintensiven Dienstleistungsbetrieben der Hotellerie und Gastronomie ist der Einfluß des Marktes mit seiner Reflektion in Kapazitätsauslastung, Anzahl der zu bedienenden Gäste und des zu erreichenden Preisniveaus im Beherbergungs- und Food und Beverage Bereich weit größer als die Wirkung von Kostenveränderungen für den Betrieb.

Im folgenden soll aufgezeigt werden, wie der Gewinn des gastronomischen Betriebes auf die verschiedenen Einflußfaktoren reagiert. Mit dem Wissen um diese Reaktionen kann das Entscheidungsverhalten des Hotelmanagers wesentlich erleichtert werden.

Überblick der Gewinn-Einflußfaktoren in der Hotellerie

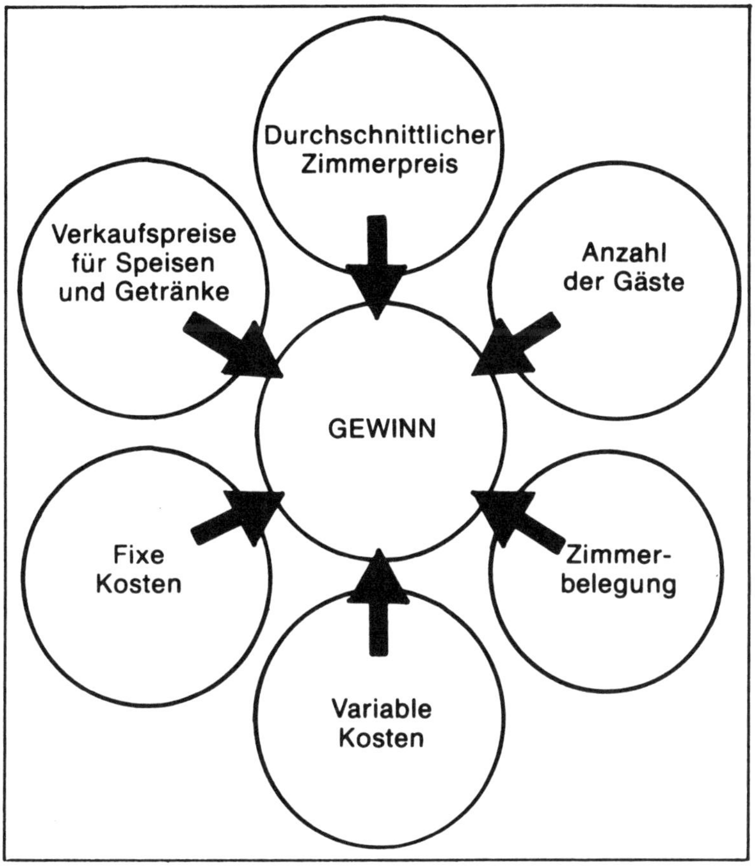

Eine Analyse wesentlicher Einflußfaktoren auf die Gewinnsituation in der Hotellerie

Arbeitsablauf

1. Schritt

Bestimmung der Gewinn-Einflußfaktoren
Auf den jeweiligen Betrieb zugeschnitten werden die Gewinn-Einflußfaktoren ermittelt und aufgegliedert. In dem graphischen Überblick sind die sechs wichtigsten Faktoren aufgezeigt:

- Anzahl der Gäste
- Zimmerbelegung
- Durchschnittlicher Zimmerpreis
- Verkaufspreise für Speisen und Getränke
- Variable Kosten
- Fixe Kosten

Je nach Bedeutung und Gewichtung können die fixen Kosten in Personalkosten Miete/Pacht, Reparaturen, Instandhaltung, Verwaltungskosten, Abschreibung einzeln als „Faktor" aufgeschlüsselt werden.

2. Schritt

Berechnung des möglichen Gewinns bei Änderung der Einflußfaktoren
Die Auswirkung auf den Gewinn durch die Änderung jedes einzelnen Einflußfaktors bei Konstanthaltung aller übrigen Faktoren wird berechnet, indem man zum Beispiel eine zehnprozentige Erhöhung (siehe Musterbeispiel) eines Faktors vornimmt.

3. Schritt

Berechnung der Gewinnmultiplikatoren
Für jeden Gewinn-Einflußfaktor wird separat ein „Gewinnmultiplikator" berechnet:

$$\frac{\text{Veränderung des Gewinns \%}}{\text{Veränderung des Einflußfaktors \%}}$$

Erhöht man die Anzahl der Gäste um 10 Prozent und wird dadurch eine Veränderung (Erhöhung) des Gewinns um 30 Prozent erreicht, dann ist der Gewinnmultiplikator + 3,0. Gewinnmultiplikatoren zeigen den Effekt auf den Gewinn bei Veränderungen der Einflußfaktoren an.

4. Schritt

Gewichtung der Einflußfaktoren und Anwendung der Gewinnmultiplikatoren
Die ermittelten Gewinnmultiplikatoren der Einflußfaktoren werden gemäß ihrer Wirkung gewichtet und in eine Rangfolge gebracht.
(Anwendung: siehe Musterbeispiel)

Praktische Anwendung – Musterbeispiel:

Aus der Gewinn- und Verlustrechnung und Statistik eines Restaurants läßt sich folgende Basisinformation zusammenfassen:

	im Abrechnungszeitraum
a) Anzahl der Gäste	10000
b) Umsatz pro Gast:	8 DM
Gesamtumsatz:	80000 DM
Abzüglich:	
c) Wareneinsatzkosten (Speisen, Getränke)	30000 DM
d) Personalaufwand (fixe Kosten)	25000 DM
e) Aushilfspersonalkosten (variable Kosten)	10000 DM
f) Übriger Betriebsaufwand (fixe Kosten)	10000 DM
Gesamte Aufwendungen	75000 DM
Gewinn	5000 DM

1. Schritt

Bestimmung der Gewinn-Einflußfaktoren
a) Anzahl der Gäste
b) Umsatz je Gast
c) Wareneinsatzkosten
d) Personalaufwand (fix)
e) Aushilfspersonalkosten (variabel)
f) Übriger Betriebsaufwand (fix)

2. Schritt

Berechnung des möglichen Gewinns bei Änderung der Einflußfaktoren
Einzelne Erhöhung der Faktoren um 10 Prozent (siehe Formular)

3. Schritt

Berechnung der Gewinnmultiplikatoren

Einflußfaktoren	Basisinformation	Auswirkung einer 10%igen Erhöhung der einzelnen Einflußfaktoren					
		a) Anzahl der Gäste	b) Umsatz pro Gast	c) Wareneinsatzkosten	d) Personalaufwand (fix)	e) Aushilfspersonalkosten (variable)	f) übriger Betriebsaufwand (fix)
a) Anzahl der Gäste	10000	11000	10000	10000	10000	10000	10000
b) Umsatz pro Gast/DM	8,00	8,00	8,80	8,00	8,00	8,00	8,00
● Gesamtumsatz	80000	88000	88000	80000	80000	80000	80000
c) Wareneinsatzkosten/DM	30000	33000	30000	33000	30000	30000	30000
d) Personalaufwand (fix)/DM	25000	25000	25000	25000	27500	25000	25000
e) Aushilfspersonalkosten (variable)/DM	10000	11000	10000	10000	10000	11000	10000
f) übriger Betriebsaufwand (fix)/DM	10000	10000	10000	10000	10000	10000	11000
● gesamte Aufwendungen/DM	75000	79000	75000	78000	77500	76000	76000
● Gewinn/DM	5000	9000	13000	2000	2500	4000	4000
Veränderung des Gewinns in Prozenten (%)		+80%	+160%	−60%	−50%	−20%	−20%
Gewinnmultiplikator		8,0	16,0	−6,0	−5,0	−2,0	−2,0

4. Schritt

Gewichtung der Einflußfaktoren und Anwendung der Gewinnmultiplikatoren
Die Einflußfaktoren kann man nun aufgrund der ermittelten Gewinnmultiplikatoren in folgender Rangfolge gewichten:

	Einflußfaktoren	Gewinnmultiplikator
I	b) Umsatz pro Gast	16,0
II	a) Anzahl der Gäste	8,0
III	c) Wareneinsatzkosten	– 6,0
IV	d) Personalaufwand (fix)	– 5,0
V	e) Aushilfspersonalkosten (variable)	– 2,0
	f) Übriger Betriebsaufwand (fix)	– 2,0

Anwendung der Gewinnmultiplikatoren

Gewinnmultiplikatoren zeigen die Auswirkung auf den Gewinn bei Veränderungen der Einflußfaktoren an. So zeigt der Gewinnmultiplikator 16,0 für den Einflußfaktor „Umsatz je Gast" an, daß beispielsweise bei einer allgemeinen Erhöhung der Verkaufspreise um 3 Prozent der Gewinn um 48 Prozent (16,0 × 3) steigen könnte, immer vorausgesetzt, daß damit nicht gleichzeitig eine Änderung eines anderen Einflußfaktors ein hergeht. Würde man zum Beispiel die Preise um 2 Prozent senken, hätte das bei konstanten sonstigen Einflußfaktoren eine Senkung des Gewinns um 32 Prozent (16,0 × 2) zur Folge.
Der Gewinnmultiplikator für die Wareneinsatzkosten ist – 6,0. Das bedeutet analog: Hat man eine Lebensmittelpreiserhöhung von 4 Prozent, dann kann man mit einer Senkung des Gewinns von 24 Prozent – 6,0 × 4 rechnen (bei konstanten übrigen Einflußfaktoren).
Allein von der Gewichtung und Rangfolge der Gewinnmultiplikatoren her wird deutlich, daß von der Umsatzseite (Volumen: Gästeanzahl, Umsatz je Gast) eine viel größere Wirkung auf den Gewinn erfolgt als von der Kostenseite. Aufgrund dieser Erkenntnis sollte der Hotelmanager seine Kontrollanstrengungen im besonderen Maße auf die marktorientierten Einflußfaktoren (Zimmerpreise, Anzahl der Gäste, Verkaufspreise für Speisen und Getränke, Zimmerbelegung, Umsatzzusammensetzung) lenken und auch die betriebsinternen Kontrollverfahren daraufhin abstimmen.
Das soll nicht zur Folge haben, die Kostenkontrollen zu vernachlässigen, sondern vielmehr auch Schwerpunktkontrollen auf der Umsatzseite einzuführen. Je höher der Gewinnmultiplikator für einen Einflußfaktor ist, eine desto größere Wirkung hat er auf den Gewinn und um so eingehender muß sich das Management um diesen

Gewinn-Einflußfaktor bemühen. So sind Fragen der Preispolitik (zum Beispiel Preisgestaltung der Speise- und Getränkekarte) in ihrer Bedeutung wichtiger als Fragen der Standardisierung und der damit verbundenen Kosteneinsparung auf dem Wareneinsatzsektor.
Wie verändert sich der Gewinn bei einer Umsatzerhöhung oder Umsatzminderung?
Welchen Effekt hat eine Umsatzstrukturveränderung auf den Gewinn?
Welche direkte Auswirkung hat eine Kostenveränderung auf den zukünftigen Gewinn?
Welche Preiserhöhung ist notwendig, um eine Kostenerhöhung zu kompensieren?
Welche Absatzerhöhung ist bei einem Preisnachlaß erforderlich, um den gleichen Gewinn zu erzielen?
Dieser Fragenkomplex läßt sich selbstverständlich auch mit dem „normalen Formelkatalog" der Deckungsbeitragsrechnung beantworten. Der Vorteil der besprochenen Darstellungsform mit den Gewinn-Einflußfaktoren und Gewinnmultiplikatoren liegt bei der Anschaulichkeit und einfachen Anwendung. So wird jeder gastronomische Betrieb seine eigenen betriebsspezifischen Gewinn-Einflußfaktoren untersuchen und „managen" wollen.

Aufbau einer „Feasibility Study"

Die einfache Frage „Wird es funktionieren?" stellt hohe Anforderungen an einen Fachberater der Hotellerie und Gastronomie. Eine umfassende und aussagefähige „Feasibility Study" ist für das geplante Projekt zu erstellen. Die deutsche Übersetzung „Durchführbarkeit" von „Feasibility" zeigt deutlich, daß hier mehr gemeint ist als eine rein zahlenmäßige Rentabilitätsprognose. Vielmehr umfaßt dieser Begriff eine vorausschauende Wertung aller Gegebenheiten, die auf die Frage der Verwirklichung des geplanten Projektes zu beziehen sind. Die Durchführung einer „Feasibility Study" muß von vornherein in völlig parteilosen, unabhängigen Händen liegen – so lautet die erste Voraussetzung für eine sinnvolle und aussagefähige Studie. Nicht Wunschdenken, sondern nüchterne Objektivität wird hier verlangt. Vorausschauende Wirtschaftlichkeitsberechnungen, die vom Kapitalgeber selbst oder von der zukünftigen Hotelgesellschaft in eigener Regie aufgestellt werden, sind meist von eigenen Zielsetzungen beeinflußt und oft „gefährlich optimistisch" gefärbt. Viele Geschäftsgründungen und -erweiterungen wurden rein intuitiv ohne vorausschauende Planung begründet, und man mußte in späteren Jahren diese gefühlsmäßigen Fehleinschätzungen teuer bezahlen. Die außer Haus gegebene und nach objektiven Maßstäben durchgeführte „Feasibility Study" ist ein preiswerter Anfang im Rahmen der Planung für Hotel- und Restaurantprojekte. Der nachfolgend empfohlene Aufbau zur „Feasibility Study" soll als „Mindestgerüst" der erforderlichen Inhalte und Informationen verstanden werden.

Muster für den Aufbau einer Feasibility Study

Einleitung

- Kurze Beschreibung der genauen Auftragserteilung
- Zielsetzung der Studie für das Planprojekt
- Vorgehens- und Verfahrensweise, zur Verfügung stehende Hilfsmittel und Unterstützungsmaßnahmen
- Namen der durchführenden Fachberater
- Datum und Zeitraum der Studie

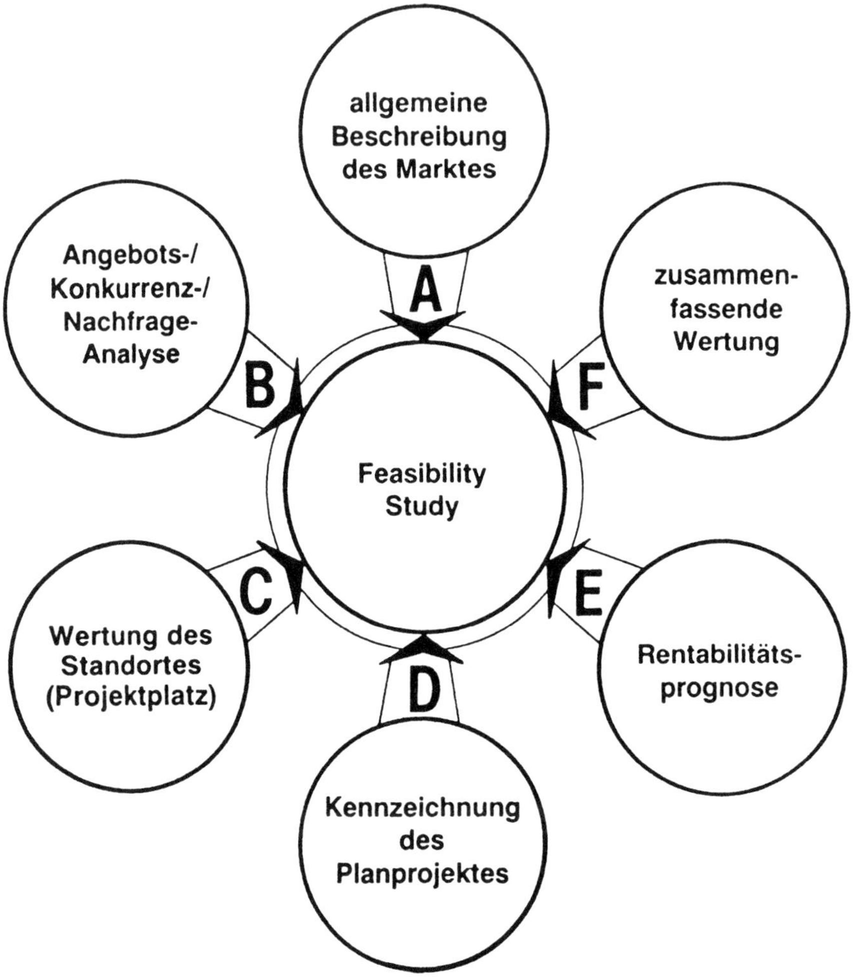

A. Allgemeine Beschreibung des Marktes

Zunächst sollten eine kurze allgemeine Beschreibung des Standortes, Größe, Handel und Industrie, wirtschaftliche Entwicklung und Bevölkerungsdichte und alle relevanten Gegebenheiten erfaßt werden, die sich direkt auf die Nachfrage im Hotel- und Gaststättengewerbe beziehen können.

Die benötigten Informationen für die allgemeine Beschreibung des Marktes sind meist bei den zuständigen Fremdenverkehrsämtern, der Gemeinde, der Industrie- und Handelskammer usw. erhältlich. In Gesprächen mit den öffentlichen Vertretern dieser Gremien wird man sich für diesen Punkt besonders über die zukünftige Entwicklung des Einzugsbereichs in wirtschaftlicher und touristischer Hinsicht informieren.

B. Angebots-/Konkurrenz-/Nachfrage-Analyse
Hierbei geht es vor allem darum, die zukünftige Nachfrage nach Hotel- und Restaurantleistungen bestimmen zu können. Eine detaillierte Erfassung des derzeitigen Standes und der schon geplanten zukünftigen Entwicklung für Hotels und Restaurants im Einzugsbereich muß Transparenz schaffen. Die Beschreibung und Wertung der gastronomischen Betriebe im Einzugsgebiet sollten folgende Details enthalten:

1. Aufstellung aller konkurrenzfähigen Betriebe mit Angabe von
   - Zimmeranzahl
   - veröffentlichten Preisen
   - Anzahl und Ausstattung der Restaurants
   - Leistungsstandard – Qualität der Speisen
   - Innenausstattung und Instandhaltung der Betriebe
   - Gruppierung und Wertung der Standorte
2. Zahlenmäßige Erfassung und Entwicklungstrend vergleichbarer Hotel- und Restauranttypen:
   - durchschnittliche Zimmerrate (Durchschnittserlös, unterste und oberste Grenze für Einzel- und Doppelzimmer)
   - Zimmerbelegung für die einzelnen Monate
   - Bestimmung des Herkunftslandes der Gäste (Nationalitätenmix)
   - durchschnittliche Aufenthaltsdauer der Gäste
   - Gästestruktur (Geschäfts- und Urlaubsreisende, Einzel- und Gruppenreisende, Verhältnis Einzel- und Doppelbelegung)
   - durchschnittliche Speise- und Getränkeerlöse (Preisstruktur der Speise- und Getränkekarten)
3. Analyse des Geschäftspotentials:
   - Geschäftsreiseverkehr (Flughafenstatistiken mit Entwicklung)
   - Anzahl, Art und Dauer von Messen, Tagungen, Kongressen
   - Bankett- und Kongreßmöglichkeiten bei konkurrenzfähigen Hotels
   - künftige Weiterentwicklung aller zum festen Programm gehörenden internationalen Veranstaltungen
   - Arten der Verkehrsbeförderung mit Ausgangsort (inländische, internationale Fluggesellschaften als Zubringer)
   - von Reisebüros gestartete Werbeaktionen und angebotene Pauschalreisen im Einzugsbereich
   - von der Stadt geplanten Ausbau- und Förderungsmaßnahmen des örtlichen Fremdenverkehrs

– Saisoncharakter der einzelnen Jahresmonate
– sonstige touristische Nachfrager für den Einzugsbereich.

Viele der oben erwähnten Detailinformationen sind auszuwerten aus den veröffentlichten Hotelbetriebsvergleichen der wirtschaftwissenschaftlichen Institute für Fremdenverkehr, der Informationen des Hotel- und Gaststättenverbandes, der Fremdenverkehrsämter, der Verkehrs- und Transportgesellschaften, der Industrie- und Handelskammern, der statistischen Ämter und der Untersuchungen von Marktforschungsgesellschaften. Die Wertung in Frage kommender Konkurrenzbetriebe muß durch persönliche Besuche und Beobachtungen erfolgen.
Im Rahmen der Angebots- und Nachfrageanalyse sollten in Anpassung an die prognostizierte Nachfrage der zusätzlich benötigte Hotelzimmerbedarf für die nächsten fünf Jahre bestimmt werden. Dabei sind einerseits die Kapazitätsauslastungen der bestehenden Betriebe und andererseits die schon geplanten oder sich im Bau befindlichen neuen Hotels der vergleichbaren Kategorie mit zu berücksichtigen.

C. Wertung des Standortes (Projektplatz)
Hier wird die in Frage kommende Grundstückslage mit Vor- und Nachteilen systematisch beurteilt. Zu der Lagebeschreibung gehören ein Stadtplan mit Einzeichnung des Grundstückes (Projektplatz), die Beschreibung der unmittelbaren Umgebung, Verkehrsverbindungen zum geplanten Hotelprojekt und Fahrtzeitberechnungen, Angabe der Sehenswürdigkeiten der Stadt und näheren Umgebung – mit Entfernung und Fahrtzeitangabe.
Weiterhin ist auch die Erfassung der im Lagebereich verfügbaren Strukturleistungen, wie Telefon, Strom, Wasser, Kanalisation, Gas (Erdgas oder Stadtgas), und die von der Stadt geplanten Ausbau- und Förderungsmaßnahmen der in Frage kommenden Umgebung vorzunehmen. Zur regionalen Bedeutung für das Restaurantgeschäft gehört ebenfalls eine Aufstellung aller in- und ausländischen Unternehmen im Einzugsbereich. Bodenbeschaffenheit, notwendige Vorarbeiten bis zum Baubeginn, genaue Abmessungen, zukünftige Straßenpläne, Parkplatzprobleme, Bauhöhenbeschränkungen, zukünftige Ausbau- und Erweiterungsmöglichkeiten usw. sind bei der Standortfrage mit anzusprechen.

D. Kennzeichnung des Planprojektes
Bezogen auf die vorher erstellte Marktanalyse sollen hier Vorschläge zu folgenden Grundsatzentscheidungen angegeben werden:

– Art des Planprojektes (Kennzeichnung des Hotels/Restaurants)
– Anzahl, Größe und Zusammensetzung der Hotelzimmer
– Anzahl, Art und Größe der Restaurants
– Anzahl und Größe der Bars
– Größe des Ballsaales

- Kasino und Nachtklub
- sonstige Einrichtungen wie Schwimmbad, Tennisplätze, Läden und Geschäfte, vermietbare Büroräume, Wäscherei usw.
- Hotelfunktionsräume (Küchen, Lagerräume, Warenannahme, Büroräume, Empfangsanlagen usw.)
- notwendige Parkmöglichkeiten

Diese vorläufige Projektplanung findet ihren Niederschlag in den Plänen der Architekten und muß vor Realisierung des Planprojektes mit der in Frage kommenden Hotelgesellschaft funktionell konzipiert werden.

E. Rentabilitätsprognose

Erst nach dieser detaillierten Vorarbeit läßt sich eine realistische Rentabilitätsprognose für das Planprojekt erstellen. Auf der Basis der Angebots- und Nachfrageanalyse wird in Kombination mit der Leistungsbereichsanalyse anhand von Bauplänen mit den einzelnen Umsatzträgern und deren Besonderheiten zunächst die Erlössituation im Rahmen einer vorausschauenden Wirtschaftlichkeitsberechnung (für fünf Jahre) prognostiziert.
Ausgehend von der Belegungsprognose im Eröffnungsjahr, zusammen mit der Entwicklung der Zimmerbelegung für die ersten fünf Jahre, erfolgt aufgrund der erwarteten Belegungszusammensetzung (Einzelreisende, Firmenservice, Gruppenreisende, Einzel- und Doppelbelegung) und der erwarteten Preisstruktur für den Beherbergungsbereich die Berechnung der **Nettobeherbergungserträge** für die ersten fünf Jahre. Als Schlüsselkennzahl ist dabei besonders sorgfältig über die Bestimmung des Basiszimmerpreises, des durchschnittlichen Zimmerpreises pro Zimmerkategorie/Gästegruppe die Berechnung des zu erwartenden durchschnittlichen Hotelzimmererlöses vorzunehmen.
Die so festgelegte Ertragsprognose für den Beherbergungsbereich gilt teilweise auch als bestimmende Voraussetzung für die daraus abgeleitete Vorausschau für den Food-und-Beverage-Bereich. Auf der Basis der vorher ermittelten Daten im Beherbergungsbereich (Gästeanzahl, Einzelreisende, Gruppenreisende) wird zusätzlich auf das Passantengeschäft und das Extraveranstaltungsgeschäft eingegangen. Daraus resultiert die Bestimmung der Anzahl der Verpflegungsgäste (Hausgäste und externe Gäste). Über die Berechnung des durchschnittlichen Speiseertrags pro Gast und das prozentuale Verhältnis zwischen Speisen und Getränken kommt man zu der Berechnung der **Nettoerträge Speisen und Getränke** im Verlauf der ersten fünf Jahre.
In direkter Relation auf die belegten Zimmer im Beherbergungsbereich erfolgt die Berechnung der **Nettoerträge für die Hilfsabteilungen** (Telefon, Wäscherei, Reinigung usw.). Ein durchschnittlicher DM-Betrag wird für die einzelnen Hilfsabteilungen pro belegtes Zimmer prognostiziert und anschließend mit der vorausberechneten Anzahl der belegten Zimmer multipliziert. Wie bei allen Erlösen muß auch

hier die Entwicklung aufgrund der erwarteten Preissteigerungsraten für die kommenden Jahre vorausgeschätzt werden.
Alle sonst noch nicht erfaßten Erträge aus dem reinen Hotelbetrieb fallen dann unter **„Sonstige Erträge“.**

Kostenbudget
Nach der Erfassung der einzelnen Umsatzträger werden die Betriebskosten in einzelnen Kostenbudgets erfaßt. Um hier zu realistischen Daten zu kommen, ist eine detaillierte Marktanalyse, bezogen auf die einzelnen Kostenstellen, unumgänglich:

Warenaufwand
Für den Warenaufwand für Food und Beverage sind folgende Informationen einzuholen:

- zur Verfügung stehende Erzeugnisse und deren Qualität (Eigenprodukte und ausländische Erzeugnisse, Zollgebühren und Wareneinfuhrbeschränkungen)
- Lebensmittel- und Getränkepreise und sonstige Aufwände (bestehende Märkte, freier Handel, Supermärkte, Großhandel)
- Auswahl von Speise- und Getränkekarten vergleichbar gut geführter Restaurants und Bars
- Preisstruktur und Durchschnittserlös pro Gast in vergleichbar guten Restaurants und Bars
- abteilungsbezogener Betriebsaufwand; Prozentsätze vergleichbarer Hotels/ Restaurants aufgrund von Betriebsvergleichen.

Personalaufwand
Personalaufwandungen dürfen nie nur in einem prozentualen Verhältnis zum Gesamtumsatz geschätzt werden, sondern hier ist eine Aufstellung eines detaillierten Personalplanungsleitfadens mit Gehaltsstruktur im Eröffnungsjahr und den erwarteten Steigerungsraten (Lohn- und Gehaltserhöhungen, Anstieg der Personalnebenkosten) zwingende Voraussetzung.
Folgende Marktinformationen sind vorher zu berücksichtigen:

- Einschränkungen für Arbeitsbewilligungen ausländischen Personals
- Aufgliederung gegenwärtiger Gehaltsstrukturen für einzelne Stellenkategorien (Manteltarifverträge usw.)
- zusätzliche Sozialleistungen (gesetzliche und freiwillige) von seiten des Arbeitgebers
- arbeitsrechtliche Regelungen (Arbeitsstunden, Urlaub, Überstunden, Krankheitsregelung, Sondervergütungen, Altersversorgung, Urlaubsgeld, Betriebsratsbestimmungen, Bedienungsgelder, Beendigung des Arbeitsverhältnisses, Abfindungsentschädigungen, Uniformen, Angestelltenverpflegung, Probezeiten, Extra- und Aushilfspersonal)

- ortsübliche Leistungsmaßstäbe (wie z.B. zu reinigende Zimmer pro Zimmermädchen, zu bedienende Gästeanzahl pro Kellner usw.)
- Abkommen für Arbeitskräfteaustausch mit dem Ausland
- im Einzugsbereich befindliche Hotelfachschulen, Berufsfachschulen
- Behandlung des Bedienungsgeldes (Troncverteilung)

Für das zu prognostizierende Eröffnungsjahr empfiehlt es sich, bei der Erstellung des Personalplanungsleitfadens ein sogenanntes Planungsminimum und ein Planungsmaximum festzulegen. Dabei spielen die vorher beschriebenen Arbeitsbedingungen, die Öffnungszeiten (zum Beispiel Restaurantöffnungszeiten), die Sitzplatzkapazität und Stationeneinteilung, die beschriebenen Leistungsmaßstäbe und andere abteilungsbedingte Einflußfaktoren eine Rolle. Zusätzlich zu den Bruttogehältern bzw. -löhnen wird ein prozentualer Aufschlag für die „sonstigen Personalaufwendungen" festgelegt und zur Anwendung gebracht.

Übriger Betriebsaufwand
In der Praxis werden aufgrund von Hotelbetriebsvergleichen und sonstigen Erfahrungswerten ähnlich gelagerter Betriebe die Kostenprognosefaktoren für den „Übrigen Betriebsaufwand" auf die betrieblichen Gesamterträge bezogen. Zu dem Übrigen Betriebsaufwand gehören Aufwendungen wie:
Energiekosten, Betriebssteuern, Versicherungen, Gebühren, Abgaben, Büro-/Verwaltungskosten, Werbungskosten, Reisebüro- und Kreditkartenprovisionen, Wasch- und Reinigungsmittel, Kfz-Kosten, Ersatzbeschaffungen, Reparaturen, Instandhaltungen, Haus- und Grundstücksaufwand.
Von den betrieblichen Gesamtnettoerträgen wird hier ein entsprechender Prozentsatz für die Berechnung dieser Aufwendungen veranschlagt.

Betriebsergebnis
Das betriebswirtschaftliche Leistungsergebnis des geplanten Hotel- und Gaststättenbetriebes wird als Differenz zwischen Gesamterträgen und Gesamtaufwendungen mit dem Betriebsergebnis I (vor Ertragsteuern) dargestellt. Damit umfaßt das Betriebsergebnis I den Betriebserfolg (vor Einkommen-, Körperschafts- und Gewerbeertragsteuern) und hat Zinsaufwendungen und Abschreibungen, die zu einer Rentabilitätsberechnung gehören, noch nicht berücksichtigt.
Um zu dem Betriebsergebnis II zu kommen, müssen ferner Mieten und Pachten, Leasing, Instandhaltung, AfA, geringwertige Wirtschaftsgüter, Zinsen für Fremdkapital, sonstige anlagebedingte Kosten usw. zum Abzug gebracht werden. Eine vollständige Feasibility Study schließt in der Regel mit einer Cash-flow-Berechnung.

F. Zusammenfassende Wertung
Eine zusammenfassende Wertung der Feasibility Study sollte kurz auf die Besonderheiten und empfohlenen Maßnahmen eingehen. Die Durchführbarkeit des Projekts muß auf der Basis der dokumentierten Analyse eindeutig bewertet werden.

Budgetplanung in der Hotellerie

Zielsetzung

Kleine und mittlere Betriebe des Hotel- und Gaststättengewerbes konnten bisher durch begabte Unternehmer auch ohne formale Budgetierung erfolgreich geführt werden. Dennoch kann es sich heute niemand mehr leisten, von Gewinn oder Verlust am Jahresende überrascht zu werden. Viele Fehlinvestitionen und Fehlentscheidungen bei der Angebots-, Preis- und Servicegestaltung in der Hotellerie und Gastronomie rühren daher, daß allein aufgrund der gefühlsmäßigen Einschätzung der marktlichen Gegebenheiten ungeplante und unkontrollierte Entscheidungen getroffen werden.
Das herkömmliche Rechungswesen ist überwiegend historisch orientiert und kann dem Hotelmanagement oft nur im „nachhinein“ einen „Leichenbefund“ zahlenmäßig dokumentieren. Selbstverständlich werden auch diese vergangenheitsorientierten buchhalterischen Berichte für die Lenkung und Kontrolle eines Unternehmens herangezogen.
Eine systematische Budgetierung, die als Prognoseplanung die kosten-, ertrags- und gewinnmäßige Einschätzung einer zukünftigen Geschäftsperiode beinhaltet, kann aber die Auswirkungen betrieblicher Entscheidungen vorausplanen und damit kontrollierbar halten. Lange vor dem buchhalterischen Abschluß muß ein Planungssystem vorhanden sein, das über alle für die gesamte Unternehmenspolitik wesentlichen Daten informiert.
Als Vorausrechnung soll das Budget über die zu erwartenden Erfolgsaussichten des anstehenden Wirtschaftsjahres orientieren und dabei besonders die Reflektion unternehmerischer Entscheidungen voraussimulieren. Es gilt, die kostenspieligen „Zahlenfriedhöfe“ der Buchhaltung für das Hotelmanagement als echte Orientierungs- und Entscheidungshilfen im Rahmen der Budgetierung auszuwerten und als flexible Planung für die Zukunft neu zu formulieren.

Gedankenflußplan

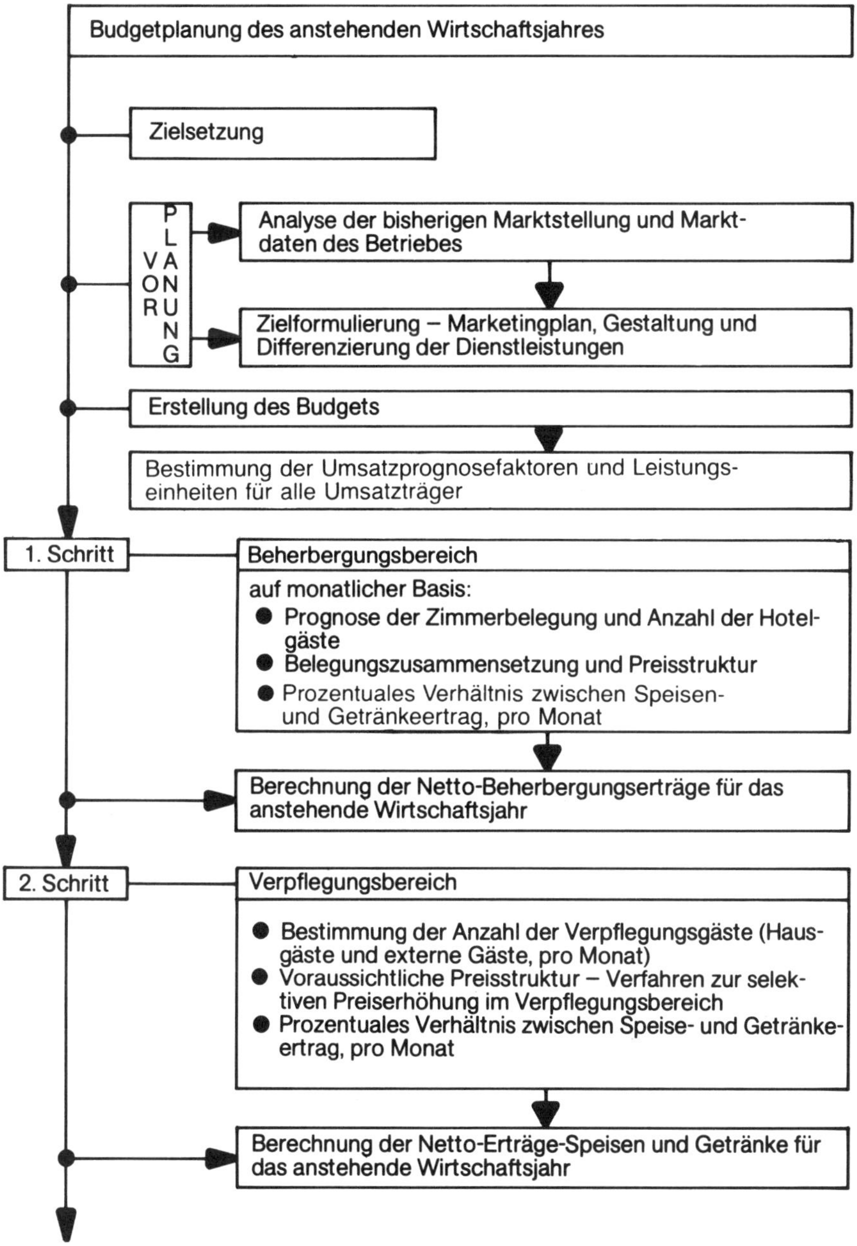

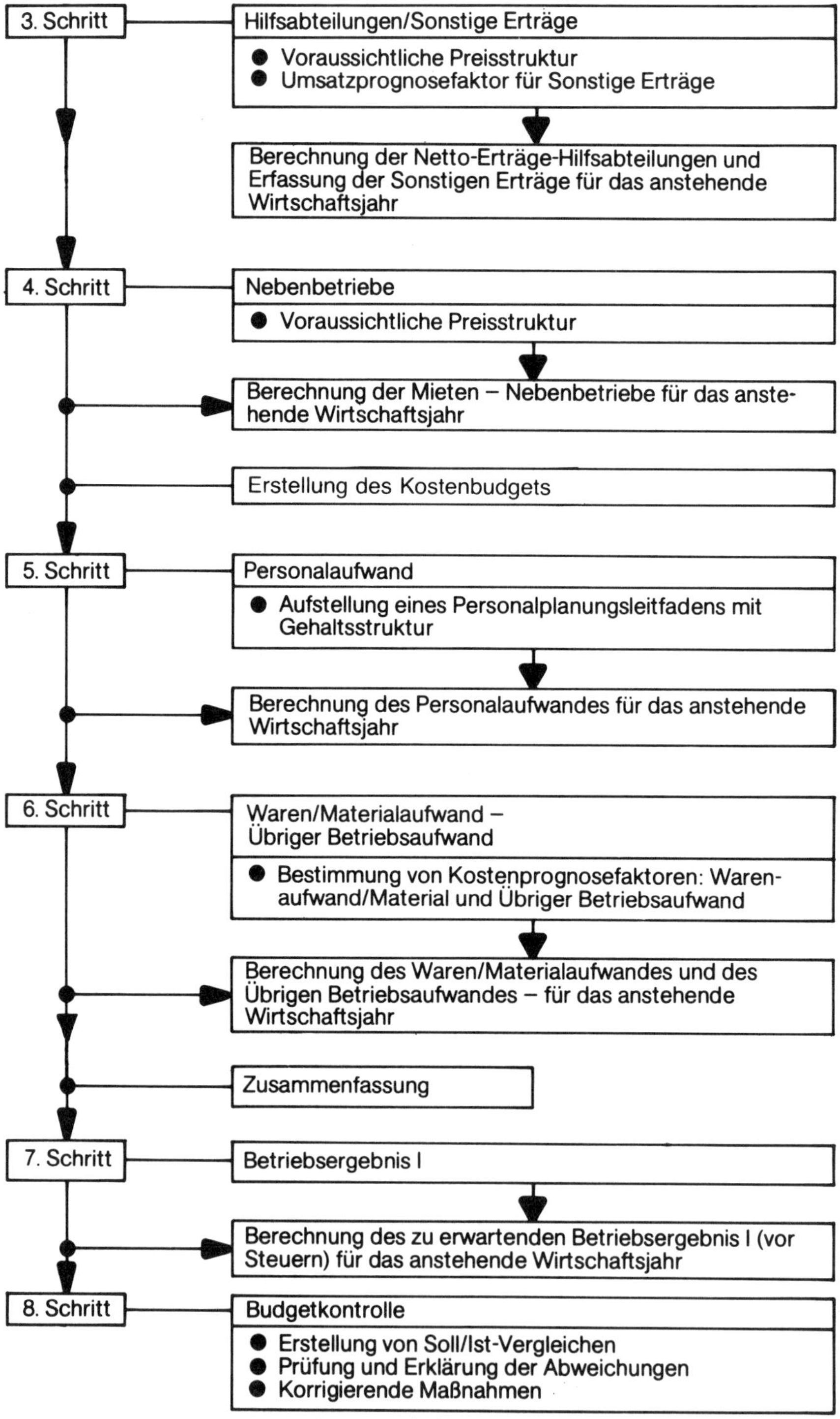
3. Schritt
Hilfsabteilungen/Sonstige Erträge
● Voraussichtliche Preisstruktur
● Umsatzprognosefaktor für Sonstige Erträge
Berechnung der Netto-Erträge-Hilfsabteilungen und Erfassung der Sonstigen Erträge für das anstehende Wirtschaftsjahr
4. Schritt
Nebenbetriebe
● Voraussichtliche Preisstruktur
Berechnung der Mieten – Nebenbetriebe für das anstehende Wirtschaftsjahr
Erstellung des Kostenbudgets
5. Schritt
Personalaufwand
● Aufstellung eines Personalplanungsleitfadens mit Gehaltsstruktur
Berechnung des Personalaufwandes für das anstehende Wirtschaftsjahr
6. Schritt
Waren/Materialaufwand – Übriger Betriebsaufwand
● Bestimmung von Kostenprognosefaktoren: Warenaufwand/Material und Übriger Betriebsaufwand
Berechnung des Waren/Materialaufwandes und des Übrigen Betriebsaufwandes – für das anstehende Wirtschaftsjahr
Zusammenfassung
7. Schritt
Betriebsergebnis I
Berechnung des zu erwartenden Betriebsergebnis I (vor Steuern) für das anstehende Wirtschaftsjahr
8. Schritt
Budgetkontrolle
● Erstellung von Soll/Ist-Vergleichen
● Prüfung und Erklärung der Abweichungen
● Korrigierende Maßnahmen

Budgetplanung des anstehenden Wirtschaftsjahres

Anhand des gezeigten Ablaufplans zur Budgetplanung des anstehenden Wirtschaftsjahres soll im folgenden ein Überblick gegeben werden, wie die Budgetierung in der Hotellerie schrittweise vorgenommen werden kann.

Vorplanung/Zielformulierung

Vor jeder vorausschauenden Wirtschaftlichkeits- und Rentabilitätsrechnung im Rahmen des Budgetplans muß für den betreffenden Hotelbetrieb eine Analyse der bisherigen Marktstellung und der erreichten Marktdaten vorgenommen werden. Dabei geht es detailliert um die Angebots- und Nachfragebestimmung, Konkurrenzanalysen und Fragen, die zu einer realistischen Markteinschätzung führen sollen. In den Bereich dieser Vorplanung gehört auch die Aufbereitung des effektiven Zahlenmaterials aus der Vergangenheit, das für Vorausberechnungen immer eine gewissen Basis bilden wird.

Allerdings bedeutet Budgetplanung nicht, daß man die Ergebnisse des letzten Jahres, vielleicht mit einer kleinen Steigerung, für das anstehende Wirtschaftsjahr als Soll-Vorgabe vorausgibt, sondern hier gilt es, aufgrund detaillierter Marktuntersuchungen und Marktanalysen für die Budgetplanung zu einer Zielformulierung zu kommen, die Fehler der Vergangenheit vermeidet und auf erreichbare Ist-Erwartungen gerichtet ist.

Die Budgetplanung erfüllt zwei wichtige Management-Funktionen:

1. Es wird ein umfassender Aktionsplan für die Zukunft formuliert.
2. Aus der Kontrollfunktion mit dem Vergleich zwischen dem tatsächlich erreichten Ergebnis und der Planung werden die entsprechenden Korrekturmaßnahmen rechtzeitig eingeleitet.

Längerfristige Planung läßt sich nur aufgrund klar definierter Unternehmensziele durchführen. Dabei muß man sich im Rahmen der Hotellerie und Gastronomie überlegen, welche Aufgaben zu erfüllen sind, um sich gegenwärtig und zukünftig am Markt zu behaupten. Die Zielformulierung im Rahmen der Vorplanung für die Hotellerie findet ihren Niederschlag im Marketing-Plan für das nächste Jahr, wo der zeitliche Einsatz der einzelnen Marketinginstrumente, die Gestaltung und Differenzierung der Dienstleistungen für die Zukunft festgelegt und ihre zahlenmäßigen Soll-Vorstellungen in der folgenden Budgetierung erfaßt werden.

Erstellung des Budgets, Bestimmung der Umsatzprognosefaktoren und Leistungseinheiten für alle Umsatzträger

Naturgemäß besteht das Gesamtbudget eines Hotelbetriebes aus vielen Einzelbudgets, die sich aus der organisatorischen Gliederung ergeben. Um im Gesamtbudget die Verdichtung und Zusammenfassung der Einzelbudgets vornehmen zu können, wird man sukzessiv planen müssen. Das bedeutet, daß aus der Prognose des Umsatzes zunächst ein Umsatzbudget erstellt werden muß. Dieses detaillierte Umsatzbudget wird dann die Grundlage für die Erstellung der einzelnen Kostenbudgets bilden.

1. Schritt: Beherbergungsbereich

Bei der Erstellung von Umsatzprognosen wird man im 1. Schritt mit dem Beherbergungsbereich beginnen. Auf monatlicher Basis wird die Prognose der Zimmerbelegung und Anzahl der Hotelgäste vorgenommen. Ebenfalls ist hier auch die Belegungszusammensetzung und die jeweils zutreffende Preisstruktur für die verschiedenen Gästegruppen festzulegen.
So wird man das zu erwartende Geschäftsvolumen pro Monat in seiner Belegungszusammensetzung nach Einzelreisenden, Firmenservice, Gruppenreisenden in Haupt- und Nebensaison aufgliedern und die voraussichtliche Preisstruktur, unterschieden nach Einzelzimmerbelegung und Doppelzimmerbelegung, zur Berechnung des zu erwartenden durchschnittlichen Hotelzimmerpreises mit heranziehen.
Aufgrund jener Teilinformationen, die auf monatlicher Basis für das kommende Geschäftsjahr in Anlehnung an das Zahlenmaterial des letzten Jahres, aber mit realistischer Einschätzung der zukünftigen Entwicklung auf dem Belegungssektor festgelegt werden (auch im Hinblick auf die angestrebten Marketingmaßnahmen), läßt sich nun als Ergebnis des 1. Schrittes die Berechnung der Netto-Beherbergungserträge für das anstehende Wirtschaftsjahr vornehmen.

2. Schritt: Verpflegungsbereich

Die so festgelegte Prognose für den Beherbergungsbereich gilt teilweise als bestimmende Voraussetzung für die darauf abgeleitete Vorausschau für den Verpflegungsbereich. Der 2. Schritt: Vorausschau für den Verpflegungsbereich basiert also auf den vorher ermittelten Daten im Beherbergungsbereich und wird zusätzlich auf das Passantengeschäft und das Extra-Veranstaltungsgeschäft eingehen.
Zunächst erfolgt die Bestimmung der Anzahl der Verpflegungsgäste, die sich aus den Hausgästen und den externen Gästen (Passanten) zusammensetzt. Dabei helfen vorher gewonnene Erfahrungsdaten, wie 88% der Hotelgäste frühstücken in dem Hotel, davon 40% auf der Etage und 60% im Restaurant, und ähnliche

Prognosefaktoren, die aufgrund der Betriebsstatistik ermittelt werden können. Nach der Bestimmung der Verpflegungsgäste gilt es, die voraussichtliche Preisstruktur für die einzelnen Servicezeiten festzulegen. Dabei wird man die möglichen Preiserhöhungen auf selektiver Basis im Verpflegungsbereich schon miteinbeziehen. Der durchschnittliche Speisenumsatz pro Gast und Servicezeit (Frühstück, Mittag, Abend) wird je Monat mit der zu erwartenden Anzahl der Verpflegungsgäste multipliziert.
Um die Getränkeerträge entsprechend festlegen zu können, ist es wichtig, das prozentuale Verhältnis zwischen Speisen- und Getränkeertrag je Monat aufgrund historischer Daten anzuwenden. Die Berechnung der Netto-Erträge-Speisen und Getränke für das anstehende Wirtschaftsjahr ist die Zusammenfassung der einzelnen Gliederungspunkte für den Verpflegungsbereich.

3. Schritt: Hilfsabteilungen/Sonstige Erträge

Auch die Vorausschau für die Hilfsabteilungen eines Hotelbetriebes basiert im wesentlichen auf den festgelegten Daten des Beherbergungsbereiches.
So wird man Prognosewerte pro belegtes Zimmer für die Hilfsabteilungen: Telefon, Gästewäsche, Chemische Reinigung mit voraussichtlicher Preisstruktur für das kommende Jahr festlegen und die Berechnung der Netto-Erträge/Hilfsabteilungen aufgrund der vorher prognostierten belegten Zimmer je Monat vornehmen. Die Erfassung der Sonstigen Erträge (Hotelbetrieb), die Kursgewinne bei ausländischen Währungen, Vermietungen für Schreibmaschinen etc. erfolgt in prozentualer Abhängigkeit von den Netto-Beherbergungserträgen.

4. Schritt: Nebenbetriebe

Dazu gehören Betriebe, die unabhängig vom Hotel- und Gaststättenbetrieb meist in einem Miet- oder Pachtverhältnis zum gesamten Hotelprojekt gehören. Nebenbetriebe sind zum Beispiel Läden innerhalb des Hoteltraktes, vermietete Garagen, vermieteter Swimming-Pool, Sauna. Die voraussichtliche Preisstruktur für das kommende Geschäftsjahr dient zur Berechnung der Mieten/Nebenbetriebe für das anstehende Wirtschaftsjahr.

Erstellung des Kostenbudgets

Nach der detaillierten Erfassung der einzelnen Umsatzträger kann im Anschluß die Erstellung des Kostenbudgets erfolgen.

5. Schritt: Personalaufwand

Für die Erfassung des Personalaufwandes ist die Erstellung eines detaillierten Personalplanungsleitfadens unter Berücksichtigung eines Personalplanungsminimums und eines Personalplanungsmaximums erforderlich.
Um das prognostierte Geschäftsvolumen in allen Leistungsbereichen mit dem entsprechenden Personal für das nächste Jahr im Budget zu erfassen, ist es notwendig, für die einzelne Hotelabteilung aufgrund von Leistungsmaßstäben, Öffnungszeiten, Stationenaufteilung (Service), Grad der Ausbildung, tatsächliche Arbeitszeit (abzüglich Urlaub, gesetzliche Feiertage und Freitage) in Anlehnung an die Kapazitätsauslastung neben Stammpersonal auch Aushilfspersonal mit in die detaillierte Personalplanung einzubeziehen.
Ein Personalplanungsleitfaden mit der im nächsten Jahr gültigen Gehaltsstruktur führt zur Berechnung des Personalaufwandes für das anstehende Wirtschaftsjahr.

6. Schritt: Waren-/Materialaufwand – Übriger Betriebsaufwand

Der Waren-/Materialaufwand und der Übrige Betriebsaufwand des Hotelbetriebes werden in prozentualer Abhängigkeit zu den vorher ermittelten Erträgen aus den einzelnen Umsatzbereichen detailliert dargestellt. Dabei fallen unter Waren-/Materialaufwand Aufwendungen für Speisen, Getränke, Telefon, Gästewäsche, chemische Reinigung und unter „Übriger Betriebsaufwand" Aufwendungen für Verwaltung, Werbung, Energie und Instandhaltung.
Die Bestimmung von Kostenprognosefaktoren für diese Aufwendungen basiert auf Erfahrungswerten des vorausgegangenen Jahres, die meist in einem prozentualen Anteil der jeweilig zutreffenden Erträge ausgedrückt werden (Warenaufwand = prozentualer Anteil von Speisen-Erträgen). Die Berechnung des Waren-/Materialaufwandes und des Übrigen Betriebsaufwandes für das anstehende Wirtschaftsjahr wird dann monatlich als Addition der vorher aufgelisteten Einzelaufwendungen vorgenommen.

Zusammenfassung – Betriebsergebnis I

Die Budgetplanung des anstehenden Wirtschaftsjahres findet ihre Zusammenfassung im *7. Schritt,* bei dem Erträge und Aufwendungen gegenübergestellt werden und das Betriebsergebnis I (vor Steuern) für das kommende Geschäftsjahr ermittelt wird.

8. Schritt: Budgetkontrolle

Nur mit permanenten Soll-Ist-Vergleichen, der Prüfung und Erklärungen der Abweichungen, dient ein Erfolgsbudget als echte Orientierungshilfe für das Hotelmanagement.

Monatlicher Managerreport

Hotel: ____________________

Monat: ____________________

	(a) Budget DM	%	(b) Ist DM	%	(c) Soll auf Basis der Ist-Erlöse DM	%	(b)−(c) in TDM Abweichung
Erlöse							
Logis							
Speisen							
Getränke							
sonstiges							
Total							
Aufwendungen (variabel)							
WA-Speisen							
WA-Getränke							
Aushilfen/ Teilzeitkräfte							
Wäsche							
Strom/Gas							
Wasser							
verschiedenes							
Aufwendungen (fix)							
Personal							
Büro/Verwaltung							
Porto/Telefon							
Werbung							
Versicherung							
allgem. Haushalt							
Kleininventar							
Strom/Gas							
Wasser							
Heizung							
Wäsche							
Instandhaltung							
Kfz-Kosten							
Miete							
Verschiedenes							
Zwischensumme							
Betriebsergebnis I							

In periodischen Abständen innerhalb eines Jahres werden die budgetierten „Zahlen“ den tatsächlich erreichten „Zahlen“ gegenübergestellt, die Abweichungen analysiert und eventuell noch innerhalb des Jahres Korrekturmaßnahmen in die Wege geleitet.
Korrekturmaßnahmen können sich in Form von verstärkten Verkaufsmaßnahmen (Verkaufsförderungsmaßnahmen) oder in einschneidenden Kosteneinsparungen ausdrücken. Die einzelnen Budgets je Abteilung sind dabei keineswegs als starre Plandaten-Vorgaben zu sehen, sondern vielmehr als ein dynamisches Planungskontrollsystem, das den Unternehmer mit seinen Zahlen flexibel handeln und leben läßt.
Gewinne oder Verluste werden nicht im nachhinein von der Buchhaltung eines Betriebes „gemacht“. Das „Operational Management“ entscheidet, welcher Kurs angesteuert wird. Ein Gastronomiebetrieb ohne Budgetierung als Planungsrechnung ist wie ein Schiff ohne Steuer und wird nur selten den gewünschten Hafen erreichen.

Technik der Break-Even Analyse

Zielsetzung

Nicht jeder Hotelmanager muß selbst ein Zahlenfachmann sein, um Folgewirkungen von Betriebsentscheidungen für die Gewinnstruktur des Hotels überblicken zu können. Hier hilft die Break-Even-Analyse als einfaches Handwerkszeug des Hotelmanagers, die täglich vorkommenden Entscheidungssituationen zu bewältigen. Von Gewinnen oder Verlusten darf man sich heute in der Hotellerie nicht mehr überraschen lassen. Die Break-Even-Analyse als Managementkompaß dient dazu, für die Zukunft zu planen und Kosten, Preise, Umsatz und Gewinn kontrollierbar zu halten.

Zur kurzfristigen Entscheidungsvorbereitung, zum groben Abschätzen der Auswirkungen von Entscheidungen auf die zukünftige Gewinnsituation liefert das Break-Even-System die notwendigen Informationen. Folgender Fragenkatalog kann mit der Break-Even-Analyse beantwortet werden:

- Wie verändert sich der Gewinn oder Verlust bei einer Umsatzerhöhung oder Umsatzminderung?
- Welchen Effekt hat eine Umsatzstrukturveränderung (sales mix) auf den Gewinn?
- Von wann ab, bei welcher Umsatzhöhe werden die Restaurants, Bars ertragreich? (Break-Even-Gewinnschwelle).
- Welche Umsatzsteigerung ist in den Hotelbereichen Food und Beverage, Beherbergung erforderlich, um einen vorgegebenen, vorausgeplanten Gewinnbetrag zu erreichen?
- Welche direkte Auswirkung hat eine Kostenveränderung auf den zukünftigen Gewinn?
- Inwieweit und mit welchem Betrag belastet eine Lebensmittelpreiserhöhung das Unternehmen?
- Welche Preiserhöhung ist nötig, um eine Kostenerhöhung zu kompensieren?
- Wo liegt bei der kostenorientierten Preispolitik die Preisuntergrenze?
- In welchem Umfang beeinträchtigt eine Lohnerhöhung die Gewinnsituation?
- Welche Absatzerhöhung (Anzahl der Übernachtungen, Anzahl von Couverts) ist bei einem Preisnachlaß erforderlich, um den gleichen Gewinn zu erzielen?

Die Break-Even-Analyse gehört zu den ältesten Methoden der Erfolgsanalyse. Dennoch wird sie in mittelständischen Betrieben der Hotellerie heute kaum angewen-

det. Woran liegt es, daß man dieses Handwerkszeug des Managements nicht einzusetzen weiß?
Es fehlt offenbar die Technik, diese betriebswirtschaftlichen Erkenntnisse aus der allgemeinen Industrie auch für das Hotel- und Gaststättengewerbe fachgerecht nutzen zu können.
Im folgenden wird eine leicht nachvollziehbare Technik der Break-Even-Analyse in der Hotellerie aufgezeigt.

Terminologie zum Break-Even-System

Die Break-Even-Analyse muß als Momentaufnahme der Relation zwischen Kosten/ Umsatz und Gewinn verstanden werden. Dafür ist eine entscheidungsabhängige Kosteneinteilung zwischen fixen (Bereitschaftskosten) und variablen Kosten (Leistungskosten) des Hotelbetriebes erforderlich. Gerade diese Kostenaufschlüsselung scheint in der Hotellerie mit einer unterschiedlichen Umsatzzusammensetzung (Umsatzmix) problematisch zu sein.

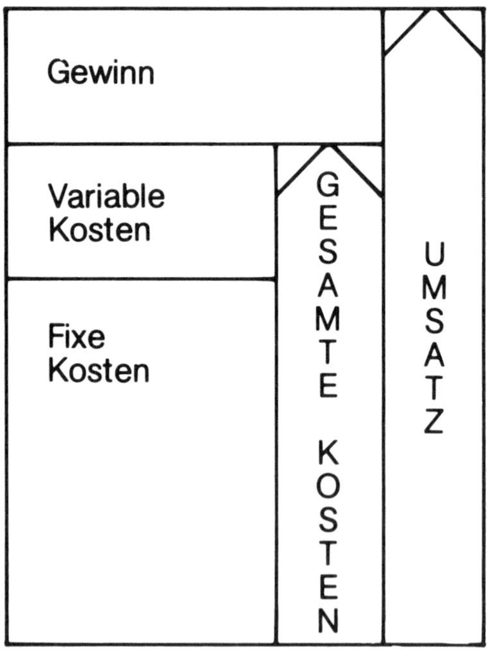

Gedankenflußplan

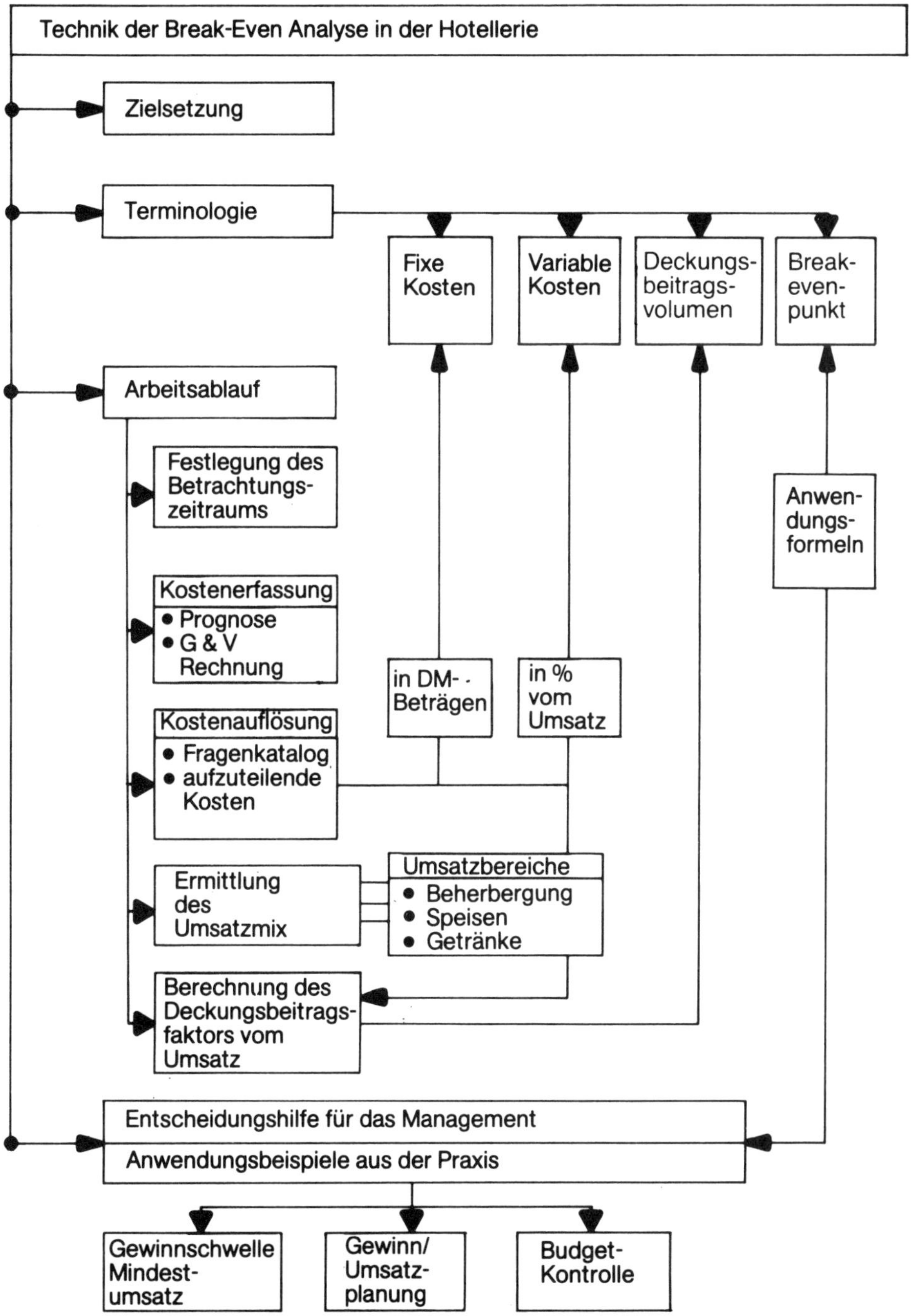

(a) Fixe (feststehende) Kosten/Bereitschaftskosten

Untersucht man die einzelnen Kostenarten im Hotel, so wird man feststellen, daß sich bestimmte Kosten bei schwankender betrieblicher Leistung innerhalb abgrenzbarer Beschäftigungsstufen nicht oder kaum verändern; sie verhalten sich konstant oder fix. Die in einem festgesetzten Umfang geplante Betriebsbereitschaft eines Hotels läßt auf kurze Sicht hin den Fixkostencharakter einiger Kosten leicht bestimmen. So wird man einen großen Teil der Verwaltungskosten (Hotelmanagement, Buchhaltung) innerhalb bestimmter Grenzen als fix ansehen können. Diese Kosten sind vom Umsatz unabhängig: Ob ein Gast das Hotel in Anspruch nimmt oder nicht, sie bleiben feststehend (fix) und sind oft nur langfristig abbaubar. Kurzfristig fixe Kosten können langfristig variabel werden.

(b) Variable Kosten (Leistungskosten)

Diese variablen (veränderlichen) oder auch proportionalen Kosten sind größtenteils direkt umsatzabhängig, sie variieren mit dem Volumen. So gehört der Wareneinsatz (Food und Beverage) grundsätzlich (mit Ausnahme der Mise-en-place-Kosten) zu den variablen (veränderlichen) Kosten; für jede zusätzliche Produktionseinheit entstehen hier nahezu gleichmäßig (proportional) mehr Kosten. Diese proportionalen oder variablen Kosten werden direkt durch die Produktion – der Vergrößerung oder Verkleinerung der Ausbringung – verursacht.

Bei der problematischen Kostenauflösung zwischen fixen und variablen Kosten wird es Kostenarten geben, die einen fixen und variablen Charakter haben. Die Einteilung fix oder variabel ist selbstverständlich entscheidungsabhängig und kann immer nur eine Näherungslösung darstellen. Ebenfalls wird bei den variablen Kosten (wie auch beim Umsatz) eine lineare Entwicklung unterstellt.

(c) Deckungsbeitragsvolumen

Die Differenz zwischen Umsatz und variablen Kosten nennt man Deckungsbeitragsvolumen.

Übersetzt für einen Speiseartikel heißt das: Der Unterschied zwischen Netto-Verkaufspreis und den variablen Kosten ergibt den Deckungsbeitrag. Diese Deckungsbeiträge repräsentieren den Wert, mit dem jeder Verkauf im Hotel zur Deckung der fixen Kosten und dann danach zum Gewinn beitragen soll. Der Deckungsbeitrag wird zur Berechnung des Break-Even-Punktes (Gewinnschwelle) in einem prozentualen Verhältnis zum Umsatz ausgedrückt: Deckungsbeitrags-Prozentsatz vom Umsatz (DBU-Verhältnis)

$$\text{DBU-Faktor} = \frac{\text{(Umsatz} - \text{Variable Kosten)} \; \text{(= Deckungsbeitrag)} \times 100}{\text{Umsatz}}$$

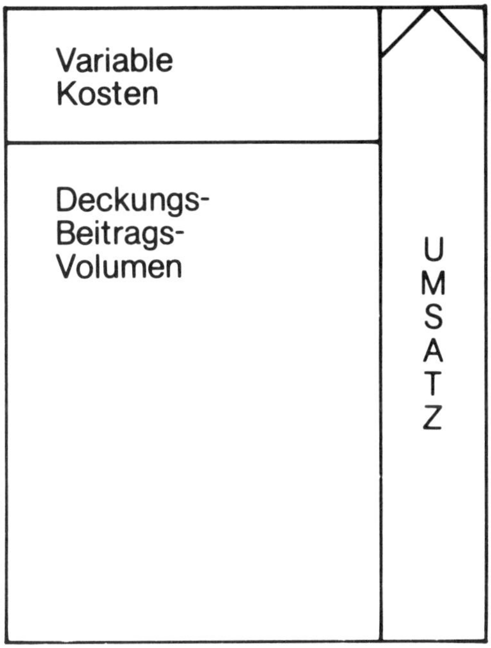

(d) Break-Even-Punkt-Gewinnschwelle

Unter dem Break-Even-Punkt (Gewinnschwelle) ist das Umsatzvolumen zu verstehen, das ausreicht, um die Gesamtkosten (fixe und variable Kosten) abzudekken. Hier beginnt der Gewinn und der Verlust hört auf; man hat die Gewinnschwelle erreicht.

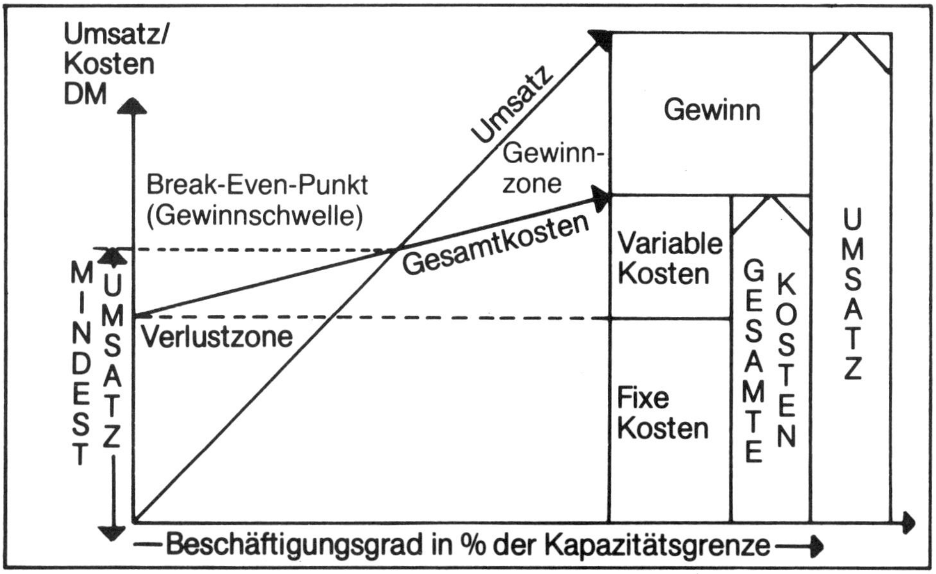

Jede Erhöhung des Umsatzes über die Gewinnschwelle hinaus bringt einen Gewinn in Höhe des vollen Deckungsbeitrages. Jedes Unterschreiten des Break-Even-Punktes läßt folglich in der Verlustzone arbeiten. Der Break-Even-Punkt bezeichnet den „Mindestumsatz" des Betriebes, jeder niedrigere Umsatz hat einen Verlust zur Folge.

(e) Anwendungsformeln

$$\text{Break-Even-Umsatz} = \frac{\text{Fixe Kosten}}{\text{Deckungsbeitragsfaktor vom Umsatz}}$$

$$\text{Break-Even-Verkaufspreis} = \frac{\text{Fixe Kosten} + (\text{Variable Kosten} \times \text{erwartete Absatzmenge}}{\text{erwartete Absatzmenge}}$$

$$\text{Break-Even „Fixe Kosten"} = \text{Erwarteter Umsatz} - (\text{Variable Kosten} \times \text{erwartete Absatzmenge})$$

$$\text{Break-Even „Variable Kosten"} = \frac{\text{Erwarteter Umsatz} - \text{Fixe Kosten}}{\text{erwartete Absatzmenge}}$$

$$\text{Sicherheitskoeffizient} = \frac{(\text{Umsatz} - \text{Break-Even-Umsatz}) \times 100}{\text{Umsatz}}$$

$$\text{Umsatz} = \text{Fixe Kosten} + \text{Variable Kosten} + \text{Gewinn}$$

$$\text{Umsatz} = \frac{(\text{Gewinn} + \text{Fixe Kosten})}{\text{Deckungsbeitragsfaktor vom Umsatz}}$$

$$\text{Gewinn} = \text{Umsatz} - \text{Gesamtkosten}$$

$$\text{Gewinn} = \text{Umsatz} - \text{Fixe Kosten} - \text{Variable Kosten}$$

$$\text{Gewinn} = (\text{Umsatz} \times \text{Deckungsbeitragsfaktor vom Umsatz}) - \text{Fixe Kosten}$$

$$\text{Gewinn} = (\text{Umsatz} - \text{Break-Even-Umsatz}) \times \text{Deckungsbeitragsfaktor vom Umsatz}$$

Arbeitsablauf zur Break-Even-Analyse

(a) Festlegung des Betrachtungszeitraums
Die entscheidungsabhängige Kosteneinteilung zwischen fixen und variablen Kosten ist zeitabhängig. Es hängt also vom Betrachtungszeitraum ab, ob Kosten als gleichbleibend (fix) oder proportional (variabel) in Abhängigkeit vom betreffenden Umsatz anzusehen sind. Der Betrachtungszeitraum wird in der Praxis oft entsprechend dem Abrechungszeitraum des Rechnungswesens (Quartal, Jahr) festgelegt.

(b) Kostenerfassung
Für den festglegten Betrachtungszeitraum sind alle anfallenden Kosten zu erfassen. Zukünftige Planungsentscheidungen basieren dabei meist auf Kostenprognosen, in denen die realistische Kostenentwicklung für den Zeitraum festgelegt werden soll. Viele Daten können bei einem bestehenden Betrieb von der letzten Gewinn- und Verlustrechnung übernommen und für den zukünftigen Betrachtungszeitraum korrigiert werden.
Eine besondere Rolle spielt die Break-Even-Analyse bei zu planenden Hotel- und Restauranteröffnungen. Die erforderlichen Kosten werden hier von der vorausschauenden Wirtschaftlichkeitsberechnung zusammengestellt und dienen mit den Anwendungsformeln des Break-Even-Systems als Entscheidungshilfe für das Management.

(c) Kostenauflösung
Die Kostenauflösung und Einteilung der erfaßten und anfallenden Kosten innerhalb des Betrachtungszeitraums läßt die Problematik der Break-Even-Analyse deutlich werden. Die Zuordnung und Aufteilung in „fixe" und „variable" Kosten kann immer nur eine Näherungslösung sein. Für den festgelegten Betrachtungszeitraum kann diese entscheidungsabhängige Aufgliederung aufgrund des folgenden Fragenkatalogs vorgenommen werden:

1. Kann die betreffende Kostengröße als fix, das heißt für den ganzen Betrachtungszeitraum durchgehend gleichbleibend, unabhängig vom Umsatz, angesehen werden?
2. Kann die betreffende Kostengröße als variabel, das heißt in direkt proportionaler Abhängigkeit vom Umsatz innerhalb des Betrachtungszeitraums, eingestuft werden?
3. Hat die betreffende Kostengröße innerhalb des Betrachtungszeitraums einen „fixen" und einen „variablen" Anteil? Wieviel DM können für den ganzen Zeitraum dabei als durchgehend fix veranschlagt werden? Wieviel Prozent stehen variabel in Abhängigkeit vom Umsatz?

Es empfiehlt sich, bei der Kostenauflösung die durchgehend fixen Kosten mit den jeweiligen DM-Beträgen zu addieren. Die variablen Kosten werden in Prozenten

proportional zum entsprechenden Umsatz (Beherbergung, Speisen, Getränke, Sonstiges) festgehalten.
Das Verfahren bei den „aufzuteilenden Kosten", die einen fixen und einen variablen Teil beinhaltet, läßt sich am besten an einem Beispiel darstellen:

Telefonkosten im Hotel
Zu den fixen Kosten innerhalb des Betrachtungszeitraums zählen zum Beispiel

	DM-Beträge
Postgrundgebühren	DM_______
Miete für Telefonanlage	DM_______
Wartungskosten etc.	DM_______

Zu den variablen Kosten gehören die Telefoneinheitskosten, die in einem prozentualen Verhältnis zum „Verkaufspreis" pro Telefoneinheit ausgedrückt werden.

(d) Ermittlung des Umsatzmix
In der Hotellerie gibt es im wesentlichen drei völlig verschiedenartige Umsätze für die Umsatzbereiche: Beherbergung, Speisen und Getränke. Bei der Planung von Hotel- und Restaurantprojekten ist die Prognose des zu erwartenden Umsatzes immer schwierig und zweifelhaft.
Es ist aber durchaus möglich, ohne Kenntnis der zu erwartenden Umsatzbeträge, den Mindestumsatz (Break-Even-Umsatz) für das geplante Projekt vorauszuberechnen. Voraussetzung dafür ist die Ermittlung des Umsatzmix – die prozentuale Umsatzzusammensetzung. Hierbei wird der Gesamtumsatz als 100 Prozent angenommen und die Umsatzträger Beherbergung, Speisen und Getränke mit dem entsprechenden prozentualen Anteil am Gesamtumsatz aufgeführt. Auch bei Planungsobjekten ist diese Umsatzzusammensetzung (Umsatzmix) aufgrund der Vergleichsdaten ähnlich gelagerter Betriebe leichter vorhersehbar als das tatsächlich anfallende Umsatzvolumen.

Umsatzmix:	
Beherbergung	%
Speisen	%
Getränke	%
Sonstiges	%
Gesamtumsatz	100%

(e) Berechnung des Deckungsbeitragsfaktors vom Umsatz
Der Deckungsbeitrag (Umsatz – Variable Kosten) kann in einem prozentualen Verhältnis zum Umsatz oder als Faktor ausgedrückt werden:

$$\text{Deckungsbeitragsfaktor} = \frac{(\text{Umsatz} - \text{Variable Kosten})}{\text{Umsatz}}$$

Wie vorher beschrieben wurde, ist bei Planungsentscheidungen der genaue Umsatz nicht immer vorhersehbar, wohl aber die ungefähre Umsatzzusammensetzung – der Umsatzmix.
Bei der Kostenauflösung wurden die variablen Kosten in Prozenten zum Umsatz festgehalten. Unter Berücksichtigung dieser beiden Komponenten kann der Dekkungsbeitragsfaktor dann auch folgendermaßen berechnet werden:

$$\text{Deckungsbeitragsfaktor} = \frac{(\text{Umsatzmix} - \%\ \text{Variable Kosten})}{\text{Umsatzmix}}$$

Drückt der Umsatzmix das prozentuale Verhältnis der Netto-Umsätze (ohne Mehrwertsteuer und ohne Bedienungsgeld) aus, so muß zu diesem Umsatzmix das „variable" Bedienungsgeld (= Umsatz) addiert werden. Das Berechnungsschema für die Deckungsbeitragsfaktoren kann in folgender Form aufgestellt werden:

Berechnung der Deckungsbeitragsfaktoren

Umsatzträger	Beherbergung	Speisen	Getränke	TOTAL
Umsatzmix	%	%	%	100,00%
plus % Bedienung	+	+	+	+
minus % Variable Kosten	–	–	–	–
Deckungsbeiträge				
Deckungsbeitragsfaktoren				

Die Deckungsbeitragsfaktoren sind die Schlüsselzahlen zu den Anwendungsformeln der Break-Even-Analyse.
In den folgenden Anwendungsbeispielen aus der Praxis wird der Arbeitsablauf zur Break-Even-Analyse schrittweise mit in sich schlüssigem Zahlenmaterial vertieft.

Anwendungsbeispiele aus der Praxis

Fallbeispiel (1)

Fallangaben/Fallaufgaben:

Ein 200-Zimmer-Hotel mit zwei Restaurants (150 und 80 Sitzplätzen) und 5 Veranstaltungsräumen (1 × maximal 200 Personen, 4 × maximal 50 Personen) soll konzipiert werden. Bevor man jedoch daran denkt, aufgrund einer ausführlichen Marktuntersuchung eine detaillierte vorausschauende Wirtschaftlichkeitsberechnung vor Betriebsgründung vorzunehmen, möchte der Kapitalgeber in Anlehnung ähnlich gelagerter Konkurrenzbetriebe folgenden Fragenkatalog beantwortet haben:

a) Welcher Mindestumsatz im Jahr ist zur Deckung der Betriebskosten erforderlich? (Erstellung einer Break-Even-Erfolgsrechnung)

b) Welchen Umsatz müßte dieses Hotel erwirtschaften, um einen jährlichen Bruttogewinn (Überschuß) von 350000 DM zu erreichen?

Aus diesen Daten sollte man ableiten, welche Kapazitätsauslastung durchschnittlich im Jahr zur Erreichung des Mindestumsatzes (Gewinnschwelle) erforderlich wäre und wie viele Gäste hierfür im Verpflegungsbereich täglich die Restaurants und Veranstaltungsräume frequentieren müßten.

Diese Daten könnte man dann mit der realistisch möglichen Zimmerbelegung und Verpflegungsgästeanzahl unter Berücksichtigung der Markt- und Konkurrenzverhältnisse vergleichen, um die grundsätzliche Entscheidung für das geplante Hotelprojekt treffen zu können.

Lösungsablauf:

1. Schritt: Festlegung des Betrachtungszeitraums;
2. Schritt: Kostenprognose;
3. Schritt: Kostenaufteilung;
4. Schritt: Prognose des Umsatzmix;
5. Schritt: Berechnung des Deckungsbeitragsfaktors vom Umsatzmix;
6. Schritt: a) Berechnung der Gewinnschwelle, Erstellung einer Break-Even-Erfolgsrechnung;
   b) Umsatzprognose für den gewünschten Bruttogewinn (Überschuß);
7. Schritt: a) Bestimmung der durchschnittlichen Kapazitätsauslastung (Zimmerbelegung) zur Erreichung der Gewinnschwelle (Mindestumsatz – Beherbergungsbereich);
   b) Bestimmung der durchschnittlichen Gästeanzahl je Tag zur Erreichung der Gewinnschwelle (Mindestumsatz – Verpflegungsbereich).

Lösung:
(eingesetzte Zahlen dienen als Musterbeispiel)

1. Schritt:
Festlegung des Betrachtungszeitraums
Als Betrachtungszeitraum wurde das Geschäftsjahr mit 12 Monaten festgelegt (365 Betriebstage).

2. Schritt:
Kostenprognose
Aufgrund ähnlich gelagerter Betriebe im Einzugsbereich und der Auswertung von Hotelbetriebsvergleichen wurde für den Betrachtungszeitraum folgende Betriebskostenprognose veranschlagt:

1. Warenaufwand – Speisen = 39 Prozent vom Umsatz – Speisen;
2. Warenaufwand – Getränke = 39 Prozent vom Umsatz – Getränke;
3. Aufwand – Hilfsabteilungen = 150000 DM (Minimum) und 31 Prozent vom Umsatz – Hilfsabteilungen;
4. Aufwand – Verwaltung = 100000 DM (Basis) und 2 Prozent in Abhängigkeit vom Gesamtumsatz;
5. Aufwand – Werbung = 120000 DM
6. Aufwand – Energie = 50000 DM (Bereitschaft) und 4 Prozent in Abhängigkeit vom Gesamtumsatz;
7. Aufwand – Instandhaltung = 20000 DM (Basis) und 2 Prozent in Abhängigkeit vom Gesamtumsatz;
8. Übriger Betriebsaufwand = 200000 DM (Minimum) und 7 Prozent in Abhängigkeit vom Gesamtumsatz;
9. Personalaufwand = 2950000 DM (lt. detaillierter Personalaufstellung – Mindestbesetzung) und 10 Prozent in Abhängigkeit vom Gesamtumsatz für Extra-Personal.

3. Schritt
Kostenaufteilung innerhalb des Betrachtungszeitraums

Kostenprognose			Schlüssel-Fragen	Fixe Kosten		Variable Kosten	
Nr.	Beschreibung	Betrag / %		Nr.	(in DM)	Nr.	(in % zum betr. Umsatz)
1	Warenaufwand Spesen	39 %	● Wieviel DM der einzeln beschriebenen Kosten können für	1		1	39 % vom Umsatz – Speisen
2	Warenaufwand Getränke	23 %	den ganzen Betrachtungszeitraum als gleichbleibend, unabhängig vom Umsatz angesehen werden?	2		2	23 % vom Umsatz – Getränke
3	Aufwand – Hilfsabteilung	150 000 + 31 %	→ Eintrag: fixe Kosten	3	150 000	3	31 % vom Umsatz – Hilfsabteilung
4	Verwaltung	100 000 + 2 %	● Wieviel % der einzeln beschriebenen Kosten können für	4	100 000	4	2 % vom Umsatz – Gesamt
5	Werbung	120 000	den Betrachtungszeitraum als variabel, ab-	5	120 000	5	– % vom Umsatz – –
6	Energie	50 000 + 4 %	hängig von welchem Umsatz angesehen werden?	6	50 000	6	4 % vom Umsatz – Gesamt
7	Instandhaltung	20 000 + 2 %	→ Eintrag: Variable Kosten	7	20 000	7	2 % vom Umsatz – Gesamt
8	Übriger Betriebsaufwand	200 000 + 7 %	Betrachtungszeitraum:	8	200 000	8	7 % vom Umsatz – Gesamt
9	Personalaufwand	2 950 000 + 10 %	12 Monate (365 Betriebstage)	9	2 950 000	9	10 % vom Umsatz – Gesamt
10				10		10	% vom Umsatz
11				11		11	% vom Umsatz
12				12		12	% vom Umsatz
13				13		13	% vom Umsatz
14				14		14	% vom Umsatz
15				15		15	% vom Umsatz
16				16		16	% vom Umsatz

Gesamt Fixkosten DM 3 590 000

4. Schritt
Prognose des Umsatzmix
Die Umsatzzusammensetzung (Umsatzmix) ergab als Prognose in Anlehnung ähnlich gelagerter Betriebe folgende Daten:

Beherbergung:	61,50%
Speisen:	21,50%
Getränke:	7,00%
Hilfsabteilungen:	10,00%
Gesamtumsatz	100,00%

5. Schritt
Berechnung des Deckungsbeitragsfaktors vom Umsatzmix
Formel:

$$\text{Deckungsbeitragsfaktor} = \frac{(\text{Umsatzmix} - \text{Variable Kosten }\%)}{\text{Umsatzmix}}$$

Berechnungsschema: Deckungsbeitragsfaktoren

Umsatzträger:	Beherbergung	Speisen	Getränke	Hilfsabtlg.	Gesamt
Umsatzmix	61,50	21,50	7,00	10,00	100,00
(minus) Variable Kosten%:					
Waren/Materialaufwand					
– Speisen 39%	–	(8,39)	–	–	(8,39)
– Getränke 23%	–	–	(1,61)	–	(1,61)
– Hilfsabtlg. 31%	–	–	–	(3,10)	(3,10)
Aufwendungen für					
– Verwaltung 2%	(1,23)	(0,43)	(0,14)	(0,20)	(2,00)
– Energie 4%	(2,46)	(0,86)	(0,28)	(0,40)	(4,00)
– Instandhaltung 2%	(1,23)	(0,43)	(0,14)	(0,20)	(2,00)
– Übriger Betriebsaufwand 7%	(4,30)	(1,51)	(0,49)	(0,70)	(7,00)
– Extra-Personal 10%	(6,15)	(2,15)	(0,70)	(1,00)	(10,00)
Deckungsbeiträge	46,13	7,73	3,64	4,40	61,90
Deckungsbeitragsfaktoren	0,7501	0,3595	0,5200	0,4400	0,6190

6. Schritt

a) Berechnung der Gewinnschwelle, Erstellung einer Break-even-Erfolgsrechnung

Formel:

$$\text{Gewinnschwelle (Mindestumsatz)} = \frac{\text{Fixe Kosten}}{\text{Deckungsbeitragsfaktor v. Umsatz}}$$

Fixe Kosten = 3590000 DM (Schritt Nr. 3)
Deckungsbeitragsfaktor vom Umsatz = 0,6190 (Schritt Nr. 5)
Mindestumsatz*) =

$$\text{Gewinnschwelle} = \frac{3590000}{0{,}6190} \approx 5799677 \text{ DM}$$

Break-even-Erfolgsrechnung (ohne Steuern)

Erträge:	DM-Betrag	%	Kostenaufteilung (Schritt Nr. 3) Nr.
Beherbergung	3566801	61,5	
Speisen	1246931	21,5	
Getränke	405977	7,0	
Hilfsabteilungen	579968	10,0	
Gesamt	5799677	100,0	
Waren/Materialaufwand			
Speisen	486592	39,0	1
Getränke	93375	23,0	2
Hilfsabteilungen	179790	31,0	3
Hilfsabtteilungen (fix)	150000	25,9	
Gesamt	909757	15,7	
Zwischensumme	4889920	84,3	
Aufwendungen für			
Personalaufwand:			9
Personal (fix)	2950000	50,9	
Extrapersonal	579968	10,0	
Verwaltung:			4
fix	100000	1,7	
variabel	115994	2,0	
Werbung:	120000	2,1	5

*) auf der Basis der Kostenprognose (Betriebskosten) (Schritt Nr. 2)

Erträge:	DM-Betrag	%	Kostenaufteilung (Schritt Nr. 3) Nr.
Energie:			6
fix	50000	0,9	
variabel	231987	4,9	
Instandhaltung:			7
fix	20000	0,3	
variabel	115994	2,0	
Übriger Betriebsaufwand:			8
fix	200000	3,4	
variabel	405977	7,0	
Gesamt	4889920	84,3	
Überschuß/Unterdeckung	0	0	(break-even)

6. Schritt

b) Umsatzprognose für den gewünschten Bruttogewinn (Überschuß)

Formel:

$$\text{Umsatzprognose} = \frac{(\text{Fixe Kosten} + \text{gewünschter Bruttogewinn})}{\text{Deckungsbeitragsfaktor vom Umsatz}}$$

Fixe Kosten = 3590000 DM (Schritt Nr. 3)
Gewünschter Bruttogewinn (Überschuß) = 350000 DM
Deckungsbeitragsfaktor = 0,6190 (Schritt Nr. 5)

$$\text{Umsatzprognose} = \frac{(3\,590\,000 + 350\,000)}{0{,}6190} \sim 6\,365\,105 \text{ DM}$$

7. Schritt

a) Bestimmung der durchschnittlichen Kapazitätsauslastung (Zimmerbelegung) zur Erreichung der Gewinnschwelle (Mindestumsatz-Beherbergungsbereich)

Zur Verfügung stehende Kapazität im Jahr:
200 Zimmer × 365 Tage = 73000 verfügbare Zimmer:
Mindestumsatz – Beherbergungsbereich = 3566801 DM (Schritt Nr. 6a);
erwarteter durchschnittlicher Hotelzimmerpreis (Prognose) = 80,00 DM.

$$\text{belegte Zimmer im Jahr} = \frac{\text{Mindestumsatz} - (\text{Beherbergungsbereich})}{\text{erwarteter durchschnittlicher Hotelzimmerpreis}}$$

$$\text{belegte Zimmer im Jahr} = \frac{\text{Mindestumsatz – (Beherbergungsbereich)}}{\text{erwarteter durchschnittlicher Hotelzimmerpreis}}$$

$$\text{belegte Zimmer im Jahr} = \frac{3\,566\,801}{80} = 44\,585$$

$$\text{Kapazitätsauslastung (Zimmerbelegung in \%)} = \frac{\text{belegte Zimmer} \times 100}{\text{verfügbare Zimmer}}$$

$$\begin{array}{l}\text{erforderliche Zimmerbelegung in \%}\\ \text{durchschnittlich im Jahr zur Erreichung}\\ \text{der Gewinnschwelle}\end{array} = \frac{44\,585 \times 100}{73\,000} \sim 61\,\%$$

7. Schritt

b) Bestimmung der durchschnittlichen Gästeanzahl je Tag zur Erreichung der Gewinnschwelle (Mindestumsatz – Verpflegungsbereich)

Mindestumsatz – Verpflegungsbereich (Schritt Nr. 6a)

Speisen	1 246 931 DM
Getränke	405 977 DM
Gesamt	1 652 908 DM

Prognose:
Erwarteter durchschnittlicher Umsatz je Gast = 13,50 DM (Speisen + Getränke).

$$\begin{array}{l}\text{Mindestumsatz}\\ \text{je Betriebstag}\\ \text{(Verpflegungsbereich)}\end{array} = \frac{\text{Gewinnschwelle}}{\text{Betriebstage}} = \frac{1\,652\,908}{365} = 4\,528\text{ DM}$$

$$\begin{array}{l}\text{Erforderliche}\\ \text{durchschnittliche}\\ \text{Gästeanzahl je Tag}\end{array} = \frac{\text{Mindestumsatz je Betriebstag}}{\text{erwarteter Durchschnittsumsatz je Gast}} = \frac{4528}{13{,}50} = 335$$

Fallbeispiel (2)

(a) Festlegung des Betrachtungszeitraums
Geschäftsjahr (12 Monate) – „Restaurant XY“

(b) Kostenerfassung

BERECHNUNGSGRUNDLAGE:
UMSATZBEREICHSRECHNUNG – SPEISEN UND GETRÄNKE

				DM-BETRAG	%
	NETTO-UMSATZ	Speisen		192 000	66,0
		Getränke		99 000	34,0
KOSTENAUFLÖSUNG			TOTAL	291 000	100,0
1	WARENAUFWAND	Speisen		71 040	37,0
2		Getränke		24 750	25,0
			TOTAL	95 790	32,9
	BETRIEBSERGEBNIS SPEISEN + GETRÄNKE			195 210	67,1
	SONSTIGE ERTRÄGE			9 000	3,1
	BRUTTOBEREICHSERGEBNIS			204 210	70,2
	ABTEILUNGSKOSTEN				
3	Löhne und Gehälter			101 850	35,0
4	abzüglich Bedienungsgeld (15 %)			(43 650)	(15,0)
5	Personalverpflegung			8 730	3,0
6	sonstiger Personalaufwand			23 280	8,0
			TOTAL	90 210	31,0
7	Energieaufwand			2 037	0,7
8	Wäsche und Reinigung			3 783	1,3
9	Menükarten			1 725	0,6
10	Gästeunterhaltung			9 312	3,2
11	Hotelwäsche, Bestecke, Silberwaren, Glas + Porzellan			7 275	2,5
12	Briefpapier + Drucksachen			2 910	1,0
13	Berufskleidung			2 328	0,8
14	Verschiedenes			8 730	3,0
			TOTAL	128 310	44,1
BEREICHSERGEBNIS – SPEISEN + GETRÄNKE				75 900	26,1

(c) Kostenauflösung

FIXE KOSTEN ▼	DM		AUFZUTEILENDE KOSTEN ▼		VARIABLE KOSTEN ▼	%
3 Löhne und Gehälter	101 850				1 Speisen	37,00 v. Speisenumsatz
5 Personalverpflegung	8 730				2 Getränke	35,00 v. Getränkeumsatz
6 sonstiger Personal- aufwand	23 280				4 abzüglich Bedienungsgeld	15,00 v. Speisen- + Getränkeumsatz
8 Wäsche + Reinigung	3 783					
10 Gästeunterhaltung	9 312				7 Energieaufwand	1,06 v. Speisenumsatz
13 Berufskleidung	2 328					
9 Menükarten	1 000	←	9 Menükarten	→	9 Menükarten	0,38 v. Speisenumsatz
11 Hotelwäsche, Bestecke, Silberwaren, Glas und Porzellan	6 000	←	11 Hotelwäsche, Bestecke, Silberwaren, Glas und Porzellan	→	11 Hotelwäsche, Bestecke, Silberwaren, Glas und Porzellan	0,44 v. Speisen- + Getränkeumsatz
12 Briefpapier	910	←	12 Briefpapier	→	12 Briefpapier	0,69 v. Speisen- + Getränkeumsatz
14 Verschiedenes	5 000	←	14 Verschiedenes	→	14 Verschiedenes	1,28 v. Speisen- + Getränkeumsatz
TOTAL FIXE KOSTEN DM	162 193					

(d) Ermittlung des Umsatzmix

(Umsatzzusammensetzung)

Nettoumsatz	DM	Umsatzmix %
Speisen	192000	64,00
Getränke	99000	33,00
Sonstige Erträge	9000	3,00
Total	300000	100,00

(e) Berechnung der Deckungsbeitragsfaktoren vom Umsatz

Umsatzträger		Speisen	Getränke	Sonst. Erträge	Total
Umsatzmix		64,00	33,00	3,00	100,00
+ Bedienungsgeld		+ 9,60	+ 4,95	–	+ 14,55
– Variable Kosten:	%				
1 Speisen	37,0	(23,68)	–	–	(23,68)
2 Getränke	25,0	–	(8,25)	–	(8,25)
7 Energieaufwand	1,06	(0,68)	–	–	(0,68)
9 Menükarten	0,38	(0,24)	–	–	(0,24)
11 Hotelwäsche, Bestecke, Silberwaren, Glas Porzellan	0,44	(0,28)	(0,15)	–	(0,43)
12 Briefpapier, Drucksachen	0,69	(0,44)	(0,23)	–	(0,67)
14 Verschiedenes	1,28	(0,82)	(0,42)	–	(1,24)
Deckungsbeiträge		47,76	28,90	3,00	79,36
Deckungsbeitrags-Faktoren		0,7416	0,8758	1,0	0,7936

Anwendungsformeln zur Break-even-Analyse

1. *Wie verändert sich der Gewinn oder Verlust bei einer Umsatzerhöhung oder Umsatzminderung?*
   Beispiel: geplanter Umsatz 250000 DM

Formel:

Gewinn = (Umsatz × Deckungsbeitragsfaktor vom Umsatz) – Fixe Kosten

Gewinnplanung
Gewinn = (250000 × 0,7936) – 162193
Gewinn ~ 36200 DM

2. *Welchen Effekt hat eine Umsatzstrukturveränderung (Umsatzmix) auf den Gewinn?*
   Beispiel: andere Umsatzzusammensetzung

	Umsatzmix
Speisen	55,00%
Getränke	42,00%
Sonst. Erträge	3,00%
	100,00%

Gewinn: (300000 × 0,8057) – 162,193
(neu ermittelter Deckungsbeitragsfaktor vom Umsatz) (siehe 3.2(e))
Gewinn ~ 79,500 DM

3. *Von wann ab, bei welcher Umsatzhöhe werden die Restaurants, Bars ertragsreich? (Break-even-point – Gewinnschwelle)*

Formel:

Mindestumsatz

$$\text{Break-even-Umsatz} = \frac{\text{Fixe Kosten}}{\text{Deckungsbeitragsfaktor vom Umsatz}}$$

$$\text{Break-even-Umsatz} = \frac{162\,193}{0{,}7936}$$

Break-even-Umsatz ~ 204376 DM
(bezogen auf die Umsatzbereichrechnung Speisen – Getränke)

4. *Welche Umsatzsteigerung ist in den Hotelbereichen Food und Beverage, Beherbergung erforderlich, um einen vorgegebenen, vorausgeplanten Gewinnbetrag zu erreichen?*

   Beispiel: Food and Beverage
   geplanter Gewinn = 90 000 DM

Formel:

Umsatzplanung

$$\text{Umsatz} = \frac{(\text{Gewinn} + \text{Fixe Kosten})}{\text{Deckungsbeitragsfaktor vom Umsatz}}$$

$$\text{Umsatz} = \frac{(90\,000 + 162\,193)}{0{,}7936}$$

$$\text{Umsatz} \sim 317\,800 \text{ DM}$$

5. *Welche direkte Auswirkung hat eine Kostenveränderung auf den zukünftigen Gewinn?*

   Beispiel:
   a) 4 Angestellte wurden zusätzlich auf Dauer eingestellt: – Fixkostenerhöhung = 5000 DM
   b) Der Warenaufwand für Getränke stieg von 25,0% auf 28,0%
   – Änderung der variablen Kosten
   – Neuberechnung des Deckungsbeitragsfaktor vom Umsatz

Formel:

Gewinnplanung

Gewinn = (Umsatz × Deckungsbeitragsfaktor vom Umsatz) – Fixe Kosten

a)

Fixe Kosten	= 162 193 DM
plus	5 000 DM
Total	167 193 DM

b) Deckungsbeitragsfaktor vom Umsatz = 0,7837 (siehe 3.2 (e))
Gewinn: (300 000 × 0,7837) – 167 193
Gewinn ≈ 67 900 DM

Modernes Management braucht Erfolgsanalysen, die helfen sollen, die täglich vorkommenden Entscheidungssituationen in der Hotellerie zu bewältigen. Kosten, Preise, Umsatz und Gewinn müssen für die Zukunft geplant und kontrollierbar gehalten werden. Dabei gilt es, auch im Rahmen der kurzfristigen Erfolgsrechnung, die Auswirkungen von geschäftspolitischen Entscheidungen auf die zukünftige Gewinnsituation realistisch einschätzen und vorausberechnen zu können.

Entscheidungsorientierte relative Deckungsbeitragsrechnung

Mit zunehmender Markttransparenz aus der Sicht des Gastes und des touristischen Partners, den lawinenartig ansteigenden Personalkosten werden rein intuitiv getroffene Managemententscheidungen zum Risikofaktor. Als Teil der Betriebswirtschaftslehre obliegt es im Rahmen des Rechnungswesens der Kosten- und Leistungsrechnung, die Qualität der betrieblichen Entscheidungen zu verbessern. Unterscheidet man innerhalb der Kosten- und Leistungsrechnung zwischen Methoden der *Vollkosten- und der Teilkostenrechnung,* so haben die verschiedenen Formen der Deckungsbeitragsrechnung (Systeme der Teilkostenrechnung) als kurzfristiges Entscheidungsinstrumentarium bisher nur zögernd Eingang im Hotel- und Gaststättengewerbe gefunden. Der folgende Beitrag soll an einem Zahlenbeispiel einen Einblick in die *entscheidungsorientierte relative Deckungsbeitragsrechnung („relevant costing“)* geben. Die eingesetzten Zahlenwerte dienen nur als Rechenbeispiele.

Bei der relativen Deckungsbeitragsrechnung werden sämtliche Kosten und Erlöse berücksichtigt, die bei einer bestimmten Entscheidung für oder gegen eine Maßnahme anfallen können

relevante Erlöse minus relevante Kosten
= relevanter Deckungsbeitrag
(relevanter Erfolg)

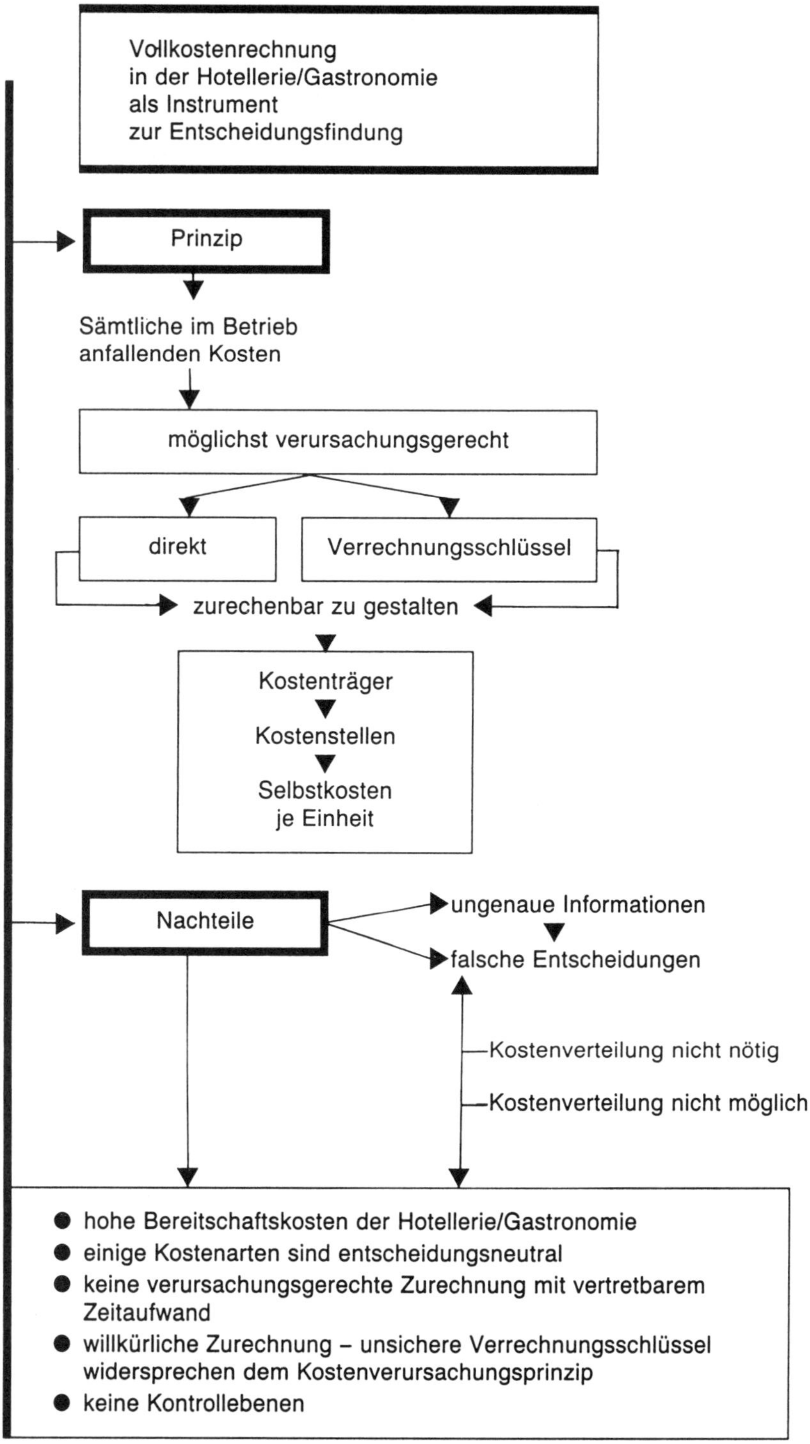
Vollkostenrechnung
in der Hotellerie/Gastronomie
als Instrument
zur Entscheidungsfindung
Prinzip
Sämtliche im Betrieb
anfallenden Kosten
möglichst verursachungsgerecht
direkt
Verrechnungsschlüssel
zurechenbar zu gestalten
Kostenträger
Kostenstellen
Selbstkosten
je Einheit
Nachteile
ungenaue Informationen
falsche Entscheidungen
Kostenverteilung nicht nötig
Kostenverteilung nicht möglich
hohe Bereitschaftskosten der Hotellerie/Gastronomie
einige Kostenarten sind entscheidungsneutral
keine verursachungsgerechte Zurechnung mit vertretbarem Zeitaufwand
willkürliche Zurechnung – unsichere Verrechnungsschlüssel widersprechen dem Kostenverursachungsprinzip
keine Kontrollebenen

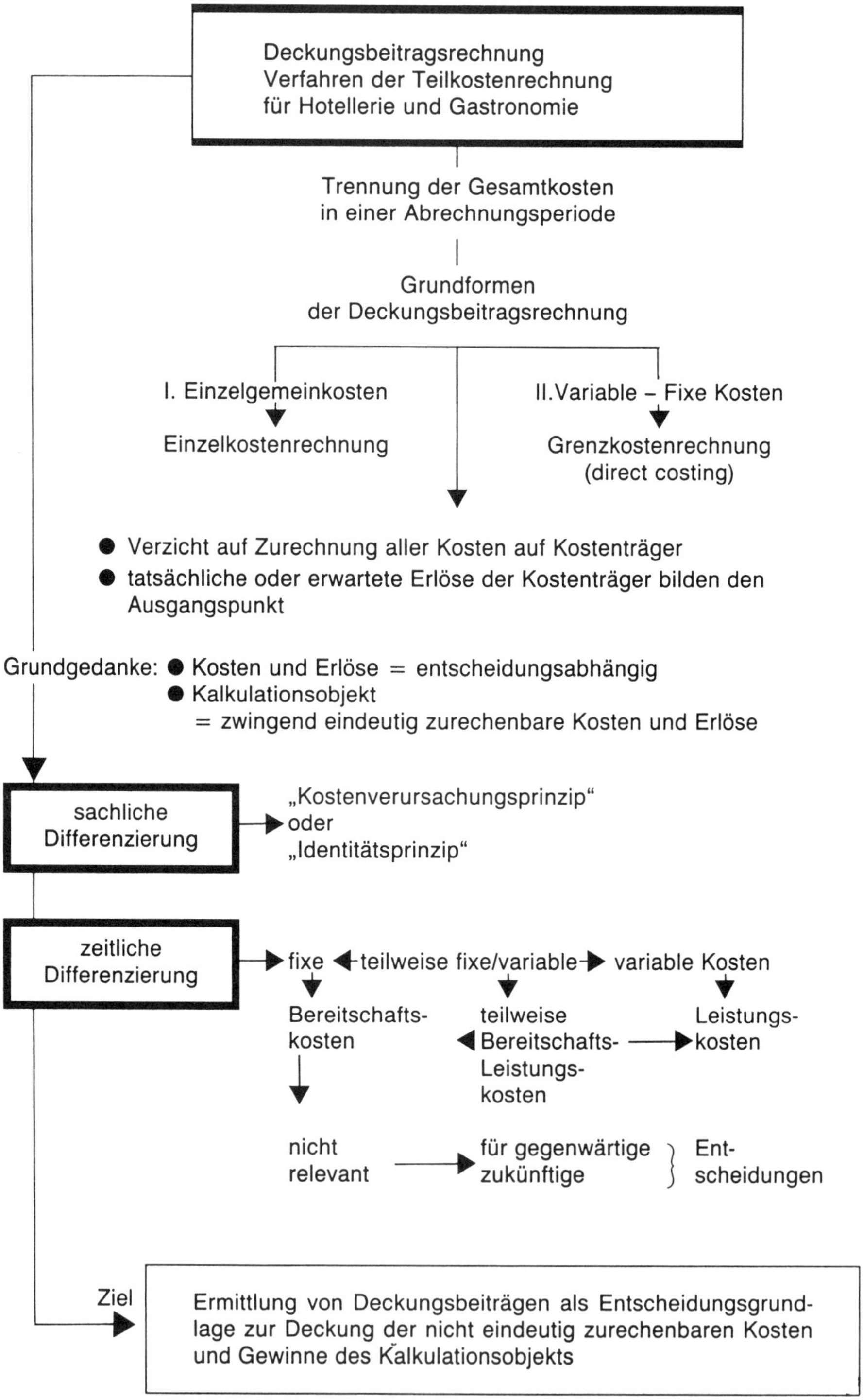
Deckungsbeitragsrechnung
Verfahren der Teilkostenrechnung
für Hotellerie und Gastronomie
Trennung der Gesamtkosten
in einer Abrechnungsperiode
Grundformen
der Deckungsbeitragsrechnung
I. Einzelgemeinkosten
Einzelkostenrechnung
II. Variable – Fixe Kosten
Grenzkostenrechnung
(direct costing)
Verzicht auf Zurechnung aller Kosten auf Kostenträger
tatsächliche oder erwartete Erlöse der Kostenträger bilden den Ausgangspunkt
Grundgedanke:
Kosten und Erlöse = entscheidungsabhängig
Kalkulationsobjekt
= zwingend eindeutig zurechenbare Kosten und Erlöse
sachliche Differenzierung
„Kostenverursachungsprinzip“
oder
„Identitätsprinzip“
zeitliche Differenzierung
fixe
teilweise fixe/variable
variable Kosten
Bereitschafts-
kosten
teilweise
Bereitschafts-
Leistungs-
kosten
Leistungs-
kosten
nicht
relevant
für gegenwärtige
zukünftige
Ent-
scheidungen
Ziel
Ermittlung von Deckungsbeiträgen als Entscheidungsgrundlage zur Deckung der nicht eindeutig zurechenbaren Kosten und Gewinne des Kalkulationsobjekts

Vorteile

- Eignung für eine Vielfalt tagtäglicher betrieblicher Entscheidungsprobleme.
- Einfache Übersicht über die Sicherheit von Entscheidungen.
- Veränderungen bei Kostenarten und Erlösen werden sichtbar.
- Trennung zwischen fixen und variablen Kosten nicht erforderlich (keine willkürliche Kostenauflösung).
- Relevanter Deckungsbeitrag ist bei kurzfristigen Entscheidungen eine bessere Steuerungsgröße als der Nettogewinn der Vollkostenrechnung.

Fallangaben

Die Auswertung des Zahlenmaterials aus der Betriebsbuchhaltung des Urlaubshotels XY stellte für das letzte Jahr folgende statistische Daten fest:

	Durchschnittliche Kosten pro Übernachtung/DM
Aufwand für Material/Waren/Reinigung:	
Beherbergung	3,85 DM
Verpflegung	9,50 DM
Hilfsabteilungen	0,75 DM
Personalaufwand – Stammpersonal	
Beherbergung	5,00 DM
Verpflegung	10,15 DM
Hilfsabteilungen	1,25 DM
Personalaufwand – Aushilfen (volle Kapazitätsauslastung)	
Beherbergung	1,25 DM
Verpflegung	0,75 DM
Hilfsabteilungen	–
Sonstiger Aufwand für:	
Verwaltung	1,75 DM
Werbung/Verkaufsförderung	0,25 DM
Energie (Basis)	0,80 DM
Gebühren/Versicherungen	0,50 DM
Durchschnittliche Gesamtkosten pro Übernachtung*)	35,80 DM

*) ohne anlagebedingte Kosten

Für die kommende Saison wurde dem Management des Hotels eine gemeinsame Werbekampagne in Zusammenarbeit mit einer Fluglinie angeboten. Die zusätzlichen Werbekosten hierfür sollten 15000 DM betragen. Man rechnet mit einem Geschäftsanstieg von 3000 Übernachtungen und einem durchschnittlichen Gesamterlös pro Übernachtung (Beherbergung, Verpflegung, Sonstiges) von 40 DM (netto). Das Management lehnt das Angebot aufgrund folgender Rechnungen ab:

Netto-**Erlös:**	
3000 Übernachtungen × 40 DM	120000 DM
minus Kosten	
1. zusätzliche Werbekosten	[15000 DM]
2. 3000 Übernachtungen × Gesamtkosten pro Übernachtung 35,80 DM	[107400 DM]
Verlust	2400 DM

Fallaufgaben

a) Welchen Gedankenfehler begeht das Management bei dieser Rechnung und Entscheidung? Stellen sie als Entscheidungsgrundlage eine Gegenrechnung auf.

b) Wie viele zusätzliche Übernachtungen müssen sich mindestens bei dieser Werbekampagne realisieren, um die entscheidungsabhängigen relevanten Kosten abzudecken (Gesamterlös pro Übernachtung 40 DM netto)?

c) Wie hoch müßte mindestens der Gesamterlös pro Übernachtung sein, wenn man nur mit 1800 zusätzlichen Übernachtungen rechnen darf (kurzfristige kostenorientierte/absolute Preisuntergrenze)?

d) Um wieviel Prozent und DM darf der erwartete Umsatz (Nettoerlös) bei dem grundsätzlichen Angebot zurückgehen, ohne daß ein Nettoverlust eintritt (Sicherheitskoeffizient, Sicherheitsstrecke)?

e) Um wieviel DM dürften sich die zusätzlichen Werbekosten erhöhen, ohne daß ein Nettoverlust eintritt, wenn man nur mit 1500 Übernachtungen und einem Gesamterlös pro Übernachtung von 30 DM rechnen darf?

f) Um wieviel DM dürften bei diesem Geschäft die variablen Kosten je Übernachtung steigen, ohne daß der Betrieb in die Verlustzone gerät, wenn hierfür 1000 Übernachtungen mit einem Gesamterlös pro Übernachtung von 35 DM erwartet werden?

Lösungsansatz

Aufgabe a)

Das Management entschied aufgrund der „Vollkostenrechnung". Für die zu treffende Entscheidung sind allerdings nur die relevanten Kosten und Erlöse zu berücksichtigen, die unmittelbar aufgrund der Entscheidung anfallen beziehungsweise ohne diese eingespart werden können.

Gegenrechnung als Entscheidungsgrundlage:

Relevanter Nettoerlös		
3000 Übernachtungen × 40 DM	=	120 000 DM
minus relevante Kosten		
1. zusätzliche Werbekosten	=	[15 000 DM]
2. Aufwand für Material/Waren/Reinigung (3000 Übernachtungen × 14,10 DM)	=	[42 300 DM]
3. Personalaufwand – Aushilfen (3000 Übernachtungen × 2 DM)	=	[6 000 DM]
Bruttogewinn (relevanter Erfolg)	=	56 700 DM

Der Deckungsbeitrag (Bruttogewinn) von 56 700 DM trägt zur Deckung der fixen Kosten bei und ist somit zwar nicht absolut, aber doch „relativ" gewinnbringend.

Aufgabe b)
Formel:

$$\text{Übernachtungen} = \frac{\text{Fixkosten (relevant)}}{(\text{Erlös/ÜN} - \text{variableKosten/ÜN})}$$

- Fixkosten (relevant) = zusätzliche Werbekosten = 15 000 DM
- Nettoerlös pro Übernachtung = 40 DM
- variable (direkt zurechenbare) Kosten
  - Aufwand für Material/Waren/Reinigung 14,10 DM
  - Personalaufwand (Aushilfen) 2,00 DM

  16,10 DM

$$\text{Übernachtungen} = \frac{15\,000}{(40-16{,}10)} = 627{,}6 \sim 628$$

Aufgabe c)
kurzfristige – kostenorientierte (absolute)
Preisuntergrenze = Leistungskosten

Formel:

$$\text{Preis} = \frac{\text{Fixkosten} + (\text{variable Kosten} \times \text{Absatzmenge})}{\text{erwartete Absatzmenge}}$$

- Fixkosten (relevant) = 15000 DM
- variable Leistungskosten = 16,10 DM
- erwartete Absatzmenge = 1800 Übernachtungen

$$\text{Preis} = \frac{15000 + (16{,}10 \times 1800)}{1800} = 24{,}43 \text{ DM}$$

Aufgabe d)

Formel I:

Sicherheitsstrecke = Gesamtumsatz − Break-even-Umsatz

Formel II:

$$\text{Sicherheitskoeffizient} = \frac{(\text{Gesamtumsatz} - \text{Break-even-Umsatz})}{\text{Gesamtumsatz}} \times 100$$

- Gesamtumsatz = 120000 DM
- Break-even-Umsatz (BEU):

  - $\text{BEU} = \dfrac{\text{Fixkosten}}{\text{Deckungsbeitragskosten}}$

  - $\text{Deckungsbeitragsfaktor} = \dfrac{(\text{Umsatz} - \text{variable Kosten})}{\text{Umsatz}}$
- Fixkosten = 15000 DM
- Umsatz = 40 DM (pro Übernachtung)
- variable Kosten = 16,10 DM (pro Übernachtung)

  - $\text{Deckungsbeitragsfaktor} = \dfrac{(40 - 16{,}10)}{40} = 0{,}5975$

  - $\text{Break-even-Umsatz} = \dfrac{15000}{0{,}5975} = 25105 \text{ DM}$

- Sicherheitsstrecke = 120000 − 25105 = 94895 DM
- Sicherheitskoeffizient =

$$\frac{(120000 - 25105)}{120000} \times 100 = 79\%$$

Aufgabe e)
Mögliche Erhöhung der Fixkosten (relevant)
(= zusätzliche Werbekosten)

Formel:

Fixkosten = erwarteter Umsatz
− (variable Kosten × erwartete Absatzmenge)

- erwarteter Umsatz = 1500 × 30 DM = 45 000 DM
- variable Leistungskosten = 16,10 DM
- erwartete Absatzmenge = 1500 Übernachtungen

Fixkosten (relevant) =
45 000 − (16,10 × 1500) = 20 850 DM

zusätzliche Werbekosten	– alt	=	15 000 DM
	– neu	=	20 850 DM
mögliche Erhöhung		=	5 850 DM

Aufgabe f)
Mögliche Erhöhung der variablen Leistungskosten:

Formel:

$$\text{Variable Kosten pro Einheit} = \frac{(\text{erwarteter Umsatz} - \text{Fixkosten})}{\text{erwartete Absatzmenge}}$$

- erwarteter Umsatz = 1000 ÜN × 35,00 = 35 000 DM
- Fixkosten (relevant) = 15 000 DM
- erwartete Absatzmenge = 1000 Übernachtungen

$$\text{Variable Kosten pro Einheit} = \frac{(35\,000 - 15\,000)}{1000}$$

Variable Kosten pro Übernachtung	– alt	=	16,10 DM
	– neu	=	20,00 DM
mögliche Erhöhung		=	3,90 DM

Differenzierte Vollkostenrechnung

Als Teilkostenrechnung haben die Deckungsbeitragsrechnung und auch die daraus entstandene Deckungsbeitragsflußrechnung ihren berechtigten Stellenwert bei kurzfristigen Managemententscheidungen in Hotellerie und Gastronomie gefunden. Niemand aber wird daran zweifeln, daß wichtige, langfristige Entscheidungen hinsichtlich des Personaleinsatzes, der Preispolitik, der Erweiterung des Serviceangebotes und der Marketingstrategie zumindest mit dem Wissen der *Vollkosten* für die Umsatzträger Beherbergung, Gastronomie (Food & Beverage) und Sonstiges (Hilfsabteilungen wie Gästewäsche und Reinigung, Garage, Gesundheitseinrichtungen usw.) getroffen werden sollten. Unter *Vollkosten* werden hier die dem Umsatzträger direkt zurechenbaren Kosten sowie ein „gerechter Anteil" an den indirekten Kosten verstanden.
Die folgende Einführung zur Kostenverteilung erfolgt in Anlehnung an die Untersuchungen von den Professoren A. Neal Geller (Cornell University) und Raymond S. Schmidgall (Michigan State University). Dabei wurden die Empfehlungen des Uniform System of Accounts for Hotels (USAH) zur Kostenverteilung anschaulich und praxisnah vertieft. Der hier dargestellte Überblick soll zunächst in der ersten Stufe ohne Zahlenmaterial Begriffe definieren und das System zur differenzierten Vollkostenrechnung veranschaulichen.

Vorteile der differenzierten Vollkostenrechnung

Bessere, gesicherte Basis für langfristige Managemententscheidungen in bezug auf:

Marketingstrategien (Preispolitik)
Hier wird vorher eindeutig entschieden, welche Serviceleistungen wie lange zu welchen Preisen – ohne Vollkostendeckung – angeboten werden können (z. B. kurzfristige Preispolitik zur Marktdurchdringung). Ohne Zweifel sind die meisten Verkaufspreisentscheidungen in Hotellerie und Gastronomie nicht kostenorientiert, sondern eher nachfrageorientiert zu treffen. Dennoch muß das Management die kreativen Marketinginstrumente wie Angebots- und Preispolitik, Service- und Gästebetreuung mit dem Wissen der Vollkosten jeder angebotenen Dienstleistung gezielt einsetzen.

Personaleinsatz
Bessere Personaleinsatzentscheidungen werden erst bei Berücksichtigung der Vollkosten jeder Hotelabteilung getroffen. So wird der Gedanke der flexiblen Personaleinsatzplanung gefördert mit Mitarbeitern, die von vornherein für mehrere Abteilungen eingestellt und eingesetzt werden.

Erfolgsbeurteilung pro Hotelabteilung
Ein gerechtes Kostenverteilungssystem kann die Abteilungsleiter motivieren, ihren Beitrag zur gesamten Gewinn- und Verlustsituation des Hotelbetriebes zu optimieren. Nur bei Kenntnis der „vollen Zahlen" für den Verantwortungsbereich lassen sich bei den Führungskräften Engagement, Mitdenken und unternehmerisches Handeln steigern.

Erweiterung oder Einschränkung des Dienstleistungsangebotes
Alle Entscheidungen über zusätzliche Dienstleistungen (z.B. 24stündiger Zimmerservice) oder Angebotseinschränkungen (z.B. nur für Hotelgäste nutzbarer Swimmingpool) sollten nicht ohne Kenntnis der „vollen Kosten" getroffen werden.

Definitionen zur differenzierten Vollkostenrechnung

Vollkosten
Für die Umsatzträger im Hotel werden einerseits die direkten Kosten und andererseits ein „gerechter Anteil" der indirekten Kosten ermittelt.

Umsatzträger
In der Literatur oft als „profit center" bezeichnet sind hier die Hotelbereiche zu verstehen, die nicht nur Kosten, sondern auch direkt Umsatz produzieren. Die Hauptbereiche: Beherbergung, Gastronomie (Food & Beverage), Sonstiges (Hilfsabteilungen wie Gästewäsche und Reinigung, Garage, Gesundheitseinrichtungen usw.) lassen sich je nach Hoteltyp weiter differenzieren.

Direkte Kosten
Direkte Kosten fallen bei den Umsatzträgern direkt an und sind ohne Schwierigkeiten eindeutig dem einzelnen profit center zuzurechnen (z.B. Warenaufwand für Speisen und Getränke sind direkt dem Gastronomiebereich zuzuordnen usw.)

Indirekte Kosten
Indirekte Kosten müssen verteilt werden; zu ihnen gehören die beiden Hauptgruppen: anlagebedingte Fixkosten und unverteilte Gemeinkosten.

Anlagebedingte Fixkosten
Anlagebedingte Fixkosten fallen regelmäßig für die gesamte Hotelanlage an wie zum Beispiel Miete, Pacht, Abschreibungen, Fremdkapitalzinsen usw. (Kosten nach dem Betriebsergebnis I).

Unverteilte Gemeinkosten
Alle Kostenarten, die sich neben den anlagebedingten Kosten nicht eindeutig direkt den Umsatzträgern (profit center) zurechnen lassen. Dazu gehören Marketingkosten (z. B. Werbung), Verwaltungskosten, Energie- und Wartungskosten usw.

Kostenverteilungssystem
Hierunter sind Verfahren zu verstehen, die die gesamten indirekten Kosten zunächst auf die Servicebereiche für das Hotel und dann gerecht auf die Umsatzträger verteilen.

Servicebereiche (cost center)
Alle übrigen Betriebsbereiche, die nicht als Umsatzträger, sondern als Serviceabteilung den anderen Abteilungen dienen. Hierzu gehören im Hotel die Verwaltung mit der Direktion, der Buchhaltung und dem Einkauf, die Verkaufsabteilung, die Personalabteilung und die technische Abteilung.

Verteilung der indirekten Kosten

Bevor man daran gehen kann, nach einem bestimmten Kostenverteilungssystem die indirekten Kosten zu verteilen, muß eine Beziehungsgröße für jede indirekte Kostenart festgelegt werden. Die in Frage stehende Beziehungsgröße soll eine logische Abhängigkeit zur Kostengröße haben. So ist zum Beispiel die Kubikmeteranzahl als Beziehungsgröße für die zu verteilenden Heizkosten zu werten.
Diese Beziehungsgrößen können von Betrieb zu Betrieb unterschiedlich sein und sind individuell festzulegen. Der damit einmal bestimmte Verteilungsschlüssel sollte dann beibehalten werden. Das Uniform System of Accounts for Hotels hat seit der 7. Auflage (1979) verschiedene Beziehungsgrößen für die zu verteilenden Kosten vorgeschlagen (siehe Beispiele – Grundlage zur Verteilung der indirekten Kosten).
Um Zeit- und Budgetvergleiche sinnvoll werden zu lassen, darf die einmal festgelegte Kostenverteilung später nicht geändert werden.

Grundlage zur Verteilung der indirekten Kosten (Beispiele)

zu verteilende Kosten	vorgeschlagene Beziehungsgrößen
a) Miete/Pacht	1. Quadratemeter der betreffenden Abteilung (Bereich)
	2. Prozentualer Anteil der Umsatzträger
b) Versicherungen (Gebäude/Inventar)	1. Quadratmeter der betreffenden Abteilung
	2. Wertanteil des Inventars
c) Fremdkapitalzinsen	wie b)
d) Abschreibungen (Gebäude/Geräte)	1. Quadratmeter pro Bereich
	2. Anschaffungswerte
e) Telefon	1. Anzahl der Leitungen (Anschlüsse)
	2. Verbrauchte Telefoneinheiten
f) Personalnebenaufwand	1. Anzahl der Mitarbeiter
	2. Prozentualer Anteil an den Bruttolöhnen und -gehältern
g) Verwaltung – Direktion	1. Anzahl der Mitarbeiter
h) Buchhaltung – Kontrolle	1. Anteil der Kosten pro Abteilung
	2. Anzahl der Mitarbeiter
i) Marketing (Werbung)	1. Prozentualer Anteil zum Umsatz
j) Energiekosten	1. Kubikmeter der Abteilung (Bereich)
k) Wartung und Reparaturen	1. Reparaturaufträge
	2. Quadratmeter der Abteilung

Kostenverteilungssysteme

In der Praxis des Rechnungswesens für die Hotellerie und Gastronomie unterscheiden wir im wesentlichen drei Kostenverteilungssysteme:

A) Direktes Kostenverteilungssystem
B) Stufenweises Kostenverteilungssystem
C) Integriertes Kostenverteilungssystem

Alle drei Methoden der Kostenzuordnung haben zum Ziel, die Vollkosten pro Umsatzträger (profit center) zu bestimmen. Auswahl und Einsatz des gewählten Kostenverteilungssystems entscheiden darüber, wie direkt und „gerecht" die *anlagebedingten Fixkosten* und die *unverteilten Gemeinkosten* (insgesamt = indirekte Kosten) ihre Zuordnung zum profit center finden.

A) Direktes Kostenverteilungssystem

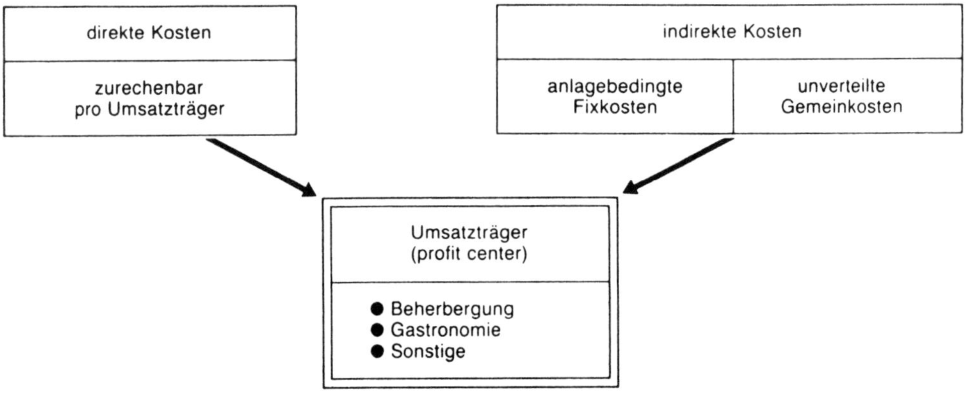

Bei dem direkten Kostenverteilungssystem wird allein versucht, mit den Verteilungsschlüsseln auf der *Grundlage zur Verteilung der indirekten Kosten* (siehe Beispiele) die gesamten indirekten Kosten den einzelnen Umsatzträgern (profit center) zuzuordnen. Dieses leichtverständliche Verfahren ist in der Praxis oft anzufinden. Es reflektiert allerdings nicht die Kosten der Serviceleistungen zwischen den Abteilungen; die *Servicebereiche* (cost center) finden bei dieser Verteilung keine Berücksichtigung.

B) Stufenweises Kostenverteilungssystem

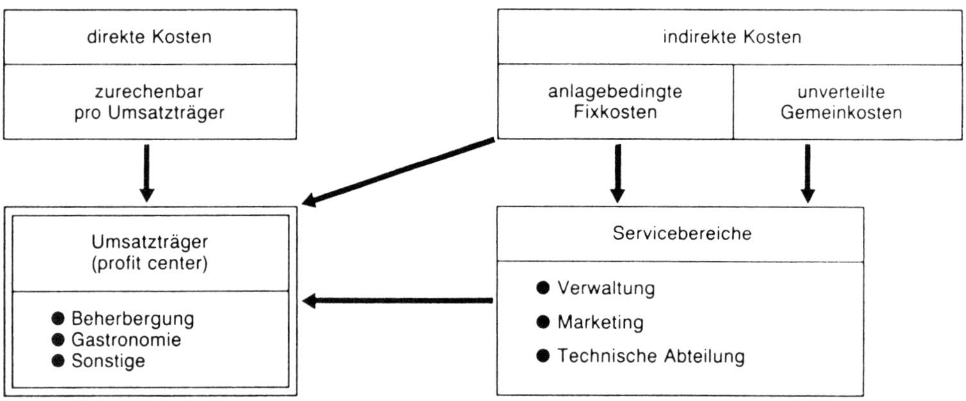

Das stufenweise Kostenverteilungssystem ordnet in einzelnen Schritten die indirekten Kosten den Umsatzträgern zu. Dabei werden die *anlagebedingten Fixkosten* nach den festgelegten Verteilungsschlüsseln einerseits direkt auf die *Umsatzträger*, andererseits aber der entsprechende Anteil zunächst auf die *Servicebereiche* Verwaltung, Marketing, Technische Abteilung, den „cost center" des Hotelbetriebes

verteilt. Im zweiten Schritt sind dann die *unverteilten Gemeinkosten* (die ja bei den Servicebereichen entstehen) zusammen mit dem Anteil der zugeordneten anlagebedingten Fixkosten den Umsatzträgern zuzurechnen.
Das stufenweise Kostenverteilungssystem ist komplexer und realistischer als das direkte Verfahren. Hier werden zumindest teilweise die Kosten der Dienstleistungen der Servicebereiche genauer bestimmbar und zuordnungsfähig.

C) Integriertes Kostenverteilungssystem

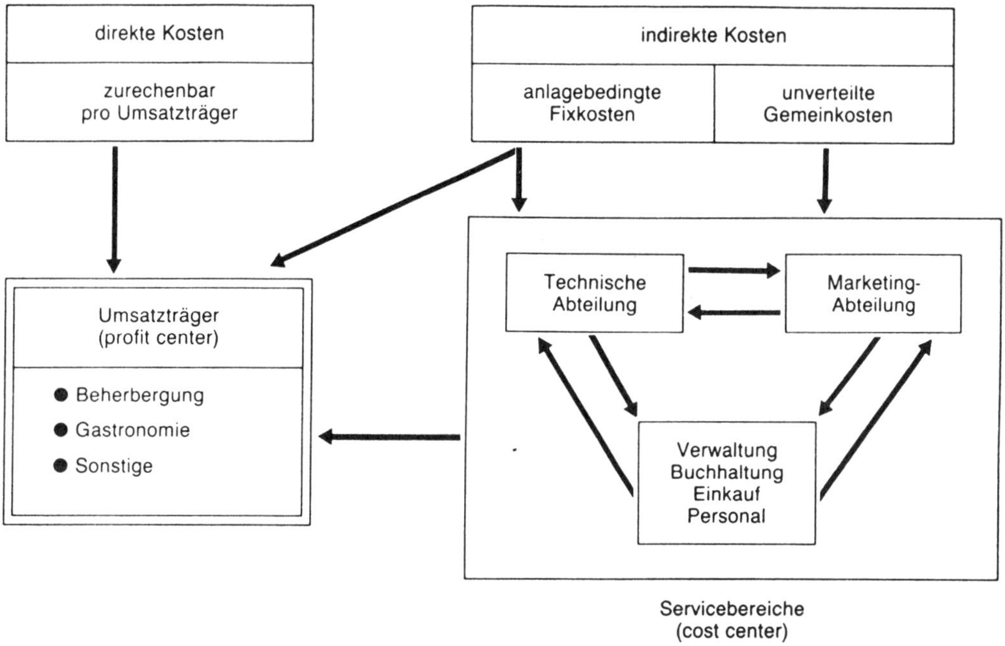

Wie bei dem stufenweisen Verfahren werden auch hier zunächst die *anlagebedingten Fixkosten* auf die Umsatzträger direkt und anteilig auf die *Servicebereiche* verteilt. Danach erfolgt eine Zuordnung der *unverteilten Gemeinkosten* innerhalb der *Servicebereiche* (cost center) untereinander. Hierbei sind also weiterführend die Dienstleistungskosten auch gegenüber den anderen Servicebereichen berücksichtigt, bevor im letzten Schritt die Zuteilung zu den profit center (Umsatzträger) erfolgt. Dieses integrierte Verfahren stellt die ausführlichste Form im Rahmen der vorgestellten Kostenverteilungssysteme dar. Das Management hat hier die Basis für eine aussagefähige, differenzierte Vollkostenrechnung pro Umsatzträger des Hotels.

Managementinformationen aus der Betriebsabrechnung

Gerade im Zeitalter der Datenverarbeitung bleibt die notwendige Information innerhalb der vielen Daten für das Management der Hotellerie und Gastronomie oft auf der Strecke.
Es erscheint grundsätzlich zweifelhaft, ob Zahlenpräsentationen an sich in der Lage sind, die so vielschichtigen Veränderungen – das komplexe Geschehen eines Hotel- und Gaststättenbetriebes für bestimmte Abrechnungszeiträume – dokumentieren zu können. Und dennoch – unser professionelles Geschäftsleben mit Erfolgen, Fehlentscheidungen, Korrekturen, Hoffnungen und persönlichem Engagement wird kalt und nüchtern vom „betrieblichen Rechnungswesen" (in kleineren Betrieben vom Steuerberater) auf ein paar Seiten Papier zahlenmäßig erfaßt und dargestellt. Ob man sich in der Praxis des Rechnungswesens allerdings immer der Verantwortung und der Bedeutung von Betriebsabrechnungen bewußt ist, gerade in bezug auf Informationsgewinnung für zukünftige unternehmerische Entscheidungen – das sei hier für eine Vielzahl von Hotel- und Gaststättenbetrieben in Frage gestellt. Oft geht es leider nur um eine *Daten*-Verarbeitung und nicht um die erforderliche *Informations*-Verarbeitung!
Die Anforderungen und Aufgaben für das Rechnungswesen in Hotellerie und Gastronomie haben sich geändert: Es reicht nicht mehr aus, allein Vergangenes zu beschreiben, sondern es müssen aussagefähige Darstellungsformen geschaffen werden, die den Anforderungskatalog Aktualität, Objektivität, Genauigkeit, Vollständigkeit, Stetigkeit und betriebliche Einheitlichkeit, Geschlossenheit, Vergleichbarkeit und Übersichtlichkeit nach wirtschaftlichen Gesichtspunkten erfüllen, als Informationsquelle des betrieblichen Planungs- und Entscheidungsprozesses zukunftsorientiert dem Hotelier und Gastronomen zur Seite zu stehen.

Darstellungsformen in der Praxis

Betriebsberatungen bei den unterschiedlichsten Betriebstypen des Hotels- und Gaststättengewerbes zeigen recht deutlich, daß die Darstellungsformen der Betriebsabrechnungen keineswegs zu vereinheitlichen sind. Wohl abhängig von der Betriebsgröße wird der „Irrgarten des Zahlenmaterials" meist in leseunappetitlicher Darstellung dem Unternehmer präsentiert. So mancher Steuerberater „verarbeitet" die Zahlen eines gastgewerblichen Betriebes genauso wie die Ergebnisse beim

Einzelhandelsgeschäft – ohne auf die branchentypischen Besonderheiten Rücksicht zu nehmen. Empfehlenswert sind die Bemühungen des DEHOGA, aufbauend auf einen bundeseinheitlichen Hotel- und Gaststättenkontenrahmen, die EDV-gelenkte Chefinformation mit Kennziffern als betriebswirtschaftliche Grundlage zur Kostenüberwachung und Auswertung einzuführen.
Auch hier gilt die Basiszielsetzung: Informationen für Anpassungsentscheidungen in Hotellerie und Gastronomie müssen aktuell und interpretierfähig dargestellt werden. Auf den Einsatz von Kennzahlensystemen, die aufgrund der in sich geschlossenen Ermittlung und Darstellung von Kennzahlen Zeit-/Soll-/Ist- und Betriebsvergleiche mit entsprechender Kennzahlenbeurteilung, Ursachenanalyse und Kennzahlenvorgabe zulassen, sei in diesem Zusammenhang hingewiesen. Die in der *Tabelle 1* (siehe unten) oft angetroffene Darstellungsform einer Gewinn- und Verlustrechnung erscheint in der Aussagefähigkeit, vor allem aber in der Interpretationsfähigkeit, von vornherein beschränkt. Hier ist zwar „Vergangenes“ korrekt dargestellt, aber das Zahlenmaterial leistet in dieser Form und Aufbereitung keinen Beitrag zum schnellen Reagieren auf zukünftige Entwicklungen des Betriebs. Detaillierte Informationen, um beispielsweise aus Fehlern zu lernen, werden nicht gegeben.

Tabelle 1
Mangelhafte Darstellungsform einer Gewinn- und Verlustrechnung)*

Umsatzerlöse		400 200 DM
Warenkosten	78 250 DM	
Personalkosten	144 080 DM	
Energiekosten	46 020 DM	
Steuern, Gebühren, Beiträge, Versicherungen	39 700 DM	
Sonstige Betriebs- und Verwaltungskosten	39 050 DM	347 100 DM
Betriebsergebnis I		53 100 DM
Mieten und Pachten	2 500 DM	
Leasing	700 DM	
Instandhaltungen	0 DM	
Abschreibungen (AfA)	0 DM	
Fremdkapitalzinsen	1 350 DM	
Sonstige anlagebedingte Kosten	2 150 DM	6 700 DM
Betriebsergebnis II		46 400 DM

*) Das hier eingesetzte Zahlenmaterial dient allein als Musterbeispiel und reflektiert keinen bestimmten Betriebstyp.

Interpretationsfähiges Zahlenmaterial

So wie nicht jedermann Bücher in einer Fremdsprache lesen kann, so sind auch viele Betriebsinhaber oft nicht in der Lage, die „Zahlenfriedhöfe" ihrer Steuerberater und Buchhalter zu verstehen oder gar als Entscheidungsgrundlage anzuwenden. Die sinnvolle und interpretationsfähige Darstellungsform der Betriebsergebnisse gehört aber mit zu den Hauptaufgaben des Rechnungswesens.
Nur übersichtliche, leicht lesbare Betriebsabrechnungen können dem Management als echte Orientierungshilfe dienen. Dabei müssen die einzelnen Hotelbereiche mit aussagefähigem Zahlenmaterial in verständlicher Form so aufgezeigt werden, daß eventuell notwendige Korrekturmaßnahmen direkt abgelesen werden können.
Die in der *Tabelle 2* (siehe S. 357) gewählte Darstellungsform erfolgte in Anlehnung an das „Uniform System of Accounts for Hotels", das als „Umsatzbereichsrechnung" nicht nur aufgrund der Verbreitung amerikanischer Hotels in Europa seine berechtigte Anwendung gefunden hat. Für Betriebe mit mehreren Betriebsbereichen (Beherbergung, Food & Beverage) läßt sich diese Darstellungsform leicht auf deutsche Verhältnisse übertragen, und zwar unabhängig von dem verwendeten Kontenrahmen.
Der Aussagewert der Umsatzbereichsrechnung verstärkt sich in der Übersicht *(Tabelle 2)* durch die Aufschlüsselung der einzelnen Umsatzträger:
- Beherbergung
- Speisen
- Getränke
- Sonstiges

Mit den direkt zurechenbaren Aufwendungen (Warenaufwand, Personalaufwand, Sonstiger Aufwand) und dem daraus resultierenden „Überschuß" (Unterdeckung) im Vergleich zu budgetierten prozentualen Soll-Erwartungen (fixe und variable Kosten werden im Budget vereinbart). Für „Überschuß oder Unterdeckung" können die betreffenden Abteilungsleiter (Empfangschef, Hausdame, Food & Beverage-Manager) nun auch Mitverantwortung tragen, denn die bis hier erfaßten Bereichsergebnisse sind von den Abteilungsleitern direkt beeinflußbar – eine Art Bruttogewinn, für den sie eigenverantwortlich handeln.
So werden die „übrigen Betriebsbereiche" (Verwaltung, Werbung, Energie, Sonstiges) mit Aufwendungen, die den betrieblichen Umsatzträgern nicht direkt und eindeutig zuzurechnen sind, separat gehalten und führen nach Abzug von dem Gesamtwert „Überschuß/Unterdeckung" zur Hotelkontrollebene (Betriebsergebnis I vor Steuern), für die wiederum das Topmanagement (Generaldirektor) verantwortlich zeichnet. Zieht man hiervon die von dem Management nicht unbedingt kontrollierbaren und damit nicht beeinflußbaren Aufwendungen wie Steuern, Mieten und Pachten, Leasing, Abschreibungen, Fremdkapitalzinsen usw. ab, so erhält man das Betriebsergebnis II.

Tabelle 2
Aussagefähige Gewinn- und Verlustrechnung

Hotelbereiche	Erträge	%	Warenaufwand	%	Personalaufwand	%	Sonstiger Aufwand	%	Überschuß/ Unterdeckung	%	Budget	%
Beherbergung	190100	47,5	–	–	47500	25,0	19000	10,0	123600	65,0	133050	70,0
Speisen	120050	30,0	43800	36,5	45000	27,5	6000	5,0	25250	21,0	33600	28,0
Getränke	58050	14,5	16850	29,0	8700	15,0	1750	3,0	30750	53,0	31950	55,0
Sonstiges	32000	8,0	17600	55,0	–	–	–	–	14400	45,0	14400	45,0
Gesamt	400200	100,0	78250	19,6	101200	25,3	26750	6,7	194000	48,5	213000	53,2
Übrige Betriebsbereiche												
Verwaltung	–	–	–	–	42880	–	10300		53180	13,3	40020	10,0
Werbung	–	–	–	–	–	–	2000		2000	0,5	6000	1,5
Energie	–	–	–	–	–	–	46020		46020	11,5	32000	8,0
Sonstiges	–	–	–	–	–	–	10700		10700	2,7	12000	3,0
Gesamt					42880		69020		111900	28,0	90020	22,5
Hotelkontrollebene Betriebsergebnis I (vor Steuern)	400200	100,0	78250	19,6	144080	36,0	95770		82100	20,5	122980	30,7
Steuern							29000		29000	7,2	29000	7,2
Betriebsergebnis I	400200	100,0	78250	19,6	144080	36,0	124770		53100	13,3	93980	23,5
Mieten u. Pachten							2500		2500		2500	
Leasing							700		700		700	
Instandhaltung							0		0		0	
Abschreibung							0		0		0	
Fremdkapitalzinsen							1350		1350		1350	
Sonstiges							2150		2150		2150	
Gesamt							6700		6700	1,7	6700	1,7
Betriebsergebnis II	400200	100,0	78250	19,6	144080	36,0	131470	32,8	46400	11,6	87280	21,8

Interpretation einer Gewinn- und Verlustrechnung

Durch die gewählte Darstellungsform *(Tabelle 2)* erscheint das gezeigte niedrige Betriebsergebnis I von 13,3 Prozent vom Gesamtergebnis folgendermaßen leicht erklärbar:

A) Beherbergung
Die Differenz von 5 Prozent weniger Überschuß als budgetiert (65 Prozent anstelle 70 Prozent) resultiert aus den überhöhten Personalaufwendungen, wenn der „Sonstige Aufwand" von 10 Prozent als normal angesehen wird. Eine Überprüfung der Extralohnkosten, Dienst- und Urlaubspläne des regulären Personals in Verbindung mit einer Produktivitätskontrolle im Beherbergungsbereich erscheint erforderlich.

B) Speisenbereich
Für den Speisenbereich ergibt sich eine Differenz von 7 Prozent weniger Überschuß oder 8350 DM, die von dem überhöhten Warenaufwand zu erklären sind (wenn der Warenaufwand für Speisen in diesem Hotel in der Regel um 30 bis 32 Prozent beträgt). Überwachung und Kontrolle der standardisierten Rezepte, Portionsgrößen, der Küchenproduktion und des Einkaufsverfahrens sind zu verstärken.

C) Getränkebereich
Die 3 Prozent Verlust an Überschuß im Getränkebereich sind ebenfalls beim Warenaufwand zu suchen. Eine gezielte Überprüfung der Bar-/Büfettabrechnung und Kontrollverfahren für diesen Bereich müssen vorgenommen werden.

D) Verwaltungsaufwand
13 160 DM oder 3,3 Prozent mehr Verwaltungsaufwand als vorgesehen bedürfen der Erklärung. Wenn der „Sonstige Aufwand" hier im Rahmen liegt, muß mehr Personal eingestellt oder es müssen außerordentliche Gehaltserhöhungen für diesen Bereich wirksam geworden sein.

E) Werbungsaufwand
Die zunächst günstig erscheinende Differenz von 4000 DM oder 1 Prozent weniger ausgegebene Werbung zeigt an, daß in diesem Bereich zukünftig mehr getan werden muß. Das Marketingbudget wird meist nicht im prozentualen Verhältnis zum Umsatz, sondern in absoluten Beträgen geplant und ausgegeben.

F) Energieaufwand
Die Energiekosten mit 8 Prozent vom Umsatz erscheinen als überhöht. Alle Möglichkeiten zu Einsparungsmaßnahmen, evtl. eine externe Energieberatung, müssen erwägt werden.

Jede Betriebsabrechnung gewinnt an Aussagefähigkeit, wenn als Planungsgröße ein vorher aufgestelltes Budget (mit Vereinbarung der fixen und variablen Kosten) den Soll-Ist-Vergleich und die Soll-Bereichsergebnisrechnung auf der Basis der Ist-Erträge (Tabelle 2) ermöglicht. Die für den jeweiligen Betrieb ausgewählten Darstellungsformen beinhalten in ihrer sinnvollen und aussagefähigen Präsentation „Verkaufsfördernden Charakter" und Anerkennung für die Arbeit des betrieblichen Rechnungswesens.

Rationalisierung – Kosteneinsparungsmaßnahmen im Hotel- und Gaststättenbetrieb

Zielsetzung

Es gibt kein Patentrezept, um Kosten zu planen, zu steuern, zu kontrollieren, zu senken, der Auslastung anzupassen. Obwohl viele Gastronomiebetriebe in ihrer Kostenstruktur sehr ähnlich sind, muß das „Kostenmanagement" auf den individuellen Betrieb maßgeschneidert werden. Mit den vielen statistischen Betriebsvergleichen allein ist es noch nicht getan. Der Teufel steckt im Detail. Arbeitet beispielsweise ein vergleichbarer Konkurrenzbetrieb mit einem besseren, niedrigeren Personalaufwand, bedeutet das noch nicht, daß er optimal arbeitet oder man selbst gar schlechter. Es kommt auf die betriebsspezifischen Eigenarten an, und die gilt es zu optimieren.
Rationalisierung mit dem Ziel der Arbeitsvereinfachung will ein Optimum an Leistung mit einem Minimum an Aufwand in personeller und materieller Hinsicht erreichen: einfacher, schneller, billiger, besser und sicherer.
Es gibt keinen besseren Betriebsberater als Sie selbst. Wer könnte in einer besseren Position sein, Rationalisierungsvorschläge zu machen, als derjenige, der tagtäglich im vertrauten Betrieb die Arbeiten plant, ausführen läßt und kontrolliert. Es sei denn, man ist betriebsblind geworden und daran gewöhnt, Dinge in einer bestimmten Art und Weise zu erledigen, man ist negativ routiniert.
Es gilt, gegen den schlimmsten Feind der Kostenkontrolle, gegen die „Routine" anzukämpfen. Es ist Tatsache, daß die meisten Menschen jeglichen Veränderungen gegenüber negativ eingestellt und nicht bereit sind, einer Veränderung zuzustimmen, es sei denn, man wird dazu gezwungen oder ist aufrichtig davon überzeugt, die Veränderung würde eine Verbesserung zum eigenen Vorteil bringen.
Rationalisierung im Hotel darf nicht auf Kosten der Dienstleistungsqualität für den Gast erfolgen. Die Anwendung der integrierten Personaleinsatzplanung in der Hotel- und Gaststättenindustrie verlangt nach progressivem Denken und muß auf jeden einzelnen Betrieb abgestimmt werden. Bei allen Systemen, Strukturen und Modellen darf man den Menschen nicht vergessen.

Mehr Produktivität durch bessere Personaleinsatzplanung

Nur wenige Hotels haben es verstanden, moderne industrielle Organisationsmethoden und Verfahren auf ihre Betriebe anzuwenden. Die Zukunft wird verdeutlichen, wie wertvoll es für die Hotellerie ist, sich neue betriebswirtschaftliche Erkenntnisse zu eigen zu machen und sie fachgerecht in der Praxis zu verwirklichen.
Der Hotelier von heute steht mit den ständig steigenden Lohnksoten vor einem ernsthaften Problem. Schon längst ist er nicht mehr in der Lage, die stetig anwachsenden Personalkosten durch Verkaufspreiserhöhungen für Zimmer oder Speisen und Getränke aufzufangen. Die verbesserte Markttransparenz und der harte Konkurrenzdruck helfen, den Hotelier preislich zu fesseln. Wer sich nicht vom Markt „wegpreisen" will, muß eine Kombination aus nachfrageorientierter und konkurrenzorientierter Preispolitik betreiben.
Dabei wird die Kostensituation nicht besser – die zunehmenden Personalkosten scheinen langfristig jeglichen, noch verbleibenden Gewinn aufzufressen. Vor dieser Situation hat bisher schon mancher Hotelier die Waffen strecken müssen. Die zahlreichen Konkursanmeldungen der letzten Zeit sprechen für sich.
Steht man im Hotel- und Gaststättengewerbe der Lohnkostenlawine wirklich machtlos gegenüber? Die Produktgestaltung, die Serviceleistung für den Gast müssen immer attraktiver gestaltet werden, will man am heutigen „Käufermarkt der Hotellerie" noch bestehen. Ein guter Service verlangt qualifiziertes Personal, das teuer ist und immer teurer wird.
Ein Teufelskreis, will man meinen, aus dem es kein Entrinnen gibt. Vielleicht aber sollte man sich die Erkenntnisse der Industrie zunutze machen. Selbstverständlich gibt es auch dort Personalkostenprobleme, doch hat man wenigstens alles Erdenkliche getan, um sämtliche betriebswirtschaftlichen Arbeitsabläufe zu analysieren und zu organisieren. Dort gibt es Leistungsmaßstäbe, festgesetzte Qualitätsnormen, Standardisierungen, detaillierte Ausbildungsprogramme für jeden einzelnen Arbeitsablauf – alles Dinge, von denen man in der Hotellerie noch eine Menge fachgerecht übernehmen könnte.

Gedankenflußplan

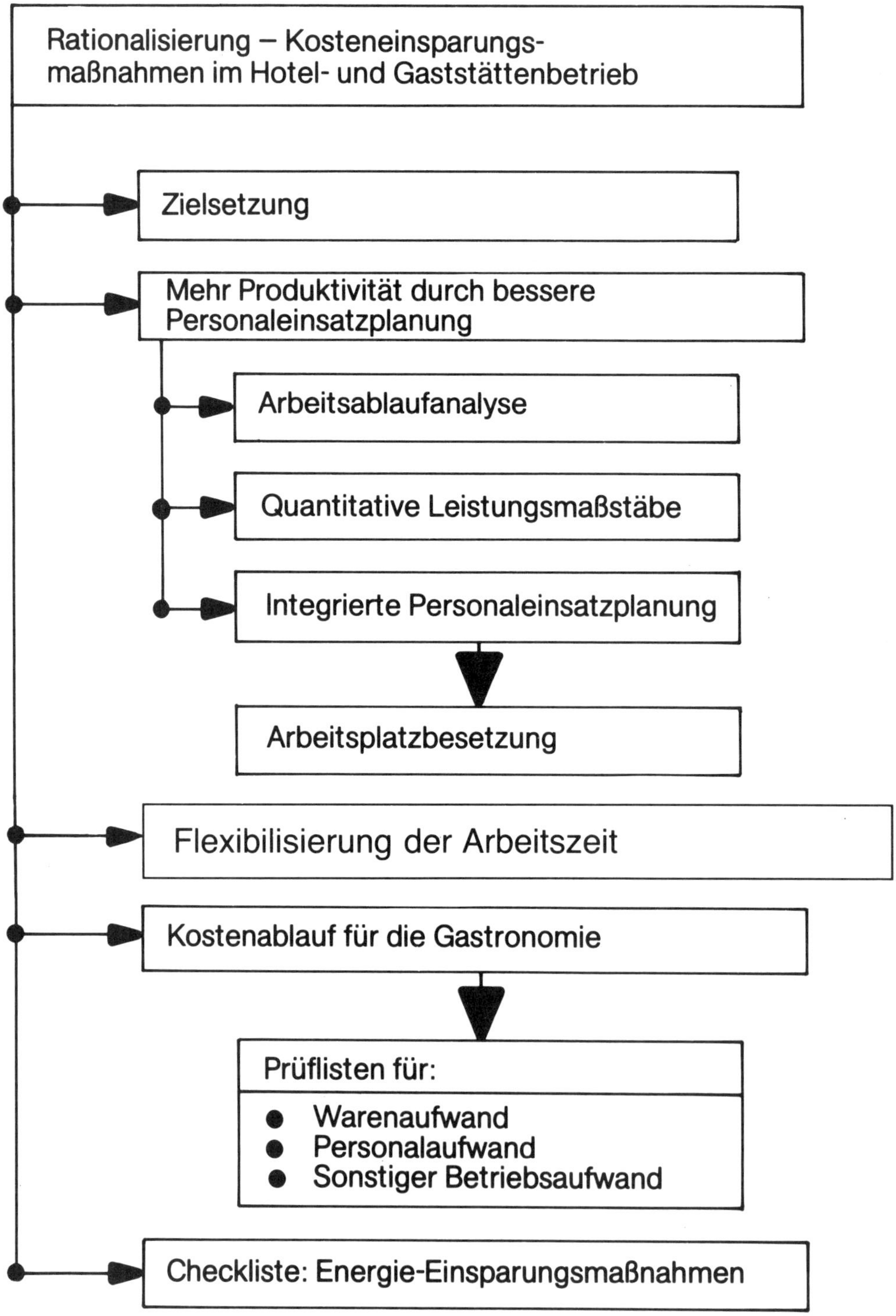

Nur beständige, kritische Prüfung der Arbeitsabläufe kann verbesserungsfähige Schwächen aufdecken und zur Entwicklung besserer Arbeitsmethoden führen. Die Lohnkostensteigerung in der Hotellerie kann nur dann als gerechtfertigt erscheinen, wenn sie von vergleichbarer Produktivitätserhöhung des Personals begleitet wird. Hoteliers und Manager müssen es sich zur Aufgabe machen, Maßstäbe für Dienstleistungen zu ermitteln und ständig überprüfen, ob die Leistungen nicht durch moderne Geräte, qualifiziertere Ausbildung, auch am Arbeitsplatz („on the job training") veränderte Arbeitsabläufe verbessert oder gesteigert werden können.
Dabei kann es nicht das Ziel sein, mehr aus den Angestellten „herauszuholen". Durch genaue Arbeitsablaufanalysen will man Arbeitserleichterung bewirken, um in absehbarer Zeit einen besseren Qualitätsstandard der Dienstleistungen zu erreichen.
Im folgenden werden allgemeine Schritte der Arbeitsablaufanalyse beschrieben, wie sie auch in der Hotellerie angewendet werden können:

Arbeitsablaufanalyse

1. Eine zu verbessernde Tätigkeit auswählen:
a) Schauen Sie nach Engpässen aus.
b) Suchen Sie Tätigkeiten aus, die Probleme verursachen.
c) Nehmen Sie die wichtigsten Arbeitsabläufe zuerst in Angriff.

2. Aufgliederung (Analyse) der Tätigkeit:
a) Analysieren Sie die Tätigkeit, machen Sie eine Aufstellung aller Details (Arbeitsstufen) der Arbeit, wie sie zur Zeit bei Ihnen anfallen.
b) Denken Sie daran, daß die Details den Umgang mit den Materialien, den Maschinen und Servicegerätschaften mit einschließen müssen.

3. In-Frage-Stellung der Arbeitsstufen:
a) Kann die Arbeitsstufe eliminiert werden?
b) Kann die Reihenfolge des Arbeitsablaufs geändert werden?
c) Kann die Arbeitsstufe verbessert oder vereinfacht werden?

Fragen Sie sich selbst:
Warum wird diese Arbeitsstufe ausgeführt? Ist sie absolut erforderlich?
Wer würde sie vermissen? Können ohne sie ebenso gute Ergebnisse erzielt werden? Was würde nicht erledigt werden?
Wann sollte diese Arbeitsstufe erfolgen? Wird die Arbeit in der richtigen Folge getan? Ist der gegenwärtige Zeitpunkt am günstigsten? Muß die Arbeit jetzt ausgeführt werden? Kann die Arbeitsstufe mit anderen zusammengelegt oder ausgeführt werden? Kann die Arbeitsstufe mit anderen zusammengelegt oder durch vor- und zurückverlegen vereinfacht werden? Macht eine Zeitverschiebung einen Unterschied?

Wo sollte diese Arbeitsstufe erfolgen? Verursacht der gegenwärtige Platz unnötige Verzögerungen? Gibt es einen geeigneteren Ort für diese Arbeitsstufe? Könnte die Arbeitsstufe leichter – unter Einsparung von Zeit, Arbeitskraft und Bewegung – an einem anderen Ort oder durch eine andere Person erfolgen? Hängt der Erfolg der Arbeit davon ab, daß sie an dieser Stelle ausgeführt wird?
Wer sollte die Arbeit verrichten? Könnte jemand anderes als Teil seines Aufgabengebietes diese Arbeitsstufe mitübernehmen? Könnte ein anderer die Arbeit wirtschaftlicher und leistungsfähiger ausüben?
Wie kann die Arbeitsstufe verbessert werden? Wie kann die Arbeit für jeden Beteiligten erleichtert werden? Kann sie mit anderer Ausrüstung, anderem Material oder aufgrund einer anderen räumlichen Anordnung besser, leichter oder wirtschaftlicher verrichtet werden?
Wichtig ist, daß die Tätigkeit mit ganz anderen Augen, als etwas völlig Neues angesehen wird. Untersuchen Sie jeden Schritt im Arbeitsablauf. Überprüfen Sie, ob wirklich so wie bisher gearbeitet werden muß. Machen Sie es sich zur Regel, jede Arbeitsstufe in Frage zu stellen. Ihre Antworten dazu werden Ihnen Anhaltspunkte der zukünftigen Arbeitserleichterung geben.

4. Entwicklung der neuen Arbeitsmethode:
a) Beseitigen Sie alle überflüssigen Details.
b) Fassen Sie Einzelheiten zusammen, wo immer es praktisch erscheint.
c) Arrangieren Sie die Arbeitsablauffolge neu.

5. Vereinfachung aller notwendigen Details der neuen Arbeitsmethode:
a) Schaffen Sie Arbeitserleichterungen.
b) Ordnen Sie Material, Vorräte und Arbeitsgeräte optimal im Arbeitsplatzbereich an.
c) Gestalten sie den Arbeitsablauf aufgrund der neuen Vorschläge in Zusammenarbeit mit den entsprechenden Abteilungsleitern.

6. Formulierung und Einführung der neuen Arbeitsmethode:
a) Gewinnen Sie das Top-Management für Ihre Vorschläge.
b) Überzeugen Sie die betreffenden Abteilungsleiter von der neuen Arbeitsmethode.
c) Holen Sie sich die endgültige Zustimmung aller Betroffenen in bezug auf Qualität, Quantität und Kosten der neuen Arbeitsmethode.
d) Führen Sie die neue Arbeitsmethode ein und überwachen Sie sie, bis alle empfohlenen Änderungen des Arbeitsablaufes wirksam durchgeführt, alle erwarteten günstigen Ergebnisse erzielt wurden, die erwarteten Einsparungen an Arbeitskräften oder Kosten erzielt werden konnten und die Güte der Arbeit oder die Güte der geleisteten Dienste sich in der erwarteten Weise gesteigert hat.

Grundsätzliches zur Arbeitsablaufanalyse

Sie werden selten Gegenargumente hören, wenn Sie jemandem erklären, Sie möchten seine Arbeit erleichtern oder die anfallende Arbeitsmenge verringern. Kündigen Sie aber eine Arbeitsablaufanalyse an, werden Sie auf Widerstand stoßen, und man wird denken, Sie würden entweder versuchen, die Arbeit zu beschleunigen oder gar die Arbeitsstelle zu eliminieren; einige Angestellte würden sich in ihrer Existenz bedroht fühlen.
Es ist Tatsache, daß die meisten Menschen jeglichen Veränderungen gegenüber negativ eingestellt sind. Wenn man sich daran gewöhnt hat, Dinge in einer bestimmten Art und Weise zu erledigen und sie in dieser Form schon für eine längere Zeit ausgeführt hat, ist man grundsätzlich nicht bereit, einer Veränderung zuzustimmen. Es sei denn, man wird dazu gezwungen, oder ist aufrichtig davon überzeugt, die Veränderung würde eine Verbesserung zum eigenen Vorteil bringen. Mancher faßt schon deshalb einen Verbesserungsvorschlag von einem Außenstehenden als persönliche Kritik auf, weil er einfach selbst nicht an diese Verbesserungsmöglichkeit gedacht hat.
Wenn man Sinn und Zweck der Arbeitsablaufanalyse richtig einzuschätzen vermag, wird man einsehen, daß jeder Außenstehende oder Direktbeteiligte Verbesserungsvorschläge vorbringen kann. Deshalb ist es außerordentlich wichtig, daß man die Zielsetzung vor Beginn der Arbeitsablaufanalyse erläutert.

Das Ziel heißt: Arbeitserleichterung

Es ist weiterhin absolut erforderlich, sich Unterstützung, Rat und Hilfe der Direktbeteiligten bei der Arbeitsablaufanalyse zu sichern. Wer könnte in einer besseren Position sein, Verbesserungsvorschläge zur Arbeitserleichterung zu haben, als derjenige, der die Arbeit tagtäglich ausführt – vorausgesetzt, er sieht die Arbeit einmal in einem anderen Licht, mit anderen Augen an. Wahrscheinlich weiß die direktbeteiligte Person mehr vom Arbeitsablauf als irgend jemand und hat sich auch mehr Gedanken über die Arbeit gemacht als jeder andere.
Die Aufgabe des Hoteliers und Managers ist es, Kreativität zu wecken, so daß die Direktbeteiligten von sich aus Arbeitserleichterungen anstrengen. Arbeitserleichterung wirkt sich für jeden selbst vorteilhaft aus, deshalb soll man auch in der Hotellerie Leistungsmaßstäbe entwickeln, die tatsächlich nichts anderes darstellen als Arbeitsplatzbeschreibungen in einer anderen Form ausgedrückt, nämlich: übersetzt in quantitative oder meßbare Einheiten. Selbstverständlich müssen solche Leistungsmaßstäbe realistisch und in bezug auf Arbeitsvolumen, Arbeitsbedingungen und Grad der Ausbildung auch erreichbar sein.
Klar definierte Leistungsmaßstäbe sollen nicht nur der Kontrollmöglichkeit Genüge tun, sondern dienen auch als Ausgangsbasis für jede Leistungsverbesserung sowohl in qualitativer Hinsicht als auch in quantitativer Hinsicht. Wenn es gelingt, mit

Gedankenflußplan

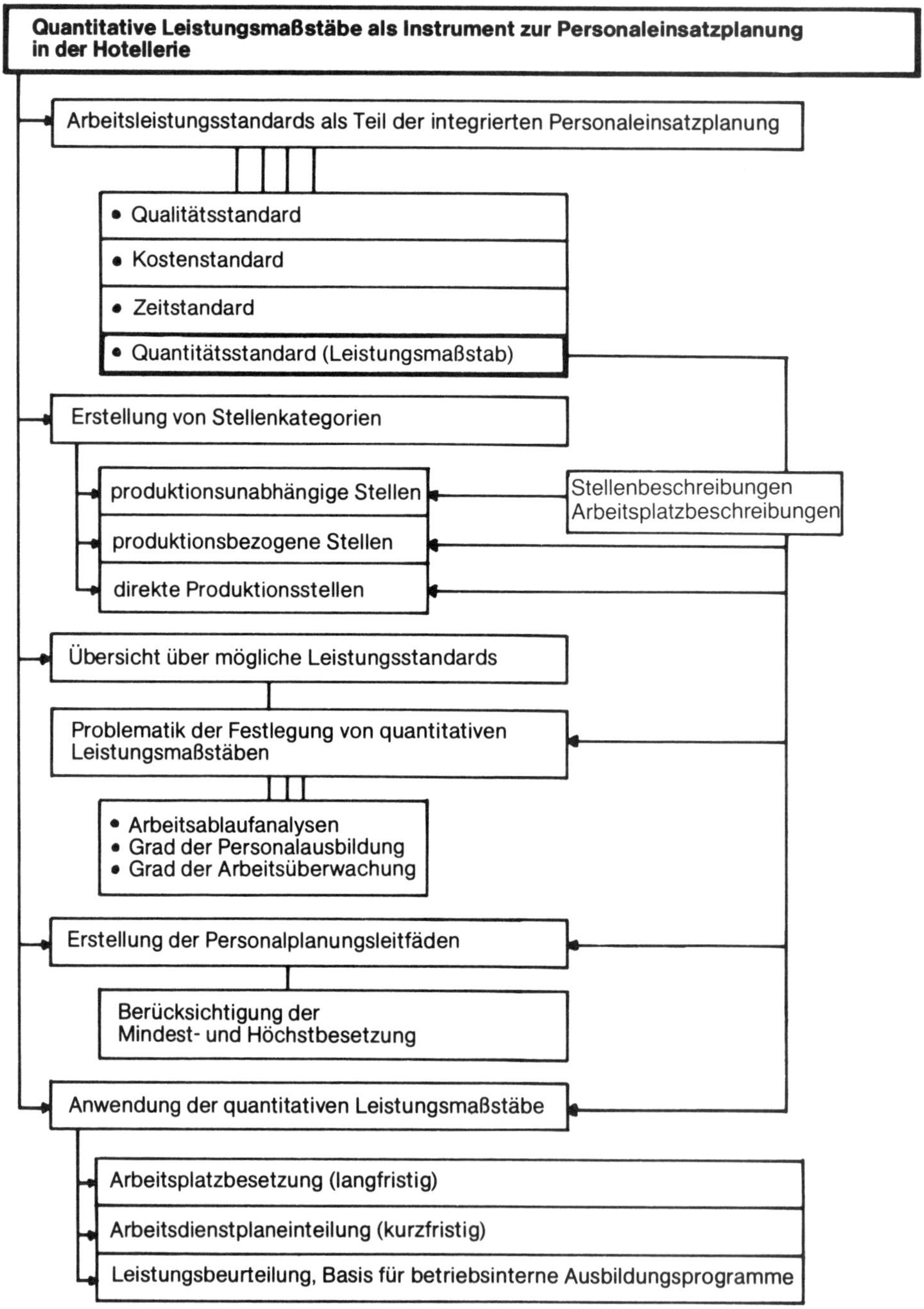

Hilfe von sorgfältigen Arbeitsablaufanalysen Arbeitserleichterungen und Grundlagen für detaillierte Ausbildungsprogramme zu schaffen, werden Hoteliers und Manager langfristig in der Lage sein, mit weniger, aber qualifizierterem Personal auszukommen. Die Betonung liegt heute sicherlich bei der Ausbildung.
Um eine interne und auf den spezifischen Betrieb abgestimmte Ausbildung vornehmen zu können, müssen Grundlagen auf der Basis exakter Arbeitsablaufanalysen geschaffen werden.
Hoteliers und Manager müssen sich selbst einmal die Zeit nehmen und die wichtigsten Arbeitsabläufen in ihrem Betrieb analysieren. Man denke an die einzelnen Schritte der Arbeitsablaufanalyse: Auf Engpässe achten!

Anhaltspunkte für die Festlegung und Bedeutung von Leistungsstandards

1. Um Leistungsstandards festlegen zu können, ist es Voraussetzung, die Tätigkeiten und Aufgaben klar und präzise zu erfassen und festzulegen.
2. Die aufgrund von Arbeitsablaufstudien (Zeit- und Bewegungsstudien) ermittelten Arbeitsleistungsstandards müssen auf den jeweiligen Hotelbetrieb zugeschnitten sein.
3. Leistungsstandards sind entscheidend von der Betriebsanlage, von dem Grad der Personalausbildung, der Dienstaufsicht und Erfolgskontrolle abhängig.
4. Produktivität kann in der Hotellerie auf folgende zwei Arten gemessen und ausgedrückt werden:
   a) erfüllte Leistungseinheiten während einer festgesetzten Zeitperiode:
   b) erreichter Verkaufsumsatz in DM während einer festgesetzten Zeitperiode.
5. Die herkämmliche Kontrolle der Personalkosten mit Hilfe von Prozentsätzen im Verhältnis zum Umsatzvolumen gilt heute als zu unsicher, um Schwächen in den einzelnen Abteilungen aufzudecken. Hier müssen Leistungsstandards ausgedrückt in Arbeitseinheiten zur Anwendung gebracht werden, will man ein neutrales Kontrollelement zur Produktivitätsmessung einsetzen. Mit einer Änderung im Umsatzvolumen oder durch Gehaltserhöhungen verändern sich unkontrollierbar die Kostenprozentsätze; Arbeits-Leistungseinheiten, wie belegte Zimmer, servierte Couverts etc. bleiben jedoch konstant und aussagekräftig.
6. Leistungsstandards dienen als Grundvoraussetzung für jegliche Personalbesetzung und Dienstplan-Arbeitseinteilung.
7. Allgemein lassen sich folgende Arten von Leistungsstandards in der Hotellerie unterscheiden:
   a) *Zeitstandard*
      (Frage: Wann muß die Aufgabe erfüllt sein?)
   b) *Kostenstandard*
      (Frage: Welche Kostenbegrenzung fällt für die Aufgabe an?)

c) *Qualitätsstandard*
(Frage: Wie und auf welchem Niveau muß die Aufgabe erfüllt sein?)
d) *Quantitätsstandard*
(Frage: Wie viele und welche Mengeneinheiten müssen bei der Aufgabenerfüllung erreicht werden?)

8. Leistungsstandards müssen objektiv kontrollierbar und im Sinne von Folgen und Ergebnissen einer gut erfüllten Aufgabe formuliert werden.
9. Festgelegte Leistungsstandards ermöglichen Selbstkontrolle für den einzelnen Mitarbeiter, gezielteren Einsatz von Trainingsmaßnahmen und objektivere Leistungsbeurteilung des Mitarbeiters durch seinen Vorgesetzten.
10. Leistungsstandards als Führungsmittel sollten periodisch auf Verbesserungsmöglichkeiten hin untersucht werden. Dabei müssen Gründe für Abweichungen geklärt und Weiterbildungsinvestitionen stellenbezogen geplant werden.

Der Quantitätsstandard

Um Anhaltspunkte für die Erstellung von quantitativen Leistungsstandards gewinnen zu können, ist auf Seite 369 eine Übersicht von typischen Hotelstandards/Leistungseinheiten aufgezeigt.

Für jede bezahlte Arbeitsstunde werden heute immer weniger Einnahmen verzeichnet. Nur qualifizierte, betriebswirtschaftliche Personaleinsatzkontrolle hilft, dem ansteigenden Lohnkostendruck in der Hotel- und Gaststättenindustrie entgegenzuwirken. Durch Verbesserung der Qualität und – wo möglich – Erhöhung der Quantität der Arbeitsleistung muß der beste Gegenwert für jede ausgegebene Lohnkosten-DM angestrebt werden.
Der Einführung der Automation – Ersatz der Arbeitskraft durch Maschinen – sind in Dienstleistungsbetrieben Grenzen gesetzt. Die kurzfristige Produktion konsumreifer Leistungen macht die Hotellerie personalintensiv und verlangt nach professioneller, integrierter Personaleinsatzplanung.

Durch Kombination und den gemeinsamen Einsatz von:
- *Arbeitsvereinfachung*
- *Arbeitsüberwachung*
- *Arbeitsleistungsstandards*
- *Arbeitsplatzbesetzung*
- *Arbeits-Dienstplaneinteilung*

kann erfolgversprechende Personaleinsatzplanung erreicht werden.

Übersicht über mögliche Leistungsstandards in der Hotellerie

Abteilung	Bereich	Leistungseinheiten –
Empfang/Portier Empfangsherren Portiers Pagen Hoteldiener Telefondienst	BEHERBERGUNG	Anzahl der Ankünfte/Abreisen Anzahl der belegten Zimmer pro Arbeitsschicht
Hausdamenabteilung Zimmermädchen Etagen- beschließerinnen Reinigungspersonal Fensterputzer	BEHERBERGUNG	Anzahl der belegten Zimmer oder zu reinigenden Quadratmeter Zimmeranzahl pro Arbeitsschicht qm pro Arbeitsstunde Fenster pro Arbeitsschicht
Restaurant Service Oberkellner Kellner (Chef, Commis) Weinkellner	FOOD + BEVERAGE	Gästeanzahl pro Essenszeit (Frühstück, Mittag, Abend) Couvertanzahl pro Essenszeit (Frühstück, Mittag, Abend) Getränkeumsatz pro Arbeitsschicht
Küchenproduktion Köche	FOOD + BEVERAGE	Couvertanzahl pro Arbeitsschicht
Stewardabteilung Geschirrspüler	FOOD + BEVERAGE	Couvertanzahl pro Abwaschmaschinenstunde
Bars Barkeeper	FOOD + BEVERAGE	Getränkeumsatz pro Arbeitsschicht
Etagenservice Kellner	FOOD + BEVERAGE	Anzahl der Rechnungen pro Arbeitsschicht (jede Rechnung = 1 Weg)
Bankettservice Oberkellner Kellner	FOOD + BEVERAGE	Gästeanzahl pro Art der Veranstaltung (Mittagessen, Abendessen, Buffet, Ball, Cocktail- party, Konferenzen)

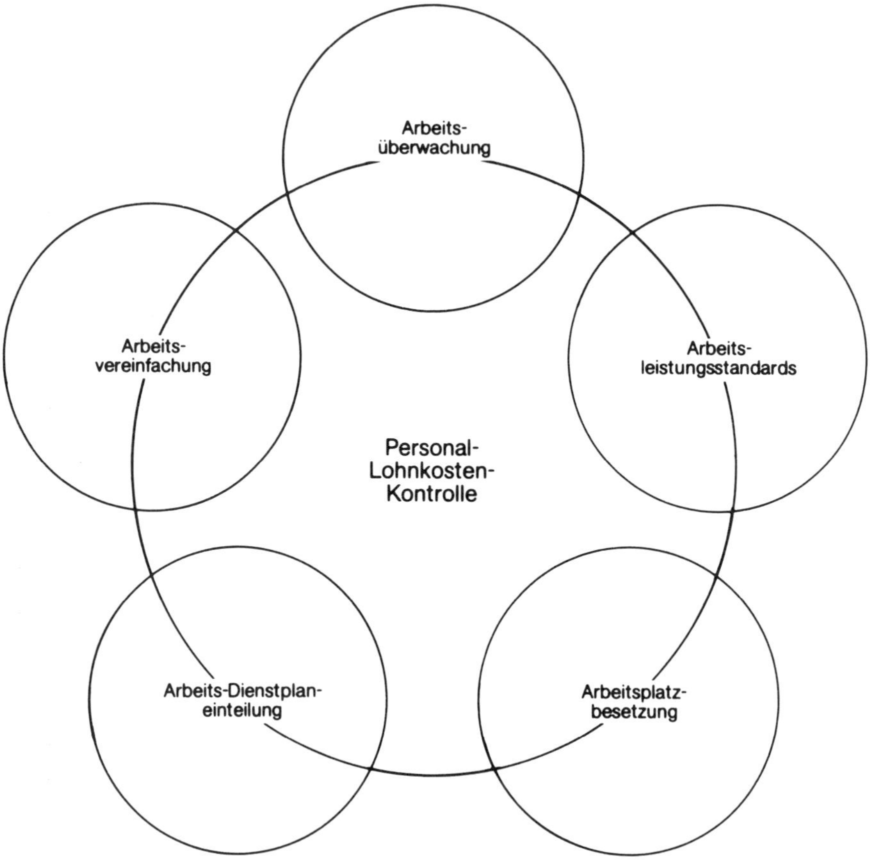

Integrierte Personaleinsatzplanung in der Hotellerie

Arbeitsplatzbesetzung

Um nicht vom Gewinn oder Verlust eines Geschäftsjahres überrascht werden zu können, ist es für ein modernes Hotelmanagement unabdingbar, detaillierte Geschäftsprognosen zu erstellen. Dabei fällt der Arbeitsplatzbesetzung – der langfristigen Personalplanung – eine Schlüsselrolle zu. Hier gilt es, die Personalanzahl der zu erwartenden Kapazitätsauslastung anzupassen.
In Übereinstimmung mit den gesetzlichen Vorschriften können, wollen und dürfen die Hoteliers nicht Mitarbeiter von heute auf morgen entlassen, und sie sind auch nicht in der Lage, qualifiziertes Personal so kurzfristig zu beschaffen. Um so mehr muß gerade auf diesem Gebiet eine umsichtige Arbeitsplatzbesetzung durchgeführt werden.

Die Arbeitsplatzbesetzung der einzelnen Arbeitsstellen in den Hotelabteilungen hängt vorwiegend von dem zu erwartenden Geschäftsvolumen ab; einige Stellen müssen dabei zur Aufrechterhaltung der Betriebsbereitschaft auf jeden Fall besetzt sein. Für die Arbeitsplatzbesetzung in der Hotellerei bietet sich folgende Einteilung der Arbeitsstellen an:

Basis-Stellenkategorien der Hotellerie:

a) *produktionsunabhängige* Stellen
b) *produktionsbezogene* Stellen
c) *direkte Produktionsstellen*

a) *Produktionsunabhängige Stellen* werden nicht nach dem zu erwartenden Geschäftsvolumen besetzt. Diese von der Produktion unabhängigen Stellen sind aufgrund geschäftspolitischer Entscheidungen (policy decisions) des Hotelmanagements zu bilden und zu besetzen. Dazu gehören alle Abteilungsleiter, die Direktion, weitere Schlüsselpositionen und ein Teil des Büropersonals. Mit diesen Stellen werden Verwaltung und Betriebsbereitschaft des Hotels aufrechterhalten. Stellenanalysen und die Einführung von Stellenbeschreibungen streben hier sachbezogen nach optimaler Stellenkombination, um die langfristig anfallenden Personalfixkosten zu minimieren.

b) Die *produktionsbezogene Stellenkategorie* steht in einem bestimmten Verhältnis zum Geschäftsvolumen, zu der zu bedienenden Gästeanzahl. Diese Stellen variieren zwischen den Bereitschaftsstufen des Hotels und werden im Rahmen der Arbeitsplatzbesetzung gemäß der Geschäftsprognose und aufgrund festgelegter Leistungsstandards geplant und besetzt. So gehören Etagenbeschließerinnen, Empfangsangestellte, Kassierer und weiteres umsatzabhängiges Verwaltungspersonal zu produktionsbezogenen Stellen, die innerhalb der Bereitschaftsstufen langfristig ab- und aufgebaut werden müssen.

c) *Direkte Produktionsstellen* sind unmittelbar auf die Anzahl der zu bedienenden Gäste zu beziehen. Diese auf das Geschäftsvolumen direkt bezogenen Stellen werden mit Leistungsstandards der oft täglichen Beschäftigungsschwankung entsprechend eingesetzt. Dazu gehören außer Zimmermädchen, Köchen, Kellnern, dem Barpersonal und den Hoteldienern vor allem das Extra-Personal, das kurzfristig den jeweiligen Hotelerfordernissen angemessen eingestellt wird.
Gerade diese „part-timer" oder „Extras" gewinnen heute bei der Arbeitsplatzbesetzung immer mehr an Bedeutung. Nach kurzer Trainings- und Einweisungszeit versucht man, mit diesen Aushilfen die unterschiedlich anfallenden Spitzenzeiten im Hotel aufzufangen. Einige Hoteliers bilden sogar branchenfremde Teilzeitarbeiter (Hausfrauen, Studenten) in gut angelegten, hotelinternen Ausbildungsprogrammen

aus, um mit diesen „Aushilfen auf Abruf" die Lohnkosten dem laufend schwankenden Beschäftigungsgrad anpassen zu können.
Bei der Arbeitsplatzbesetzung kann man die Bedeutung der Qualität des Personals nicht hoch genug einschätzen. So wirkt sich die Besserbezahlung von qualifizierten Mitarbeitern lohnkostenmindernd aus, wenn es gelingt, nach dem Leistungsprinzip mit wenigen, aber gutbezahlten Arbeitskräften auszukommen. Planung und Überprüfung der Arbeitsplatzbesetzung in Übereinstimmung mit dem zu erwartenden Geschäftsvolumen entscheiden heute über Erfolg oder Mißerfolg des Managements personalintensiver Hotelbetriebe.

Flexibilisierung der Arbeitszeit im Gastgewerbe

Sieht man es aus der Sicht des Gastes, so entwickeln wir uns von der Arbeits- zur Freizeitgesellschaft, leider nicht analog bei den Mitarbeitern in Hotellerie und Gastronomie. Bei allem Fortschritt ist ein Hotel- und Gaststättenbetrieb so gut wie seine Mitarbeiter. Produktivität im Sinne der Qualitätsdienstleistungen ist das Produkt aus Leistungsvermögen (fachliche Kompetenz) der Mitarbeiter multipliziert mit Motivation. Nur wer sich selbst gut findet und fühlt, leistet auch qualitativ gut.

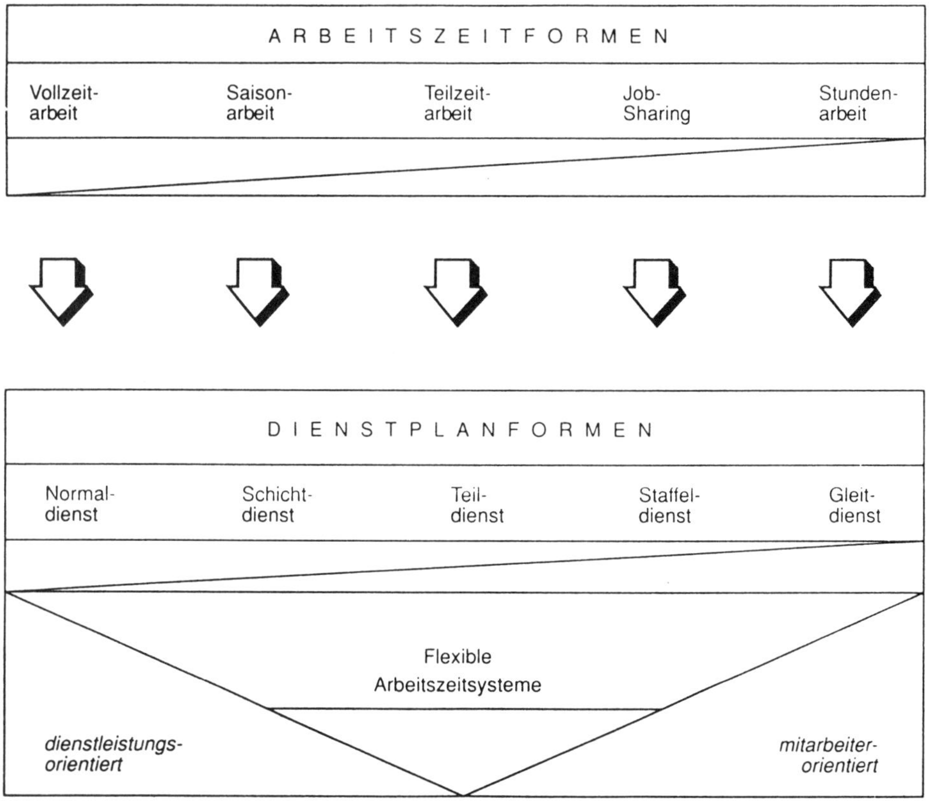

Mit der Freizeit unserer Mitarbeiter sieht es noch sehr schlecht aus. Unregelmäßige Arbeitszeiten mit unterschiedlicher Streßbelastung, überdurchschnittlich hohe Wochenarbeitszeit mit Teildienstschichten, kaum planbare Freizeit aus der Sicht der Mitarbeiter sowie unflexible, starre Dienstpläne führen zu negativen Entwicklungen auf dem gastgewerblichen Arbeitsmakrt. Ueli Prager sagte einmal: „Ohne zufriedene Mitarbeiter gibt es keine zufriedenen Gäste!" Der Verkürzung der Arbeitszeiten, gepaart mit höheren Freizeitwertansprüchen, muß auch im Gastgewerbe Rechnung getragen werden. Dem Wunsch nach Humanisierung mit einhergehender Produktivitätssteigerung in Hotellerie und Gastronomie kann nur mit Systematik – mit flexiblen Arbeitszeitregelungen – entsprochen werden. Zufriedene Mitarbeiter gewinnen und erhalten kann man nicht durch Improvisation. Integrierte und flexible Arbeitszeitsysteme gehören zum Mitarbeiter-Marketing – der Beschaffung, Auswahl und Erhaltung von Mitarbeitern im Rahmen eines mitarbeiterorientierten Bedürfnisrahmens. Zeit ist weder ein Luxusgut noch ein freies Gut, aber eine sehr knappe Ressource – und damit eine Kernvariable für den gastronomischen Erfolg.
Ausgehend von den Arbeitszeit- und Dienstplanformen im Gastgewerbe soll über Anregungen für zukunftsorientierte flexible Arbeitszeitsysteme die Arbeitszeit als Motivationsfaktor für Mitarbeiter der Hotellerie und Gastronomie herausgestellt werden.

Flexibilisierung der Arbeitszeit im Gastgewerbe

Arbeitszeitformen

Die im folgenden kurz erläuterten Arbeitszeitformen (Arbeitszeitregelungen) sind abhängig von dem Betriebstyp, der Arbeitsmarktlage, der Kapazitätsauslastung und nicht zuletzt von der qualitativen Verfügbarkeit der Mitarbeiter:

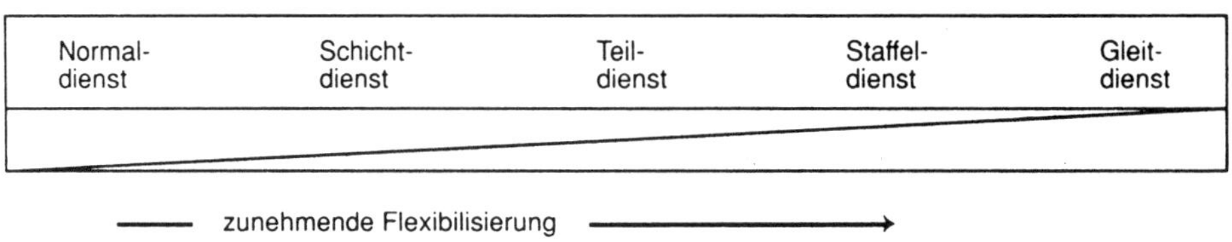

Vollzeitarbeit

Die Vollzeitarbeit mit 8 Stunden Arbeit und 1 Stunde Pause (5-Tage-Woche, 40 Arbeitsstunden) ist in Deutschland für die Hotellerie und Gastronomie gegenwärtig noch nicht überall eingeführt.

Saisonarbeit

Ein- oder Mehrsaisonbetriebe legen die individuelle Arbeitszeit auf bestimmte Monate oder Jahreszeiten. Entweder arbeitet der Mitarbeiter nur eine Saison oder wechselt für die zweite Saison den Betrieb.

Teilzeitarbeit

Die tariflich festgelegte Arbeitszeit für Vollzeit-Arbeitnehmer wird unterschritten. Teilzeitarbeit bedeutet nicht grundsätzlich nur einen halben Tag Arbeit; der zeitliche Einsatz des Mitarbeiters kann recht unterschiedlich sein. Um Teilzeitkräfte zu gewinnen, bedarf es mehrerer Anreize: kurze Entfernung zum Arbeitsort, frei wählbare Dienstzeiten, höheren Studenlohn als bei vergleichbaren Vollzeitkräften, evtl. Rentenberechnung für die Mitarbeiter, um einen Mindestanspruch zu erarbeiten.

Jobsharing

Zwei oder auch mehr (Teilzeit-)Arbeitnehmer besetzen gemeinsam einen Vollarbeitsplatz. Das Jobsharing-Team kann diese Position nach zeitlichen und/oder sachlichen Gesichtspunkten individuell aufteilen. Jobsharing weist zwei Humanisierungsdimensionen auf:
- Arbeitszeitflexibilisierung durch freie Gestaltung der Arbeitsbedingungen
- Arbeitsstrukturierung durch feie Gestaltung von Arbeitsinhalten; Jobsharing-Partner können ihre tägliche, wöchentliche, monatliche oder gar jährliche Arbeitszeit individuell einteilen.

Stundenarbeit

Hier geht es um den kurzfristigen Arbeitseinsatz stundenweise beschäftigter Aushilfen. Im Hausdamenbereich und Bankettservice werden, meist aufgrund einer Aushilfskartei, für mindestens 4 Stunden Aushilfen zur Bewältigung von Arbeitsspitzen oder unvorhergesehener Krankheit der festeingestellten Mitarbeiter eingesetzt.

Dienstplanformen

Herkömmliche Dienstplanformen müssen in erster Linie mitarbeiterorientiert „flexibilisiert" werden. Natürlich darf der Gast nicht vergessen werden; der „Dienstleistungsorientierung" haben wir uns im Gastgewerbe verschrieben, und letztlich ist der Gast mit seinen Wünschen unser „Chef". Die Vergangenheit zeigt, daß in vielen Betrieben der Mitarbeiter kaum ein Mitgestaltungsrecht bei seiner Arbeitszeit hatte. Auch entfiel praktisch die private Planungsmöglichkeit der Freizeit unserer Mitarbeiter, wenn erst am Sonntag für die nächste Woche unter Vorbehalt die

„dienstfreien Tage“ verkündet wurden. Die kurze Kennzeichnung der üblichen Dienstplanformen weist auf die Problematik bei der zukünftigen Flexibilisierung der Arbeitszeiten in Hotellerie und Gastronomie hin:

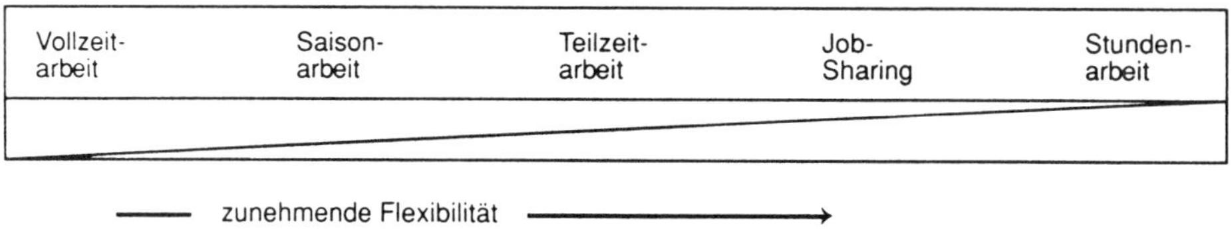

Normaldienst

Der Normaldienst, eine Art Büroarbeitszeit, ist wegen der 24stündigen Dienstleistungsbereitschaft der Hotellerie nur in wenigen Verwaltungsabteilungen (Buchhaltung, Verkaufsabteilung, Personalbüro, Einkauf, Lagerhaltung usw.) denkbar. Auch läßt sich hier der später beschriebene „Gleitdienst“ – gleitende Arbeitszeit – oft problemlos einführen.

Schichtdienst

Der Schichtdienst mit Früh-, Mittel- und Spätdienst im Wechsel ist zum Beispiel am Hotelempfang weit verbreitet. Zur Abdeckung der langen Präsenzzeit empfindet der Mitarbeiter das Arbeiten im Schichtwechsel dann als unangenehm, wenn er im häufigen Wechsel zwischen Früh-, Mittel- und Spätdienst eingesetzt wird.

Teildienst

Eine sehr weit verbreitete Dienstplanform ist der Teildienst. Hat zum Beispiel das Restaurant nur mittags und abends geöffnet, arbeiten Köche und Kellner oft im Teildienst. Nachmittags, zwischen den Servicezeiten, haben die Mitarbeiter „Freistunden“. Während in der Stadthotellerie diese Dienstplanform immer unattraktiver wird, hält sie sich beharrlich in der Saisonhotellerie, wo die Mitarbeiter keinen langen Arbeitsweg haben und diese Zimmerstunden voll als Freizeit nutzen. Mit Recht wird allerdings der Freizeitcharakter dieser Zimmerstunden angezweifelt.

Staffeldienst

Arbeitsdienstplaneinteilung soll grundsätzlich auf kurzfristiger Basis den erforderlichen Mitarbeitereinsatz gestalten helfen. Es gilt, unproduktive Arbeitszeiten oder auch mögliche Überstunden zu reduzieren. Es muß überprüft werden, ob wirklich alle Mitarbeiter dem in einem Hotel täglich sehr unterschiedlich anfallenden Arbeitsvolumen entsprechend eingesetzt sind. Bei dem gestaffelten Dienstplan werden

Arbeitsbeginn und damit auch Arbeitsende für die einzelnen Mitarbeiter im Dienstplan an das tatsächlich anfallende Arbeitsvolumen angepaßt. So werden Leerlaufzeiten bei Arbeitsbeginn vermieden und Überstunden minimiert. Viele Mitarbeiter sind auch keine „Frühmenschen", gestaffelte Dienstpläne können auf individuelle Mitarbeiterwünsche mit deren Arbeitsbeginn abgestimmt werden.

Gleitdienst

Gleitdienst oder gleitende Arbeitszeit ist in der Praxis nur bei wenigen Hotels und dann auch oft nur in Verwaltungsabteilungen anzutreffen. Der Mitarbeiter hat im Rahmen festgelegter Stundenbereiche die freie Wahl, Beginn und Ende seiner täglichen Arbeitszeit ohne vorherige Abstimmung mit der Geschäftsleitung selbst festzulegen.

Anregungen für zukunftsorientierte flexible Arbeitszeitsysteme in Hotellerie und Gastronomie

- Bedürfnisse und Wünsche der Mitarbeiter hinsichtlich der Arbeitszeitgestaltung müssen im Vordergrund stehen
- erhöhte Leistungsbereitschaft, verminderte Fehlzeiten und geringere Mitarbeiterfluktuation gehören zur Zielsetzung
- direkte Vorgesetzte müssen sich mit neuen Arbeitszeitsystemen identifizieren und entscheiden darüber, für welche Positionen sie sich eignen
- Mitarbeiter sollen teamartig (Qualitätszirkel) selbst bei der Einführung neuer Arbeitszeitsysteme integriert werden
- Mitarbeiter können dann selbst Verantwortung für ihren Arbeitseinsatz übernehmen
- prinzipiell soll jeder Mitarbeiter für sich entscheiden, wie viele Stunden pro Monat er arbeiten möchte
- Mitarbeiter erhalten individuelle Arbeitsverträge, in denen Unter- und Obergrenze der Soll-Arbeitszeit festgelegt werden
- der gewünschte Arbeitseinsatz erfolgt in Absprache und in Anpassung an das zu erwartende Geschäftsvolumen
- die Mitverantwortung für einen optimalen, kapazitätsgerechten Arbeitseinsatz wird auf alle Mitarbeiter übertragen
- die tatsächlich gearbeitete Zeit muß genau in einer Art Zeitkonto erfaßt werden; Gehälter bleiben monatlich konstant und werden erst vierteljährlich mit dem Zeitkonto abgerechnet
- Entlohnungssysteme müssen den flexiblen Arbeitszeitsystemen angepaßt und vor Einführung genau getestet werden; eine finanzielle Schlechterstellung für den flexiblen Mitarbeiter muß ausgeschlossen sein
- professionelle Arbeitsablaufstudien, verbunden mit Zeitstudien, schaffen Ar-

beitserleichterungen, Zeitersparnis, Neuorganisation von Vorbereitungsarbeiten (Mise-en-place) und vor allen Dingen Qualitätsverbesserungen

- klar definierte Soll-Arbeitsleistungsstandards (z. B. zu reinigende Abreisezimmer, Bleibezimmer, zu bedienende Gäste pro Stunde usw.) sollten mit den Mitarbeitern als Zielleistungen festgelegt werden
- monatlich wird unter Berücksichtigung der Mitarbeiterwünsche und der betrieblichen Erfordernisse die jeweilige Arbeitszeit individuell pro Mitarbeiter vereinbart und mit dem Zeitkonto vierteljährlich ausgeglichen
- der tägliche Arbeitseinsatz wird rechtzeitig in den Abteilungen besprochen und basiert auf stündlich geführten Gästestatistiken die Zimmerabreisen, Kapazitätsauslastungen und Umsatzerwartungen
- der Verwaltungsapparat (Zeiterfassung und Abrechnung) für neue Arbeitszeitsysteme darf nicht zu kostspielig werden
- besonders die Zeiten von Streß, Überanforderungen und damit verbundener Qualitätsverlust der Dienstleistung für den Gast werden zusammen mit den Mitarbeitern abgebaut
- mitarbeiterorientierte Dienstpläne sollten 14 Tage vorher geplant und bekanntgemacht werden
- Computerdienstpläne unterstützen die flexible Erfüllung der Mitarbeiterwünsche, die Anpassung an voraussichtliche Kapazitätsauslastung, Übersichtlichkeit und Planungsgenauigkeit, gerechten Mitarbeitereinsatz, gestaffelte Arbeitszeiten und damit Zeitvorteile, Optimierung der freien Tage (Wochenende), Dienstplan zum Mitnehmen, geringen Arbeitsaufwand bei der Erstellung, schnelle Überarbeitung und Korrektur
- Änderungen müssen von „unten" kommen, das bedeutet, der Mitarbeiter muß bei allen neuen Arbeitszeitsystemen von vornherein informiert und um Mitarbeit gebeten werden

Kombinationsmöglichkeiten flexibler Arbeitszeit

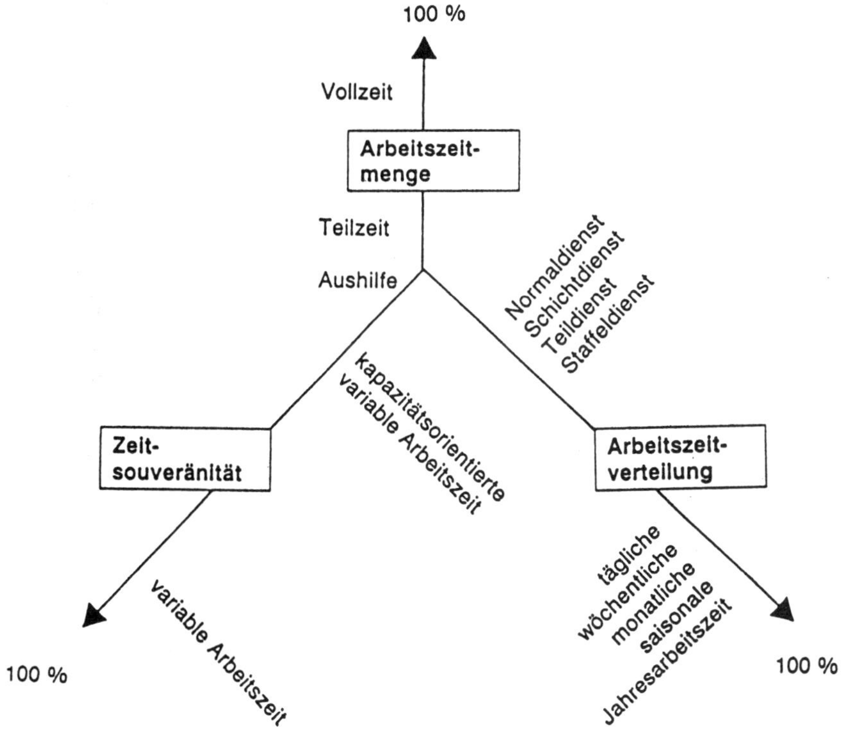

Kombinationsmöglichkeiten bei der Arbeitszeitflexibilisierung

Der Überblick zu den Kombinationsmöglichkeiten flexibler Arbeitszeit (siehe Abbildung) zeigt je nach Ausprägung der Komponenten

- Arbeitszeitmenge
- Verteilung der Arbeitszeit
- Zeitsouveränität für die Mitarbeiter

welche individuellen Lösungsmöglichkeiten für gastgewerbliche Unternehmen denkbar sind.

Die Achse *Arbeitszeitmenge* kennzeichnet die praktizierten Arbeitsverhältnisse von stundenweisen Aushilfen über mit unterschiedlicher Stundenanzahl eingestellten Teilzeitkräfte bis hin zur regulären Vollzeitkraft.

Die Schiene *Verteilung der Arbeitszeit* spiegelt die Tages-, Wochen-, Monats-, Saison- und Jahresarbeitszeit wider. Zur Verteilung der Arbeitszeit kann man auch die in der Praxis vorwiegend eingesetzten Dienstplanformen wie Normaldienst, Schichtdienst, Teildienst und Staffeldienst zählen.

Die Achse *Zeitsouveränität für die Mitarbeiter* zeigt den unterschiedlichen Grad der Beeinflußbarkeit der Arbeitszeit durch die Mitarbeiter an. Von einem geringen Einfluß bei der kapazitätsorientierten variablen Arbeitszeit (auslastungsorientiert entsprechend der Gästeanzahl) steigert sich die Zeitsouveränität bis hin zur variablen (vom Mitarbeiter selbst bestimmbaren) Arbeitszeit.

Auswirkungen einer Flexibilisierung der Arbeitszeit im Gastgewerbe

Arbeitszeitflexibilisierung bedeutet also eine – im Rahmen der gesetzlichen und tarifvertraglichen Bestimmungen – abwandelbare Arbeitszeit; das bisherige System starrer Zeitstrukturen in Hotellerie und Gastronomie wird beweglicher. Wie man in der allgemeinen Presse liest, stehen die Gewerkschaften diesen „Entsolidaritätsbestrebungen" in der Regel abwartend gegenüber. Hier sollen ja offenbar kollektive durch individuelle Regelungen ersetzt werden. Innerhalb der kollektivrechtlichen Bestimmungen ist die Arbeitszeit neben der öffentlich-rechtlichen Schutzbestimmung (z.B. Arbeitszeitordnung) üblicherweise bereits tarifvertraglich geregelt, so daß Betriebsvereinbarungen nur bei einer entsprechenden Öffnungsklausel des Tarifvertrages möglich sind (Beispiele dazu aus der Industrie sind vielfältig).
Bei flexiblen Arbeitszeitsystemen geht es sowohl um

- betriebswirtschaftliche (Rationalisierungs-)Ziele als auch um einen Beitrag zur
- Humanisierung der Arbeit im Gastgewerbe

Hauptargumente der flexiblen Arbeitszeit aus der Sicht der Mitarbeiter (Arbeitnehmer):

- Rückgewinnung der „Zeitsouveränität"
- Möglichkeiten der indirekten Selbstbestimmung
- die Lage der Arbeitszeit kann gemäß den Bedürfnissen (Freizeit, Familie usw.) individuell gestaltet werden
- optimale Zusammenlegung und Verteilung der Arbeitszeit
- dem Wertewandel (Selbstbestimmung der Freizeit als Element der Lebensqualität) bei einem Teil der Mitarbeiter kann entsprochen werden
- faire Verrechnung von Mehrarbeit (mit Zeitkonten pro Mitarbeiter)
- Arbeitszeitanpassung an die individuelle Biokurve (Frühaufsteher, Spätaufsteher)
- weitgehendes Mitspracherecht bei der Gestaltung der Dienstpläne
- Möglichkeit des Wechsels zur Teilzeitarbeit ohne Karriereverlust
- rechtzeitige Planbarkeit der „Privatzeit" – Abstimmung mit dem Lebenspartner und der Familie
- Gleichbehandlung von Vollzeit- und Teilzeitbeschäftigten

- verbesserte Leistungsanerkennung bei personellen Engpässen
- die Freiwilligkeit bei der Teilnahme am flexiblen Arbeitszeitsystem unterstützt die Individualität der Mitarbeiter
- mit flexiblen Arbeitsblöcken ist der ungeliebte Teildienst abbaubar
- der turnusmäßige Wunschdienstplan steigert die zeitliche Bewegungsfreiheit ohne finanzielle Einbuße

Auswirkungen der flexiblen Arbeitszeit für die Unternehmen (Arbeitgeber):

- bedarfsgerechte Personaleinsatzplanung
- höhere Leistungsbereitschaft der Mitarbeiter durch Erfüllung ihrer Freizeitwünsche im vorgegebenen Rahmen der nachgefragten Dienstleistungen der Gäste
- höhere Arbeitsproduktivität durch zusätzliche Flexibilität
- Abbau der branchentypischen Leerzeiten (Branche des „Wartens")
- Verringerung der Fehlzeitquote und der Personalfluktuation
- Probleme der Zeiterfassung und Erhöhung der Personalnebenkosten
- mögliche Kommunikations- bzw. Informationsverluste
- verbesserte Anpassungsmöglichkeiten an schwankende Auslastung (Zimmerbelegung, Restaurantauslastung)
- Steigerung des Verantwortungsbewußtseins der Mitarbeiter durch selbstbestimmbaren Arbeitseinsatz
- Förderung der Attraktivität bestimmter Arbeitszeiten durch Prämiensysteme
- verbesserte Basis zur leistungsgerechten Entlohnung
- durch gegenseitige Rücksichtnahme bei der eigenständigen Dienstplangestaltung verbessert sich das Teamverhalten
- Umwandlung der traditionellen Früh-/Spät-/Nachtschichten in abteilungsbezogene 4-Stunden-Blöcke
- Verminderung des Abwanderns guter Mitarbeiter in arbeitszeitattraktivere Branchen (z.B. Köche zu Krankenhäusern, Kantinen)
- Imageaufbesserung der gastgewerblichen Berufe für die Branche als Ganzes
- nur mit zufriedenen Mitarbeitern gibt es auch zufriedene Gäste

Probleme der Stellungnahme zur Arbeitszeitflexibilisierung seitens der Gewerkschaft:

- Mehrarbeit fällt weg
- bringt Rationalisierungserfolge mit sich
- es geht dem Unternehmen nicht um Flexibilisierung der Arbeitszeit, sondern um den flexiblen Einsatz der Mitarbeiter
- Vernichtung von Vollzeitarbeitsplätzen durch Teilzeitarbeitsplätze

- führt zur Intensivierung der Arbeit
- Gefahr, daß der Mitarbeiter eine individuelle und nicht mehr kollektive Lösung mit dem Betrieb sucht

Die flexible Gestaltung der Arbeitszeit gibt als Variable der Arbeitszeithumanisierung dem Mitarbeiter im Gastgewerbe das größtmögliche Maß für eigenständige und selbstverantwortliche Disposition über seine Arbeits- und Freizeit. Niemand wird sich diesem Ziel auf lange Sicht entgegenstellen können und wollen.

Die Normalarbeitszeit wird zur Ausnahme, ihre Auflösung vollzieht sich durch Verkürzung der Vollarbeitszeiten, der Zunahme von Teilzeitarbeit und vor allen Dingen durch zunehmende Flexibilisierung der Arbeitszeit.

Kostenablauf für die Gastronomie

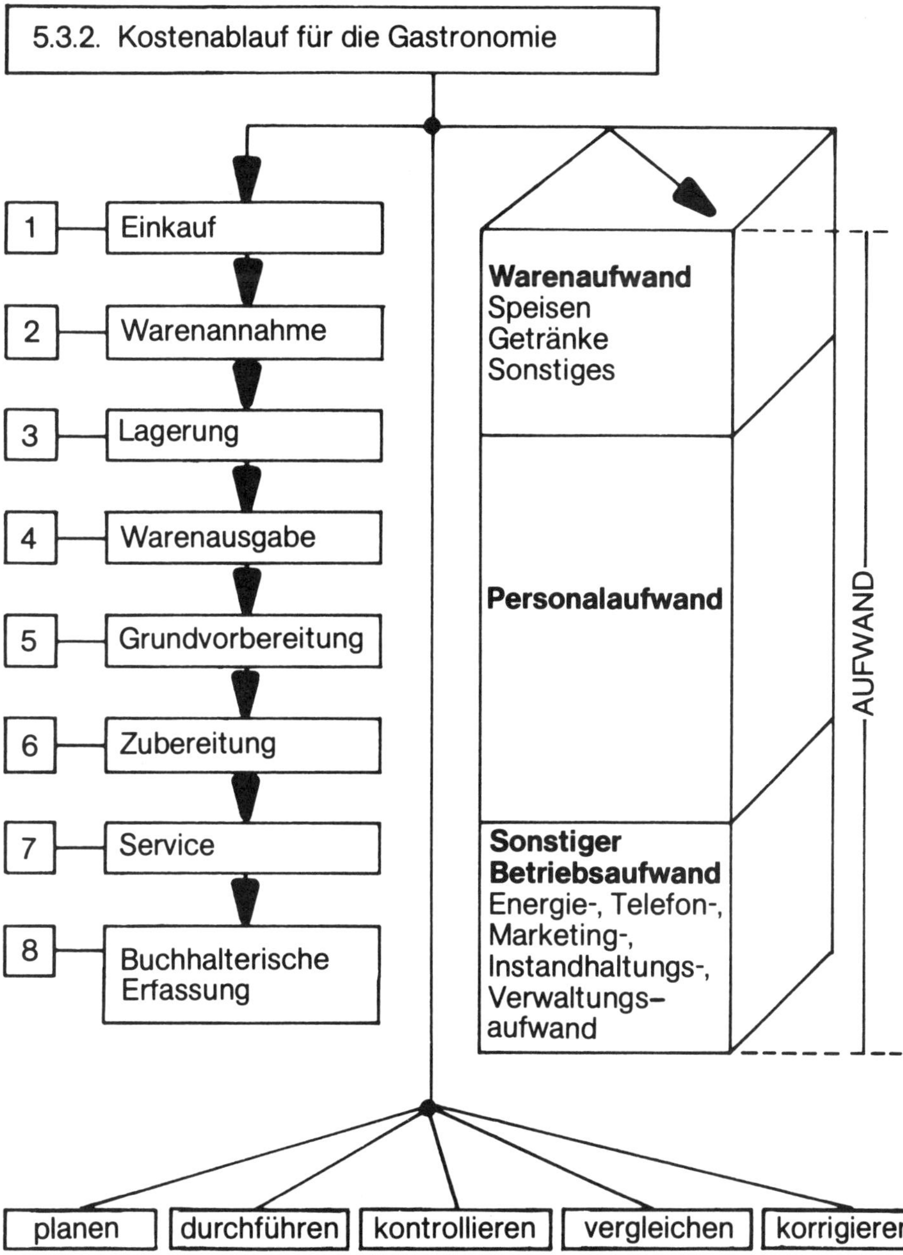

Die folgenden Prüflisten sollen helfen, den eigenen Betrieb einmal mit ganz anderen Augen, als etwas völlig Neues anzusehen. Untersucht werden:
(A) Warenaufwand
(B) Personalaufwand
(C) Sonstiger Betriebsaufwand

Prüflisten:

(A) Warenaufwand

1. Auch beim Lebensmitteleinkauf werden mehrere Angebote eingeholt, Mengenrabatte, vergünstigte Jahresabschlüsse und beste Zahlungsbedingungen vereinbart.
2. Für sämtliche Lebensmittelartikel werden Einkaufsspezifikationen (Standard-Einkaufsrichtlinien) festgelegt: In welcher Qualität, Art, Größe, Anzahl, Mengeneinheit je Verpackung ein gewünschter Artikel eingekauft werden soll.
3. Bei günstigen Angeboten für größere Quantitäten wird auf Schwundverluste, Lagerräumlichkeiten, Lagerkosten, Kapitalbindung geachtet.
4. Der tägliche Frischwareneinkauf wird aufgrund gezielter Produktionspläne im Verpflegungsbereich vorgenommen.
5. Die Tagesmenüs werden auch von der Direktion kontrolliert; sie sind nicht als „Sammelbecken der Fehlproduktion“ (Überproduktion des Küchenchefs) gedacht, sondern hier werden saisonale Angebote, befristete Sonderangebote der Nachfrage entsprechend präsentiert.
6. Daueraufträge beim Lebensmitteleinkauf werden überprüft und wenn möglich vermieden (zum Beispiel konstante Bestellmenge für Frühstückssemmeln bei schwankender Gästeanzahl).
7. Prinzipiell wird kostenmäßig zwischen Eigenproduktion und Halbfertig- oder Fertigproduktkauf verglichen. Ertragstests, Fleischtests, Vergleichskalkulationen geben dabei eher den Ausschlag zwischen Lieferanten als reine Preisvergleiche.
8. Die Direktion wird monatlich über die Artikel im Lebensmittellager informiert, die den geringsten Lagerumschlag haben (Verwendung für Extraessen, Bankette und Veranstaltungen).
9. Während ruhiger Geschäftsmonate wird die Einkaufspolitik geändert: Zum Beispiel Mayonnaise, Pommes frites, Auslösung und Portionierung größerer Fleischstücke, Grundvorbereitungsarbeiten werden vom eigenen Personal übernommen.
10. Genaue Richtlinien für die Wareneingangskontrolle (Qualität und Quantität), Kontrolle der Lieferscheine und Rechnungen und der Bezahlung kennzeichnen den Arbeitsablauf bei der Warenbeschaffung.
11. Regelmäßige Überprüfung des Abfalls und der zurückgelassenen Beilagen von Restaurant geben Aufschluß über die zu verwendenden Portionsgrößen.

12. Für jedes Extraessen, jede Extraveranstaltung wird vorher eine grobe Gewinn- und Verlustrechnung vorgenommen.
13. Genaue Portionskontrollen helfen, den Warenaufwand zu reduzieren.
14. Produktdifferenzierung ist eines der wesentlichsten Elemente in der Angebotspolitik. Es gilt, Präferenzen zu schaffen. Permanente Markt- und Konkurrenzanalysen helfen, ein bedarfsgerechtes Angebot präsentations- und kostenmäßig aufeinander abzustimmen.
15. Finden mehrere „Extraessen" am gleichen Tag statt, versucht der Bankettleiter, das gleiche Menü für verschiedene Veranstaltungen zu verkaufen, um die Küchenproduktion und die Kosten optimal zu halten.
16. Wo immer möglich wird die Vakuumverpackung mit genauer Vorportionierung und besserer Resteverwertung eingesetzt.
17. Standardisierte Rezepte für sämtliche à la carte-Gerichte sind eingeführt und dienen als echte Arbeitsgrundlage.
18. Es wird bei der Speisenproduktion auf möglichst geringe Zubereitungsverluste geachtet, die erforderliche Warenqualität dem späteren Verwendungszweck angepaßt.
19. Für die Küche sind festgelegte Bestandsmengen (tägliches Mise-en-place) von der Direktion zusammen mit dem Küchenchef festgelegt, die standardisierten Portionsgrößen werden periodisch überprüft, die produzierten Speisen werden regelmäßig kontrolliert im Hinblick auf Qualität, Farbe, Geschmack, Geruch und Präsentation.
20. Wo immer qualitativ vertretbar, werden moderne Fertiggerichte-Systeme (convenience foods) unter Verwendung von Mikrowellengeräten und Convectomaten eingesetzt (zum Beispiel Etagenservice, Coffeeshop).
21. Küchenabfälle werden sortiert und zum Beispiel als Schweinefutter entsorgt.
22. Die Möglichkeiten des gemeinsamen Einkaufs, der Kooperation mit Kollegen in der Gastronomie sind überprüft und ausgeschöpft.
23. Das eingesetzte Material (Geschirr, Wäsche, Silber, Gläser, Hilfsmittel) ist in Form, Größe und Materialbeschaffenheit so eingekauft, daß es leicht zu reinigen, kontrollieren, ersetzen, reparieren, stapeln und zu ordnen ist.

(B) Personalaufwand

24. Durch interne Schulung und Weiterbildung von ungelerntem Personal ist eine stetige Steigerung der Produktivität je Mitarbeiter gewährleistet.
25. Um Verbesserungsideen der Mitarbeiter zu gewinnen, ist ein Vorschlagswesen eingeführt; in regelmäßigen Abständen werden Ideenkonferenzen abgehalten.
26. Die praktischen Möglichkeiten für den Automateneinsatz im Betrieb sind erkannt und wo immer möglich, wirtschaftlich und marktgerecht eingesetzt (Frühstücksautomat für Gästezimmer, Service-Bar-Automat für Gäste, Zimmerkontrollautomat für Empfang und Hausdame, Lichtrufanlagen für Personal, Küchen-

automation: Mikrowellengeräte und Convectomaten, automatische Weckanlagen für Gäste, Computereinsatz in der Verwaltung und im Rechnungswesen, Schreibautomaten für die Verwaltung, automatische Türen, Serviceeingänge).

27. Für Schreibarbeiten in der Verwaltung gibt es ein zentrales Schreibbüro (secretary pool).
28. Das Personal ist – wo immer möglich – auswechselbar geschult und flexibel einsetzbar.
29. Gestaffelte Dienstpläne in Anpassung an das unterschiedliche Geschäftsvolumen sind in den verschiedenen Abteilungen eingeführt. Die Dienstpläne werden auch regelmäßig von der Direktion überprüft.
30. Nachtreinigungsarbeiten des Hotels werden von sehr früh zur Arbeit eingesetzten Zimmermädchen übernommen.
31. Grundsätzlich werden die Kosten für „Außer-Haus-Arbeiten" vorher den „Eigenfertigungskosten" gegenübergestellt.
32. Während der Nacht wird der Telefondienst vom Nachtportier übernommen.
33. Die Garderobenbetreuung läuft auf Konzessionsbasis.
34. Hoteldiener, Pagen sind zusätzlich zur Hilfe der Hausdame auf den Etagen berufen und werden nur bei Bedarf durch ein Rufsystem in der Empfangshalle eingesetzt.
35. Die Aufstellung von Frühstücksbuffets im Restaurant erfordert weniger Servicepersonal.
36. Aufgrund von Zeit-, Frequenz- und Arbeitsablaufstudien ist das gesamte Empfangspersonal wechselseitig auf die verschiedenen Aufgaben trainiert und einsetzbar.
37. Personalintensive, kunsthandwerkliche Einzelproduktionen im Küchenbereich sind auf ein Minimum reduziert.
38. Für den Frühstücks-Zimmerservice sind Halbtagskräfte eingestellt, die zur Mittagszeit für den Zimmerservice nicht benötigt werden.
39. Das konventionelle Bereitschaftssystem für die Zimmerreinigung mit der „Reviereinteilung" ist zu personalaufwendig und abgeschafft.
40. Es ist überprüft, ob es wirtschaftlicher ist, folgende Arbeiten außer Haus zu geben: Nachtreinigung des Hotels, Fensterputzen, Malerarbeiten, Fernsehreparaturen, Reinigung und Wäscherei, Buchhaltungstätigkeiten (Lohnabrechnung).
41. Zeitverluste aufgrund mangelhafter Personaleinsatzplanung werden vermieden, wie: An- und Umziehen während der Arbeitszeit, Warten auf Arbeitszuteilung, Warten auf Arbeitsmaterial, Arbeitsanweisungen, Aufzüge, falsche Reihenfolge bei der Arbeitsverrichtung, unkontrollierte Frühstücks-, Mittags- und Abendpausen, unkontrollierter Arbeitsschichtwechsel, falsche Gewährung von freien Tagen, unqualifizierte Dienstplaneinteilung.

    Die wöchentlichen Dienstpläne für die Restaurants, des Etagenservices werden in Übereinstimmung mit den anfallenden Veranstaltungen (Banketten) erstellt, um mit einem Minimum an Extrakellnern zu arbeiten (Abstimmung der freien Tage des Servicepersonals mit den anfallenden Veranstaltungen).

42. Sämtliche Transportwege, Arbeits- und Dienstleistungen sind so gestaltet, daß lange Arbeitswege und Leerlauf vermieden werden.
43. Stellen- und Arbeitsplatzbeschreibungen sind als Rationalisierungsfaktoren eingesetzt.
44. Ein einheitlicher kooperativer Führungsstil, faire Behandlung und Förderung der Mitarbeiter helfen, die Personalfluktation in allen Hotelabteilungen auf einem Minimum zu halten.
45. Auch für das Personal werden attraktive Automaten mit Personalgetränken, Personalverpflegung eingesetzt.
46. Informationen aus Fachzeitungen, Fachzeitschriften, Fachbüchern, Prospekten, Fortbildungsmaßnahmen sind allen Mitarbeitern im Hotelbetrieb zugänglich.
47. Eine genaue Statistik über die Beanspruchung des Personals zu den verschiedenen Tageszeiten hilft, Leerlauf zu vermeiden und die Mitarbeiter volumengerecht einzusetzen.
48. Jegliche Einsparungsmöglichkeiten bei den betrieblichen Sozialversicherungen sind mit Fachleuten besprochen worden.

(C) Sonstiger Betriebsaufwand

49. Drucksachen, Formulare, Vordrucke für das Bestell-, Bestätigungs-, Einkaufs-, Kontroll-, Statistik-, Personal-, Energie- und Rechnungswesen sind vereinheitlicht und rationalisiert eingesetzt.
50. Die Kosten für Gästedrucksachen sind durch Reduzierung der Anzahl der Farben und mit Einsatz von Werbematerial von anderen Firmen auf ein Minimum herabgesetzt.
51. Unnötiger Büroplatz kann eventuell in Gästezimmer oder sonstige vermietbare Räume umfunktioniert werden.
52. Öffentliche Räume und die Empfangshalle werden mit vermietbaren Vitrinen und Schaufenstern wirtschaftlich genützt.
53. Umtauschgewinne bei ausländischen Währungen fließen dem Hotel zu.
54. Wirkungsvolle Kontrolle und organisiertes Mahnwesen der noch offenstehenden Kundenrechnungen sind eingeführt.
55. Die Möglichkeiten der Gemeinschaftswerbung (der einzelne Betrieb tritt nicht in Erscheinung) und die der Kollektivwerbung (Hotel- und Gaststättenbetriebe sind bei gemeinsamen Werbeaktionen mit ihrem Namen vertreten) sind überprüft und ausgeschöpft.
56. Für die betriebsinternen Kontrollverfahren sind die wirtschaftlichsten Mittel eingesetzt (zum Beispiel elektronische Registrierkassen oder Computerkassen).

57. Der Verwaltungsaufwand (Buchhaltung, Management) steht in einem vernünftigen und gesunden Verhältnis zum Produktionsaufwand (Küche, Service, Beherbergung).
58. Es wird ständig überprüft, ob alte technische Einrichtungen im Hotel gegen neue ersetzt werden können und damit erheblich zur Rationalisierung beigetragen werden kann.
59. Jedes Jahr wird überprüft, ob der Hotelbetrieb mit seinen Maschinen und seinem Inventar über- oder unterversichert ist, die Versicherungsgesellschaften werden nach Einsparungs-Möglichkeiten befragt.
60. Sämtliche rechtlich möglichen Einsparungen bei den Steuern werden von der Buchhaltung in Anspruch genommen.
61. Sämtliche Dienstleistungen des Hotels sind daraufhin untersucht worden, ob der Gast sie als überflüssig empfindet oder sie als besondere Serviceleistung schätzt.

Energie-Einsparungsmaßnahmen

Mehr denn je wird deutlich, daß Energien wie Gas, Öl, Kohle, Strom nicht unbegrenzt zur Verfügung stehen. Heizung, Lüftung, Klimaanlage – das sind Grundvoraussetzungen in Hotellerie und Gastronomie, um marktgerechte Dienstleistungen zu verkaufen. Die stetig ansteigenden Energiekosten nehmen heute bei Klein- und Mittelbetrieben oft schon ein Volumen von 6–8 Prozent der Gesamteinnahmen ein; eine Kostengröße, die niemand mehr unkontrolliert lassen darf.
Beleuchtung und Heizung werden oft als absatzportionale Kostenart eingestuft – würden also erst bei Anwesenheit des Gastes anfallen. Tatsächlich aber gehört ein großer Teil der Energiekosten zu den fixen Kosten der Dienst- oder Leistungsbereitschaft eines Hotels.
Der Gesamtwirkungsgrad – und damit verbunden die Höhe der Kosten – hängt entscheidend vom technischen Zustand der Heizungs-, Lüftungs-, Klimaanlage ab. Geht man bei Neubauten dazu über, Anlagen und Bauteile zu verwenden, die bei optimalen Aufwand geringe Betriebskosten verursachen, so bringen gerade die älteren Hotels nicht immer die besten Voraussetzungen für optimalen Energieeinsatz mit.
Folgende Checkliste soll auf Energieeinsparungsmaßnahmen und Lösungsmöglichkeiten aufmerksam machen. Sie ersetzt aber keinesfalls das Gespräch mit dem Fachmann.

Checkliste

1. Sämtliche Möglichkeiten der vorhandenen Energiequellen am Standort sind in einem Kostenvergleich gegenübergestellt worden.
2. Wo immer möglich, sind Energieleistungsmesser eingebaut, um den Verbrauch je Abteilung meßbar und damit auch kontrollierbar zu halten.
3. Bei allen Wartungs- und Reparaturarbeiten wird überprüft, ob es billiger ist, die Arbeiten mit hauseigenen Technikern auszuführen oder eine Firma mit einem Wartungsvertrag zu beauftragen.
4. Checklisten für alle technischen Geräte dienen nicht nur der Sicherheit, sondern auch der Energieeinsparung.
5. Technische Einrichtungen sind ihrem Wert entsprechend versichert, genügend gegen Unfallgefahren abgeschirmt und werden nach einem Kontrollplan periodisch überprüft.
6. Bei der Anschaffung von technischen Geräten werden Leistungsfähigkeit, Kundendienst, Verfügbarkeit von Ersatzteilen, Reparaturanfälligkeit, Geräuschanfall und Bedienungsart zusammen mit dem Preis berücksichtigt.
7. Wo immer möglich, werden veraltete technische Einrichtungen durch neue Hilfsmittel ersetzt, wenn langfristig erhebliche Energieeinsparungen damit verbunden sind.
8. Bei jeglichem Maschineneinsatz wird vorher genau untersucht, ob die Leistungsfähigkeit dem Betrieb entspricht (nicht zu groß und nicht zu klein – einschließlich der nötigen Reserven).
9. Eine monatliche Kontrolle über den Energieverbrauch (Dampf, Wasser, Gas, Strom, Öl, Kohle) und der Wartungs- und Instandhaltungskosten wird durchgeführt.
10. Die Heizkörperverkleidungen in den Gästezimmern und öffentlichen Räumen sind „wärmeabgabefreundlich".
11. Ein Beleuchtungs- und Heizungsplan ist für die jeweilige Jahres- und Tageszeit aufgestellt.
12. Heizanlagen werden vor jeder Heizperiode auf Kesselstein, undichte Leitungen hin überprüft. Bei Ölheizungen ist eine automatische Heizungssteuerung eingesetzt.
13. Der Hotelbetrieb wird dahingehend überprüft, ob Wärmeverluste durch undichte Fenster oder Türen entstehen.
14. Niedrige Luftfeuchtigkeit bedeutet hohe Heizkosten. Die Luftfeuchtigkeit wird entsprechend kontrolliert.
15. Automatische Temperaturkontrollen im Belüftungssystem verhindern Überheizung.
16. Die Zimmermädchen sind angewiesen, Heizung und Klimaanlage in unbelegten Gästezimmern auf ein Minimum herabzuschalten.

17. Stadtwerke, die Dampf liefern, unterhalten meist einen eigenen Service. Die Qualität des Dampfes wird von Zeit zu Zeit überprüft und entsprechende Hinweise für die optimale Nutzung des Dampfes werden ausgenützt.
18. Betreibt das Hotel eine eigene Kesselanlage, so sollte die Leistungsfähigkeit ständig überprüft werden, um bei einem Leistungsabfall sofort Abhilfe schaffen zu können.
19. Das Röhrenwerk wird ständig überprüft, und Schäden an Ventilen, Rohrverbindungen, Isolierungen werden sofort behoben.
20. Für Wäscherei, Küche, Schwimmbad sind zur Überwachung des Verbrauchs Zwischenzähler eingebaut.
21. Zur Vermeidung von Zugerscheinungen im Restaurant und zum sparsamen Energieeinsatz sind die Lüftungsanlagen mit automatischen Temperaturreglern ausgestattet.
22. Um häufiges Wechseln und Warten der Luftfilter zu vermeiden, sind sogenannte Langzeit- oder Großflächenfilter eingebaut.
23. Filter, Luftkanäle von Küche und Wäscherei werden in sauberem Zustand gehalten, um einwandfreie Belüftung zu garantieren.
24. Mit einem Kontrollplan sorgt eine nächtliche Überprüfung dafür, daß alle nicht benötigten Geräte (zum Beispiel Spülmaschinen) abgeschaltet sind.
25. Für die Überprüfung und optimale Ausnutzung der Energielieferungen seitens der Stadtwerke wird eine Gesellschaft für Energiekostenkontrolle eingeschaltet, die mit den verschiedenen Tarifen und der günstigsten Berechnung vertraut ist.
26. Sämtliche Gästezimmer sind mit einheitlich festgelegten Lichtquellen versehen.
27. Für alle öffentlichen Räume (Veranstaltungsräume, Empfangshalle, Restaurants, Bars) kann zur Reinigungszeit das schwächere „Putzlicht“ eingeschaftet werden.
28. Bei häufig notwendigem Wechsel von Glühbirnen wird die Stromspannung auf Schwankungen und auf zu hohe Voltzahl überprüft.
29. Wenn möglich werden die durch Elektrizität betriebenen Ventilatoren (Küche, Wäscherei) zeitweilig abgeschaltet.
30. Nicht belegte Gästeetagen können separat klimatisch-technisch betreut werden, um Energiekosten zu sparen.
31. Stromverbrauch und Einschaltung der Klimaanlagen werden bei Bankettveranstaltungen genau kontrolliert.
32. Durch Ausschalten der Antriebsmotoren-Einrichtung einiger automatischer Aufzüge nach Mitternacht kann Strom gespart werden.
33. Die Korridorbeleuchtung kann während der späten Abendstunden und morgens früh reduziert werden.
34. Der Techniker der Nachtschicht hat außer seinen Überprüfungsarbeiten auch Überholungsarbeiten und Reparaturen durchzuführen (Großhotel).

35. Ein Kostenvergleich zwischen eigener Müllverbrennungsanlage und städtischer Müllabfuhr liegt vor.
36. Im Abluftkanal ist ein „Temperatur- oder Wärmewechsler“ eingebaut, der der Abluft die Wärme entziehen und diese der kühlen Frisch-(Außen-)Luft zuführen kann.
37. Sind hoteleigene Verbrennungsöfen (Altpapier) eingesetzt, so wird der Abgastemperatur Wärme entzogen, zum Beispiel zum Aufheizen von Warmwasser.
38. Die Möglichkeit, sogenannte „Wärmepumpen“ einzusetzen, die Wärme von einer niedrigen auf eine höhere Temperatur zu bringen, ist mit einem Fachmann besprochen worden. Mit Hilfe von Wärmepumpen kann man die Wärme aus Grundwasser, Flüssen, Seen oder der Luft zu Heizzwecken nützen.
39. Die wasserverbrauchenden Geräte in Küche und Wäscherei werden routinemäßig auf Lecks und einwandfreies Funktionieren hin überprüft.
40. Haustoiletten, Gästetoiletten mit Spülkästen haben den richtigen Wasserspiegel und werden wöchentlich inspiziert.
41. Die Brauseköpfe in den Duschen geben die richtige Wassermenge ab und sind überprüft.
42. Die Überprüfung und Regulierung des Härtegrades des Wassers sorgt dafür, daß Maschinen und Leitungen nicht durch Ablagerungen von zu hartem Wasser angegriffen werden.
43. Zum Kühlen von Speisen in Gefäßen wird kein fließendes Leitungswasser benutzt, sondern es werden sparende Kühlgeräte verwendet.
44. Es wird eine Vorauskalkulation des Energieverbrauchs vorgenommen. Bei Abweichungen von den tatsächlichen Energiekosten werden die Ursachen ermittelt.
45. Energieeinsparung gehört nicht allein zu den Aufgaben des Technischen Leiters; alle Führungskräfte im Hotel arbeiten an einem detaillierten Katalog für Energieeinsparungsmaßnahmen.

Reengineering – die Radikalkur für Hotellerie und Gastronomie

Wir alle wollen auf passendem Qualitätsniveau, flexibel, reaktionsschnell, wettbewerbsorientiert, innovativ, schlank, fortschrittlich, wirtschaftlich rentabel und mit höchster Gästezufriedenheit arbeiten. Ein gutes Dienstleistungsangebot macht aus gastronomischen Unternehmen noch keine Gewinner; es gilt umgekehrt, daß Gewinner marktgerechte, preiswürdige Qualitätsdienstleistungen anbieten.
Zählt Business Reengineering zu den neuen Wunderdrogen des Managements? Prozeßorientierung (gezielt auf Gästezufriedenheit) beim Change Management, Teamarbeit, Mitarbeiterbeteiligung und Empowerment, Rationalisierungsprogramme, Lean Management und Total Quality Management sind Techniken zur „Feineinstellung eines Hotelbetriebes" und können meist nur schrittweise zu Verbesserungen beitragen.
Was unterscheidet nun Business Reengineering von den anderen Managementprogrammen zur Leistungsverbesserung? Unter Reengineering versteht man fundamentales Überdenken und radikales Redesign von Unternehmen oder wesentlichen Unternehmensprozessen, um in entscheidenden Größenordnungen Verbesserungen hinsichtlich Qualität, Kosteneinsatz und Wirtschaftlichkeit, Wettbewerbsfähigkeit, Flexibilität und Gästezufriedenheit zu erreichen. Reengineering will nicht bestehende Organisationen langsam verbessern, sondern radikal ändern. „Radix" (lat.) bedeutet die Wurzel. Radikales Reengineering beinhaltet also grundlegende Veränderungen in Hotel- und Gastronomiebetrieben oder wesentlichen Unternehmensprozessen.
Die Organisationsprinzipien der klassischen Unternehmen sind heute überholt. Auch das Tempo des technologischen Wandels treibt die Innovationen voran. Führungskräfte müssen viele Grundsätze und Verfahren „verlernen", die ihnen so lange Erfolg brachten. Der permanente Wandel wird zur Konstanten, im Käufermarkt der Hotellerie bestimmen die Gäste unser Preis- und Qualitätsniveau; der intensive Wettbewerb verlangt ständig nach neuen Ideen, um am Markt noch zu überleben. Man will einen radikalen Umsturz – bisherige Strategien „über Bord werfen, um ganz von vorn anzufangen". Reengineering übersetzt neue Zielrichtungen der Leistungssteigerungen unmittelbar in konkretes Handeln. Bestehendes soll nicht verbessert, verbilligt oder schneller werden, sondern losgelöst vom traditionellen Denken will Reengineering Kernprozesse neu überdenken und grundlegend umgestalten. Es geht nicht um Flickwerk, nicht um Notlösungen für die Optimierung bestehender Systeme. Sprunghaft verbesserte Leistungen in bezug auf Qualität, Rentabilität und Serviceniveau für den Gast können nur mit radikalem Umdenken erreicht werden.

Die Überwindung der Trägheit alter Prozesse und Strukturen läßt Reengineering als Topmanagement-Aufgabe erscheinen. Erfolg stellt sich nur ein, wenn sich die Direktion eines Hotels selbst mit klaren Visionen, Engagement und Beharrlichkeit um Reengineering-Projekte bemüht und beim Planen und Umsetzen dieser Projekte von vornherein Teamarbeit geleistet wird. Die unmittelbare Mitwirkung des Topmanagements unterscheidet Reengineering auch von den kontinuierlichen Verbesserungsmöglichkeiten anderer Managementtechniken. Reengineering sieht das Unternehmen immer als Ganzheit, statt als Summe seiner Teile. Der folgende Abschnitt soll nicht nur die wesentlichen Aspekte des Business Reengineering und seine Anwendung im Gastgewerbe herausstellen, sondern auch anhand von Beispielen aus der Praxis der Hotellerie und Gastronomie Interesse zum eigenen Reengineering wecken.

Wer braucht Reengineering im Gastgewerbe?

Wer nur seine guten Betriebsergebnisse noch ein wenig steigern möchte oder leichte Qualitätsprobleme hat, braucht kein Reengineering. Konventionelle Managementtechniken reichen hier meist zur Feinabstimmung aus. Aber nicht nur Betriebe, die sich in einer Krise befinden, sehen im Reengineering den einzigen Weg zum Überleben. Viele Hotel- und Gaststättenbetriebe sehen in Business Reengineering eine echte Chance, um von althergebrachten, ineffektiven und überholten Arbeitsprozessen loszukommen. Tradition bedeutet oft Stillstand und Stagnation – wenn nicht sogar Rückschritt! Fortschrittliche Unternehmer antworten auf neue wettbewerbliche Herausforderungen mit radikaler Änderung ihrer Geschäftsstrategie. Alle Unternehmen, die sich proaktiv auf die Zukunft einstellen wollen, um auf neuen Bahnen konkurrenzfähig zu bleiben, kümmern sich um Reengineering-Projekte in ihrem Betrieb. Der rasche und unbarmherzige Wandel unserer Zeit duldet keinen Aufschub mehr, um sich von antiquierten Geschäftsmethoden der Vergangenheit zu lösen.

Arbeitsfragen für ein Reengineering-Team

Wichtig ist, daß alle Arbeitsabläufe mit anderen Augen als etwas völlig Neues angesehen werden. Beim Reengineering wird nichts für selbstverständlich genommen; es ignoriert, was ist, und konzentriert sich auf das, was sein sollte. Warum wird diese Arbeitsstufe ausgeführt? Ist sie absolut erforderlich? Wer würde sie vermissen? Können ohne sie ebensogute Ergebnisse erzielt werden? Was würde nicht erledigt werden? Kann die Arbeitsstufe eliminiert werden? Worauf kommt es bei diesem Unternehmensprozeß an, was ist nur Nebensache? Wie läßt sich der Geschäftsprozeß völlig neu konzipieren? Läßt sich der neue

Weg wirtschaftlich optimieren? Werden Rahmenbedingungen geschaffen, um auf künftige Entwicklungen am Markt flexibel reagieren zu können? Wie kann bei der Neugestaltung der Dienstleistungsprozesse der Service für den Gast verbessert werden?
Reengineering beginnt mit einem „leeren Blatt Papier". Alles konzentriert sich auf die Gästezufriedenheit und den Gesamterfolg des Betriebes als Ganzes und nicht auf die Bedürfnisse einzelner Abteilungen oder Mitarbeiter. Stellen Sie sich vor, Sie würden Ihren Betrieb mit dem Wissensstand von heute und allen technologischen Möglichkeiten neu eröffnen; wie würden Sie dann neu anfangen und organisieren?

Grundregeln und Prinzipien für Reengineering in Hotellerie und Gastronomie

- Ausgangspunkt für jedes Reengineering ist das Globalziel: höhere Gästezufriedenheit mit wirtschaftlich und flexibel gestalteten Dienstleistungsprozessen.
- Reengineering kann nicht in vorsichtigen, kleinen Schritten geplant und realisiert werden.
- Veraltete Richtlinien müssen erkannt, die Annahmen überwunden und althergebrachte Arbeitsregeln über Bord geworfen werden.
- Qualität, Innovation, Service und gesteigerte Gästezufriedenheit sind wichtiger als Kostenkontrollen und kleine Rationalisierungserfolge.
- Abteilungsübergreifende Perspektiven können nur mit Teams, die an der Umgestaltung teilhaben oder davon betroffen sind, entwickelt werden.
- Wenn Unternehmensprozesse neugestaltet werden, ist die erforderliche organisatorische Struktur leicht zu erkennen.
- Zur vordringlichsten Zielsetzung beim Reengineering gehört die Steigerung der Wertschöpfung für den Gast.
- Nicht einzelne Aufgaben sind neu zu organisieren, sondern das gesamte Dienstleistungserlebnis für den Gast.
- Arbeitsteilige Arbeitsabfolgen schaffen Probleme. Komprimierte Verantwortung für ganze Geschäftsprozesse muß der einzelne oder das Team übernehmen.
- Mitarbeiter, die dem Arbeitsprozeß am nächsten sind, sollen ihn auch selbst ausführen und direkte Verantwortung tragen.
- Strategie, Prozeß und Informationssystem beeinflussen sich gegenseitig; neue Organisationen müssen ganzheitlich geplant werden.
- Parallel laufende Arbeitsprozesse sind beim Reengineering zu verknüpfen und nicht deren Einzelergebnisse zu integrieren.
- Entscheidungen müssen dort getroffen werden, wo die Arbeit ausgeführt wird (Teamverantwortung).

- Hierarchie und Bürokratie verschwinden, wenn Mitarbeiter lernen, sich selbst zu führen, zu kontrollieren und selbständig verantwortungsvoll zu entscheiden.
- Technologische Möglichkeiten (z.B. Computer) werden nicht eingesetzt, um derzeitige Arbeitsweisen zu verbessern oder zu rationalisieren, sondern um Neues zu tun.
- Dienstleistungen dürfen nicht nach Grundsätzen der Arbeitsteilung, sondern müssen prozeßorientiert organisiert werden.
- Sensibilität und Schulung für Qualitätssicherungsmaßnahmen in Hotellerie und Gastronomie dienen als Grundlage für Reengineering-Maßnahmen.
- Führungskräfte werden bei jedem Reengineering-Projekt vom Kontrolleur und Aufpasser zum beratenden Coach.
- Alle Informationen sind auf einmal in der Abteilung zu erfassen, wo sie anfallen und allen betroffenen Abteilungen zugänglich zu machen.
- Reengineering-Projekte sind funktionsübergreifend und erfordern die Mitwirkung, das Engagement, Vertrauen und die Kommunikation aller beteiligten oder betroffenen Mitarbeiter.
- Innovation ist der Schlüssel zum langfristigen Überleben, Reengineering ist mehr als ein kontinuierliches Verbessern.

Informationstechnik und Reengineering

Der technische Fortschritt und die Computertechnologie können und sollten bei umgestalteten Geschäftsprozessen im Rahmen von Reengineering-Projekten mitwirken. Die meisten Hotels aber nutzen die Datenverarbeitung und die Computer lediglich dazu, bestehende Arbeitsabläufe (z. B. Reservierung, Gäste-Check-in, Check-out, Restaurantabrechnung) zu beschleunigen und nicht um grundlegende Änderungen der Geschäftsprozesse zum Wohle des Gastes vorzunehmen. Bestehendes wird nur kalt automatisiert; veraltete Arbeitsprozesse werden mit Software erfaßt, althergebrachte Geschäftsabläufe durch Computertechnik mechanisiert, ohne sich vorher die Frage zu stellen, ob es nicht auch ganz anders ablaufen könnte. Will man die alten Trampelpfade verlassen, dann geht es um Reengineering der Arbeitsorganisation. Die Beschleunigung der hotelinternen Arbeitsabläufe hebt deren fundamentale Leistungsdefizite nicht auf. Die meisten Arbeitsabläufe in Hotellerie und Gastronomie wurden vor Ankunft des Computers, in Zeiten anderer Wettbewerbssituationen, konzipiert und sind nicht unbedingt gastzentriert und auf Qualitätsservice ausgerichtet. Traditionell richtet so manches Hotelmanagement immer noch seine volle Aufmerksamkeit auf Kosten, Umsatzwachstum und Kontrollen in allen Bereichen. Konzentration auf Gästezufriedenheit durch innovative Dienstleistungen und Qualitätsmanagement gehört aber zu den Hauptaufgaben der Führungskräfte von heute.

Beispiele aus der Praxis

Mehr Zeit und Service für den Restaurantgast:

Das neueingeführte elektronische Kassensystem war nur etwas schneller als das alte „Bonbuch"! Der Kellner nimmt auf einem Bestellblock handschriftlich für mehrere Gäste die Bestellung auf (1. Fehlerquelle). Diese Bestellung überträgt er auf den modernen Touchscreen (Bildschirm) nach mühsamen Blättern und Auswahl der Bildschirmseiten per Fingerdruck und erhält Bestellbons für die Küche und das Getränkebuffet (2. Fehlerquelle). Nach dem Getränkeservice geht er in die Küche und hofft, seine Speisenbestellung abholen zu können (der Gast wird alleine gelassen). Die später zu erstellende Rechnung erfolgt an der Computerkasse „per Knopfdruck"; Probleme gibt es allerdings, wenn die Gäste am Tisch alle einzeln eine Rechnung bekommen wollen. Hier nutzte man die Elektronik nur, um althergebrachte Abläufe mit technischen Hilfsmitteln für den Kellner zu verbessern. Der Service für den Gast wurde nicht besser; und häufig mußten die Servicekräfte ihre Bestellungen nachträglich an der Kasse eingeben, weil der Bildschirm gerade vom Kollegen besetzt war.
Reengineering will nicht die alten Abläufe auf den Computer bringen, sondern stellt die Frage: Wie können beim Bestellvorgang der Service für den Gast verbessert und alle Fehlerquellen ausgeschaltet werden? Anstelle des Bestellblocks hat nun der Kellner eine Miniaturkarte, bei der neben den Artikeln ein Lasercode steht. Dank des „Scannerstifts" muß der Kellner bei einer größeren Bestellung nichts mehr notieren. Tischnummer, „Gastnummer" und die individuellen Gästewünsche werden jetzt beim Blickkontakt zum Gast oder bei einem beratenden Verkaufsgespräch mit dem „Scannerstift" als Speicher schnell erfaßt. Die für den Gast nicht einzusehende Computerkasse des Restaurants hat mehrere Bildschirme, an denen nun die Kellner ihren Speicherstift wie einen Schlüssel einstecken und am Bildschirm ihre Bestellung vor der Übermittlung (Sender und Drucker) an die Küche und an die elektronische Schankanlage noch einmal überprüfen können (Selbstkontrolle). Übertragungsfehler und Wartezeiten an der Kasse werden auf diese Weise ausgeschaltet, der Kellner muß nicht mehr schreiben, suchen und drücken; er bleibt auch bei seinen Gästen im Restaurant, bis sein „Scanner-Speicherstift" leise piept und seine Bestellung von der Küche abzuholen ist. Beilagenwechsel, Sonderwünsche und die Erstellung von Einzelrechnungen für die Gäste sind ebenfalls unproblematisch mit dem Scannerstift an den Bildschirmen der Restaurantkasse zu markieren. Reengineering des Bestellvorgangs brachte mehr Zeit für verbesserten Qualitätsservice am Gast.

Ausschaltung überholter Geschäftsprozesse:

In einem Großhotel war der Lebensmitteleinkauf wie folgt organisiert: Küchenchef und Lagerverwalter erfassen ihre Bestellungen für Frischwaren auf der

Marktliste und für Kolonialwaren auf Bestellisten, für die der Einkäufer des Hotels Kaufaufträge erstellt. Kopien der Kaufaufträge und mit Einkaufspreisen versehene Marktlisten gehen an die Warenannahme, an das Kontrollbüro, an das Lebensmittellager und zum Küchenchef. Bei der Warenannahme wird die Lieferung mit den Kaufaufträgen und der Marktliste überprüft, im Wareneingangskontrollbuch erfaßt und die bestätigten Lieferscheinkopien an das Kontrollbüro weitergegeben. Die Rechnungen der Lieferanten werden im Kontrollbüro auch auf vereinbarte Preise mit den von der Warenannahme bestätigten Lieferscheinen und den Kaufaufträgen verglichen, kontrolliert und für die Buchhaltung des Hotels zur Zahlung freigegeben. Nach nochmaliger Kontrolle unterschreiben der kaufmännische Direktor und der Generaldirektor den Scheck zur Begleichung der Rechnung seitens des Lieferanten. Mindestens sieben Personen sind an der Abwicklung dieses Geschäftsprozesses beteiligt. Die Kontrolle erscheint lückenlos, allerdings war der ganze Vorgang zeitaufwendig und brachte unzufriedene Lieferanten, die auf ihr Geld warteten. Das Grundprinzip lautete: Wir zahlen, wenn wir die Rechnung erhalten und die Rechnung unsere einzelnen Kontrollhürden bestanden hat.
Reengineering mit einem Warenbestellsystem per Computer seitens des Küchenchefs eliminiert einige Arbeitsabläufe und deren Papierkrieg. Nach Rücksprache mit den Lieferanten (keine Lieferung ohne Rechnung) kam man zu dem neuen Grundprinzip: Wir zahlen direkt nach Erhalt der überprüften Waren. Alle notwendigen Daten (vereinbarte Preise, Liefermengen etc.) werden am Bildschirm bei der Warenannahme überprüft, bestätigt und auch für das Lebensmittellager erfaßt. Durch den Einsatz von Expertensystemen und Datenbanken können Hotelabteilungen ihre eigenen Einkäufe tätigen,ohne auf die Unterstützung der Einkaufsabteilung verzichten zu müssen. Der nun „reengineerte" Geschäftsablauf ist schneller, verursacht weniger Fehler und erspart viele Unstimmigkeiten und Arbeitsstunden im Hotelbetrieb.

Weg vom 8-Stunden-Schicht-Dienstplan:

Die Fünftagewoche, die 38- bis 40-Stundenwoche, Schichtdienstpläne mit acht Arbeitsstunden, wöchentliche Dienstpläne, Teil- oder Splitdienste, unerwartete Überstunden und geringe Planbarkeit der persönlichen Freizeit prägen auch heute noch die Arbeitswelt im Gastgewerbe. Die abteilungsübergreifende Einführung der flexiblen Arbeitszeit gehört zu wirklichem Reengineering in Hotellerie und Gastronomie. Für alle Mitarbeiter des gastgewerblichen Betriebes werden gewohnte Arbeitszeiten aufgegeben. Individuell staffelbare Dienstpläne mit Drei- und Vier-Stundenblöcken, Zeiterfassung mit Zeitkonten, vierzehntägige Dienstpläne, Jahresarbeitsverträge auf Stundenbasis, Gleichwertigkeit von Teilzeitarbeit ermöglichen einerseits Wunsch-Freizeitpläne für die Mitarbeiter, andererseits aber auch durch kapazitätsorientierten Mitarbeitereinsatz einen besseren Service für den Gast. Einem Mitarbeiter mit Gästekontakt fällt das Lächeln und

Freundlichsein vier oder sechs Stunden am Tag leichter als bei dem traditionellen Arbeitstag von acht Stunden.

Komprimierte Verantwortlichkeit für das Restaurant:

Als der Oberkellner und einige Servicemitarbeiter des Restaurants kündigten und kein passender Ersatz gefunden werden konnte, dachte die Direktion des Hotels an Reengineering. Man sprach mit dem dynamischen Küchenchef und überzeugte ihn, doch auch die Verantwortung für den Service zu übernehmen. Er sollte sich bei der Neueinstellung nicht um Restaurantfachleute (Kellner), sondern um Koch-Kellner (Mitarbeiter mit beiden Lehren) bemühen. Die früher scharf getrennten Abteilungen Küche und Service sind nun zu einem gemeinsamen „Profitcenter" mit hohem Qualitätsniveau zusammengewachsen. Der zum „Gastronomieleiter" beförderte Küchenchef und seine Mitarbeiter wurden an dem Bereichsergebnis (Bruttogewinn) beteiligt. Früher fühlte er sich als Küchenchef nur für die Qualität der Küchenleistungen und deren Wareneinsatz verantwortlich. Spannungen (Schwarz-Weiß-Denken) zwischen Küche und Service gehörten zum Alltag.
Das Reengineering kennt keine Unterscheidung zwischen Kellnern und Köchen; es gibt ein gastronomisches Team, das – vielleicht auch durch Erfolgsbeteiligung – daran interessiert ist, einen hohen Gästezufriedenheitsgrad mit hervorragenden Küchen- und Serviceleistungen unter dem Gesichtspunkt der Wirtschaftlichkeit zu erreichen. Bei diesem Reengineering-Projekt lernte die Direktion die Bedeutung der Zahlentransparenz für alle Mitarbeiter schätzen. Nur wer informiert ist und sich Ziele setzen kann, wird sich für Ergebnisse auch verantwortlich fühlen können.

Reengineering verändert die Rahmenbedingungen

Erfolgreich durchgeführte Engineering-Projekte bewirken viele Änderungen im Betrieb. Aus klar abgegrenzten Hotelabteilungen werden Prozeßteams, Führungskräfte vom „Kontrolleur" zum „Coach", und einfache Aufgaben werden durch multidimensionale Berufsbilder ersetzt. Warum sollte nicht auch eine Rezeptionistin am Hotelempfang mittags die Gäste im Restaurant plazieren und ihnen die Angebotskarten bringen können? Wir brauchen keine Spezialisten, sondern Generalisten im Hotel, die sich als Gastgeber verstehen und denen die Zufriedenheit der Gäste am Herzen liegt. Die Grenzen der Zuständigkeiten verwischen sich. Jedes Teammitglied eines Arbeitsprozesses wird bei der täglichen Arbeit eine breitere Palette von Fähigkeiten einsetzen und gewinnt durch mehr Informationen ein besseres Verständnis für den Gesamtprozeß. Wenn ein Kellner für eine Bankettveranstaltung von der Begrüßung bis zur Verabschiedung als Gastgeber zuständig und verantwortlich gemacht wird, führt allein das Gefühl der Vollständigkeit der erbrachten Dienstleistungen zu höherer Arbeitszufriedenheit. Reengineering ersetzt Kontrolle durch „Empowerment" (Bevollmächtigung); es wird von allen Teammitgliedern erwartet, daß sie mitdenken, Eigeninitiative entwickeln, Informationen austauschen und auch selbständig Entscheidungen treffen. Sie befolgen nicht mehr festgelegte Regeln, sondern erstellen sich eigene Regeln mit voller Flexibilität und Einfühlungsvermögen, um Gästewünsche zu erfüllen. Eine befriedigendere Arbeit wird gleichzeitig auch anspruchsvoller und schwieriger. Das Management verlegt den Schwerpunkt daher vom Anlernen und Einarbeiten auf die Aus- und Weiterbildung. Ausgebildete Mitdenker in Hotellerie und Gastronomie verstehen, warum eine Tätigkeit ausgeführt werden muß. Reengineering gibt den Führungskräften mehr Zeit zur Unterstützung und Beratung ihrer Mitarbeiter. Vom Aufseher zum Coach entwickeln sich Führungskräfte im „Reengineering-Klima" zu wirklichen Führungspersönlichkeiten. Sicherlich müssen sich auch die Bewertungs- und Entlohnungssysteme ändern. Bei Beförderungskriterien stehen nun statt Leistung die Fähigkeiten eines Mitarbeiters im Vordergrund. Prämiensysteme, gekoppelt an die erreichte Gästezufriedenheit und das erwirtschaftete Bereichsergebnis, lassen Mit-Arbeiter zu Mit-Unternehmern werden. Nach erfolgtem Reengineering dienen dann die bekannten Managementmodelle wie Total Quality Management, Teammanagement und Empowerment, Lean Management, Management by objectives u. a. zur Feinabstimmung im Betrieb.

Change Management mit Internet

Change Management in unseren heutigen turbulenten Umweltsituationen gehört als Eckpfeiler zum Erfolgsmanagement. Die technologischen Möglichkeiten haben zu einer dynamischen Entwicklung der Kommunikation beigetragen. Neue Begriffe wie „Daten-Highway", „Internet", „E-Mail" oder „World Wide Web" gehören nicht nur zum Vokabular weniger Computerfreaks, sondern zum unverzichtbaren Management-Know-how der Zukunft. Der Kreis der Tourismuspartner, die das Internet für Werbung, Online-Reservierung und Verkauf sowie Informations- und Kommunikationszwecke nutzen, erweitert sich ständig.
Gehört die Internet-Anwendung nur zum Management von Großbetrieben, von Hotelketten? Gibt es sinnvolle Einsatzmöglichkeiten dieses weltweiten Netzes aus der Sicht der mittelständischen Hotellerie und Gastronomie? Nach welchen Kriterien sollte die Auswahl von Netzanbietern und Internet-Diensten erfolgen? Was kann das Management des Gastgewerbes mit Internet anfangen? Mit welchem Aufwand und welchen Kosten ist die Nutzung des Internet verbunden? Läßt sich der Online-Einstieg problemlos in die vorhandene Unternehmensstruktur bewerkstelligen? Wohin wird die neue Generation von Informationssystemen führen? Welches Paket an Services und Leistungen der vielen Online-Dienst-Anbieter mit welchem Abrechnungssystem ist für den jeweiligen Betrieb am vorteilhaftesten? Können Qualitäts- und Kostensenkungsstrategien durch den Einsatz des Internet unterstützt werden? Welche informationsorientierten Managementsysteme (z. B. Lean Management, Reengineering, Change Management und KAIZEN) können vom Internet profitieren?
Mit dem Internet ist die Vision des „Global Village", des weltumspannenden Dorfes – das Ziel für die Ausbreitung und Verbreitung elektronischer Netze – zum größten Teil schon Wirklichkeit geworden. Der folgende Abschnitt soll keineswegs versuchen, „computerspezifisch" das Internet darzustellen, sondern will vielmehr die für das Hotelmanagement wichtigsten Anwendungsmöglichkeiten im Internet jetzt und in naher Zukunft aufzeigen.

Anwendungsmöglichkeiten des Internet für Hotellerie und Gastronomie

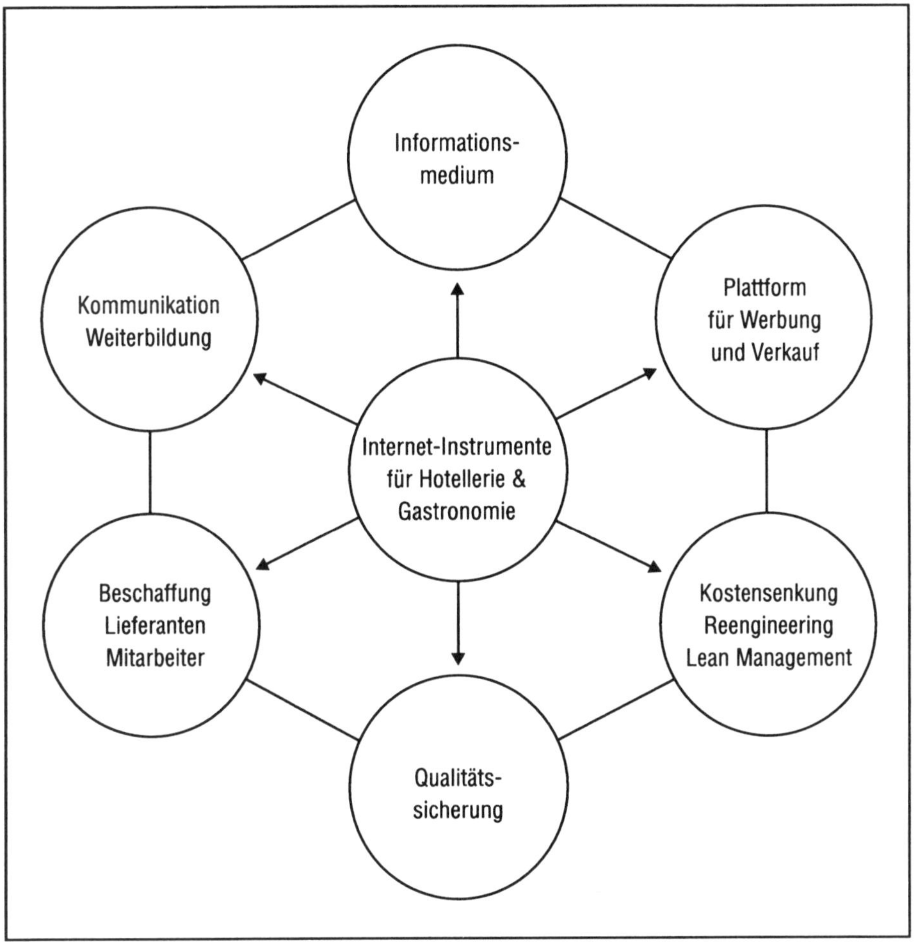

Internet-Instrumentarium zur Anwendung in Hotellerie und Gastronomie

Anwendungsmöglichkeiten und Nutzen eines Internet-Anschlusses für Unternehmen der Hotellerie und Gastronomie kann man in sechs Hauptbereichen sehen:
als *Informationsmedium*,
als *Kommunikationsinstrument*,

als *Plattform für Werbung und Verkauf*,
als *Beschaffungsinstrument für Lieferanten und Mitarbeiter*,
als *Qualitätsprogramm*,
und als *Kostensenkungsprogramm*.

Internet als Informationsmedium

Das Internet wurde ursprünglich fast ausschließlich von Universitäten für Forschungsarbeiten, Recherchen und Informationsaustausch genutzt. Die große Informationsfülle, kombiniert mit den grafischen Präsentationsmöglichkeiten, läßt Imagepflege und Öffentlichkeitsarbeit auch für kleinere Hotels per Internet zu. Das Hotel oder das Restaurant können nun in aller Ausführlichkeit dargestellt werden. Das Internet und die „Web-Site" des Hotelbetriebes können als Informationsweg zur Öffentlichkeit genutzt werden. Mit schnell aktualisierten Informationen über den Betrieb und seine Servicemöglichkeiten kann auch die Pressearbeit (gut aufbereitete Unternehmensinformationen, Firmenarchive etc.) unterstützt werden. Allein schon die Präsenz im Internet (die meisten Hotelketten sind voll vertreten) läßt den gastgewerblichen Betrieb als weltoffen und innovativ erscheinen.
Informationsabfragen werden von den „Web-Site-Besuchern" im Internet selbst zusammengestellt. Als Informationsanbieter können also die Hotels gar nicht zu viele Informationen mit Bildern, Texten, Sound und Video leicht auswählbar zusammenstellen.
Natürlich muß der Interessent auch jederzeit die Möglichkeit haben – in der Regel über E-Mail –, mit dem Hotel Kontakt aufzunehmen (z. B. Zimmer zu reservieren, Tagungen zu buchen) und weitere Informationen einzuholen. Mit einer Art Informations- und Hotline-Service lassen sich auch für das Restaurant die täglich wechselnden Tagesspezialitäten, Food Festivals, Ausstellungen, Künstlerabende, Vernissagen und Sonderveranstaltungen mit viel Informationswert für interessierte Gäste abrufbar gestalten. Auch in den normalen Hotelprospekten und Informationsmappen (z. B. Tagungspauschalen etc.) sollte auf diesen Informationsdienst per Internet mit E-Mail-Adresse des Hotelbetriebes hingewiesen werden.
Jedes Hotelmanagement hat ein Interesse daran, mit positiven Berichten über das Hotel, Veranstaltungen, neue Serviceleistungen, berühmte Gäste und Sonderaktionen in den Zeitungen erwähnt zu werden. Ständig aktualisierte und in der Sprache der Medien unterschiedlich verfaßte Pressenachrichten müssen jedem Journalisten übersichtlich als schnelle Information zur Verfügung stehen. Den Fachjournalisten ohne Internet-Zugang wird es bald nicht mehr geben! Firmenarchive mit Bildern von der Direktion und den leitenden Mitarbeitern, dem Hotelbetrieb in den verschiedenen Jahreszeiten können unter „Pressedienst" im Internet den Journalisten bei ihrer Arbeit helfen und damit auch die Öffentlichkeitsarbeit verbessern.

Internet als Kommunikationsinstrument

Der wohl meistgenutzte Dienst im Internet ist die E-Mail (Electronic Mail). Über Internet können elektronische Briefe an alle Internet-User gesendet bzw. von diesen empfangen werden. Darüber hinaus verfügen beinahe alle Informations-Datennetze (z. B. PAN, CompuServe, MCI-Mail) eine Verbindung zum Internet und können die Internet-E-Mail weiterleiten. Verglichen mit der traditionellen Post – der „snail-mail" – kann das „Internet-Hotel" mit E-Mail blitzschnell und entschieden kostengünstiger kommunizieren. Neue E-Mail-Standards (MIME) unterstützen nicht nur den schnellen Versand von Textnachrichten, sondern auch die Zusendung von Bildern, Grafiken und umfangreichen Dokumenten. Wohin auch immer die elektronische Post verschickt wird, die Kosten sind immer gleich hoch. Außerdem bleibt der Text der verschickten Mails EDV-mäßig editierbar und kann auf dem Rechner des Empfängers aus seinem „elektronischen Postkasten" heraus weiterverarbeitet werden.
Neben dem Versand elektronischer Post an Internet-Teilnehmer ist es auch möglich, über das Internet E-Mail als Fax oder eventuell sogar als Briefpost zuzustellen. Die E-Mail als effizientes Kommunikationsmedium wird auch zukünftig zu den hohen Wachstumsraten von Internet-Anschlüssen beitragen.
Die Web-Site des Hotelbetriebes kann aufgrund der netzwerkfähigen Benutzeroberfläche nicht nur für das Internet, sondern auch als Plattform für die interne Information verwendet werden. E-Mail ist als Kommunikationsweg für Mitarbeiter untereinander einsetzbar und vermindert die interne Hauspost. Kosten, Zeit und lange Wege werden gespart; die Kommunikation wird effizienter, schneller und flexibler. Es empfiehlt sich eine Web-Site für die Mitarbeiter zur internen Kommunikation und eine mit einem Internet-Ausgang für die Öffentlichkeit zur Verfügung zu stellen. Jeder Betrieb kann jetzt seine eigene Mitarbeiterzeitung auf der internen Web-Site ohne Druckkosten entwickeln. Mit dem Unternehmensleitbild, den geschäftspolitischen Richtlinien, Arbeitsanweisungen, Verhaltensregeln etc. können auch neue Mitarbeiter schnell im und mit dem Unternehmen bekannt gemacht werden.
Nicht nur Hotelkonzerne vereinen mit ihren Mitarbeitern ein riesiges Potential an Wissen. Die interne Kommunikation wird von dem betrieblichen Vorschlagswesen per E-Mail profitieren. Zu jedem Dienstleistungsbereich im Hotel läßt sich ein „Pool mit Expertenwissen" für jedermann abrufbar sammeln und austauschen.
In den Bereich der externen Kommunikation fällt der vernetzte Zugriff auf Datenbanken mit Betriebsvergleichen, Kennzahlen als Frühwarnsystem für das Management oder die weltweiten PIMS-Datenbanken (Profit Impact of Marketing Strategies), die auch über die Branche hinaus Managemententscheidungen vorbereiten helfen (Benchmarking). Natürlich werden diese Informationen nicht kostenlos sein.
Als Internet-Teilnehmer kann das Hotelmanagement seinen Mitarbeitern mit „Telelearning" zu jedem Fachgebiet der Hotellerie und Gastronomie Fort- und

Weiterbildung anbieten. Die Informationen über die Fernlehrkurse finden sie im Internet; nach Auswahl und Bezahlung erscheint dann der erste Lehrbrief zum Bearbeiten in der E-Mail-Box des Bestellers. Kostengünstige, schnelle und bequeme Weiterbildung per Computer im Internet bringt den Vorteil des selbständigen Lernens; unabhängig von Zeit und Ort können Reisekosten zu teuren Seminaren gespart werden. Die Möglichkeit zur weltweiten Kommunikation und die Selbstbestimmung der Lerngeschwindigkeit gleichen die Nachteile des „isolierten Lernens" bei den computergesteuerten Fernlehrprogrammen aus. Die Ergebnisse der Zwischentests pro Mitarbeiter erlauben es auch dem Hotelmanagement, den Lernfortschritt bei den bezahlten Trainingsprogrammen individuell zu kontrollieren.

Internet als Plattform für Werbung und Verkauf

Viele Hotels verwenden das Internet für Selbstdarstellungen und Werbung, für die Präsentation des Hotelangebots, die unterschiedlichen Preiskategorien und für den Verkauf (Buchung und Reservierung) von Hotelzimmern, Tagungs- und Veranstaltungsräumen. Die Zahl der kommerziellen Informationsanbieter im Internet nimmt ständig zu. Informationsorientierte Dienstleistungen wie zum Beispiel Reiseinformationen mit Flug- und Bahnplänen, Last-Minute-Flüge und -Reisen lassen sich heute über das Internet problemlos abrufen. Ausführliche Bild- und Textinformationen über Reiseziele, Tips für Reisende, allgemeine Informationen über das Reiseland, Geld, Gesundheitsvorsorge, Wetter, Karten, Schulferien, Zeitzonen, Zusatzversicherungen, das Recht auf der Reise, Transportmöglichkeiten am Zielort u. a. gehören zu den Grundinformationen, die das Internet für die ganze Welt bereithält.

Die Tourismusbranche insgesamt profitiert überdurchschnittlich von den Werbemöglichkeiten mit und durch das Internet. Schon jetzt ist es für in- und ausländische Urlauber möglich, Ferienangebote, Sehenswürdigkeiten und Attraktionen bestimmter Regionen im Detail via Internet zu erhalten. Die traditionellen und kommerziellen Medien müssen sich in ihrer Berichterstattung auf den Massengeschmack konzentrieren; das Internet braucht sich nicht um solche Zwänge zu kümmern. In vielen Hotels können bereits Reservierungen über das Internet vorgenommen werden; die österreichische Gemeinde Bad Kleinkirchheim bietet ein komplettes Tourismusinformationssystem an, das Hotels, Ferienattraktionen, Veranstaltungen zu jeder Jahreszeit mit ausgereiften Angebotspaletten umfaßt; die ganzjährige Internet-Akademie für Urlaubsgäste und der jährliche Internet Congress zeigen die rasante Entwicklung der touristischen Werbelinien im Internet auf.

Ohne Zweifel muß auch oder gerade in einem Medium wie dem Internet mit seinen etlichen Millionen Nutzern Werbung attraktiv sein, denn das gewaltige Nutzerpotential muß relativiert werden. Aber weltweite Präsenz, geringe Kosten des „Electronic Advertising", langandauernde Präsenz, Dialogmöglichkeiten mit dem potentiellen Gast, Aktualität des Angebots und der Werbebotschaft sowie

positives Image (Präsenz im Internet) können zu einer „Unique Advertising Proposition via Internet“ beitragen. Als Instrument der Marktkommunikation (Werbung und Verkaufsförderung) hat das Internet noch keineswegs die klassischen Werbemedien im Tourismus ersetzt. Die Position des Internet-Instruments im Marketing-Mix wird jedoch ständig stärker, es lohnt sich daher, den Informations-Highway für touristische Werbung zu nutzen.
Der direkte Online-Verkauf ist in Deutschland bislang noch unterentwickelt. Die Kunden können auf der Lufthansa-Web-Site zwar sehen, ob auf den Flügen noch Plätze frei sind, aber keine Online-Bestellungen und -Reservierungen aufgeben. Hotelzimmer könnten wesentlich leichter als Flugtickets am Reisebüro vorbei direkt reserviert werden. Mit einer höheren Übertragungsgeschwindigkeit und einem zuverlässigen Zahlungssystem wird das Internet als „virtuelles Reisebüro“ den herkömmlichen Reisebüros Konkurrenz machen. Vielleicht gehört zukünftig das Yield Management für den Beherbergungsbereich in das Internet.

Internet als Beschaffungsinstrument für Lieferanten und Mitarbeiter

Im Hoteleinkauf wird man das Internet einsetzen, um sich über Produkte, Preise und Dienstleistungen der Lieferanten zu informieren. Jeder Hotellieferant kann sein ganzes Leistungsspektrum auf einer Web-Site darstellen und täglich aktualisieren. Mit speziellen Suchprogrammen läßt sich stets das beste Angebot für bestimmte Produkte und Dienstleistungen finden. Lieferantenbeziehungen werden über das Internet kostengünstiger und flexibel; damit können auch Beschaffungsentscheidungen fundierter getroffen werden.
Bei der Mitarbeiterbeschaffung können gezielt freie Stellen (z. B. für den Verkauf, den Empfang und die Buchhaltung) auf der Hotel-Web-Site ausgeschrieben werden. Gut qualifizierte Mitarbeiter mit EDV-Kenntnissen lassen sich im Internet finden. Auch für andere Positionen werden „elektronische Arbeitsämter“ als Personalvermittler ihre Dienste anbieten.

Internet als Kostensenkungsstrategie

Kosten für Versand, Telefon, Fax, interne und externe Kommunikation, Prospektdruck, Stellenausschreibungen, Marketing, Training (Telelearning) und Beschaffung sind sicherlich nur einige Beispiele, wie sich mit Internet eine Kostensenkungsstrategie planen läßt.
Mit dem Internet läßt sich auch im Rahmen eines Reengineering-Projektes der Kommunikationsfluß und die Entscheidungsqualität verbessern. Ein vernetztes Hotel kann überall auf der Welt und zu jeder Zeit Buchungen und Reservierungen tätigen. EDV- und informationsorientierte Dienstleistungen, z. B. Buchhaltungstätigkeiten, lassen sich über Internet outsourcen. Mit dem Internet als systemunabhängiges Netzwerk lassen sich alle kostenoptimierenden Managementstrategien verfeinern.

Internet als Qualitätssicherungsprogramm

KAIZEN oder die kontinuierliche Verbesserung von Produkten und Dienstleistungen im Gastgewerbe wird durch den kommunikativen Aspekt des Internet unterstützt. So hat sich der Zugriff jeder Hotelabteilung auf die qualitätsorientierte Stammgästekartei als positiv herausgestellt. Gästebefragungen durch das Internet, die Sammlung und Auswertung von Gästekommentaren via E-Mail, ein „Hot-Line"-Service für Gästewünsche und deren prompte Beantwortung und Erledigung werden die Gästezufriedenheit erhöhen.
Die Erfassung aller Dienstleistungsprobleme aus der Sicht des Gastes dient der Qualitätssicherung und der Ermittlung des Schulungsbedarfs seitens der Mitarbeiter. Marktforschung und Marktbeobachtung mittels Datenbanken im Internet ermöglichen die ständige Verbesserung in allen Unternehmensbereichen. Internet als innovatives Medium fördert das kreative Qualitätsdenken im Management von morgen.

Netzplantechnik in der Hotellerie

Der berufliche Alltag in der Hotellerie setzt sich oft aus einer Vielzahl kompliziert zueinandergehörender Einzelvorgänge zusammen. Die optimale Terminplanung wird zum Engpaß für den organisationsbewußten Hotelmanager. Bei der Wahl des Planungsmittels gilt es, Aufwand und Nutzen nüchtern zu vergleichen und die Methode auszuwählen, die den größtmöglichen Erfolg verspricht. Aufgaben bei denen Zeit und Kosten eine ausschlaggebende Rolle spielen, können mit Hilfe der Netzplantechnik geplant, überwacht und in der Ausführung gesteuert werden. Als moderne Technik des „Operations Research" gehört dieses Planungsverfahren zu den geeigneten Führungs- und Kontrollinstrumenten des Hotelmanagements von morgen.

Zweck und Anwendungsbereich der Netzplantechnik

Zur systematischen Erfassung aller Tätigkeiten und Ereignisse, die die Planung eines Projektes mit sich bringt, fungiert der Netzplan zunächst als zuverlässiger Terminplan. Hier werden die einzelnen Vorgänge in ihrer Reihenfolge und gegenseitigen Abhängigkeit sichtbar und in der Projektausführung durch Koordination, Überwachung und Steuerung zielorientiert gehalten. Für die unerschöpflichen Anwendungsmöglichkeiten der Netzplantechnik in der Hotellerie dienen folgende Beispiele aus der Praxis als Veranschaulichung:

- Planung zur Durchführung von Spezialitätenwochen (Food Festival) im Hotel
- Eröffnungen von Restaurants und Bars
- Ablauf des „Voreröffnungsmanagements" eines Hotelprojekts (pre-opening management)
- Einsatz einer Werbekampagne für das Hotel
- Überwachung von Reparatur- und Dekorationsaufträgen
- Vorausplanung von Großveranstaltungen/Banketten
- Überprüfung und Steuerung des Reinigungsprogramms im Hotel
- Erstellungen von langfristigen Trainingsprogrammen
- Übersicht über die integrierte Personaleinsatzplanung

Die Zweckmäßigkeit jeglicher Projektüberwachung durch Netzplansysteme spiegelt sich in der allseitigen Anerkennung der Netzplantechnik wider. Zwar lassen sich die Vorteile dieses Planungssystems nicht immer in Geld ausdrücken, aber jede erfolgreiche Planungs- und Überwachungsmethode der Arbeitsablaufgestaltung muß sich positiv auf die Gewinnsituation auswirken. Netzplantechnik dient dabei nicht nur zur besseren Kostenplanung und Kostenüberwachung durch Reduktion von Projektzeiten, sondern hier werden Möglichkeiten aufgezeigt, um bei einer Voraussage von Engpässen Alternativlösungen zu testen. Das Management hat es in der Hand, durch eine bessere Koordinationsmöglichkeit zwischen den einzelnen Operationen für eine genauere und wirksamere Ablaufplanung von Projekten zu sorgen. Projekte benötigen Betriebsmittel, wie Arbeitskräfte, Geld, Maschinen und Material. Dabei gilt es, diese Einsatzfaktoren in enger Verbindung mit der Methode der Arbeitsdurchführung und in ihrer zeitgemäßen Reihenfolge fachmännisch zu organisieren.

Terminologie zur Netzplantechnik

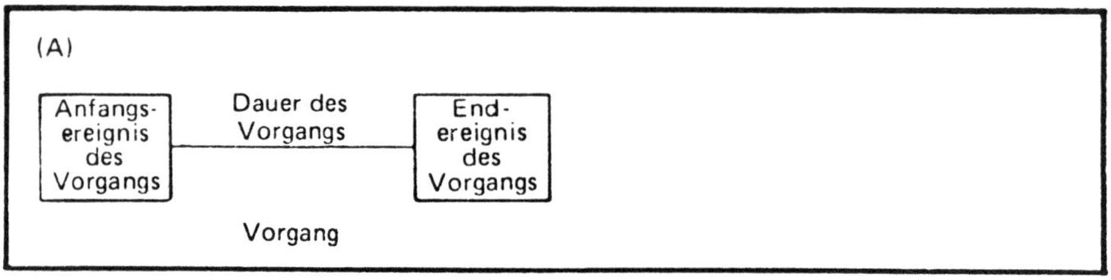

Die verschiedenen Arbeitsabschnitte eines Projektes bezeichnet man als Vorgänge. Vorgänge als Teile eines Projektes dienen zur Erreichung eines klar definierten Zieles und stehen immer in einer logischen Reihenfolge zueinander. Bestandteile eines Vorgangs:

1. Anfangsereignis *2. Dauer des Vorgangs* *3. Endereignis*

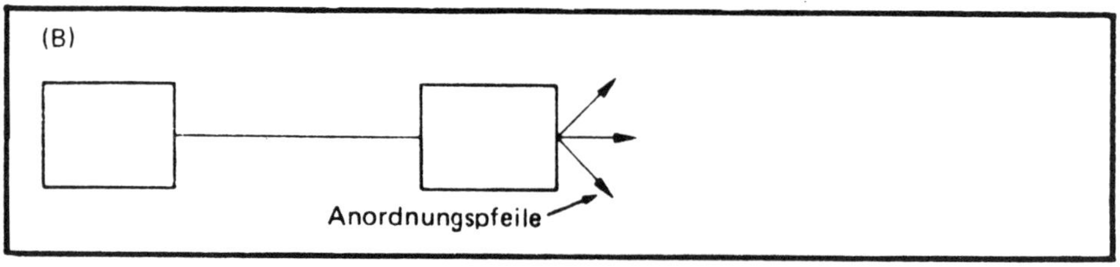

Die Reihenfolge und Anordnungsbeziehung von Vorgängen im Netzplan werden durch Anordnungspfeile aufgezeigt.

Die Vorgangsbezeichnung charakterisiert eine Tätigkeit, die den wesentlichen Inhalt des Vorgangs wiedergibt.

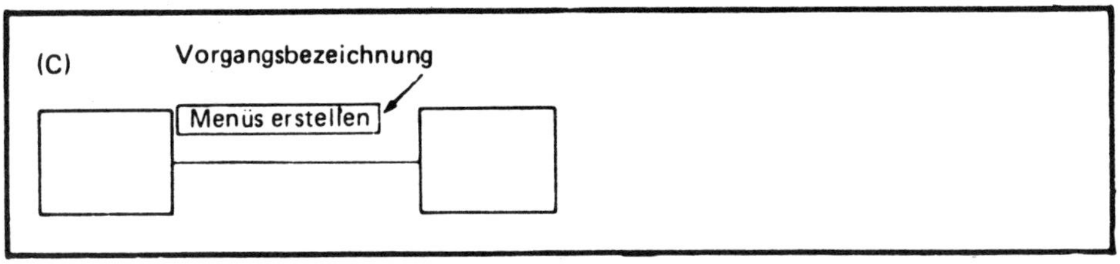

Anfangs- und Endereignis eines Vorgangs werden durch aufeinanderfolgende Zahlen aufsteigender Folge beziffert. Dabei kann die Numerierung zugleich als Klassifizierung (Kennzeichnung von Aufgabengebieten, Verantwortungsbereichen) erfolgen.
Zum Beispiel: Nr. 100 bis 199 = Verantwortungsbereich (Klassifizierung) des Food und Beverage Managers

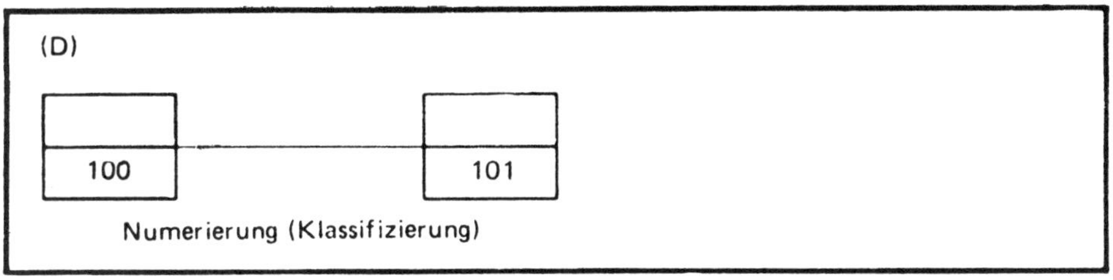

Der frühestmögliche Anfangstermin plus die Dauer eines Vorgangs ergibt den frühestmöglichen Endtermin. Die Dauer eines Vorgangs ist demnach die zeitliche Differenz zwischen Anfangs- und Endereignis des Vorgangs.
Lautet die Fragestellung: Wann kann das Projekt frühestens fertig sein, wendet man die *Vorwärtsrechnung* an.

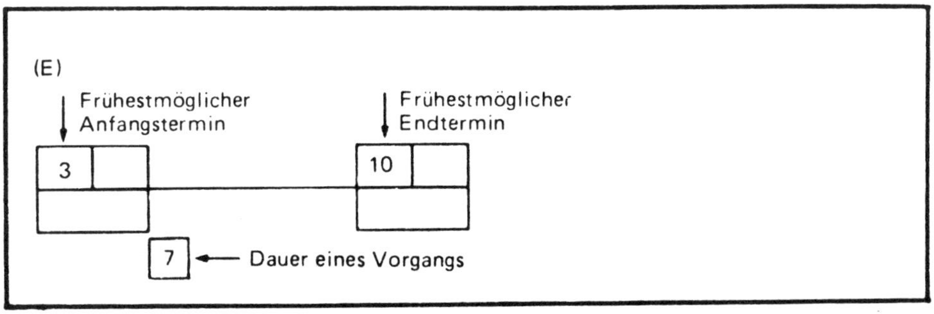

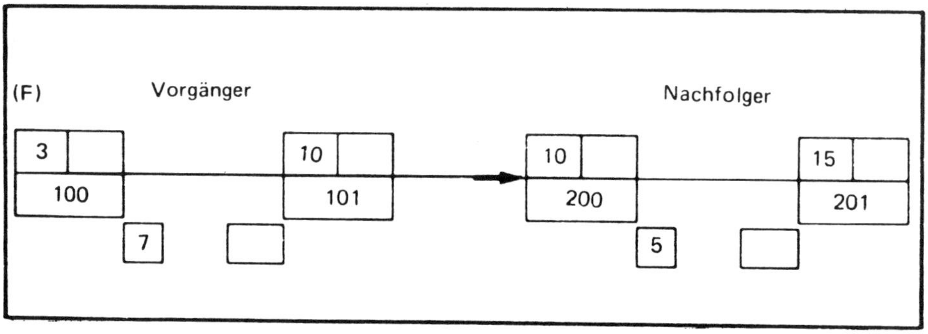

Nullabstand oder Normalabstand

Ist der Zeitabstand zwischen zwei Vorgängen Null, spricht man vom Null- oder Normalabstand. Der Nachfolger kann sofort beginnen, wenn der Vorgänger abgeschlossen ist.

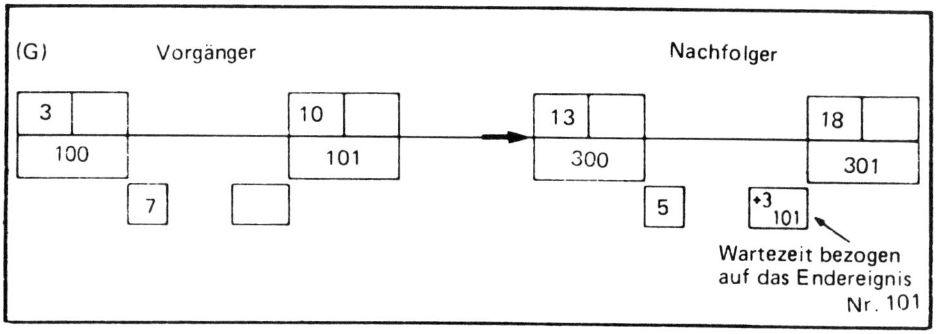

Wartezeit

Die Wartezeit (positives Vorzeichen) zeigt an, daß eine bestimmte Zeitdauer vergehen muß, bis der Nachfolger eines Vorgangs (Indexzahl) beginnen kann (Wartezeit = Minimaldauer).

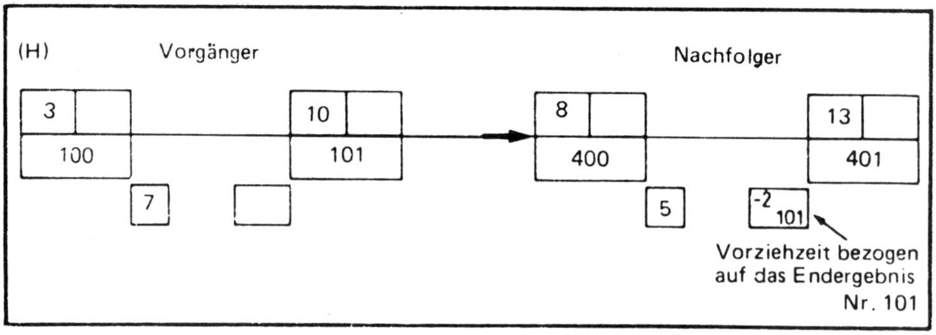

Vorziehzeit

Die Vorziehzeit (negatives Vorzeichen) zeigt an, daß der Nachfolger bereits beginnen kann, während der Vorgänger (Indexzahl) noch läuft. (Vorziehzeit = Überlappungszeit = Maximaldauer)

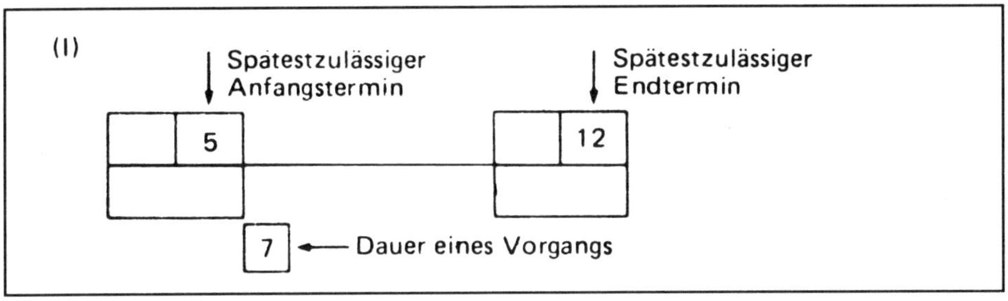

Lautet die Fragestellung:
Wann muß das Projekt spätestens beginnen, wendet man die *Rückwärtsrechnung* an. Um den spätestzulässigen Anfangstermin des Projektes bestimmen zu können, müssen der spätestzulässige Endtermin, die jeweilige Dauer der einzelnen Vorgänge und die Abstände zwischen den Vorgängen bekannt sein.

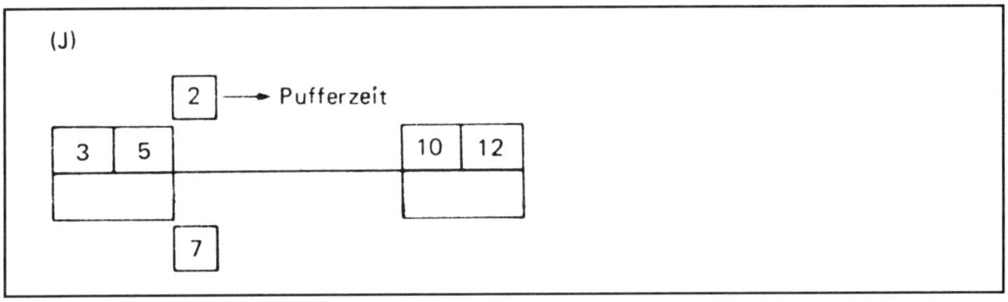

Pufferzeit/Kritischer Weg
Die Differenz zwischen frühestmöglichem und spätestzulässigem Anfangstermin (oder: Differenz zwischen frühestmöglichem und spätestzulässigem Endtermin) bezeichnet man als Pufferzeit:

1. Um die positive Pufferzeit kann die Durchführung eines Vorgangs verzögert werden, ohne daß der spätestzulässige Endtermin des gesamten Projektes gefährdet wird. (Positive Pufferzeit = überschüssige Zeit.) Nimmt man die positive Pufferzeit eines Vorgangs in Anspruch, so muß der gesamte Netzplan neu berechnet werden.
2. Ist die Pufferzeit gleich Null (frühestmöglicher und spätestzulässiger Anfangs- oder Endtermin fallen zusammen), dann entfällt die Zeitreserve, der Vorgang darf nicht verzögert werden.
   (= kritischer Vorgang)
3. Rechnerisch negative Pufferzeiten zeigen Zeitfehler auf und müssen im Netzplan beseitigt werden.
4. Den Weg im Netzplan mit den geringsten Pufferzeiten bezeichnet man als kritischen Weg. Der kritische Weg wird im Netzplan besonders gekennzeichnet.

ZUSAMMENFASSENDES SCHAUBILD ZUR NETZPLANTECHNIK (A bis J)

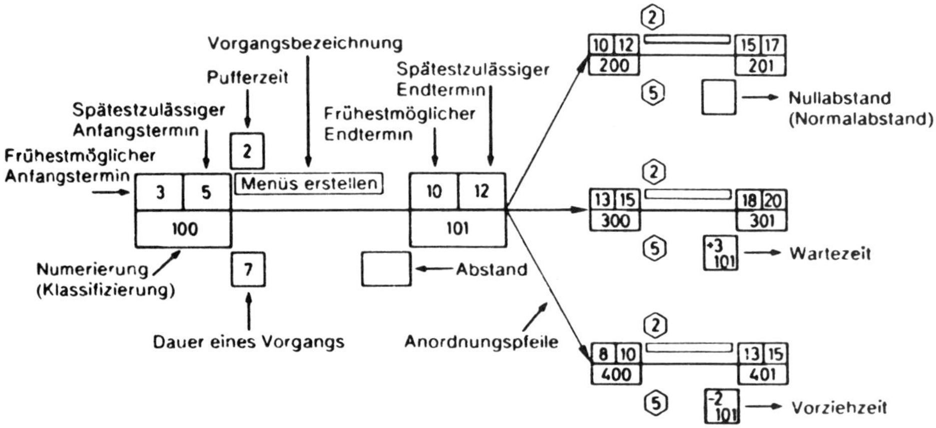

Arbeitsablauf zur Netzplantechnik

I. Schritt
Zerlegung des Projekts in mehrere Hauptabschnitte
Informationssammlung zu jedem Hauptabschnitt
Gliederung der Hauptabschnitte in Unterabschnitte
Aufteilung der Unterabschnitte in einzelne Vorgänge (Vorgangsbezeichnungen)

II. Schritt
Alle Arbeiten (Vorgänge) in eine logische Reihenfolge bringen
Welche Vorgänge müssen abgeschlossen sein, bevor Nachfolger beginnen können?
Welche Vorgänge können gleichzeitig nebeneinander ablaufen?

III. Schritt
Den Zeitbedarf (Dauer der Ausführung) für die verschiedenen Aufgaben (Vorgänge) fixieren
Eventuell notwendige Wartezeiten festhalten
Mögliche Vorziehzeiten ermitteln

IV. Schritt
Ergebnisse in einem Netzplan visualisieren
Verantwortungs- und Kompetenzbereiche durch Klassifizierung (Numerierung) veranschaulichen
Frühestmöglichen Endzeitpunkt durch Netzplan-Vorwärtsrechnung bestimmen
Spätestzulässigen Endtermin vorgeben – Netzplan-Rückwärtsrechnung
Den kritischen Weg, den Weg mit den geringsten Pufferzeiten ermitteln.

Praktisches Beispiel zur Netzplantechnik

Projekt: Planung zur Durchführung einer ausländischen Spezialitätenwoche (Food Festival) im Hotel

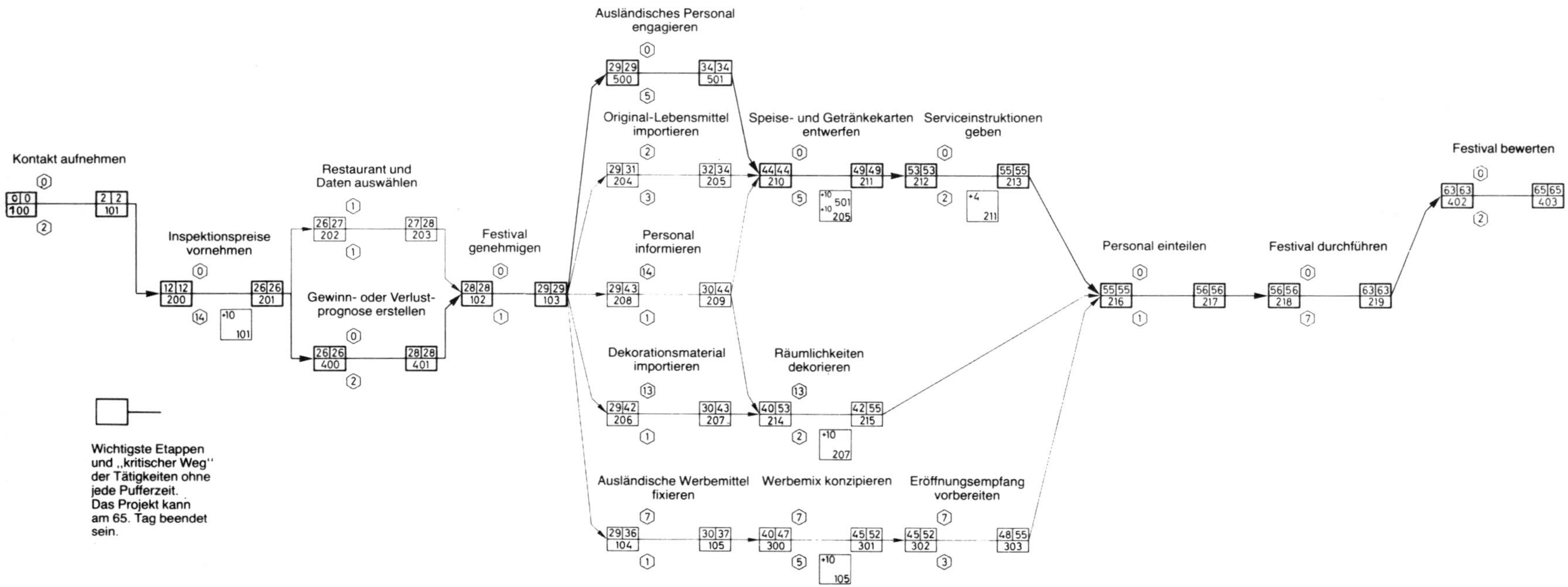

Umweltorientiertes Management

„Klar wird, daß wir uns als unwürdige Gäste auf der Erde aufführen. Mit unseren Aktivitäten, die Gewinn bringen, erleiden wir aber auch täglich Verluste, auch wenn sie nicht sofort sichtbar werden. Die Gewinne nutzen wir für uns selber, die Verluste geben wir leichtsinnig an die Generation nach uns weiter" (Königin Beatrix, Weihnachtsbotschaft 1988).
„Wir borgen Umweltkapital von den zukünftigen Generationen, ohne jede Absicht oder auch nur Aussicht zurückzuzahlen!" so die UN-Umweltbehörde im Jahr 1987.
Umweltschutz ist längst kein Modethema mehr. Zwar ließen sich tägliche Katastrophenmeldungen wie Mülltourismus, Algenteppich, Waldsterben, Ozonloch, Ölteppich, Treibhauseffekt, Robbensterben u.a. vorrübergehend verdrängen, unbestritten deutlich zeigt sich der quantitativ ansteigende Konsumwohlstand mit der Müllawine eng gekoppelt mit ökologischen Folgeschäden.
Die in Hotellerie und Gastronomie zur Zeit noch vorherrschende, meist passive Umweltschutzpolitik (Verdrängungs- und Abwehrstrategien) wurde doch erfreulicherweise vorwiegend im mittelständischen Bereich aktiviert und hat einige „Pionierbetriebe" gefunden, die schon heute offensives Umweltmanagement betreiben. Nun darf Umweltschutz nicht nur als reine Umweltschutz-„Technik" verstanden werden. Auch die Konsumentenphilosophie unserer Gäste im Sinne des „Kaufens, Gebrauchens, Wegwerfens" hat sich gewandelt. Um aus der Zielscheibe öffentlicher Kritik herauszutreten, hilft nur ein Umdenken aller Führungskräfte im Gastgewerbe hin zu einer ökologischen Unternehmensführung.
Mag die Zahl der Hotel- und Gaststättenbetriebe, die eine ganzheitliche, umweltorientierte Unternehmenspolitik betreiben, noch klein sein, ihre Zahl wächst beständig. Den Konflikt zwischen Ökonomie und Ökologie wird die schweigende und duldende Natur gewinnen! Umweltschutz muß als Chance zur Sicherung der unternehmerischen Zukunft verstanden werden.
Aktion statt Reaktion ist hier verlangt. Wenn wir nicht heute handeln, wird es morgen noch viel teurer werden.
Dieser Beitrag mit von vielen Kollegen in der Praxis zusammengetragenen ersten Maßnahmen zur Umweltfreundlichkeit in Hotellerie und Gastronomie soll die „Sensibilität" gegenüber der ökologischen Herausforderung unseres Jahrhunderts erhöhen. Umweltschutz ist nicht mehr Sache kleiner Minderheiten, sondern die zentrale Zukunftsfrage für jeden einzelnen.

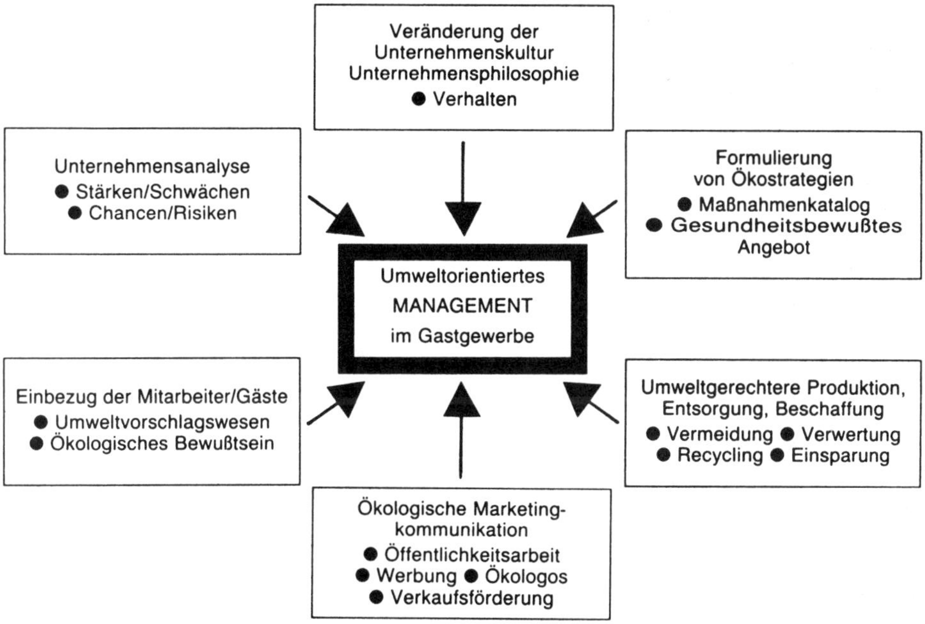

Überblick zum umweltorientierten Management in Hotellerie und Gastronomie

Aufbauend auf einer detaillierten Unternehmens-Umweltanalyse mit eigenem Stärken- und Schwächenprofil, dem Erkennen von Chancen und Risiken, muß eine grundsätzliche Neuformulierung oder zumindest Erweiterung der Unternehmenskultur mit der Unternehmensphilosophie für jedes einzelne Unternehmen erfolgen. Erst auf der Basis dieser Zielsetzung kann die Formulierung von Ökostrategien bis hin zu einem mittelfristigen Maßnahmenkatalog detailliert werden. Eingebettet in den Umweltschutz, muß ein besonderes Gewicht das gesundheitsbewußte Angebot gastronomischer und Freizeitleistungen erfahren. Mit Einbezug der Mitarbeiter und Gäste zu einem gezielten Vorschlagswesen (Qualitätszirkel) lassen sich Rücksichtnahme auf die Natur und ökonomisches Bewußtsein allgemein steigern. Umweltgerechtere Produktion, Entsorgung und Beschaffung erfüllen erklärte Ziele wie sparsame Verwendung von Rohstoffen, verminderter Energiebedarf, geringerer Wasserbedarf, Wiederverwertbarkeit, geringere Luftbelastung, Vermeidung der Verpackungsexplosion, keine Belastung des Grundwassers, natürliche Abbaubarkeit und Abfallbeseitigung, keine Gesundheitsschädlichkeit.

Es gibt keinen Fortschritt gegen die Natur. Ein offensives statt passives oder reaktives Ökomanagement wird auch Gestaltungsmöglichkeiten eines ökologischen Marketingmix verbinden. Hier geht es nicht einseitig um die Verbesserung des Unternehmensimages, sondern um ökologische Marketingkommunikation mit allen Öffentlichkeitspartnern vom Lieferanten, Kapitalgeber, der Gemeinde, den Geschäftspartnern bis hin zum Gast (siehe Abbildung: Umweltorientiertes Management in Hotellerie und Gastronomie).

70mal mehr Umweltfreundlichkeit in Hotellerie und Gastronomie

1. Weg vom „Plastik-Frühstücksbüfett", Portionspackungen aller Art (Butter, Konfitüre, Knäckebrot, Zucker, Sahne, Milch etc.) werden vermieden. Frühstückszutaten sind täglich attraktiv lose in entsprechenden „Behältern" angeboten (Sonderfälle wie Diabetiker u.ä.).
2. Es erfolgt grundsätzlich kein Getränkedosenverkauf, Einweggeschirr ist abgeschafft, Getränke in Plastikflaschen werden nicht angeboten.
3. Im Badezimmer steht der Hinweis (Schild, Aufkleber): Lieber Gast – bitte entscheiden Sie: Handtücher auf den Boden heißt: Bitte austauschen. Handtücher auf den Halter heißt: Ich benutze sie ein weiteres Mal – Der Umwelt zuliebe . . .
4. Papierservietten sind, wo immer möglich, durch ihre Pendants aus Stoff ersetzt worden.
5. Toilettenpapier auf den Gästezimmern, in den Personal- und Gästetoiletten sind aus weichem Recyclingpapier.
6. Schon beim Einkauf wird auf Dosenware weitgehend verzichtet, Frischprodukte haben weniger umweltfeindlichen Abfall.
7. Einweg ist kein Weg – vom Senf bis zum Waschmittel werden Mehrweg- oder Nachfüllpackungen verwendet.
8. Die Abfalltrennung in Altglas, Altpapier, Altmetalle und Kusntstoffe ist für den Betrieb gewährleistet.
9. Großpackungen anstelle von Einzelportionspackungen werden eingekauft. Verpackungen selbst sind möglichst beim Lieferanten zurückzugeben (z.B. Waschmittelcontainer etc.).
10. Recyclingpapier wird bei allen Drucksachen, wie Rechnungen, Briefpapier, Computerpapieren etc., bevorzugt.
11. In Gästezimmern stehen elegante geteilte Papierkörbe (Papier, andere Stoffe) zur Verfügung.
12. Ein kleiner Hinweis im Hotelzimmer informiert die Gäste, wie sie Medikamente, Batterien und andere Problemstoffe loswerden können.

13. In Ferienhotels wird auf die Mitgabe von Lunchpaketen mit Portionspackungen und Dosen verzichtet.
14. Der Einkauf direkt beim Produzenten stellt einen Beitrag zur Müllvermeidung dar, wenn Ware offen gekauft und geliefert werden kann.
15. In ländlichen Gebieten ist die eigene Kompostierung als eine Strategie gegen den Abfallberg empfehlenswert.
16. Bei Um- und Neubauten von Hotel- und Gaststättenbetrieben werden die Logistikwege für die Altstoffe, den Bio- und Restmüll sowie die Problem- und gefährlichen Abfälle auch im Zwischenlagerbereich (ausreichende Größe des Müllraums) berücksichtigt.
17. Im Betrieb sind Vorkehrungen getroffen (auch für Gäste zugänglich) für das Sammeln und Wiederverwerten von: Papier und Kartonagen (getrennt), Braun-, Grün-, Weißglas, Sammelbehälter für Medikamente und Batterien, Sondermüll.
18. Die Entsorgung von Neonröhren, Glüh- und Sparbirnen erfolgt direkt an den Händler.
19. Es wird streng darauf geachtet, daß keine groben Küchenabfälle, Reste von Ölen und Fetten in den Ausguß geschüttet werden.
20. Alle Abflüsse weisen Siebe auf, werden regelmäßig durchgespült. Mechanische Reinigung mit Saugglocke und Spirale ist für die Abflußrohre zuträglicher als chemische Reinigung mit Umweltbelastung.
21. Um Verstopfung vorzubeugen, werden in Gästebadezimmern extra Eimer und Beutel für Produkte der Damenhygiene und andere Abfälle mit Hinweisen aufgestellt.
22. Grundsätzlich werden nur biologisch abbaubare Reinigungsmittel nach Überprüfung der Negativliste des deutschen Verbraucherverbandes im Hotel eingesetzt.
23. Auf Duftspender zum Einhängen in die WC-Schüsseln oder Spülkästen wird verzichtet.
24. Bei der regelmäßigen Schwimmbeckenentleerung von Hotel-Swimmingpools sollte das Wasser nach der letzten Chlorzugabe mindestens zwei Wochen stehen, um das Chlor entweichen zu lassen.
25. Bei dem Zusatz von Chemikalien zum Wasser hält man sich an die unteren Dosierungsangaben, automatische Dosiereinrichtungen müssen gewartet und kontrolliert werden.
26. In allen Küchen sind Fettabscheider installiert. Kein Öl darf in den Wasserabfluß gelangen.
27. Bei gläsernen Einweggebinden werden die Verschlüsse vor Sortierung in den Glascontainer entfernt. (Schraubverschlüsse bei Pfandflaschen bleiben zur Schonung der Gewinde am Flaschenhals.)
28. Aluminium (Dosen, Folien, Gefrierbehälter, Alupfannen etc.) wird getrennt zur Wiederverwertung gesammelt (mit Magnet von Eisen trennen).

29. Verbrauchtes Speiseöl, Braten- und Fritierfette werden in gut verschlossenen Behältern gesammelt und entsorgt. Speiseöl wird nur dort gekauft, wo auch die Rücknahme garantiert wird.
30. Tierische und pflanzliche Fette dürfen nicht mit mineralischen Altölen gemischt werden.
31. Die Wiederverwertbarkeit ist vom Reinheitsgrad des gesammelten Altstoffes abhängig. So gehört zum Altpapier nur unbeschichtetes Papier (keine Milch-, Getränke-, Tiefkühl-, Zigarettenverpackungen etc.).
32. Wo immer möglich, sind Durchflußminderer einzubauen (Duschen, Wasserhähne, Drosselung bei den Spülkästen der WC).
33. Im Winter wird um den Hotelbetrieb kein Streusalz verwendet.
34. Der Verzicht auf verpackte Einwegkosmetik in den Gästebadezimmern ist umweltfreundlicher.
35. Werden Zellstoffartikel verwendet, ist auf ungebleichte (Chlorbleiche) Zellstoffprodukte zu achten.
36. Wo immer möglich wird versucht, ohne aggressive Chemie auszukommen; z. B. leichte Entfernung von Verschmutzungen des Backofens noch im warmen Zustand mit milden Neutralreinigern.
37. Die Kunststoffverpackungen der Badeschaum-/Duschbäder als Gästeartikel sind umweltfeindlich. Eventuell sind Dosiergeräte im Badezimmer statt der Kunststoffkleinpackung günstiger.
38. Die im Hotelbetrieb verwendeten Batterien und Akkus werden regelmäßig kontrolliert.
39. Es wird bei den Gästen um Benutzung der öffentlichen Verkehrsmittel geworben (Stadtverbindungen, Fahrpläne, Preise). Schonen Sie sich und Ihre Umwelt – lassen Sie Ihr Auto in der Garage (Angabe von Anreise- und Abreiseverbindungen, Gäste-Abholservice).
40. Sämtliche Lampen im Hotel sind sauber und staubfrei; beim Neukauf werden stromsparende Lampen angeschafft.
41. Die Lebensdauer der Energiesparlampen ist allgemein höher. Sie sollten jedoch nicht dort eingesetzt werden, wo häufig Licht auf- oder abgedreht wird.
42. Um in größeren Räumen auch oft nur Teile beleuchten zu können, sind Gruppenschaltungen zu empfehlen.
43. Das ganze Hotel ist dahingehend überprüft worden, wo Lampen mit Zeitrelais ausgestattet werden können, um Energie zu sparen.
44. Es werden grundsätzlich keine Spraydosen mit Treibgas verwendet (falls absolut erforderlich, nur Sprays zum Pumpen).
45. Die Einrichtung von Nichtraucheretagen und -bereichen kommt nicht nur vielen Gästen entgegen, sondern sorgt auch für bessere Luft.
46. Gäste, die ihr Auto im Urlaub nicht benutzen, werden in entsprechender Form vom Hotel belohnt.

47. Sämtliche Heizungen sind mit automatischen Regelanlagen versehen (der Wirkungsgrad der Heizung liegt über 91%).
48. Mit Fachleuten sind Wärmepumpen, Solaranlagen, Isolierungen, Wärmerückgewinnung von Kühlhäusern und Lüftungen, energieeinsparende Geräte und Einrichtungen besprochen und der mögliche Einsatz überprüft worden.
49. Die von Verbänden angebotene Energieberatung und Überprüfung der Energieaufzeichnungen bei Stromverbrauch, Heizöl- und Gasverbrauch sind genutzt worden.
50. Bei Bodenreinigern wird zwischen wirklichen Reinigungsmitteln und Pflegemitteln unterschieden; jede Überdosierung ist zu vermeiden. Intakte Schuhabstreifer verhindern die Wiederanschmutzung.
51. Desinfektionsmittel können auch Bakterienkulturen, die für die biologische Reinigung notwendig sind, zerstören (Beachtung der Dosierungsangaben, örtlich begrenzte Desinfektion bei Küche, Bad, WC).
52. Elektrostatische Aufladungen im Hotelbereich werden mit möglichst wenig Kunstfasertextilien und Kunststoffflächen vermieden.
53. Elektrische Installationen werden durch Netzfreischalter abgeschirmt; Strahlungen am Arbeitsplatz sind minimiert.
54. Im ganzen Hotel wird regelmäßig für eine ausreichende natürliche Belüftung und relative Luftfeuchtigkeit (45–65%) gesorgt.
55. Speiseessig zum Entkalken von Armaturen im Bad ersetzt oft hochkonzentrierte und schädliche Entkalkungsmittel.
56. Grundsätzlich werden aggressive Putzmittel vermieden; Fleckentferner sind nur bei geöffnetem Fenster anzuwenden.
57. Bei Geschirrspülmaschinen werden phosphatfreie bzw. phosphatarme Spülmittel bevorzugt.
58. Geschirr- und Gläserspülmaschinen sollten nur bei voller Beladung in Betrieb genommen werden.
59. Energiesparen im Hotel und damit Vermeidung unnötiger Umweltbelastung erfordert die Schulung und Sensibilisierung aller Mitarbeiter (Energieplan, Checklisten).
60. Thermostatventile für Heizkörper, gute Isolierung von Fenster und Türen, Überprüfung der Wärmedämmung und permanente Kontrolle des Energieverbrauchs sind Minimalanforderungen.
61. Bei Um- und Neubauten im Hotel wird auf die Verwendung von natürlichen Materialien geachtet (keine tropischen Hölzer).
62. Bei Gartenanlagen, Balkons werden keine chemischen Pflanzenschutzmittel eingesetzt.
63. Äußerst sparsamer Einsatz von Insektenvertilgungsmitteln ist eine Notlösung; peinliche Sauberkeit im Hotelbetrieb (eventuell Fliegengitter im Sommer) hilft vorbeugen.

64. Kochherde werden ohne Einsatz aggressiver Chemie regelmäßig gereinigt – verschmutzte Herdplatten und Brenner kosten Energie.
65. Tiefgefrorene Lebensmittel sind vor der Verwendung im Topf oder in der Pfanne aufzutauen; die Bodenflächen allen Geschirrs auf dem Herd entsprechen der Größe der Flamme beim Gasherd; Kochgeschirr mit durchgebogenem Boden wird aussortiert.
66. Warme Speisen werden nicht im Kühlschrank abgekühlt; verschmutzte Kühlsysteme verbrauchen mehr Energie; regelmäßiges Abtauen und Reinigen wird mit Checklisten überprüft.
67. Bei sämtlichen Werbemitteln wie Hotelprospekte, Mailings, Angebotskarten, Tischkartenaufsteller wird Umweltschutzpapier oder sauerstoffgebleichtes Papier verwendet (Marketing mit Umweltbewußtsein).
68. Beim Einsatz von Waschmaschinen wird auf Sparprogramme, auf den Härtegrad des Wassers abgestimmte Dosierung des Waschmittels und der Waschtemperatur angepaßte Mittel geachtet.
69. Gäste machen gern mit! Ansprechende Informationen über ökologisch vernünftiges Verhalten in Haus und Natur, Anregungen, Empfehlungen, Bitte um Verbesserungsvorschläge gehören in schriftlicher Form auf die Gästezimmer.
70. Keiner weiß mehr als wir alle zusammen! Regelmäßige Mitarbeiterbesprechungen und Schulungen zum Thema Umwelt, Meinungs- und Erfahrungsaustausch mit Kollegen sind kleine, aber wichtige Schritte zum Umweltschutz.

Betriebsinterne Ausbildungsprogramme

Zielsetzung

Inhalt und Gegenstand der betrieblichen Ausbildung sind alle Kenntnisse, Fähigkeiten, Fertigkeiten und Verhaltensweisen, die optimale berufliche Leistung und berufliches Fortkommen ermöglichen. Während ihrer beruflichen Arbeit müssen die Mitarbeiter immer wieder von neuem angewiesen werden. Bei Neueinstellungen, bei Versetzungen in andere Abteilungen, bei Einführung neuer Arbeitsverfahren ist heute eine wissenschaftsorientierte Berufsausbildung – systematisch und planmäßig eingesetzt – unerläßlich. Die „Anpassungsausbildung" als Voraussetzung für die Umstellung auf die immer schneller fließenden neuen Erkenntnisse im Zeichen der technischen und wirtschaftlichen Entwicklung gewinnt steigende Bedeutung im Kampf gegen Verringerung der Produktivität und Absinken der marktlichen Leistungsfähigkeit.
Langfristige Ausbildung und Entwicklung des Personals ist dem Versuch, qualifizierte Mitarbeiter auf dem Arbeitsmarkt zu gewinnen oder abzuwerben, vorzuziehen.
Versteht man unter Lehren die Gesamthiet möglicher und geplanter Eingriffe in Lernprozesse, so nimmt außerhalb der Lehrverfahren – der Vorgehensweisen oder Methoden bei der Ausbildung – die betriebliche Unterweisung eine Schlüsselrolle ein.
Nicht nur seit Inkrafttreten der Ausbilder-Eignungsverordnung im April 1972 bemüht sich das Hotel- und Gaststättengewerbe darum, in den Betrieben nach modernen pädagogischen Erkenntnissen auszubilden. Die Probleme der Berufs- und Arbeitspädagogik in diesem Dienstleistungsgewerbe sind erkannt und stellen erhöhte Anforderungen an Trainer und Ausbilder.
Einerseits gilt es, die im Ausbilderberufsbild geforderten Kenntnisse und Fertigkeiten für die Auszubildenden systematisch und pädagogisch richtig zu vermitteln, andererseits dürfen die Betriebe im Rahmen der Anpassung an die technischen, wirtschaftlichen und gesellschaftlichen Veränderungen die berufliche Erwachsenen-Fortbildung nicht unberücksichtigt lassen. Gerade in der heutigen Arbeitsmarktsituation für das Hotel- und Gaststättengewerbe handelt es sich nicht mehr lediglich um eine moralische Verpflichtung zur Aus- und Fortbildung im eigenen Betrieb, sondern der allgemeine Arbeitskräftemangel qualifizierter Mitarbeit zwingt dazu, Ausbildungsinvestitionen vorzunehmen.

Gedankenflußplan

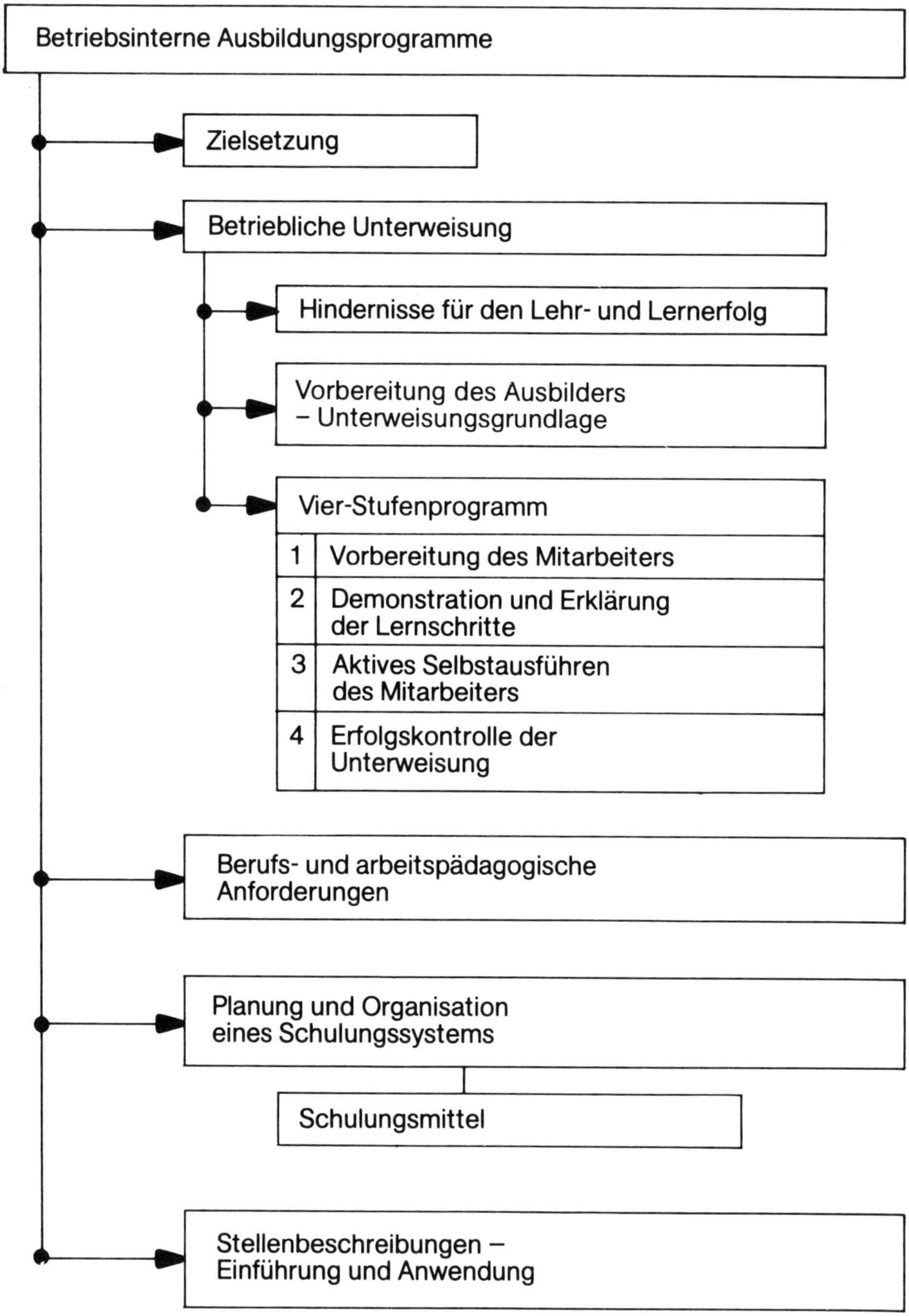

Betriebliche Unterweisung

Führungskräfte müssen in der Lage sein, ihr Können und ihre Erfahrungen weiterzugeben; dazu ist „Basis-Wissen" erforderlich. Mit dem richtigen Handwerkszeug erfolgreich unterweisen heißt:

Lernen helfen

Zunächst gilt es, gewisse Hindernisse für den Lehr- und Lernerfolg zu überwinden, dazu gehören:
- der innere Widerstand gegen das „Belehrtwerden",
- die fehlende Bereitschaft zum Lernen,
- die Überschätzung des eigenen Könnens und Wissens seitens der Mitarbeiter,
- begrenzte Fassungskraft,
- mangelnde Konzentrationsfähigkeit,
- unterentwickeltes Gedächtnis,
- Befangenheit der Mitarbeiter.

Auf die genannten Widerstände muß sich der Unterweisende einstellen und versuchen, sie zu überwinden. Grundsätzlich handelt es sich bei der Unterweisung eines Mitarbeiters um eine Informationsvermittlung und -verarbeitung.
Die Informationsaufnahme hängt entscheidend vom Prestige des Informationsgebers, vom richtigen Informationszeitpunkt und vor allem von der aktiven Erarbeitung der Informationen ab. Bei der Technik des Lernens kommen folgende Tätigkeiten in Frage: *Man hört zu, man liest etwas, man macht mit und man führt selbst aus.*
Wissenschaftliche Untersuchungen haben gezeigt, daß alles, was ein Mensch während seines Lebens lernt, durch seine fünf Sinne wahrgenommen und erfaßt wird. Unzählige Tests wurden durchgeführt, um festzustellen, in welcher Größenordnung etwa jeder einzelne der Sinne zum gesamten erlernten Wissen eines Menschen beiträgt:

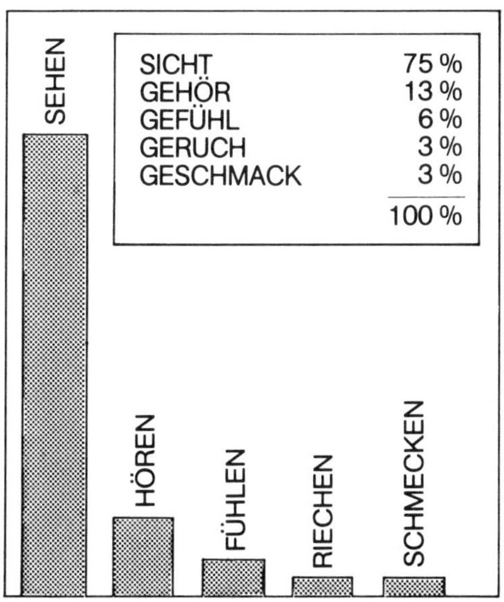

Niemand wird jedoch bestreiten können – so wahr diese Erkenntnis auch sein mag – daß praktische Tätigkeiten im Rahmen einer Unterweisung am besten durch aktives Selbstausführen erlernt und beherrscht werden können; das gilt sicherlich sowohl für die sogenannten „Hör-Typen" als auch für die „Seh-Typen". Innerhalb der Lerntheorie wird auch zwischen dem „Lernen" und dem „Behalten" unterschieden:

Lernen	Behalten
3% durch Schmecken	10% dessen, was gelesen
3% durch Riechen	20% dessen, was gehört
6% durch Fühlen	30% dessen, was gesehen
13% durch Hören	50% dessen, was gehört und gesehen
75% durch Sehen	90% dessen, was man selbst getan hat

Das Behalten ist fernerhin entscheidend abhängig vom Unterweisungsstoff, von der Unterweisungsmethode, von der Intensität der Unterweisung und von der Behaltensfähigkeit des Lernenden. So wird eine Arbeitsunterweisung erfolgreich sein, die – basierend auf den drei wichtigsten Sinnen des Menschen: Sehen, Hören, Fühlen – den Charakter einer Anleitung zum „Selbsttun" prägt.

„Unterweisen heißt: Lernen helfen", dazu müssen folgende Grundbedingungen erfüllt werden:

Vorbereitung des Ausbilders: Aufbereitung und Gliederung des Lernstoffes in Lernschritte	1	Vorbereitung des Mitarbeiters auf die Arbeitsunterweisung
	2	Demonstration und Erklärung der Lernschritte
	3	Aktives „Selbstausführen" des Mitarbeiters
	4	Erfolgskontrolle der Unterweisung

Vorbereitung des Ausbilders

Aufbereitung und Gliederung des Lernstoffes in Lernschritte

Der Lernerfolg hängt entscheidend von der Qualität der Vorbereitung ab. Kernstück der Vorbereitung ist die Arbeitszergliederung. Diese Arbeitsablaufanalyse zeigt die Teilvorgänge der zu erlernenden Arbeit in richtig angeordneten Lernschritten auf. Es wird festgelegt, in welcher Folge *was* zu tun ist, in welcher Arbeitsweise vorgegangen werden soll, als *wie* eine Arbeit auszuführen ist und die Begründung der Arbeitsweise, also *warum* eine Arbeit in dieser bestimmten Weise zu verrichten ist.

Besondere Bedeutung gewinnt die Erklärung des *Wie* und *Warum* für die Arbeitssicherheit. Dem Mitarbeiter ist von vornherein genau zu erklären, *wie* er sicher arbeitet und *warum* er gerade so arbeiten muß, um sich und andere nicht zu gefährden.

Unterweisungsgrundlage:

Lernschritt	Teilvorgang (Was?)	Ausführung (Wie?)	Begründung (Warum?)
	Was soll der Lernende Schritt für Schritt tun?	Wie soll er es tun, worauf kommt es an?	Warum soll er es tun, was geschieht, wenn er es anders macht?

Eine lernwirksame Unterweisung verlangt nach Aufbereitung und Gliederung des Lernstoffes in sinnvolle, nicht zu große Informationseinheiten (Teilvorgänge), die als Lernschritte bezeichnet werden.
Dabei ist darauf zu achten, daß einerseits die einzelnen Vorgänge nicht unnötig auseinandergerissen werden (Lernschritte sind zu klein), andererseits darf nicht versucht werden, zuviel auf einmal zu vermitteln (Lernschritte sind zu groß). Mehrere Teilvorgänge werden meist dann in einem Lernschritt zusammengefaßt, wenn sie gleichzeitig ausgeführt werden müssen.
Grundsätzlich sollte die Einteilung auf die Sicht des Lernenden zugeschnitten sein. Neues kann dann leichter verständlich gemacht werden, wenn man an Bekanntes anknüpft, das heißt, durch Überlappung des Informationsgehaltes aufeinanderfolgender Lernschritte lassen sich Aufnahme- und Verständnisschwierigkeiten steuern.
Wirksam sind dann auch Lernschritte festgelegt, wenn hinzukommende Informationen teilweise vom Lernenden selbst erarbeitet werden müssen. Entscheidend ist immer die Logik des Aufbaus und die Verständlichkeit der Formulierungen für den Lernenden.

I. Vorbereitung des Mitarbeiters auf die Arbeitsunterweisung
Bevor man einem Mitarbeiter klare Instruktionen geben kann, muß er vorbereitet sein. Frei von Sorgen, ohne Angst und Zweifel, völlig ruhig und in angenehmer Atmosphäre sollte er die Arbeitsunterweisungen erwarten. Diese Grundvorbereitung – die Grundeinstellung zur Arbeitsunterweisung – kann man am besten mit folgenden Stufen erreichen:

1. Stufe: Vorstellung des Ausbilders und des Mitarbeiters
Der Mitarbeiter sollte genau wissen, wer sein Ausbilder ist und welche Position

dieser im Betrieb innehat. Der Ausbilder sollte ebenfalls erfahren, wer der Mitarbeiter ist und mit welchem Namen er gerne angesprochen wird.

2. Stufe: Ausbilder erklärt die Unterweisungslektion
Der Auszubildende muß genau über den Inhalt der nun kommenden Arbeitsunterweisung informiert werden; seine Zweifel und Befürchtungen werden damit aus dem Wege geräumt. Gleichzeitig stellt der Ausbilder fest, was der Lernende bereits weiß und kann.

3. Stufe: Ausbilder weist auf die Wichtigkeit der zu lernenden Tätigkeit hin
Der Mitarbeiter soll erkennen, daß die Tätigkeit, die er erlernen wird, für die tägliche Erfüllung seiner Arbeitsaufgaben unbedingt erforderlich ist.

4. Stufe: Ausbilder garantiert dem Mitarbeiter die erfolgreiche Ausführung der Tätigkeit nach Erfüllung der Arbeitsunterweisung
Mit einfachen Worten weist der Ausbilder auf den Erfolg der Lehrmethode hin, um den Mitarbeiter für die kommende Arbeitsunterweisung richtig zu motivieren.

5. Stufe: Erfragen, ob der Mitarbeiter Links- oder Rechtshänder ist
Ein Rechtshänder beobachtet am besten von der rechten Seite und sollte daher zur rechten Seite des Ausbilders plaziert werden.

6. Stufe: Unterweisen
Nach Überprüfung der Bequemlichkeit, Aufnahmebereitschaft des Auszubildenden – Temperatur, Beleuchtung, Sitzgelegenheit – beginnt man mit der Demonstration und Erklärung der Lernschritte.

II. Demonstration und Erklärung der Lernschritte
Bei Unterweisungen von Mitarbeitern muß man auf das individuelle Lerntempo Rücksicht nehmen. Die „Langsam-Lerner" oder „Schnell-Lerner" wird der Ausbilder bei seinen Kontrollfragen leicht erkennen und dementsprechend das Tempo bestimmen. Verständnisfördernde Formulierungen in der „Sprache des Auszubildenden" unterstützen die wirksame Unterweisung; dabei ist darauf zu achten, Füllwörter zu vermeiden, nur das Notwendige zu erklären, den richtigen Zusammenhang herzustellen, um das volle Interesse des Auszubildenden zu wecken. Bei vielen Unterweisungen ist die „exemplarische Darstellung" ratsam. Will man das Verständnis durch passende Beispiele näherbringen, so gilt der Kernsatz: „Primitive (einfache, unkomplizierte) Beispiele sind am instruktivsten!"
Beispiele müssen alle wesentlichen Elemente dessen enthalten, was sie veranschaulichen sollen, aber in knapper, tpyischer Form. Der Schlüssel zum Erfolg bei Arbeitsunterweisungen liegt in der Wiederholung. Einzelne praktische Unterwei-

sungen sollten aber nicht mehr als 20 Minuten in Anspruch nehmen, dann sind Pausen erforderlich.
Unter enger Bezugnahme auf die Unterweisungsunterlage führt der Ausbilder die Arbeit in den einzelnen Lernschritten aus und erklärt dabei die einzelnen Teilvorgänge:
- *was* er macht,
- *wie* er es macht und
- *warum* er es so macht.

Je nach Schwierigkeitsgrad der auszuführenden Arbeit und der Auffassungsgabe sowie Vorbildung des Auszubildenden legt der Ausbilder die Anzahl der Wiederholungsstufen im Unterweisungsprogramm fest. So wird bei schwierigen Aufgaben der Ausbilder die Tätigkeit bis zu dreimal vorführen.
I. Stufe
Der Ausbilder führt die Arbeit aus und erklärt nur die Stufen (*Was?*).
II. Stufe
Der Ausbilder wiederholt die Arbeit, erklärt die Stufen (*Was?*) und fügt die Schlüsselpunkte (*Wie?*) dazu.
III. Stufe
Der Ausbilder wiederholt nochmals die Arbeit und erklärt die Stufen (*Was?*), die Schlüsselpunkte (*Wie?*) und die Gründe (*Warum?*).
Handelt es sich bei der Arbeitsunterweisung nicht um manuelle Fertigkeiten (Handhabung von Geräten, Bedienung technischer Anlagen), spielt die Anschaulichkeit der Darstellung eines Sachverhaltes eine ausschlaggebende Rolle. Neben Skizzen, Fotos, Gliederungen, Schemata kann eine mündlich gegebene Information dann an Anschaulichkeit und damit an Verständnis gewinnen, wenn der Lernende den Text mitlesen kann. Jeder Sachverhalt ist dann leichter verständlich, wenn er in das Gefüge des bis dahin Bekannten eingeordnet, also nicht isoliert, sondern übertragbar auf andere Situationen erscheint.

III. Aktives „Selbstausführen“ des Mitarbeiters
Bei praktischen Arbeitsunterweisungen kommt es darauf an, daß der Lernende die Arbeit anhand der Unterweisung selbst versucht und ausführt. So wie niemand Klavierspielen lernen wird, indem er einem Pianisten zuschaut, kann auch nicht durch das reine Zuhören einer Arbeitsunterweisung ein manueller Arbeitsvorgang erlernt werden. Nur durch das überwachte und korrigierte eigene Ausführen der Tätigkeit kann ein Lernerfolg eintreten.
Der Lernende soll also Informationen nicht nur passiv aufnehmen, sondern aktiv verarbeiten. Bei der Vermittlung von „Fertigkeiten“ ist es ratsam, den Mitarbeiter die einzelnen Lernschritte mit den Schlüsselfragen *Was? Wie?* und *Warum?* üben zu lassen. Es ist wiederum auf das individuelle Lerntempo einzugehen.
Ermuntern Sie den Mitarbeiter, Fragen zu stellen, lassen Sie ihm genügend Zeit, beobachten Sie aufmerksam jeden Schritt, stoppen Sie das Annehmen schlechter

Gewohnheiten von vornherein, werden Sie bei Fehlern selbst nicht ungeduldig, sondern stehen Sie dem Lernenden bei deren Korrektur zur Seite.
Handelt es sich nicht um Handfertigkeiten, kann geistige Aktivität dadurch erzeugt werden, daß man neue Informationen durch Denkanstöße vom Lernenden selbst erarbeiten läßt. Dabei knüpft man in der Fragetechnik an den vorausgegangenen Lernschritt an und richtet sich nach Wissensstand und Intelligenz des Lernenden. (Fragen wie: Was könnte die Folge sein? – Warum muß diese Lösung falsch sein?)
Schriftliche Unterlagen, die der Mitarbeiter im Rahmen der Unterweisung selbst vervollständigt und aufbereitet (Beschriftungen von Feldern, Verbindungslinien in Arbeitsflußdiagrammen, Eintragung der Arbeitsschritte), fördern die motorische Aktivität und steigern die Aufmerksamkeit. Auch die motivierende Wirkung im Abbau des Widerstandes gegen „gedruckte Vorschriften" durch stärkere Identifikation mit dem, was man selbst geschrieben hat, ist wichtig.

IV. Erfolgskontrolle der Unterweisung

Fehler der Lernenden sind oft im Grunde Fehler der Unterweisenden; so heißt es in der amerikanischen Literatur: „If the learner hasn't learnt, the teacher hasn't taught!"
Bei Fehlern ist nicht nur zu klären, was falsch gemacht wurde, sondern die Betonung muß vor allem darauf liegen, wie es in Zukunft richtig gemacht werden kann. „Unterweisen heißt: Lernen helfen" – dem Lernenden muß geholfen werden!
Für wirksame und erfolgreiche Unterweisung genügt es nicht, nur etwas zu erklären und ausführen zu lassen – der Mitarbeiter muß auch den Erfolg spüren. So sollte auch jegliche Arbeitsunterweisung die Möglichkeit zur Erfolgskontrolle beinhalten. Das Erfolgserlebnis – die Bestätigung – darf dem Mitarbeiter nicht vorenthalten werden.
„Gut lernen" ist wie „gut arbeiten" eine Leistung, die Anerkennung verdient und dementsprechend ausgesprochen werden muß. Anerkennung hebt die Lernfreuden und ist ein wichtiger Ansporn zur Leistungssteigerung. Bestätigung erhöht das Selbstgefühl und die Sicherheit im Auftreten und damit auch die Zufriedenheit im Arbeitsbereich, denn „nicht ausgesprochene Anerkennung ist vorenthaltener Lohn".

Berufs- und arbeitspädagogische Anforderungen

Die folgende Liste gibt Anregungen, um die berufs- und arbeitspädagogischen Anforderungen zu erfüllen:

1. Ein genauer Ausbildungs- und Trainingsplan im Hotel sorgt dafür, Nachwuchs heranzubilden und bewährte Kräfte weiterzubilden.
2. Mehrere Mitarbeiter des Hotels haben die Ausbildereignungsprüfung bestanden und bringen ausreichende Kenntnisse in Berufs- und Arbeitspädagogik mit.
3. Bei der Erstellung der Aus- und Fortbildungsprogramme im Betrieb wird zwischen Jugendlichen und Erwachsenen unterschieden.
4. Bei der Fortbildung im Betrieb von Erwachsenen wird berücksichtigt, daß Erwachsene andere Lernhaltungen, Lernschwierigkeiten und Lernbedürfnisse haben. Erwachsene sind lernentwöhnt, haben meist mehr Angst, sich in der Lerngruppe zu blamieren und sie benötigen Lernkontrollverfahren mit mehr Selbstkontrollen.
5. Bei den Ausbildungsprogrammen für die einzelnen Hotelabteilungen sind die Intentionen, die Lehr- oder Lernziele klar definiert.
6. Die Ausbildungsstoffstrukturierung, d. h. die stoffliche und zeitliche Gliederung (Ausbildungsplan) ist den Erfordernissen des Betriebes angepaßt.
7. Bei der Erstellung von Ausbildungsprogrammen werden folgende Faktoren zur „Lernfähigkeit" berücksichtigt:
   1. die Kapazität der Lernfähigkeit (Speicherkapazität)
   2. die Leichtigkeit des Lernens (Aufnahmefähigkeit)
   3. die Nachhaltigkeit des Lernens (Erinnerungsfähigkeit)
   4. die Anregbarkeit zum Lernen (Interesse am Lernen)
   5. die Lernintensität (Lernbereitschaft)
8. Die Fortbildungsveranstaltungen im Betrieb müssen folgende Erwartungen und Bedürfnisse der Mitarbeiter erfüllen:
   1. eine interessante, abwechslungsreiche und lehrreiche Fortbildungseinheit;
   2. die Möglichkeit, sich bewähren zu können (Erfolgserlebnisse);
   3. Erfüllung der Bedürfnisse nach Information, Kommunikation, Kompensation und Emanzipation.
9. Die festgelegten Lernziele für die einzelnen Abteilungen sind operationalisiert, das heißt konkrete Verhaltensbeschreibungen formuliert und meßbar. Operationalisierte Lernziele ermöglichen Lernkontrollen, sie geben an, wann Lernziele erreicht worden sind.
10. Der betriebliche Ausbilder als „Organisator der Lernprozesse" muß bei der didaktischen Aufbereitung des Ausbildungsstoffs berücksichtigen, welche Informationen die Teilnehmer aufnehmen und behalten, bei Bedarf reproduzieren, auf andere Situationen anwenden können sollen.
11. Bei den Lehrverfahren und Vermittlungsmethoden unterscheidet man grundsätzlich zwischen der reinen Darbietung und der Erarbeitung des Lernstoffes.

12. Der Wechsel der Vermittlungsmethoden bei Fortbildungslehrgängen im Hotelbetrieb beeinflußt die Qualität des Lernens (Abwechslung zwischen Kurzvortrag, Diskussion, praktische Anwendung des Gehörten, Einzelarbeit, Gruppenarbeit).
13. Lernhemmungen, verminderte Reaktionsfähigkeit (Geschwindigkeit) werden bei Erwachsenen durch Einsatz individualisierender Lernverfahren ausgeglichen.
14. Im Rahmen des kooperativen Führungsstils werden Erfolgserlebnisse bei den Lerngruppen herbeigeführt.
15. Ständiges Aufzeigen der Anwendungsmöglichkeiten des Gelernten in der Praxis steigert die Lernmotivation.
16. Zweckmäßige Medien, wie: Tageslichtprojektor mit Folien, Dias, Arbeitsblätter, Aufgabenblätter, Testbögen zum Selbsttesten, Lernprogramme, Video-Recorder, Trainingsfilme werden abwechslungsreich auf die zu vermittelnden Problemkreise hin abgestimmt.
17. Die didaktische Aufbereitung der Ausbildungsinhalte für die im Betrieb Auszubildenden erfolgt in Kenntnis der Ausbildungsordnung mit dem Festlegen der Lernziele (Teilziele), der Gliederung der Ausbildung, dem Festlegen der lehrgangs- und produktionsgebundenen Ausbildungsabschnitte, der Auswahl der geeigneten betrieblichen oder überbetrieblichen Ausbildungsplätze, der Erstellung des betrieblichen Ausbildungsplans und des entsprechenden Versetzungsplans, in enger Zusammenarbeit mit Berufsschule, Berufsberater und Ausbildungsberater.
18. Bei den Lernzielbeschreibungen für die einzelnen Teile des Ausbildungsstoffes werden die Fähigkeiten, Fertigkeiten, Gewohnheiten, Grundkenntnisse, Kenntnisse, Erkenntnisse, Einsichten (sog. Qualifikationen), die der Auszubildende erwerben soll, festgelegt.
19. Die 7-Stufen-Methode für Auszubildende (Jugendliche) zur Unterweisung in Fertigkeiten beinhaltet:
    1. Planung (Vorbereitung)
    2. Motivation
    3. Information (Vormachen)
    4. Kernpunkte (Integration)
    5. Nachmachen (Erklären)
    6. Probieren (Versuche)
    7. Übung (selbständig)
20. Als dialogische Lehrform hat das Lehrgespräch zur Zielsetzung, die Vermittlung von Sachkenntnissen, die Schulung der Denkfähigkeit und die Entwicklung von Sozialverhalten.
21. Bei der Durchführung des Lehrgesprächs wird der Tafelanschrieb als Hilfsmittel eingesetzt, um

- eine anschauliche Darstellung der Entwicklung
- eine systematische Darstellung des Unterweisungsstoffes
- einen klaren Überblick über das Neue
- eine Integration des Gelernten
- eine Orientierung im Lehrstoff
- Konzentration auf den Unterweisungsgegenstand und die Erfassung der wesentlichsten Kernpunkte zu erreichen.

22. Wo immer möglich, werden auch programmierte Unterweisungen als Selbstunterricht zur Fortbildung eingesetzt.
    Eine programmierte Unterweisung enthält nach Paulik
    1. eine durchdachte Folge von Denkanstößen
    2. eine auf diese regelmäßig erfolgende Reaktion
    3. ein direkt mit der Leistung zusammenhängendes Erfolgserlebnis, das zum Einprägen führt und zugleich zum weiteren Lernen anregt (Lernverstärkung)
    4. Anpassung der Lernschrittgröße an die Lernenden.
23. Lernprogramme in der betrieblichen Ausbildung werden zur Systematisierung der Ausbildung, zur Wiederholung von Grundkenntnissen, zur Schulung der Konzentration, zur Einzelausbildung, zum Niveauausgleich am Beginn der Ausbildung, zur Berufsförderung eingesetzt.

Stellenbeschreibungen – Einführung und Anwendung

Die Konzeption einer Führung im Mitarbeiterverhältnis, mit dem Führungs- und Organisationsprinzip der Delegation von Verantwortung, verlangt in Stellenbeschreibungen die schriftliche Festlegung der geschaffenen Delegationsbereiche. Im Rahmen des kooperativen Führungsstils müssen an jeder Stelle im Unternehmen drei Faktoren übereinstimmen: 1. Die Aufgaben, die mit der Position verbunden sind; 2. die Befugnisse (Kompetenzen), die der Stelleninhaber besitzt, um seinen Aufgaben gerecht werden zu können; 3. die Verantwortung, die sich aus der Aufgabenstellung und den dazugehörigen Kompetenzen ergibt.
Stellenbeschreibungen dienen auch als Grundlage für die Stellenbesetzung, die Mitarbeiterbeurteilung und -förderung sowie als Basis für die Entwicklung eines möglichst gerechten Lohn- und Gehaltsgefüges im Unternehmen.
Als modernes, personalwirtschaftliches Instrument ist die Stellenbeschreibung ein unentbehrliches Hilfsmittel für die Unternehmensorganisation und Unternehmensführung geworden.
Folgende Details kennzeichnen die Bedeutung, Aufgabe und Anwendung von Stellenbeschreibungen:

1. Die von der Unternehmensführung geschaffenen Delegationsbereiche im Hotel finden ihre schriftliche Festlegung in der Stellenbeschreibung.
2. Mit Hilfe der Stellenbeschreibung wird das Hotelunternehmen in seiner Gesamtorganisation transparent.
3. Stellenbeschreibungen tragen entscheidend zur Versachlichung der gegenseitigen Beziehungen im Unternehmen bei.
4. Stellenbeschreibung als Rationalisierungsfaktor bietet auch die Basis für die Entwicklung eines möglichst gerechten Lohn- und Gehaltsgefüges im Hotel.
5. Stellenbeschreibungen dienen als Hilfsmittel für die Personalplanung, für den Personaleinsatz und die Aus- und Weiterbildung im Betrieb.
6. Stellenbeschreibungen bringen Vorteile für den Mitarbeiter:
   a) klare Information über Aufgaben, Kompetenzen und Verantwortung;
   b) Handlungsfreiheit im Rahmen des Delegationsbereiches gegenüber den Vorgesetzten;
   c) Handlungsfreiheit gegenüber den Kollegen;
   d) Grundlage für die Selbstkontrolle des Mitarbeiters;
   e) keine willkürliche Beurteilung von seiten des Vorgesetzten möglich;
   f) Hilfsmittel für den neu eingetretenen Mitarbeiter;
   g) Übersicht für mögliche Stellenbewerber.
7. Stellenbeschreibungen bringen Vorteile für den Vorgesetzten:
   a) Grundlage für die Dienstaufsicht und Erfolgskontrolle der unterstellten Mitarbeiter;
   b) Zeitersparnis für die Vorgesetzten;
   c) wichtiges Hilfsmittel für die fachliche Beurteilung der Mitarbeiter;
   d) Rückdelegation von Verantwortung seitens der Mitarbeiter leichter erkennbar.
8. Stellenbeschreibungen müssen mindestens folgende Angaben enthalten:
   a) Stellenbezeichnung,
   b) Abteilung,
   c) Überstellungsverhältnis,
   d) Unterstellungsverhältnis (Kompetenzen),
   e) Aufgaben,
   f) Verantwortung.
9. Bei den Stellenanforderungen unterteilt man in erforderliche Qualifikationen, detaillierte Qualifikationen (Geschlecht, Einstellungsalter, Schulausbildung, sprachliche Erfordernisse, praktische Erfahrungen) und Spezialerfordernisse.
10. Eine stufenweise Durchführung der Stellenbeschreibungsaktion beginnt am zweckmäßigsten an der Unternehmungsspitze.
11. Die Abfassung der Stellenbeschreibungen erfordert eine bestimmte Reihenfolge von Arbeitsschritten; am Beginn stehen Ermittlung und Analyse des Ist-Zustandes.

12. Für die Erarbeitung von Stellenbeschreibungen sind organisatorische Daten, Ziel der Stelle, Aufgaben der Stelle, Entscheidungsbefugnisse der Stelle und Information und Beratung mit Hilfe eines Fragenkataloges zu erstellen.
13. Folgender Fragenkatalog zur Aufnahme des Ist-Zustandes für die Erarbeitung von Stellenbeschreibungen ist zu beantworten:
    - Welches Sachgebiet wird in welcher Abteilung bearbeitet?
    - Wer ist der direkte Vorgesetzte?
    - Von welcher Stelle in welcher Angelegenheit erfolgen Anweisungen?
    - Welche Mitarbeiter sind direkt unterstellt?
    - In welchen Angelegenheiten werden den Mitarbeitern Anweisungen gegeben?
    - Wer vertritt die Stelle im Urlaub oder im Krankheitsfall?
    - Sind die im Vertretungsfall zu übernehmenden Aufgaben in ihrem Umfang festgelegt?
    - Welche Arbeiten sind regelmäßig auszuführen (täglich, wöchentlich, monatlich, vierteljährlich, halbjährlich, am Jahresende/-anfang)
    - Welche unregelmäßig auftretenden Arbeiten sind zu verrichten?
    - Erfassung und Unterteilung der Arbeit in Hauptaufgaben zur Erreichung der Ziels der Stelle, Nebenaufgaben zur Erfüllung der Hauptaufgaben, Hilfsaufgaben, die bei der Arbeitsausführung anfallen, persönliche Aufgaben, die an die Person gebunden sind, stellenfremde Aufgaben, die von der Stelle verrichtet werden, aber eigentlich nicht in das Aufgabengebiet der Stelle fallen.
14. Welche Entscheidungen werden bei der Durchführung der Aufgaben selbst getroffen?
15. Welche Entscheidungen aus dem Aufgabenbereich der Stelle trifft der Vorgesetzte?
16. Welche Arten und Ursachen von Störungen sind für den Arbeitsbereich zu nennen?
17. Welche schriftlichen Arbeitsunterlagen und mündlichen Informationen werden von anderen Stellen erhalten?
18. Welche schriftlichen Unterlagen oder mündliche Informationen werden von der Stelle an andere Stelle weitergegeben?
19. Welche weiteren Informationen würden die Arbeit des Stelleninhabers erleichtern?
20. Werden Informationen erhalten, die bei der Durchführung der Stellenaufgaben nicht unbedingt erforderlich sind?
21. Erscheinen die Methoden und Verfahren bei der Durchführung der Stellenaufgaben zweckmäßig?
22. Sind Einrichtung und Hilfsmittel zur Aufgabenerfüllung zweckmäßig und ausreichend?
23. Gibt es Möglichkeiten zu besserer zeitlicher Arbeitsverteilung?

24. Welche Planungsaufgaben, Kontrollaufgaben, Entscheidungsaufgaben, Koordinierungsaufgaben, sonstige Aufgaben bringen bei der Erfüllung Probleme mit sich?
25. Welche Einzelverantwortungen (Führungsverantwortung, Handlungsverantwortung, Sachverantwortung über Mittel und Material, Leistungsverantwortung, Kosten- und Ertragsverantwortung) sind mit der Stelle verbunden?
26. Welche personellen Kompetenzen (Führungsverantwortung als Fachvorgesetzter) und welche sachlichen Kompetenzen (Vertretungs- und Unterschriftenvollmacht) beinhaltet die Stelle?
27. Hat der Stelleninhaber für die zu erfüllenden Aufgaben die notwendigen Kompetenzen und trägt er die dazugehörige Verantwortung?
28. Die Auswertung des Ist-Zustandes erfolgt dann, wenn alle zu untersuchenden Stellen analysiert worden sind.
29. Erstellte Stellenbeschreibungen müssen in regelmäßigen Abständen dahingehend überprüft werden, ob die fixierten Anforderungen mit der Realität übereinstimmen.

Weiterbildung und Lerntechnik für Führungskräfte

Zielsetzung

Keine Führungskraft kann es sich mehr leisten, ausschließlich von dem einmal Gelernten und den erlebten Erfahrungen zu zehren. Die stetig wachsende Wissenslawine für jedes Fachgebiet zwingt zur permanenten Weiterbildung. Der Ausspruch: „Was Hänschen nicht lernt, lernt Hans nimmermehr!“ hat seine Gültigkeit verloren. Erwachsene haben nur andere Lernhaltungen, andere Lernschwierigkeiten und andere Lernbedürfnisse. Die vielen wissenschaftlichen Veröffentlichungen über den Lernvorgang bei Erwachsenen zeigen in ihrer Widersprüchlichkeit eines recht deutlich: die Lernfähigkeit mit Faktoren wie Lernbereitschaft, Interesse am Lernen, Aufnahmefähigkeit, Erinnerungsfähigkeit und Speicherkapazität ist individuell so verschieden, daß Pauschalaussagen zu diesem Thema nur durch persönliche Überprüfung und Versuche zur eigenen Anwendbarkeit sinnvoll werden können. Die Tätigkeit eines Managers erfordert umfangreichste Informierung; nur was ein Mensch lernt, gehört ihm auch.

Die folgenden Darstellungen und Übersichten sollen dazu anregen, sich mit dem so wichtigen Thema der Weiterbildung zu beschäftigen und für sich selbst eine optimale Lerntechnik herauszufinden.

Gedankenflußplan

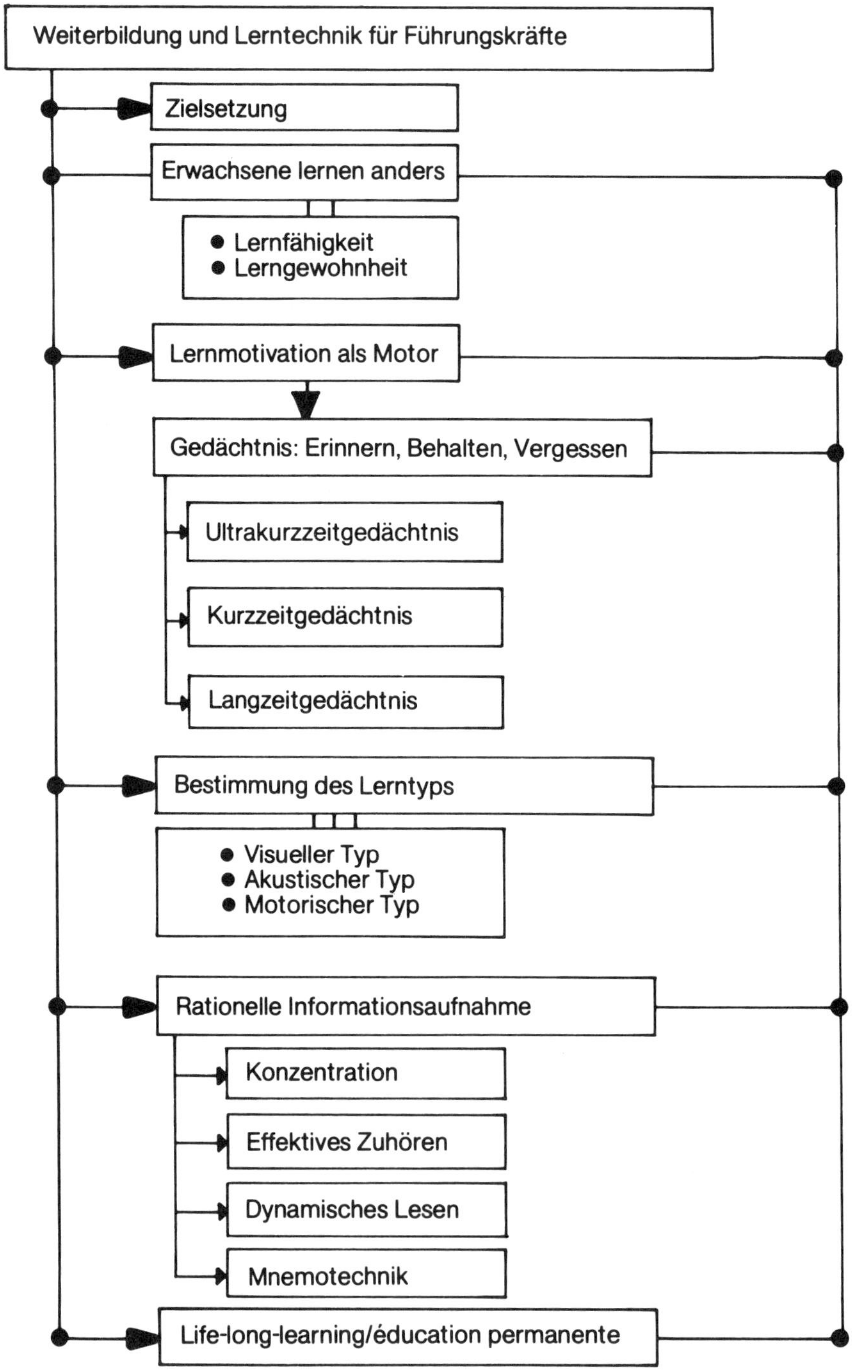

Erwachsene lernen anders

Lernen als Erwerb von Kenntnissen oder Fertigkeiten ist im weiteren Sinne eine Informationsaufnahme und Informationsverarbeitung. Folgende Hinweise kennzeichnen die Lernfähigkeit und Lerngewohnheit von Erwachsenen:

a) Die Lernfähigkeit wird beeinflußt von der Lernvergangenheit; damit erschwert sich auch oft eine Umstellung des Lernverhaltens.
b) Die Zuflußgeschwindigkeit beim Aufnehmen von Informationen ist beim Erwachsenen normalerweise geringer als bei Jugendlichen.[1]
c) Lernerfahrung, Lernverhalten und Lernerfolg stehen in Wechselwirkung zueinander. Da man früher nicht gelernt hat, wie man lernen kann und eher an passives Aufnehmen gewöhnt war, ist eine Änderung der Lernhaltung nur langfristig möglich.
d) Je länger und besser die Schulbildung war, desto eher zeigt ein Erwachsener Bereitschaft zur Weiterbildung.
e) Die berufliche und soziale Stellung des Lernenden beeinflussen die Lernbereitschaft und die Lernenergie stärker als das zunehmende Alter.
f) Lernentwöhnte Erwachsene haben eher problemorientierte Lernbedürfnisse und sehen stärker auf die Anwendungsmöglichkeit des Gelernten. Informationen werden in Bildern und in erfahrenen Zusammenhängen behalten.

Lernmotivation als Motor

Erfolge im Leben haben eine gemeinsame Basis: die Motivation. Konzentration und Ausdauer beim Lernen sind von dem Motivationsgrad (dem Interesse an einer Sache), der Lernenergie und Lernbereitschaft entscheidend abhängig.
Als Erwachsener hat man bereits geformte Verhaltensweisen, bestimmte Vorstellungen und Bedürfnisse. Mehr als beim Jugendlichen, der vieles vorurteilslos, unkritisch aufnimmt, spielt die Einstellung und Motivation der lernenden Führungskraft bei der fachlichen und führungsmäßigen Weiterbildung eine ausschlaggebende Rolle.
Zu den typischen Lernmotiven eines Erwachsenen zählen: Informations-, Kommunikations-, Kompensations- und Empanzipationsbedürfnisse[2]. Dabei wirken Erfolgserlebnisse besonders positiv motivierend und festigen das erworbene Wissen. Lernmotivation hängt also entscheidend von Häufigkeit und Art der Erfolgserlebnisse ab. Auch lernen Erwachsene dann bereitwilliger, wenn sie eine Steigerung ihrer individuellen geistigen Potenz, ihrer geistigen Sicherheit und der Ausweitung des persönlichen Geltungsbereichs erwarten dürfen.
Aufgaben und Ziele, die man sich selbst beim Lernen vorgibt, motivieren besser. Diese Erkenntnis spiegelt sich auch in den erfolgreichen individualisierenden Lern-

verfahren (zum Beispiel Lehrprogramme, entdeckende Lernverfahren) wider. Ein Lehrstoff muß für die Führungskraft konkret auf das Tun und Handeln bezogen sein. Die Lehrmethoden sollen vorwiegend aktiv zum Anwenden, Beherrschenlernen des für die Berufsarbeit vertiefenden Fachwissens sein. (Lehrmethoden wie: Lehrgespräch, Gruppendiskussion, Lehrprogramme, Fallstudien, Planspiele und Rollenspiele[6]).
Ohne Interesse will man nichts lernen, bei Konzentrationsmangel fällt es schwer zu lernen, und mit einem untrainierten Gedächtnis behält man nur wenig.

Gedächtnis: Erinnern, Behalten, Vergessen

Viele Informationen müssen wir gedanklich speichern, behalten und ins Bewußtsein zurückrufen können. Denkträgheit und mangelnde Gedächtnisschulung sind oft schuld an einem schlechten Gedächtnis.
Untersuchungen haben gezeigt, daß das Behalten besonders innerhalb der ersten zwanzig Minuten nach der Informationsaufnahme sehr stark, später aber deutlich langsamer abnimmt.
Das Einprägevermögen ist dann verstärkt, wenn Informationen
a) bildlich die Vorstellungskraft und Fantasie ansprechen;
b) persönliche Interessen, Ziele und Motive berühren;
c) sinnvoll mit bekannten Inhalten in Verbindung zu bringen sind;
d) emotional die Gefühle ansprechen;
e) ungewöhnlich sind und aus dem normalen Rahmen herausfallen[3].
Einpräge- und Erinnerungsvermögen kann durch Wiederholungen verbessert werden. Je fester Informationen im Gedächtnis verankert werden sollen, desto länger sollte man jedoch auch die Pausen zwischen den Wiederholungen planen. Verteilt man Wiederholungen auf mehrere Tage, prägen sich alle Informationen am besten ein.
Wiederholen kann man nur einen Stoff, den man auch verstanden hat. Einordnungsfähige Zusammenhänge in lernfreundlicher Darstellung und Ordnung lassen sich im Gedächtnis eher speichern als zusammenhanglose Details.
Um beispielsweise den Inhalt einer Rede zu behalten und reproduzieren zu können, muß der Aufbau, die innere Struktur der Rede erfaßt werden. Fällt es einem schwer, sich an bestimmte Dinge zu erinnrn, daß heißt, Informationen ins Bewußtsein abzurufen, muß man versuchen, die Verbindungen – das Informationsfeld – nach dem Gesuchten sich vor Augen zu führen[7].
Als „Software"-Elemente des Gedächtnisses unterscheidet man bei dem Prozeß der Informationsspeicherung[3]:

1. Ultrakurzzeitgedächtnis
2. Kurzzeitgedächtnis
3. Langzeitgedächtnis

Ultrakurzzeitgedächtnis

Als erster Filter für Wahrnehmungen nimmt das Ultrakurzzeitgedächtnis Informationen zwar auf – aber wenn keine Aufmerksamkeit vorhanden ist, Interesse und Assoziationsmöglichkeiten fehlen oder zusätzliche Wahrnehmungen dabei stören, werden diese Informationen uninteressant für die weitere Speicherung und gehen an uns vorbei wie Straßenlärm oder die sofort vergessene Telefonnummer nach dem Wählen.

Kurzzeitgedächtnis

Das etwa 20 Minuten dauernde Kurzzeitgedächtnis kann man mit einer nicht fixierten Fotografie vergleichen. Während dieser Phase ist die Gefahr des Informationsverlustes recht groß. Informationen können hier sogar durch einen starken Schock (Autounfall) völlig gelöscht werden (rückwirkendes Vergessen).

Langzeitgedächtnis

Erst im Langzeitgedächtnis wird eine Information wie eine Fotografie im Fixierbad vor dem unwiderruflichen Vergessen bewahrt. Die Informationen werden in eine Langzeitspeicherung als Bildung und Ablagerung von Proteinen deponiert. Es gibt also zweierlei Arten von Vergessen: das unwiderrufliche Vergessen des Ultrakurz- und Kurzzeitgedächtnisses und das augenblickliche „Nicht-Wiederfinden“ aber noch nicht verlorengegangene Informationsgut.

Bestimmung des Lerntyps

Beim Lernen werden die Sinne angesprochen: man hört zu, man schaut zu, man liest etwas, man macht mit und man führt selbst aus. Diese einfache Erkenntnis führte dazu, zwischen folgenden Lerntypen zu unterscheiden[4]:

1. Visueller Typ (Sehtyp)
2. Akustischer Typ (Hörtyp)
3. Motorischer Typ (Tu-Typ)

Visueller Typ

Als visueller Kanal hat dam menschliche Auge die größte Aufnahmefähigkeit (Perzeptionsfähigkeit). Etwa 3 Millionen „bit“ (= Informationseinheiten) kann das menschliche Auge in der Sekunde aufnehmen. Auch aufgrund der ständigen Übung und Erziehung zum visuellen Lernen glaubt man, daß dieser Lerntyp dominant ist.

Bildhafte Darstellungen, Gedrucktes, Skizzen erleichtern die Informationsaufnahme, wobei hier auch zwischen „Sehen“ und „Lesen“ unterschieden werden muß.

Akustischer Typ

Der auditiv veranlagte Lerner speichert Vorlesungen, Referate, laut Gelesenes, den mündlichen Vortrag am besten. Die Informationsaufnahme erfolgt durch Anhören oder im Gespräch[8].

Motorischer Typ

Hier wird Visuelles und Akustisches in Verbindung mit Bewegung gebracht. Ein Lerntyp, der durch Bewegung und Rhythmus aufnimmt, auch das Mitschreiben, Mitzeichnen, Mitsprechen gehören dazu.
Generell ist jeder Mensch wohl ein „Mischtyp“, mit dem einen oder anderen Schwerpunkt. Es lohnt aber, sich für sein eigenes Lernverhalten zu interessieren und herauszufinden, welche

a) Darstellungsmethode (Sprache, Bilder, Schemata, Gedrucktes, Filme, Tonband);
b) Lernkanäle (visuell, akustisch, motorisch);
c) Lernstoffbeziehung (Lernhilfen);
d) Lernatmosphäre (Ruhe, Musik, Stimmung, Druck);
e) Lernkontrollen

für jeden selbst eine optimale Informationsverarbeitung und -speicherung bedeuten[3].

Rationelle Informationsaufnahme

Konzentration und Konzentrationshindernisse

Im Sinne der rationellen Informationsaufnahme ist die Konzentrationsfähigkeit als persönliche Eigenschaft, die ganze Aufmerksamkeit einer bestimmten Sache oder Person zuzuwenden, von großer Bedeutung. Folgende Aussagen kennzeichnen diesen Problemkreis:

1. Die Fähigkeit, sich nicht von innerlichen und äußerlichen Vorgängen ablenken zu lassen, kann man üben.
2. Geistige Konzentration setzt ein Höchstmaß von Interesse, Begeisterung, klarer Zielvorstellung und positiver Gedankenhaltung im Hinblick auf den Lerngegenstand voraus.
3. Die volle Inanspruchnahme, das „Aufgehen“ mit dem Lehrgebiet, braucht äußere und innere Ruhe.

4. Die zum Zeitpunkt der Informationsaufnahme unerledigten Pflichten lenken ab oder belasten.
5. Sorgfältigkeit im Detail, ruhige Beobachtungsgabe fördern die geschlossene Aufmerksamkeit.
6. Ausdauer und Konzentration hängen von dem Motivationsgrad für den Lerngegenstand ab.
7. Die Gedanken an „gestern" und die Sorge um „morgen" können die Konzentration beeinflussen. Bei schweren und dauerhaften Konzentrationsstörungen hat sich das „autogene Training" nach Professor I.H. Schultz bewährt.
8. Eine gut geplante Zeiteinteilung und Zeitpunktplanung für die Informationsaufnahme hilft bei Konzentrationsschwierigkeiten.
9. Die geistige Sammlung, das intensive Gerichtetsein auf eine Sache, läßt sich durch ein Rahmenprogramm, wie Gedankenflußpläne zum Thema, Zielvorgaben und selbstangefertigte Zusammenfassungen, fördern.
10. Pausen an der richtigen Stelle, ohne die Gedanken an andere geistige Anforderungen abweichen zu lassen, helfen der Konzentrationsfähigkeit.

Effektives Zuhören

Untersuchungen haben ergeben, daß eine Führungskraft etwa 60 Prozent ihrer Zeit mit „Zuhören" verbringt. Rationelle Informationsaufnahme zwingt auch hier zu effektivem und selektivem Zuhören. Zur Technik des effektiven Zuhörens gehören[5]:

1. Sachinteresse, Konzentration und Aufmerksamkeit.
2. Erwartungen an den Argumentationsablauf des Sprechers, nicht aber vorweggenommene Schlußfolgerungen.
3. Da das Hören und Aufnehmen schneller erfolgt als das Sprechen – gleichzeitige Überprüfung der Argumentation.
4. Versuch, den Aufbau und Zusammenhang des Gesprochenen zu erfassen (Hauptpunkte und Absicht des Sprechers).
5. Übersichtliches Notieren der wichtigsten Inhaltspunkte einer Rede während der Informationspausen.
6. Bestreben nach Objektivierung, Vermeiden von emotionalen Gesichtspunkten.
7. Lösung der Empfindungen gegenüber der Person des Sprechers, um eine sachliche Einschätzung des Gesagten zu ermöglichen.
8. Besonders kritisches Zuhören bei sympathischen Sprechern.
9. Vorbereitung auf das zu hörende Thema mit selbstgestellten Fragen (bei Vorträgen).
10. Einfühlung und Einstellung auf das Sprechtempo, auf die Betonung und Formulierungen des Vortragenden.
11. Ständige Übung im Aufnehmen, Mitdenken, Neuformulieren, Mitschreiben und Verarbeiten von Informationen.

Dynamisches Lesen

Führungskräfte müssen eine stetig wachsende Menge schriftlicher Informationen verarbeiten. Die Informationsflut zwingt zur immer enger werdenden Spezialisierung auf dem betreffenden Fachgebiet. Seit Jahren werden Spezialkurse zum „schnellen Lesen", „optimalen Lesen", „dynamischen und rationellen Lesen" angeboten[10]. Die folgenden Aussagen sollen Interesse an diesem Thema wecken und einige Grundsätzlichkeiten klären:

1. Zu den schlechten Lesegewohnheiten zählen:
   a) das innerliche Mitsprechen;
   b) die Zeilen einzeln mit Finger oder Lineal verfolgen;
   c) das Zurückspringen der Augen beim Lesen;
   d) mangelnde Fixationen mit den Augen;
   e) mangelnde Textübersicht vor dem Lesen.
2. Die Blickspanne und die Zahl der Fixationen sind auf Schwierigkeitsgrad, Informationsdichte und grammatische Komplexität des Textes abzustimmen.
3. Das Leseverfahren hängt von der Art der Leseerwartung und den an den Text zu richtenden Fragen ab.
4. Das „Diagonallesen" oder „orientierende Lesen" (Überfliegen des Textes mit sehr großen Blickspannen) soll einen allgemeinen Überblick, die Kernbegriffe und den Aufbau des Textes erkennen lassen[10].
5. Selektives Lesen wird eingesetzt beim Suchen nach bestimmten Informationen. Anhand von festgelegten Stichpunkten wird man den Text selektieren und auswählend lesen.
6. Geht es um durchdringendes Verständnis und Aneignung von Informationen, dann spricht man von „lernendem Lesen". Hier muß der Text mehrfach mit Gliederungen, Schemata, eigenen Formulierungen und Wiederholungen durchgearbeitet werden.
7. Besonders bewährt hat sich in der Praxis die graphische Darstellung: „das Leseschema". Die Informationen und wichtigen Fakten werden im Zusammenhang und in ihrer gegenseitigen Zuordnung mit Reiz- und Schlüsselworten als „Bild" graphisch dargestellt. Anhand dieses „Leseschemas" wird ein volles Verständnis, eine bessere Verarbeitung, Einprägsamkeit und Wiederholung eines Textes erleichtert. Auch Detailinformationen lassen sich anhand dieses Schemas aus dem Langzeitgedächtnis visuell abrufen.
8. Das farbige Hervorheben von Textstellen, Markierungen, Unterstreichungen, die Verbildlichung des Aufgenommenen, Herstellung von Querverbindungen gehören zum „lernenden Lesen".
9. Zum „rationellen Lesen" gehören weiterhin die zielbewußte Auswahl des Lesestoffes, das Verfolgen der Ideen statt der Worte, das Suchen nach gedanklichen Wegweisern und die ständige Verbindung mit dem bisherigen eigenen Informationsstand.

10. Anstelle des Wort-für-Wort-Lesens tritt bei jeder Grundtechnik der Schnell-Lese-Verfahren das Satz-Lesen.

Möglichkeiten und Grenzen der Mnemotechnik

Das Lexikon der Ausbildungspraxis von Paulik definiert „Mnemotechnik" als Merktechnik, die das Lernen, vor allem aber das Behalten erleichtern soll[9]. Zu den Mnemotechniken, den Merkhilfen zählen die „Eselsbrücken", Reime, der Rhythmus und ähnliche Gedächtnisstützen.
Mnemotechnik ist also die Kunst, das Einprägen und Behalten von Informationen durch besondere Lernhilfen zu erleichtern. Wunderdinge darf man nicht erwarten. Allein mit „Lerntricks" läßt sich die natürliche Gedächtniskraft nicht verbessern[5].
Im folgenden werden einige Basisbereiche der Mnemotechnik angesprochen:

1. Auch in der Werbung macht man sich das Einprägen durch Reime zunutze. So werden Markennamen zu einem Begriff.
2. Der Namensvergeßlichkeit kann man mit einfachen Vorstellungsbildern, die den Bezug zwischen Person und Eigennahmen verbinden, entgegentreten.
3. Schwierige Zahlen lassen sich mit stets abrufbaren persönlichen Daten, Telefonnummern, Feiertagen, Geschichtszahlen, Postleitzahlen verbinden und besser behalten.
4. Vertieftes Einprägen ist auch durch das Zeichnen, der bildhaften Darstellung eines komplizierten Sachverhalts möglich.
5. Mit Hilfe von „Merkworten" – meist Abkürzungen einer ganzen Reihe von Begriffen – lassen sich auch abstrakte Wortgruppen einprägen.
6. Mit der „Hilfsbildreihe", bei der für die Zahlen 1–20 je Zahl ein „Hilfsbild" gelernt wird, lassen sich ganze Stoffgebiete in der richtigen Reihenfolge verbildlichen und behalten.
7. Gliederungen, Systeme, Strukturen und Gedankenflußpläne helfen, als Gedächtnisstützen, eine große Fülle von Stoffinhalten abzurufen.
8. Die Farbe spielt in der Mnemotechnik eine echte Merkhilfe. Klassifizierungen, Einordnungen, Rangstufen, Bedeutungsunterschiede lassen sich leichter einprägen und helfen bei der Erinnerung.
9. Verbindende Hilfswörter, deren Anfangsbuchstaben eingeprägt sind, erhöhen die Merkfähigkeit.
10. Die Technik des Speicherns und des Merkens von Informationen läßt sich auch verbessern, indem man aus normalen (leicht vergeßbaren) Texten außergewöhnliche, besondere und damit einprägsame Informationsfolgen gestaltet.

Life-long-learning / éducation permanente

Die Zukunft wird deutlich zeigen, welch ungeheure Wissensexplosion mit einer Fülle von Informationen, Erkenntnissen und Methoden im Rahmen jeder Unternehmensführung es auf der Basis der hierfür wesentlichen Wissenschaften, wie Betriebswirtschaftslehre, Volkswirtschaftslehre, Informations- und Kommunikationstheorie, Betriebssoziologie und -psychologie, angewandte Mathematik, Statistik, Ökonometrie und Kybernetik für die Praxis anwendungsreif zu gestalten und zu bewältigen gilt[7]. Diese rapide Zunahme des Wissensstoffes macht es schon heute einem Manager schwer, allein auch nur mit der Entwicklung seines Fachgebiets Schritt zu halten. „Tot ist, wer nicht mehr lernt. Lernen, um zu überleben!" – Schlagworte, die man ernst nehmen sollte. Der Bereich der Weiterbildung gewinnt zunehmend an Bedeutung.

Man muß bestrebt sein, sein Wissen auf dem laufenden zu halten und sich den gesellschaftlichen und technischen Veränderungen anzupassen. Es gilt, neben der berufsvorbereitenden Ausbildung nun auch die berufsbegleitende Weiterbildung (Fach- und Führungsausbildung) im Sinne eines „Life-long-learning" oder „Education permanente" zu aktivieren.

So müssen auch Unternehmerfortbildungskurse und -methoden eingesetzt werden, die nicht auf passiver Aufnahme, sondern auf aktiver Teilnahme, auf der Selbsterarbeitung von Einsichten und Verhaltensweisen beruhen und speziell auf das Lernverhalten von Führungskräften eingehen können. Dabei müssen die Lehrmethoden auf diesem Sektor ständig weiterentwickelt werden, will man mehr als bisher Problemlösungen praxisnah anbieten[11].

Ständiges eigenes Bildungsbemühen für den lebenslangen Lernprozeß setzt Kenntnisse über die eigene Lernfähigkeit und anzuwendende Lerntechnik voraus, um Wissen in Kennen, Erkennen in Verhalten und beides in Können umzusetzen.

Fußnoten

1 Wema-Studie (Institut für empirische Sozialforschung) (Hannover, 1974).

2 Vgl. Skinner, B.F., „Science and Human Behaviour" (New York, 1957) und Corell W., „Lernpsychologie" (Donauwörth, 1974).

3 Vernon, M.D., „The Psychology of Perception" (London, 1975) and Vester F., „Denken, Lernen, Vergessen" (München, 1978).

4 Bateson, P., „What is learning" in New Scientist 46 (1970) and Riedmann W., „Persönliche Arbeitstechniken in Fällen" (München, 1974).

5 Peters, R.S., „The Concept of Motivation" (London, 1972) und Zielke W., „Leichter lernen – mehr behalten" (München, 1972).

6 Skinner, B.F., Corell W., „Denken und Lernen" (Braunschweig, 1971).

7 Fortschrittliche Betriebsführung, Bd. 18, „Weiterbildung von Führungskräften" (Frankfurt/Main) S. 7ff. und Feldmann P., „Lerntraining" (München, 1974).

8 Bayerle P., „Das Lehrgespräch", Refa (Darmstadt).

9 Paulik H., „Lexikon der Ausbildungspraxis" (München, 1975).

10 Bikenbihl, M., „Train the Trainer" (München, 1975) und Werneck T., Ullmann F., „Dynamisches Lesen" (München, 1974).

11 Stiefel R. Th., „Lerntransfer in der Management-Schulung" (Frankfurt, 1973).

Literaturhinweise

Verwaltungsbereich, Management der Beherbergungsabteilung

ADAC, Brandschutzrichtlinien für Hotellerie und Gastronomie (München, 1975)
Bungard, W., Qualitätszirkel als Instrument zeitgemäßer Betriebsführung (Landsberg, 1984)
Brecht., B., Hess., T., Österle, H., Business Engineering: Von einer Mode zur Methode, in: Harvard Business Manager, IV. Quartal (Hamburg, 1995)
Champy J., Hammer M., Business Reengineering – Die Radikalkur für das Unternehmen (Frankfurt/New York, 1995)
Cooper, J., Managen Sie Ihre Zeit? (Stuttgart, 1971)
Crosby, P. B., Qualität bringt Gewinn (Hamburg, 1986)
Crosby, P. B., Qualität ist machbar (Hamburg, 1986)
Daschler, J. D. Ninemeier, Supervision in the Hospitality Industry (Michigan, 1988)
Dixon, J. R., Arnold P., Heineke J., Kim, J. S., Mulligan, P., Mit Ausdauer ist es machbar, in: Harvard Business Manager, II. Quartal (Hamburg, 1995)
Dukas, P., How to plan and operate a Restaurant (New Yersey, 1973)
Fearn, D. A., Management systems for the Hotel, Catering and allied Industries (London, 1968)
Forrest, L. C., Training for the Hospitality Industry (Michigan, 1986)
Global Engineering Documentation (New York, 1988)
Grabig, J., Reiseplanung im Internet (Düsseldorf,1995)
Grubb., A., Kanellakis., A., Lübbeke, B., Profit mit dem Internet (München, 1995)
Grundwald, W., Partizipation Führung (Stuttgart/Bern, 1980)
Hammer, M., Reengineering: Der Sprung in eine andere Dimension, in: Harvard Business Manager, II. Quartal (Hamburg, 1995)
Herzberg, F., Hygienefaktoren in „Harvard Manager" (Febr. 1984)
Hilton International, Firmenseminar (Basel, 1978)
Hilton International, Quality Assurance Programme (New York, 1978)
I.H.R.A.-Institut, Computer Dienstpläne (München, 1989)
Johnson, C., Time Management for Managers (New York, 1988)
Kazarin, E. A., Work Analysis and Design for Hotels, Restaurants and Institutions (Westport, 1969)
Korff, E., Taschenbuch für Ausbilder (Heidelberg, 1972)
Lattin, G. W., Modern Hotel & Motel Management (San Francisco, 1978)
Leavitt, H., Führungspsychologie (München, 1974)
Likert, R., Neue Ansätze der Unternehmensführung (München, 1974)
Martin, R., Professional Management of Housekeeping Operations (New York, 1986)
Martin, W. B., Defining what quality service is for you (Cornell Quarterly, Februar, 1986)
McGregor, D., Der Mensch im Unternehmen (Frankfurt, 1970)
Neuberger, O., Führungsverhalten und Führungserfolg (Berlin, 1976)
Paulik, H., Der Ausbilder im Unternehmen (München, 1984)
Post-Generaldirektion, Internet – das größte Datennetz der Welt, (Wien, April 1995)
Sahm, A., Humanisierung im Führungsstil (Frankfurt, 1977)
Schaetzing, E. E., Checklisten Hotel & Restaurant Management (Landsberg, 1987)
Schaetzing, E. E., Handbuch Food & Beverage Management, Band 1 + 2 (Frankfurt, 1993)
Schaetzing, E. E., Qualitätssicherung in Hotellerie und Gastronomie (München, 1988)
Schaetzing, Ilse, Der Haushalt und sein Management (Landsberg, 1982)
Scheitlin, V., Ausbildertechnik (Stuttgart, 1970)
Seifert, R., Internet für Klein-und Mittelbetriebe (WIFI Schriftenreihe des Wirtschaftsförderungsinstituts, Nr. 264, Wien 1995)
Steinle, C., Führung (Stuttgart, 1978)
Tucker, G., M. Schneider, The Professional Housekeeper (Boston, 1982)
Tucker, G., The Science of Housekeeping (Boston, 1973)
Wiest, S., Computergestützter Dienstplan im Housekeeping, Diplomarbeit FH (München, 1988)
Wunderer, Grundlagen der Führung (Berlin, 1980)
Zielinski, J., Praktische Berufsausbildung (Heidelberg, 1972)
Zink, K., Quality Circles (München, 1984)

Stichwortregister